개정판

미얀마 왕조사

김 성 원 저

부산외국어대학교 출판부

미얀마 왕조사

2001년 2월 28일 1판 1쇄 발행
2010년 8월 31일 2판 1쇄 발행
2018년 3월 16일 2판 2쇄 발행
2023년 3월 16일 3판 1쇄 발행

저 자/ **김성원**
발행인/ **장순흥**
발행처/ **부산외국어대학교 출판부**
등 록/ 제 14-11-15호
주 소/ 46234 부산광역시 금정구 금샘로 485번길 65
전 화/ 051) 509-6448 팩스/ 051) 509-6468
편 집/ 주간 · 임기대, 디자인 · 권병철
인쇄처/ 세종문화사 (051) 463-5898
공급처/ 한국출판협동조합 (02) 716-5616~9

ISBN 978-89-8312-461-6 93910

값 16,000원

서 언

전 책 서문에서도 밝힌 바 있듯이 본 서도 이전 책에서 잘못된 부분과 보완되어야 할 몇몇 부분만 수정하여 새로 내놓는다.

따라서 이 책도 전 책에서처럼 미얀마정부에서 발행한 *Hmannan Mahayazawindawzi* (*The Glass Place Chronicle* 유리궁전연대기, 1992)를 바탕으로 G. E. Harvey의 *Outline of Burmese History* (Longmans, Green and Co. Bombay Calcutta Madras, 1926)와 Maung Htin Aung의 *A History of Burma*(Columbia University Press, New York and London, 1967)를 주로 참고하였음을 밝혀둔다.

사실 역사서라 함은 전문 역사가가 써야 마땅하지만 정치학자인 본인이 쓴 것이 미얀마 전문 역사서로 출판되는 것이 부끄럽다. 미얀마 역사에 관해 그동안 죽 강의해왔던 것이 죄라면 죄라 할 수 있겠다. 따라서 독자들은 이 책을 강의용 교재 정도로 봐 주면 감사하겠다.

모쪼록 독자 여러분의 많은 지도와 편달을 바라며, 이 책을 계기로 보다 나은 미얀마 역사 전문서가 나오길 기대한다.

2023년 3월

김 성 원

본론에 앞서

역사 연구자들은 수백, 수천 년 전 사람들의 일상까지도 추적해서 알 수 있다. 즉 과거의 문서, 돌이나 나무 그리고 쇠붙이에 새긴 글이나 조각 등으로 그 시대의 생활상을 유추하는 것이다. 그러나 미얀마의 경우 현재까지 연구된 것을 토대로 볼 때 과거를 추리할 수 있는 흔적들이 그리 많지 않다. 과거 종이가 도입되기 전에는 기록들을 야자수 잎에 새겨 놓는 것이 일반적인 경향인데, 이런 것들은 200년을 넘기가 힘들다. 나뭇잎은 시간이 흐르면 시들어 버리기 때문이다. 게다가 이러한 것도 안전하게 보관할 장소의 미비도 문제의 한 몫을 한다. 곰팡이, 개미, 화재, 폭동 등으로 소실되는 경우들도 많기 때문이다. 따라서 고대 미얀마의 생활상을 안다는 것은 그리 쉬운 일이 아니다. 그나마 우리가 알 수 있는 것이라 하더라도 대부분이 왕실 내의 삶에 국한될 뿐 일반인들의 삶이 어떠했는지를 문헌을 통해서 유추하기란 거의 불가능하다. 일반 대중들의 생활상을 묘사해 놓을 만큼 여유가 없었던 것이다. 게다가 최초의 연대기는 15세기가 되어서야 쓰였으며, 그나마 기술된 것 중의 많은 부분이 승려의 이야기를 담은 소설 같은 것들과 지명, 인명 등의 사실적 요소를 바탕으로 만들어진 전설적인 이야기가 대부분이다. 이후 문헌에 입각하여 정리된 것들이라 하더라도 학자들 간에 이견이 해소되지 않은 부분들도 많이 있다.

따라서 학자들 간에 이견이 있는 부분은 각주로 처리하여 설명하였고, 비록 통설이라 해도 필자가 수용할 수 없는 부분은 그 근거를 들어 본 내용 또는 각주에서 반론을 제기해 두었다. 이를테면 11세기 버간 왕조의 3대(代) 왕 짠싯따가 아노야타의 아들이라는 설에 대해 근거를 들어 반론을 제기한 것 등이다. 시기적 구분에 있어서도 필자가 가장 타당하다고 생각되는 쪽으로 구분했다. 즉 쀼족 시기는 아직도 학자들 사이에 의견이 분분하지만 흐름을 원만하게 하기 위해 연대기에서 주장하는 쪽을 주로 수용하였다. 잉와 왕조는 전기 샨족 지배자와 후기 버마족 지배자가 통치한 시기로 분리하는 학자도 있으나, 본 서에서는 단일 왕조로 취급했다. 따웅우 왕조 또한 전기와 후기 따웅우 복고 왕조로 나누지 않고 단일 왕조로 다루었다. 꼰바웅 왕조도 전・후기로 나누는 학자가 있으나 왕조 내내 한 계보를 잇고 있는 점에 비추어 그 타당성이 희박함으로 동일 왕조로 다루었다. 그리고 인명, 지명, 불교 용어 등은 특별한 경우를 제외하고 최대한 원어에 가깝게 한글로 표기했다. 이를테면 슈웨디공(쉐다곤), 버간(바간, 버강), 버고(바고) 등이다. 외국 지명도 특별한 경우를 제외하고는 미얀마에서 일컫는 명칭을 한국식 발음으로 나타냈다. 그리고 동일한 지역을 지칭하는 명칭이 바뀐 경우라 하더라도 그 시점에서 사용하던 명칭을 사용하였고, 그 명칭이 바뀐 시점부터는 바뀐 명칭으로 대체했다. 이를테면 양곤은 랑군과 다곤으로 각각 달리 불리었던 때가 있었는데, 이 경우 통칭되던 시기별로 그 명칭을 달리 표기한 것이다. 다만 지도상에 표기된 철자 중 과거 유럽식 명칭이 그대로 사용된 경우 괄호로 묶어 그것을 표기해 두었다. 이를테면 버떼인을 '버떼인(Bassein)', 외딸리를 '외딸리(Vesali)' 등으로 표기한 점이다. 그리고 국명은 한때 통용되던 '버마' 대신 1989년 6월 18일 이래 바뀐 '미얀마'로 통일했으며, 미얀마 내에 거주하는 수많은 종족 중 하나인 버마족은 다른 종족과 구분할 때 버마를 사용한다.

목 차

제1장

미얀마 지형의 형성

1. 미얀마의 지형

미얀마를 형성하고 있는 땅덩어리는 오랜 시간을 두고 진행된 지층의 이동과 토양성분의 변화, 그리고 북부 미엣지나(မြစ်ကြီးနား)에서 시작된 화산폭발로 현재의 모양이 되었다. 먼저 북부 지역이 수면 위에 부각되었으며, 이어 남으로 내려가면서 서서히 언덕, 산, 계곡 등이 형성되었다.

미엣지나, 꺼야 지역 등은 대략 7~8억 년 전 지층의 변화 당시 형성된 것으로 추정된다. 그러나 당시는 현재의 지역들이 대부분 물속에 잠겨 있거나 섬으로 되어 있었다. 가장 큰 섬으로는 현재 루비 광산으로 유명한 모곡이다. 그리고 라쇼, 로이렘, 라욱사욱, 모나이, 짜욱메 지역 등이 작은 섬으로 되어 있었다. 현재의 야메띤과 삐엔머나 지역 사이에는 작은 섬들이 열도(列島)형태로 되어 있었다. 당시 생존했던 무척추동물의 흔적이 이 지역 주변 바다에서 발견되고 있다.

지구의 온도가 상승하면서 약 4억 년 전 미얀마 동부의 샨(ရှမ်း)족 지역이 수면위로 솟아났고 이어 산맥들도 만들어졌다. 산봉우리, 높은 언덕, 계곡들이 이 때 만들어졌다. 그러나 갈대, 덤불, 약간의 소나무 정도만 자랄 정도로 토양은 척박했다. 미얀마인이 거주하는 육지는 대략 2억 5천만 년 전에 생성된 것으로 보인다. 약 2억 3천만~7천만 년 전 사이에 육지의 이동이 진행되어 전 세계적으로 산악지역들이 형성되었다. 이 영향으로 샨 지역의 석회암층이 울퉁불퉁해졌으며 공룡들도 떼죽음을 당했다. 먀잉, 버곡꾸 등지에서는 이시기에 살았던 것으로 추정되는 악어 등의 파충류 화석이 발견되고 있다.

미얀마 남부 꼬리에 해당하는 떠닌다리(တနင်္သာရီ) 해안지역과 서부 라카인(ရခိုင်) 산맥지역은 약 1억 6천만 년 전에 형성되었다. 이 즈음에 발생한 화산폭발로 원또와 몽요와 사이에 섬들이 만들어졌다.

약 4천만 년 전 최초의 충적지(沖積地)가 만들어졌는데 그것이 바로 민군과 만달레이 지역이다. 다양한 종류의 육상생물들이 거주하기 위해서는 충적토가 형성되고 숲이 존재해야 한다.

친드윈강 유역이 미얀마에서 최초로 숲이 형성된 곳이다. 그 다음으로 북부 샨 지역의 라쇼와 난마 지역에서도 숲이 형성되었다.

약 1천만 년 전에 발생한 또 한 차례의 육지 이동으로 많은 산맥들이 만들어지는데, 이 때 중부 평원지대가 형성되었다. 이 지역은 충적지를 이루고 있다. 강의 상류로부터 자갈, 모래 등이 하부로 운반되기 시작했다. 당시 몽요와 서부와 슈웨보 동부 지역에서 화산이 분출되었으며, 현재 미얀마의 성산(聖山)으로 여겨지는 뽀빠산의 화산분출도 이 시기부터 시작된 것으로 보인다. 미얀마 지역에 포유류들이 활보하게 된 시기도 대략 이즈음이며, 그 화석들이 중북부에 다량으로 발견되고 있다. 그러나 가장 오래된 파충류 화석이 먀잉, 버곡꾸 등 북부 지역에서 발견되고 있지만 거북, 악어, 물소, 코끼리, 말 사슴 등 현재의 동물군을 형성한 것은 약 1백만 년 전의 일이다.

에야와디(ဧရာဝတီ)강은 100~50만 년 전 사이에 폭우로 형성된 것으로 추정된다. 이후에도 기후의 변화는 서서히 진행되다 약 2만 5천 년 전 현재와 같은 기후대가 만들어졌다.

2. 미얀마인

최초 미얀마인의 유래에 대해서는 현재까지도 그 연구가 진행되고 있을 정도로 한 마디로 정의하기 어렵다. 미얀마 교육부 소속의 지질학자와 국방부전략연구소가 전담하는 뻔다웅 유적 탐사 팀은 지난 1997년 3월부터 시작한 탐사에서 약 4천만 년 전으로 추정되는 영장류(靈長類)의 흔적을 미얀마 중북부 뻔다웅과 뻔냐지역에서 발견했다고 한다.

이 유적은 원래 1914년 영국 식민통치 당시 미얀마 중북부 먀잉 지역의 판킨 마을에서 유인원 턱 부분이 최초로 발견되면서 알려졌다. 1927년 필그림(Pilgrim) 박사에 의해 뻔다웅기아 코텔리(Pondaungia Cotterri)란 학명이 붙여졌지만 이후 연구 작업이 답보상태에 빠져 있었다. 1978년 만달레이 대학의 지질학과 탐사팀이 의해 4월, 9월 두 차례에 걸쳐 뻔다웅 유인원의 다른 턱 부분이 발견됨으로서 발굴작업이 본격화되었다.

마침내 1997년 3월 17일 고생물학자인 틴 떼인 박사가 지휘하는 탐사팀이 유인원 오른쪽 부분의 턱과 함께 조개껍질, 나뭇잎, 과일, 씨앗 등의 화석을 발견하자 학계의 관심이 집중되기 시작했다.

뻔다웅 유인원 연구작업이 본격화되면서 미얀마에도 인류의 조상격인 영장류에서부터 석기, 청동기, 철기시대에 걸쳐 인류거주가 계속됐다는 가설이 제기되고 있다. 그렇게 되면 뻔다웅 유인원이 최초의 인류조상이 되는 동시에 미얀마인의 뿌리가 된다. 즉 미얀마인은 여기에서 유래되었고, 현재 미얀마에 거주하는 버마, 샨, 꺼인, 친 등 여러 종족들도 한 뿌리에서 파생되었다는 설이다. 이렇게 되면 티벳-버마계의 버마족이 외부에서 들어와 원주민을 흡수하여 현재의 버마족이 되었다는 통설도 바뀔 수 있는 여지를 안고 있다.

이 뽄다웅 유적에 대한 현재까지의 조사 결과 여기서 발견된 유인원(類人猿)은 인간과 원숭이의 공통 조상이 되며, 무게는 약 400그램 정도이고, 두개골의 크기는 다람쥐 머리 정도로 주로 나무에서 곤충을 잡아먹고 살았던 것으로 추정된다. 이것이 사실로 판명되면 인류의 조상이 이집트나 중국보다 700만년 앞서는 유인원이 동남아시아 지역에 거주했다는 사실을 입증하는 것으로 고고학적 가치도 대단한 발굴작업이다. 현재는 미국, 프랑스, 일본 등지에서 많은 고고학자들이 참여해 뽄다웅 유적에 대한 다각적인 분석을 진행하고 있으며 그 연구결과가 기대된다. 그러나 이처럼 가장 오래된 화석은 완전한 상태로 발견되기가 쉽지 않아 인간 진화과정의 세세한 점들에 대해서는 여전히 뜨거운 논쟁과 추측이 예상된다.

제 2 장

고대 미얀마

앞에서 언급한 뽄다웅, 뽄냐 유인원 유적이 약 4천만 년 전의 것으로 추정되지만 아직 학계의 정설이 되지 못하고 있어 미얀마 최초의 인종적 뿌리라고 말할 수 없다. 그러나 뗀석기(구석기) 유물로 추정되는 사람과 짐승의 뼈, 항아리 파편 등이 중부 미얀마의 차욱, 예난차웅, 몽요와, 버곡꾸의 렛빵체, 아마라뿌라, 따웅드만 호수 등지에서 발견되고 있다 이들 유적들은 구석기시대 인류가 미얀마에 거주했었다는 사실을 증명하는 것들이다. 특히 미얀마 동부의 샨주 요와응앙 근처에 있는 빠다린 동굴에는 들소, 물고기, 사람 손바닥, 태양 등의 벽화가 발견되었는데, 이것은 약 13,400~10,000년 전쯤으로 보이는 후기 구석기 유물로 추정된다. 그리고 다른 유물 중에는 흔히 구석기시대 유물로 꼽는 돌도끼보다는 특이하게도 물건을 다듬는 줄이 많이 발견된다. 이것은 10,000년 전부터 시작되는 간석기(마제(磨製) 신석기)문화의 서곡을 의미하는 것이기도 하다. 신석기시대에 와서는 곡식을 재배했고 목화로 만든 의복도 착용했다. 당시 사용했던 도구 중에는 방아 찧는 기구, 베틀 등이 있다.

석기시대를 잇는 청동기 문화 유적으로는 청동도끼, 청동창, 청동화살촉 등 무기가 많이 발견되고 있다. 부다린의 냐웅간 마을, 몽요와, 스가잉

등지에서 출토된 유물들이 대표적이다. 특히 1998년 2월 19일 냐웅간에서 발굴된 유물에는 청동제품 외에도 항아리, 돌반지, 사람시체가 포함되어 있어 쀼(ပျူ)족에 앞서 인간문명이 존재했던 사실을 증명하고 있다. 이들 유물들이 발견되기 이전에 미얀마에서는 석기시대에서 바로 철기시대로 넘어갔다는 것이 정설이었다. 그러나 이러한 유물들이 발견됨에 따라 미얀마에도 청동기 시대가 있었음이 증명되었다. 단지 도구 끝 부분에 구멍 또는 손잡이가 있는 것으로 보아 약 3,500~2,600년 전쯤 후기 청동기 유적으로 추정된다.

따웅드만, 아마라뿌라, 만달레이 등지에서도 철기 유물들이 발견되었다. 특히 따웅드만 주변에는 후기 석기시대 사람들이 농작물을 재배했던 흔적도 함께 발견되었다.

기원전 5세기를 전후해서 철기문화를 기반으로 하는 도시국가들이 형성된다. 뜨가웅(တကောင်း), 베익따노(ဗိဿနိုး), 한린(ဟန်လင်း), 외딸리(ဝေသာလီ), 뜨예케뜨야(သရေခေတ္တရာ), 뚜원나부미(သုဝဏ္ဏဘူမိ။ သုဝဏ္ဏဘုမ္မိ) 등의 국가들이 그것이다.

1. 고대 도시국가

미얀마는 약 5천 년 전 석기시대 인류에 해당되는 학명 아냐띠안(Anyarthian)계 가운데 한 종족이 에야와디강 상류 지역에 최초의 거주지를 형성했다는 것이 현재까지 학계의 통설이다. 이들은 멸종되었거나 이후 미얀마에 들어 온 이주자들에 섞여버려 그 흔적을 발견하기가 힘들다. 이후 미얀마로 이주해 들어온 종족은 네그리토(Negritto)계의 원시 인도네시아인으로 추정된다. 그러나 이들도 나중에 중국 서부에 본거지를 두었던 몽고족의 일파로 대체되었다는 것이 통설이다.

이 몽고족에서 세분된 것이 바로 오스트로-아시아어(Austro-Asiatic)계의 몬(မွန်)족과 동티벳에서 연유된 티벳-버마어(Tibeto-Burman) 계통의 쀼(ပျူ)족이다.

오스트로-아시아틱계의 종족들 중 일부는 바다를 통해 말레이(Malay) 반도로 들어갔고, 나머지는 육로를 따라 남동쪽으로 내려와 다시 메콩(Mekong)강 주변으로 흩어져 갔던 것으로 짐작된다. 이들의 한 분파인 크메르(Khmer)족은 메콩강의 동쪽 부분을 장악하여 지금의 라오스와 캄보디아 지역에 정착했다. 또 다른 한 분파인 몬-크메르어(Mon-Khmer)족은 서부지역을 장악해 지금의 태국 지역에 이주의 터를 잡았다.

몬-크메르에 속하는 몬족은 태국에서 미얀마 남부로 이주해 들어온 종족이다. 딸라잉(တလိုင်း)이라고도 일컫는 이 몬족은 고대 도시국가 뚜원나부미를 포함한 남부 미얀마 전역에 퍼졌다.

티벳-버마어족은 티벳 산맥의 남동쪽을 따라 미얀마 내륙으로 이주해 들어왔다. 이 티벳-버마어족은 서기 650년경 쀼, 깐얀, 땟족으로 세분화되었다. 왜냐하면 거주지가 다양화되고 왕래가 단절되면서 새로운 형태의 종족으로 분류됐기 때문이다. 계속해서 상부에서 하부로 거주지를 형성하며 내려오던 쀼족은 딴르윈(သံလွင်)강 하부를 넘어 미얀마 내륙으로 들어온 몬족에 떠밀려 더 이상 하부로 내려가지 못했다. 이후 깐얀, 땟족은 라카인족[1]과 친족[2]으로 흡수된 것으로 보인다. 이 외에 비슷한 시기에 미얀마에

1) 비록 버마족과 계통상 같은 티벳-버마족이지만 버마족보다는 살갗이 더 검은 편이다. 거의 2천년 가량 내륙보다는 인도와 보다 빈번한 접촉으로 오늘날의 인체외형을 갖게 된 것이 아닌가 한다. 그럼에도 미얀마 서부 해안을 따라 거주해온 라카인족과 내륙의 에야와디강 유역을 따라 거주해 온 버마족과는 생활방식에 있어 큰 차이가 없다. 협소한 평야와 몬순(monsoon) 영향을 직접 받는 라카인주에 거주해 왔던 라카인족의 생활은 대부분 배와 어로(漁撈)에 의지하고 있다. 그리고 험준한 라카인 산맥은 내륙과의 원활한 관계를 어렵게 만들어 버마족과는 구별되는 라카인족 의식이 고착되는 배경이 되었다. 대부분의 라카인족들은 불교도이지만 라카인주의 중심도시인 싯뜨웨(စစ်တွေ)에 거주하는 많은 사람들과 북부 해안에 거주하는 사람

합류한 것으로 보이는 꺼인족[3], 13세기에 이르러 내륙 평지에 모습을 보이는 샨족[4], 1885년 영국의 합병 이래 그 존재가 밝혀진 까친족[5] 등의 종족이 있다.[6]

이들이 미얀마 내륙으로 들어와 에야와디, 딴르윈, 친드윈, 싯따웅강 등의 큰 강을 따라 흩어져간 것은 의심할 여지가 없다. 그러나 이주해 들어온 정확한 연대는 알려지지 않고 있다. 단지 이들 이주자들은 가뭄, 종족 간의 갈등, 외적의 침입 등을 피해 이주해 들어왔거나, 풍부한 식량과 따뜻한 기후 그리고 그들이 거주하고 경작할 수 있는 용수를 낀 지역을 찾아 수 세대를 걸쳐 이주가 진행된 것으로 추측될 뿐이다.

이들은 문맹의 원시인에 비견될 정도로 정치적 체제는 거의 갖추지 않은 채로 국가 전역에 퍼져 있었다. 물론 종족 내의 유대는 깊었고 종족단위 거주지가 바로 그들 공동 소유의 마을이었다. 이후 왕이 출현하였지만 초기 왕의 지위는 현재의 읍 또는 작은 도시 크기에 지나지 않는 국가를 통치하는 일개 족장 내지는 촌장에 지나지 않았다.

대표적인 도시국가로는 쀼족이 다수였던 뜨가웅, 한린, 베익따노, 뜨에케뜨야, 외딸리가 있고, 몬족이 다수였던 뚜원나부미가 대표적이다. 이들

들이 무슬림이다. 무슬림들은 영국식민지배 당시 인도와 방글라데시로부터 이곳으로 건너와 이주의 터를 잡은 사람들이다.

2) 미얀마의 소수종족들 중 외부의 영향을 가장 적게 받은 종족이 친족이다. 따라서 다른 종족들에 비해 덜 알려져 있는 종족이다.

3) 언어학상으로 티벳-버마어족에 속하며 현재는 원래 이들이 거주하였던 미얀마 동남부의 꺼인주에는 1/3 만이 거주하고 있으며, 나머지는 미얀마 남서부의 에야와디주를 비롯해서 꺼야주, 몬주, 뜨닌다리주 등지에 걸쳐 살고 있다.

4) 타이(Tai)족의 하나로 주로 미얀마 동부지역에 살며 북부지역에도 일부가 산다.

5) 까친족들이 주로 거주하는 미얀마 북부의 까친주는 많은 고산족들이 뒤섞여 있는 지역이다. 징포(Jingpaw)족이라고도 불리는 순수 까친족 외에도 샨, 버마, 마루(Maru), 라시(Lashi), 아지(Azi), 리수(Lisu), 라왕(Rawang), 타일리아미(Tailiami), 타일론(Tailon), 타익캄티(Taikamti), 타일레이(Tailay), 카두(Kadu), 카낭(Kanang) 등으로 불리는 고산족들이 함께 있다.

6) 2015년 인구조사에 의하면 미얀마 인구는 5,100만이며 남은 2,400만, 여성은 2,700만으로 여성의 인구가 남성보다 많은 것으로 조사되었다. 인구 중 70% 정도를 차지하는 버마족을 비롯하여 135종의 종족집단이 거주하고 있다.

도시국가들이 멸망한 후에는 쀼족을 통합한 버마족의 버간왕국과 몬족의 버고왕국, 따톤왕국 등이 미얀마 상하부를 대표하는 왕국으로 자리매김했다.

• 뜨가웅(တကောင်း)

미얀마의 연대기에 의하면 미얀마 최초의 왕국은 북부 미얀마에 위치한 뜨가웅이라고 기록되어 있다. 푸라나[7]에도 같은 기록이 있어 이 사실을 뒷받침하고 있다. 뜨가웅은 딴드야뿌라, 라타뿌라, 띤드웨라고도 불리었으며, 뜨가웅이라 칭하게 된 시기는 기원전 6세기였다. 이 때 띤가따라타라고도 불렸다.

하지만 실체를 구체적으로 증명할만한 역사적 유물이나 문헌은 발견되지 않고 있다. 단지 인도의 한 몰락한 소왕국의 왕자가 건너와 세운 것으로 추정하고 있다. 해운이 발달되지 못한 고대에 인도의 상인들이 바다를 통해 무역을 하는 데에 많은 어려움이 따르자 이를 감소시키기 위해 미얀마 북부의 내륙에 중간 기점을 건설하는 과정에서 이러한 왕조가 생겼을 것으로 추측된다. 그러나 고고학적 증거가 없다는 이유로 이 왕국은 서구 학자들에 의해 부정되고 있다.

미얀마 연대기에는 뜨가웅 주민들을 부처[8]의 후손인 것으로 기록하고 있고, 이들의 원래 거주지는 상부 인도로 되어 있다. 그리고 뜨가웅의 왕과

---

7) 산스크리트어로 쓰인 고대 인도의 신화 · 전설 · 왕조사를 기록한 힌두교 성전이다.

8) 부처의 원래 말은 불타(佛陀)이고, 이것은 산스크리트어인 원어 부다 또는 붓다(Buddha)의 발음을 음역(音譯)한 한자어이다. 또한 불타를 약칭하여 불(佛)이라고도 한다. 이러한 부처는 그 용도가 한정되어 있지는 않다. 부처는 불교의 창시자이자 신앙의 대상인 고유경사로 쓰이고 있지만, 본래의 의미는 각자(覺者) 즉 깨달은 사람을 나타내는 말로서 성자의 경지에 이른 사람에게 붙이는 경칭이다. 이처럼 불교에서는 진리를 깨달은 사람으로서 부처가 얼마든지 있어도 상관없지만, 대개의 경우 부처라 하면 불교의 창시자를 일컬으며 이 책에서도 역사적 인물로서의 석가모니 즉 고타마 싯다르타를 지칭한다.

관련된 중요한 행사에 이미 드쟈민, 나가민, 브라만 등 토속신과 인도적 요소가 등장하는 것으로 보아 인도와는 어떻게든 연결되어 있었음이 틀림없다.[9] 계속해서 연대기에는 뜨가웅의 한 왕이 라카인과 북부 버간까지 세력을 확대하였고, 이것이 계기가 되어 라카인 왕조와 버간 왕조가 시작되었다고 기록하고 있다.[10] 버간 시기에 등장했다고 알려져 있는 인구수를

9) 1829년 바지도왕 때 처음 나온 역사책 '유리궁전 연대기 The Glass Palace Chronicle'를 1992년 다시 출판한 미얀마 역사서에서 당시의 구체적인 이야기를 다음과 같이 묘사해 놓고 있다.
고대 인도의 삔스라릿 지역을 통치하던 왕이 꼬리야 지역의 왕과 혈연관계를 맺기 위해 꼬리야왕의 딸을 요구했다. 그러나 꼬리야왕은 삔스라릿왕이 자신보다 가문이 좋지 못하다는 이유로 거절했다. 이에 화가 난 삔스라릿왕은 군대를 몰아 꼬리야를 무너뜨렸다. 무너진 꼬리야 왕국은 왕족들에 의해 세 개의 소국으로 분할되었는데 이것을 통틀어 까삘라 왕국이라 칭하게 되었다. 이 까삘라는 사카족 왕국이었으며 여기에서 고타마 싯따르타가 탄생하였다. 후에 세 개의 소국 중 하나를 통치하던 아비라자가 자신의 부하들을 이끌고 미얀마 북부 지역으로 이주해 들어와 뜨가웅 왕국을 건설했다. 따라서 미얀마 최초의 왕국 뜨가웅은 고타마 부처와 같은 혈통인 사카족 사람 아비라자가 세운 도시국가로 시간이 지나면서 원주민과 조화되었다 한다. 현재의 미얀마 사람 중에 자신들을 부처의 후손이라 여기기도 하는 이유가 바로 여기에 있다.

10) 아비라자가 죽자 그의 두 아들 깡라자지 와 깡라자응에는 왕위를 차지하기 위해 암투를 벌이게 되었다. 이것을 목격한 왕실 대신이 두 사람을 중재하여 피를 흘리지 않는 방법으로 대결하여 왕위를 갖도록 조언했다. 즉 다음날 동트기 전까지 서로 다른 산봉우리 위에 많은 사람들이 들어갈 수 있는 임시 막사를 짓는 경쟁을 하도록 했다. 막사를 짓는 공덕(功德)을 행해 사람들에게 보시(布施)할 수 있는 기회를 마련한다는 의미도 있었다. 그러므로 두 사람 중 막사를 더 크게 지은 사람이 왕위를 갖도록 했으며, 이 제안에 두 사람은 동의했다.
막사짓기 경쟁이 시작되자 형 깡라자지는 큰 나무와 대나무들을 베어 옮겼고 막상 건물을 세우기 시작했을 때는 동이 트고 있었다. 한편 동생 깡라자응에는 작은 나무들을 가지고 건물을 세웠고 동틀 녘에는 이미 완성되어 있었다.
경쟁에서 진 깡라자지는 자신을 따르는 사람들을 데리고 에야와디강을 따라 내려와서 친드윈강 가에 있었던 끌레다웅뇨라는 곳에 새로운 삶터를 마련했다. 이곳에서 그는 지역 주민들을 대상으로 신병을 모집하여 훈련을 시켰고 이들은 훌륭한 전사가 되었다. 깡라자지의 명성이 알려지면서 다른 지역에 거주하던 뚜나뻐안, 쀼, 깐얀, 뗏족 등이 자신들을 통치해 줄 지도자를 깡라자지에게 요구하자 깡라자지는 아들을 보내어 통치하게 했다. 깡라자지는 왕실을 짜욱빤다웅묘, 다냐와디 지역들로 옮겼고 74세에 숨을 거두었다.
이 사이 쀼족들은 한린, 뜨예케뜨야 등지에 부락을 이루고 있었다.
한편 깡라자응에를 2대 왕으로 받들었던 뜨가웅 왕국은 이후 31명의 왕을 거친 다음 역사 속으로 사라졌다. 마지막 왕 베인나가가 통치할 당시 띤가따라타라고 불리기도 했던 뜨가웅은 중국의 공격으로 멸망했다. 뜨가웅이 멸망하자 베인나가는 부하들을 데리고 미얀마 하부 지역에 있었던 말레차웅으로 도피해 살았다. 그러나 베인나가가 죽자 이들도 세 집단으로 나뉘어졌다. 한 집단은 샨 지역으로 들어가 베인나가를 잇는 후손으로 살았으며, 다른 한 집단은 이전에 깡라자지가 터를 닦아놓았던 에야와디강 서남부와 라카인 지역으로 들어가 쀼,

딴 마을 이름이 뜨가웅 시기에 이미 나타난다. 1060명의 주민이 살고 있는 지역을 1060마을이라고 명명한 것으로 보아 이러한 방법의 마을이름 붙이기는 뜨가웅 시기부터로 거슬러 올라가야 한다.

어떤 경우의 가정이든 뜨가웅 왕국의 대다수 주민들은 쀼족이었다. 이 쀼족은 통상 이야기되는 것처럼 중국과 인도를 거쳐 에야와디강 유역을 따라 미얀마에 들어와 이 왕국을 세웠을 수도 있고, 일부 학자가 주장하는 것처럼 부처와 같은 계통의 종족이 인도에 있다가 미얀마로 이주해 이 왕국을 세웠을 수도 있다.

• 베익따노(ဗိဿနိုး)

베익따노(묘)[11]는 방사성탄소연대측정 결과 기원전 3세기경에 건립되었다. 고고학적으로 증명할 수 있는 각종의 유적들이 발굴됨으로서 역사적으로 증명할 수 있는 미얀마 최초의 도시국가로 정의할 수 있다.

위치는 현재 마그웨 지역에서 따웅드윈지 방면으로 약 18킬로미터 떨어진 곳에 자리 잡고 있었다. 서기 1～2세기경에 큰 화재로 인해 쇠퇴했다. 그러다 4세기경에 와서 쀼족의 또 다른 도시국가였던 뜨예케뜨야에 의해 완전히 무너진 것으로 추정된다. 하지만 누가 이 도시를 건립하였으며 왜 화재가 발생한 지는 정확히 알 수가 없다. 단지 민돈(1853～1878)왕 시기에 만들어진 따웅드윈지 연대기에 의하면 베익따노는 빤와삐 또는 빤와묘라 일컬었고, 베익따노를 통치했던 빤와 공주의 이름을 따서 이렇게 불렀다고 기록되어 있을 뿐이다.[12]

깐얀, 뗏족등과 섞여버렸다. 나머지는 말레차웅에서 베인나가의 왕비 나가서인과 여전히 그대로 살았다 한다.

11) 베익따노는 종종 베익따노묘라 일컫기도 한다. 베익따노묘의 '모'는 미얀마어로 '도시'라는 의미를 가지고 있는데, 이는 베익따노가 국가라기보다 도시적 성격이 강했던 곳으로 이해할 수 있다.

12) '빤와삐'의 삐는 '국가'라는 뜻이다. 따라서 '빤와삐'는 빤와국가, '빤와묘'는 빤와도시란 뜻이

베익따노는 3.3평방마일의 사각형 모양을 이루고 있는 규모가 큰 도시였으며 주위를 성으로 두르고 성벽을 따라 호를 파 놓았다. 성의 출입문은 나무로 만들었고, 좌・우측에는 연료창고가 있었다. 성문의 높이는 6미터 정도로 코끼리와 기마부대, 보병들이 드나들 수 있었다. 성벽은 벼껍질을 섞어 단단하게 만든 벽돌로 되어 있었으며 높이는 지상에서 측정하여 사람 키 정도였다. 호의 깊이는 3미터 정도로 적이 쉽게 접근하지 못하도록 만들어 놓았다.

베익따노의 쀼족은 농업과 무역을 행했으며, 옷도 직접 만들어 입었다. 땅속에서 발견된 벽돌에는 벼 껍질들이 많이 붙어 있었다. 이로 보아 이들은 성안에서 벼농사를 지었던 것으로 추정된다. 도시 서쪽으로 큰 호수가 있어 관개농사가 이루어졌을 가능성이 높다. 집은 나무, 대나무 등으로 엮어 지었으며 홍토(紅土)에 석회로 반죽하여 성벽이나 파고다, 회관 등의 건조물도 만들었다. 다양한 형태의 석조, 목공예품을 비롯하여 쇠로 만든 화살촉, 창, 못, 청동으로 만든 사자상, 브라만 오리 힌따상, 방울, 금으로 만든 팔찌, 귀걸이, 반지 등이 발견된 것으로 보아 수공솜씨도 뛰어났던 것 같다.

물론 농업이 주업이었지만 부분적으로는 무역도 성행해 인도와 중국과도 교역을 했다. 사실 베익따노는 미얀마의 중심부에 위치하고 있을 뿐만 아니라 에야와디강을 끼고 있어 북으로는 로마와 중국을 이으며, 남으로는 남인도를 연결시키기에 용이한 위치에 있었다.

이들의 종교는 불교가 일반적이었지만 베익따노가 비쉬누(Vishnu)[13)]

된다. 덧붙여 '빤와'라는 말은 '노란 꽃'이란 뜻이다.

13) 비쉬누는 본래 아리안족들이 의인화하여 섬긴 자연 신(神)의 하나로서 태양신인 수랴(Sulya)의 마차를 따라 이동하는 햇빛의 작용을 신격화한 것이다. 이 신은 세상에 악이 충만했을 때 정의를 회복하기 위하여 지상에 다시 태어나는 것으로 여겨졌다. 따라서 정의가 아닌 것에 대한 한탄이 많으면 많을수록 비쉬누에 대해 거는 사람들의 기대는 더욱 커지는 것이다. 이와 같은 연유로 사람들은 역사상에서뿐만 아니라 신화나 전승(傳承)상의 위인이나 영웅에게

도시란 의미를 담고 있는 만큼 힌두교도 성행했을 것으로 여겨진다. 게다가 인도의 안드라 지방에서 성행한 파고다양식과 유사한 파고다가 발견된 것으로 보아 인도와의 왕래가 잦았던 것 같다.

시체는 화장하고 타고남은 뼈는 납골당에 넣어 보관하는 풍습이 있었다. 서기 2세기경에 작성된 빨리(ပါဠိ)어 문헌이 발견된 것으로 보아 빨리어와 산스크리트어가 사용된 것으로 추정된다. 하지만 이들 문자의 사용은 일부분에 거칠 뿐 일반화되지 못했다는 것이 역사학자들의 일반적인 견해이다.

• 뜨예케뜨야(သရေခေတ္တရာ)

쀼족에 의해 건립된 뜨예케뜨야는 '행운의 땅'이란 의미를 갖고 있으며, 대략 3~9세기까지 존립했던 것으로 추측된다. 현재 삐의 동남쪽 8킬로미터 지점에 위치한 흐모자(မှော်ဇာ) 마을 근처가 뜨예케뜨야가 있었던 곳이다. 도시의 형태는 타원형이었으며, 전체면적은 5.5평방마일, 성벽의 길이는 8마일에 달했다. 이는 현재의 만달레이시 혹은 버간보다도 큰 규모가 된다. 당시에 건립된 단단한 성터가 아직도 남아 있다. 뜨예케뜨야는 쀼족국가 중 최대 규모였으며 주민 전체가 성안에 거주할 수 있었을 정도였다.

뜨예케뜨야는 '위대한 지배자'란 뜻을 가진 두따바웅왕이 열었다고 하며, 그는 인도인 혹은 인도인의 피가 반쯤 섞인 야자(라자ရာဇာ 지배자)로 추정된다. 두따바웅은 현재 미얀마어에서 사용되는 폐야(ဘုရား)[14]와 같은 의미이다.

서 비쉬누의 모습을 구현하여 그들이 비쉬누의 화신이라고 여겼다. 현재 힌두교도들 사이에서는 10개 정도의 비쉬누 화신을 신봉하고 있는데 그 중 아홉 번째 화신이 부처로서 결국 부처도 힌두신의 하나로 여기고 있다. 따라서 현대 힌두교도들이 부처의 가르침에 큰 거부감을 갖지 않는 것을 이해할 수 있을 것이다.

14) '폐야'는 부처, 불탑을 지칭하는 동시에 왕, 고승 등 고귀한 사람을 부를 때 사용되는 말이다.

중국의 역사서 만슈(만서 蠻書)에서 쀼족에 관해 묘사해 놓은 부분을 보면 당시 쀼족이 18개의 주를 지배했다고 기록하고 있다. 이 18개의 주는 현재의 중부 미얀마와 삼각주 사이에 있었으며 이곳이 바로 수도 삐를 중심으로 하는 뜨예케뜨야이다. 802년에는 중국정부에 조공사절을 보냈다는 기록이 있는 것으로 보아 주변 도시들로부터는 조공을 받았을 가능성도 있다.15)

뜨예케뜨야는 지리적으로 좋은 조건에 위치해 있었다. 당시는 지금과 같은 에야와디 삼각주가 아직 형성되지 않았기 때문에 그 위치가 에야와디강의 하부어귀인 동시에 인도양의 관문이 될 수 있었다. 바다로부터 불과 수마일 정도 떨어진 곳에 위치함으로써 배들이 이 지역에까지 올라올 수 있었다. 따라서 인도 나아가 로마와 중국을 잇는 경유지로도 활용되었을 가능성이 높다. 그리고 중국의 난차오(Nanchao南詔) 또는 샨 지역을 연결하여 인도 북동부의 아삼(Assam)까지의 무역로로 활용됐을 가능성도 높다. 또한 이 지역은 해로를 통해 따톤(သထုံ)을 비롯한 여타 몬족의 항구 도시들에 이르는 지름길에 위치해 있었다. 따라서 말레이 반도를 거쳐 미얀마 내륙으로 들어오는 배들의 중간 휴식처 역할도 제공했다고 보여진다.

이들은 스스로가 재배한 쌀을 주식으로 삼았다.

---

15) 이러한 관계는 중국을 중심으로 기원 6~7세기 이래 천 년 이상을 이어온 중화조공(中華朝貢)관계의 한 형태로 볼 수 있다. 즉 중국과 조공관계에 있었던 국가는 중국과의 상하 직선적인 지배 종속적 성격을 띤 동시에 양국에 필요한 물건을 대등한 위치에서 교환하는 조공무역의 형태도 포함하고 있었다. 이 체계는 중국의 중앙정부의 입장에서 보아 중앙에서 시작하여 직접통치가 가능한 지역은 중앙관료가 직접 파견되어 통치하였고, 중앙 정부와 좀 떨어진 타민족 지역은 그 지역의 지도자를 토사, 토관으로 임명하여 대리 통치를 하게 하였고, 그 다음으로는 이번원 제도를 두어 관할하였던 몽고의 경우와 같이 이 역시 그 지역 사람을 행정관으로 임명하여 대리 통치를 했다. 이보다 더 외곽지역은 느슨한 관계로서 조공에 의한 영향력을 행사했다. 이 밖에 중국의 힘이 거의 미치지 못하는 지역은 중국과 거의 대등한 관계를 인정하는 호시국, 그 보다 더욱 바깥에 있어 교화가 완전히 미치지 못하는 지역을 화외(化外) 지역으로 분류했다.

종교는 불교도가 다수였지만 동전에 새겨진 태양, 달, 바퀴, 번개 등의 모습에서 알 수 있듯이 다른 신앙들도 혼재되어 있었던 것으로 보인다. 이 지역에서 발견된 보보지, 폐야마, 폐야지 같은 파고다는 고대 분묘의 전형을 보여주고 있다. 이 외에도 다양한 재료로 만든 부처상, 낫(နတ်)[16]상, 비쉬누상 외에도 돌로 만든 조각품들이 발견되었고 은제품을 비롯하여 루비, 사파이어, 수정 등 보석을 다듬는 솜씨도 뛰어났다. 춤수준도 뛰어나 800~802년경 중국까지 가서 공연했다는 기록도 나온다.

그러나 이 지역은 현재의 기후나 지형에서 알 수 있듯이 대단히 건조하고 황량하여 도시로서 번성할 수 있는 여건은 갖추지 못하고 있다. 이 같은 환경조건으로는 거대한 도시민을 먹여 살리기에 역부족이었음이 틀림없다. 그럼에도 불구하고 이런 도시가 있을 수 있었던 이유를 설명하자면 강가의 분지로부터 기름진 곡식을 공급받을 수 있었다. 또 13세기까지 상부 미얀마의 날씨가 건조하지 않고 축축하고 기름졌다고 믿어진다. 그렇지 않았다면 그 많은 파고다를 건립하는데 드는 수백만 개의 벽돌을 구워낼만한 거대한 수림의 존재를 설명할 수 없기 때문이다.

서기 830년경에 뜨예케뜨야는 와해되고 말았다. 추측컨대 종족들 간의 분쟁이 일차적인 원인이며 난차오의 공격으로 완전히 무너진 것으로 추정된다.

• 한린(ဟန်လင်း)

베익따노가 쇠퇴할 무렵인 2세기경 미얀마 북부 스가잉주 슈웨보 인근 무강과 에야와디강 사이에 위치했던 한린(지)[17]라는 도시국가가 나타났

16) 미얀마인들이 전통적으로 경배하고 있는 일종의 정령신(神)이다.

17) 한린(지)의 '지'는 '크다' '위대하다'라는 뜻이다. 일반적으로 사람, 물건에 관계없이 그 대상을 높여 부르고자 할 때 자연스럽게 붙이는 접미어다. 따라서 한린지라고 하면 '큰 한린' 또는 '위대한 한린'이란 의미가 된다.

다. 한린은 약 9세기까지 존립했던 것으로 추정되고 있다. 도시의 규모는 1.8평방마일의 넓이와 남북이 긴 직사각형 모양이었다. 중국의 연창(Yonchang)과 인도를 잇는 육로에 위치함으로 해서 무역이 발달하고, 동전도 사용되었던 것으로 여겨진다. 그러나 불행히도 역사적 근거가 없다. 그러나 중국의 역사서 만슈에 나오는 린양(Linyang)을 뿌의 발음으로 한린에 가깝다. 따라서 이 린양이 한린을 가리키는 것이라는 주장이 설득력을 얻고 있다. 만슈에 기록되어 있는 것을 토대로 당시 한린의 생활상을 보면 한린 사람들은 교역할 때 은전을 사용하였고, 다양한 재료의 염주를 만들었다. 이러한 염주를 보아 한린에서도 불교가 융성했던 것으로 보인다.[18]

• 외딸리(ဝေသာလီ)

미얀마의 서쪽에는 라카인으로 알려진 또 다른 티벳-버마 계통의 이주민이 있었다. 이들은 기원전에 이 지역에 정착했던 것으로 보인다. 7세기 중엽 티벳-버마 계통의 깐얀족도 이 라카인족에 흡수되었다.

미얀마 연대기에는 초기 이주민들이 에야와디강을 따라 내려오다 서부의 산맥을 넘어 현재 마욱우 북부 지역에 거주지를 형성했다고 되어 있다. 끄라단강과 레묘강 사이에서 4세기경 외딸리라 일컬어지는 고대 도시국가가 나타났으며, 이 외딸리가 나중에 라카인의 중심도시가 된다. 서기 729년에 만들어진 것으로 보이는 묘하웅 싯따웅 파고다에 아난다 산드라

---

18) 이러한 한린의 멸망에 관하여 구전되어 오는 이야기가 있다.
왕세자이기도한 한린 왕의 남동생이 미소만 지으면 도시 전체에 황금이 쏟아져 내렸다 한다. 어느 날 중국의 사신들이 한린을 방문했을 때, 왕은 이들에게 황금 선물을 하기 위해 남동생에게 미소를 짓게 했다. 그러나 이때 왕세자는 왕비가 왕인 자신의 형을 죽일 음모를 하고 있다는 것을 알고는 비탄에 잠겨 있었다. 그래서 왕의 명령에도 불구하고 미소를 지을 수가 없었다. 그러자 왕은 대노하여 고함을 쳤는데 왕의 고함 소리에 도시 전체가 무너져 내려 왕과 왕비 그리고 왕세자마저도 죽어 버림으로써 왕국이 멸망했다는 것이다.

(Ananda Sandra)왕에 관한 기록이 있다. 이에 의하면 외딸리는 4세기에 세워졌고 산드라 왕조에 의해 통치되었다고 한다. 그러나 이 산드라 왕조에 대해서도 연대기 등 거의 전설적으로 전해져 오고 있어 그대로 수용하기 어려운 것이 사실이다.

다만 외딸리란 명칭은 인도 갠지스강 계곡에 있던 베살리(바이살리)란 도시명을 따와 붙인 것으로 추측될 뿐이다. 그렇지만 인도와 빈번한 교류를 한 흔적은 별로 없다. 인도와 라카인의 접경지대는 거대한 습지와 홍수림으로 되어 있어 원활한 교류를 방해하고 있었기 때문이다. 하지만 인도의 아소카왕이 죽은 후 남인도에서 사용된 나가리(Nagari)문자가 새겨진 석문이 외딸리에서 발견된 것으로 보아 어떤 형태로든 인도와의 교류가 있었던 것으로 추정된다. 라카인인들이 사용한 은전과 이들이 남겨놓은 산스크리트어 석문은 4~6세기경에 만들어진 것으로 추정되며, 최근에는 빨리어 석문도 발견되었다. 왕의 이름이 새겨진 동전이 발견된 것으로 보아 동전도 사용되었던 것으로 추정된다.

• 뚜원나부미(သုဝဏ္ဏဘူမိ)

몬-크메르의 한 분파인 몬족이 태국으로부터 들어와 모뜨마만 근처에 주거를 정하고 3세기 경에 건립한 도시국가가 바로 뚜원나부미이다. 서쪽으로는 에야와디강 삼각주까지, 동으로는 태국의 서북부지역까지 위세를 떨쳤다. 현재 미얀마 몬주의 껠라따산 발치에 있는 따톤이 중심도시였으며, 바다와 인접해 있어서 인도의 마드라스, 말레이 반도, 태국 등과의 무역거점 및 상업이 발달된 도시로 추정된다. 또한 인도 상인들과 이주자들의 영향으로 힌두교와 불교가 융성했다. 특히 후기에 들어와 순수 상좌부 불교가 전래되어 크게 떨쳤던 곳이기도 하다.

몬족은 하부 미얀마를 중심으로 뻗어나갔으며 에야와디강 평원 이북으로 진출한 흔적은 거의 없다. 쀼족의 국가들이 쇠퇴했을 때 버고까지 진출한 정도였을 뿐 서북의 라카인 산맥은 넘을 생각도 하지 않았다. 대신 하부 지역은 동서로 그 영향력을 뻗어나갔는데, 다곤, 뜨완테, 딴리엔 등 에야와디 하구 지역이 그 중심지역이다. 하부 삼각주가 형성되면서 미얀마 서남부 지역인 버떼인으로도 진출했다.

따톤은 바다와 당시의 불교국 인도를 향하는 관문이었다. 게다가 인도와 가장 가까운 거리에 있었기 때문에 따톤이 인도의 상업과 문화적 영향을 가장 많이 받았다. 그리하여 몬의 문화는 인도의 관습과 사상에 의해 다듬어졌고 이는 나중에 크메르, 티벳-버마 그리고 타이-샨에까지 영향을 미쳤다. 벼농사도 몬족에 의해 일반화되었다. 몬족은 기원전 2천 년경에 벼농사를 시작했다. 현재까지 통설로 되어 있는 미얀마 이주사에 입각해 볼 때 몬족이 미얀마에 들어오기 전까지 미얀마에는 벼농사가 발달되어 있지 못했다. 따라서 몬족에 의해 벼 재배 방법이 버마족에게 전수됨으로서 비로소 버마족들에게도 벼농사가 일반화되어져 갔던 것으로 여겨진다.

2. 지배관계

초기 쀼족의 정치체제는 단순했다. 왕과 귀족을 중심으로 하는 지배계급과, 농부, 상인, 수공업자, 노예 등으로 구성되는 피지배 계급으로 이분화 되어 있었다. 지배계급은 모든 생산수단을 소유하였을 뿐만 아니라 문자해독 능력도 독점했다.

그러나 앞에서 설명한 바 있듯이 완전한 형태는 아니지만 작은 마을 단위의 지배자는 이 보다 강한 이웃 마을 지배자의 명령에 복종하고 대신 그 보호를 받는 보호-충성관계를 이루고 있었다. 예를 들면 작은 마을에

나 있는 어떤 한 도로를 이웃에 연한 큰 마을의 지배자가 소유권을 주장하면 이 길을 이용할 때마다 그에게 경의를 표해야만 했다. 하지만 이 지배자도 그보다 강한 다른 이웃지역의 지배자를 거슬리지 않도록 노력해야 했다. 이러한 체계는 미얀마의 지배자임을 주장하는 뜨예케뜨야까지 이어지며, 이는 뜨예케뜨야의 지배자임을 주장하는 난차오로, 그리고 난차오의 지배자임을 주장하는 중국 중앙정부에까지 이어졌다.

중국 중앙정부에서 보았을 때 난차오(南詔)는 남쪽에 위치하고 있다. 따라서 중국의 남쪽에 있다 해서 남쪽이란 뜻의 '난'과 '지배자' 혹은 '황제의 칙령'이란 뜻의 '차오'를 합쳐 난차오라 불렀다. 차오는 미얀마어의 소브와(စော်ဘွား)[19]와 같은 말로 봐도 된다.

이런 난차오가 뜨예케뜨야를 조공국으로 두었던 것이다. 난차오의 지배자가 중국에 사신을 보낼 때 쀼(ပျူ)족의 왕자를 데리고 갔던 사실에서 나타나듯이 이러한 지배관계는 상당히 효력이 있었던 것으로 보인다. 황제에게 충성을 표했고, 황제는 난차오의 지배자에게 자신의 주변 작은 지역을 통치할 수 있는 지배권을 인정해 주었다.

이런 연유로 난차오는 '쀼의 주인'이란 의미를 가진 '쀼쉰(ပျူရှင်)'이란 호칭을 사용하면서 난차오가 필요하다면 수천 명의 사람을 노예로 삼을 수 있을 만큼 미얀마 북부에서는 그 영향력이 컸다.

이러한 상부 미얀마가 난차오의 영향권 하에 있었던 것에 반해 몬족이 주민의 대부분을 차지했던 하부 미얀마는 몬족이, 미얀마의 꼬리부분에 해당하는 떠닌다리(တနင်္သာရီ)는 캄보디아 최초의 제국이라 할 수 있는 푸난(Funan)왕국의 지배하에 있었다. 힌두 국가였던 푸난왕국은 3세기에 이르러 미얀마를 제외한 대륙부 동남아의 대부분을 관장할 정도로 강력한 국가였다.

19) '소브와'는 미얀마 북동부 산악지대에 거주하는 샨족의 우두머리를 일컫는 말이다.

3. 생활전반

고대 미얀마는 대부분이 숲으로 우거진 정글이었다. 오늘날의 기름진 에야와디 삼각주는 형성되지 않았다. 따라서 대규모의 쌀농사는 어려웠던 것으로 보인다. 단지 벼, 옥수수, 콩 등을 재배하여 자급자족하는 정도였던 것으로 추정된다. 그리고 은전, 동전 등 금속화폐가 사용된 것으로 보아 국내·외 교역도 활발했던 것으로 보인다. 특히 베익따노와 뜨예케뜨야는 해로를 통해, 한린은 육로를 통해 인도와의 교역이 빈번했을 뿐만 아니라 따톤은 인도와 동남아를 잇는 중간거점으로 크게 활용되었던 것으로 보인다. 연안에 접해 있었던 따톤과 더불어 수심이 얕은 바다에 있었던 버고도 외국과의 교류가 왕성했던 것으로 보인다.

9세기 문헌을 보면 스리랑카에서 무역을 하고 있던 로마의 선주들이 황금의 보고로 불리던 뚜원나부미와 말라야에 관한 소식을 접하면서 하부 미얀마에 비로소 발을 들여놓았다. 8～16세기까지 인도의 동해를 장악하고 있던 아랍의 상선들이 그 뒤를 이었다. 당시 이 지역에서 거래되었던 주요 상품으로는 야크 꼬리, 알로에, 금, 은, 코뿔소의 뿔 등이었는데 특히 중국인들은 이것들을 높은 가격으로 구입하였다. 이 지역에서 수입했던 물품 중에는 마드라스의 촐라(Chola) 왕국에서 생산되는 비단 옷감과 벵갈에서 나오는 불상이 포함되어 있었다. 인도에서 불교가 쇠퇴한 이후에도 미얀마에 수출하기 위해 이 불상제조공장은 계속 가동되었다.

그러나 당시는 미얀마가 외부세계에 완전히 노출될 만큼 각광받는 물자가 없었다. 오늘날 미얀마가 외부세계에 본격적으로 알려진 계기가 된 쌀, 티크, 석유는 과거에는 그렇게 호평 받는 물자가 아니었기 때문이다. 당시는 인구가 그리 많지 않아 식량의 주재료인 쌀은 지역마다 스스로 자급자족할 수 있었다. 나무는 작은 집과 배를 만드는 것 외의 사용목적으로는 베지를 않았다. 기껏해야 건축물에 필요한 벽돌을 굽는 용도로 작은 나무들이 쓰였을 뿐이지 티크, 뺑가도 같은 거대한 나무는 그리 쓸모가 없었다. 물론 많은 파고다를 건립했던 버간 등의 특수한 지역은 제외하고, 철도와 증기선도 19세기 이전까지는 존재하지 않았으며 거대한 상선도 이 시기에는 없었기 때문이다. 석유 또한 호롱불을 켜는 정도에만 사용하였고, 자동차, 항공기 등의 에너지원 또는 플라스틱 제품의 소재로도 사용되기 전이었기 때문에 각광받는 대상은 아니었다.

완전한 형태는 아니지만 초기 쀼족은 13세기까지 고유 언어를 가지고 있었던 것으로 추정된다. 1113년 버간의 3대왕 짠싯따의 아들 야자꾸마가 아버지의 죽음을 애도하며 세운 비석에서 잘 나타나고 있다.

쀼 문자는 브라미 문자에서 파생된 고대 인도의 카담바(Kadamba) 문자를 근간으로 최초로 문자가 만들어졌고, 그 후 서기 300년 경에 힌두교도의 확장 당시 남인도로부터 라카인 지역으로 전래된 것으로 추정되는 나가리(Nagari) 문자가 가미되었다. 이후 산스크리트어, 빨리어 등도 가미되어 만들어진 것으로 추정된다. 이러한 문자가 서기 500년 이전에 쓰여졌다고 추측되긴 하지만 단지 10세기 유형의 문자만이 발견되었을 뿐 이전의 문헌은 아직 발견되지 않고 있다.

중국의 역사서 만슈에서 쀼족은 매우 겸손하며 예의 바른 민족으로 묘사되어 있다. 그들은 말수가 적고, 만날 때면 팔을 껴안고, 손을 흔드는 인사를 하며, 법도 매우 약해서 족쇄, 사슬, 감옥이란 개념조차 설정되지 않을 정도로 서로가 화목하게 지냈다고 한다. 소송 당사자는 부처상 앞에서 향을 태우도록 했다고 한다. 죄를 지은 사람은 이 앞에 꿇어앉아 속죄했다. 이렇게 함으로써 자신의 죄를 시인하거나 결백을 납득하도록 유도한 것으로 보인다. 이를 보아 당시에는 체계적인 법적용이나 법해석이 그다지 필요하지 않았던 사회로 보인다. 단지 죄가 확정된 초범자는 세 대의 채찍형으로 다스리고, 재범자는 다섯 대, 이런 식이었을 뿐 사형 제도는 없었다 한다. 왕도 부처상 앞에서 국민들을 정당하게 다스리겠다는 맹세를 하곤 했다. 궁전 앞에는 금과 은으로 만든 두 개의 종이 걸려 있었는데 전쟁이 일어났을 때에는 이 종을 울렸다 한다.

이렇게 쀼족의 법은 관습법에 의존하고 있었을 뿐 힌두교의 마누 법전[20]을 수용하지 않았다.[21] 하지만 인도인을 뜻하는 미얀마어 '끌라(ကုလား)'는 '건너온(ကူးလာ)사람'이란 뜻을 가지고 있으며 인도의 카스트 제도를 신봉하는 사람들로서 미얀마인인 자신들과 분명히 구별하고자 했던 것으로 보인다. 그럼에도 초기 쀼족의 민속은 대부분 힌두교적 요소를 담고 있는데, 일예로 미얀마의 고전 동화책 '투담마따리 공주'는 카스트 제도를 배경으로 하고 있다. '베다 공주', '알라웅도 까타파', '슈웨세도' 그리고 슈웨디공 파고다의 전설은 인도의 민속이야기와 거의 일치하고 있다 한다.

쀼족과 몬족은 직조, 조각 등 수공예도 발달했다. 쀼족은 비단과 면이 섞인 옷감으로 옷을 해 입었던 것으로 보아 비단 가공 기술이 당시에도 발달해 있었던 것 같다. 특히 쀼족은 춤과 음악을 좋아하였으며, 14개의 현을 가진 하프(စောင်း ၊ စောင်းကောက်)와 악어 머리를 가진 9개의 줄이 있었던 기타(မိကျောင်း) 등의 악기가 있었다.

부처상을 만드는 양식에는 지역마다 약간의 차이가 있었다. 라카인 지역에서는 실물보다 몇 배의 크기로 부처상을 만들었다. 쀼족은 실물보다

---

20) 고대 인도의 법전. 기원전 2세기에서 기원후 2세기 사이에 만들어졌으며, 모두 12장으로 되어 있고, 카스트 제도를 기초로 인도인의 권리 · 의무 · 생활 법규를 규정해 놓고 있다.

21) 13세기에 이르러서야 미얀마법에서도 마누에 대한 언급이 나타나고 있는데, 이는 힌두교도들과 접촉이 빈번했던 하부 미얀마의 몬족 국가에 적용되면서이다. 즉 몬족은 13세기 말 버간 왕국이 멸망한 틈을 타 세운 자신들 왕국의 지배자와 법정의 권위를 높이기 위해 법전을 마련했고, 이 과정에서 마누법전이 차용되었던 것이다.

작게 제작했던 것에 반해 몬족은 거의 실물 크기로 제작했던 점이 차이가 난다.

뜨예케뜨야 등의 후기 쀼족의 문명은 베익따노, 한린 등의 초기 쀼족들이 가졌던 것보다 발달되어 있었다. 무덤의 규모는 초기 쀼족이 만들었던 것보다 거대했다. 그들은 주군의 시체를 화장했으며, 타고남은 뼈와 재를 항아리에 담아 묻었다. 파고다 기증자의 납골은 땅에 묻고 그 위에 파고다를 세우곤 했다.

4. 종교

쀼족과 몬족의 생활은 불교와 밀접한 관계를 가지고 있었다. 당시 건립된 불교건축물 중에 현재까지 남아 있는 대표적 파고다가 보보지 파고다이다. 이 파고다의 중앙부는 텅 비고 몸체는 원통형으로 만들어졌으며 건축에는 홍토를 회반죽한 벽돌을 사용하였다.

이러한 불교가 언제 미얀마에 들어왔는지는 정확히 알 수는 없다. 미얀마 연대기와 상좌부불교[22]의 고전에는, 하부 미얀마 출신의 몬족 상인 두

22) 고타마 부처의 입멸 직후인 기원전 477년경 라자그리하(Ra agriha)에서 1차 불교결집-당시의 결집은 형식적인 성격이 강했고, 인도 전체에서 볼 때에는 불교가 여전히 힌두교의 한 분파 정도로 여겨졌다.-이 있은 후 기원전 380년경에 인도의 베살리(바이살리)에서 제 2차 불교결집이 있었다. 이 때 교단은 과거의 규율을 엄격히 고수해야 한다는 보수파와, 지역과 상황에 따라 융통성 있게 변화되어야 한다는 진보파로 분열되었다. 전자를 〈상좌부〉, 후자를 〈대중부〉로 칭하였다.

그 뒤 교단은 다시 분열을 거듭하여 기원전 1세기에 이르러 상좌부 9, 대중부 11부파의 총 20부파로 분열되었다. 이 시기가 부파불교(部派佛敎)가 전성했던 시기로 불교가 여러 부파들에 의해 그 해석이 정리되었던 시기이기도 하다. 대략 기원전 2세기부터 불교 교리의 해석이 정리·작성되었는데, 불교에 관해 고타마 부처가 직접 설했다고 하는 부분을 모은 경(經), 승려의 규칙을 담은 율(律)을 연구하고 정리한 주석서인 논(論)이 이 시기에 만들어진다. 이 세 가지를 비뜨깟(ပိဋကတ် ၃ ပုံ)이라 한다. 여기서 논이라는 말의 원어가 아비다르마(미얀마어로는 အဘိဓမ္မာ)이고 한역하면 아비달마(阿毘達磨)라 하여 이를 근본으로 삼는 불교를 아비달마불교라 일컫는다. 이 후 점차 많은 논서가 작성되어 대략 서력기원 전후로 그것들을 모은 논장(論

명이 부처로부터 얻은 머리카락 등의 네 가지 유품을 가지고 와서 작은 탑에 안치시킨 것이 불교의 유래라고 한다. 이 장소에 나중에 슈웨디공 파고다가 세워졌다고 기록하고 있다. 그리고 자따까(ဇာတက ၊ ဇာတ်)[23]에는 인도의 상인이 바다를 건너 '황금의 땅'이라 불리던 뚜원나부미에 들어갈 때 불교도 함께 전래되었다는 기록이 있다.

그러나 기원전 261년 인도 최초의 통일왕국을 세우고 불교를 국교로 했던 아소카왕에 이르러서야 정식으로 불교가 미얀마에 전래되었다는 것이 정설이다. 아소카는 포교승들을 다른 나라에 파견시켰으며 이들 중 소

藏)이 성립됨으로써 경장과 율장을 포함한 삼장(三藏)이 구비되었으며, 삼장은 불교 문헌의 총칭이 되었다. 이러한 아비달마를 중시하고 고타마 부처가 설한 원래의 교리와 수행을 자신들이 가장 충실하게 지키고 있다고 주장하는 부파가 상좌부불교의 전통을 이어가게 되었다. 따라서 상좌부불교 승려들은 고대 인도 빨리어로 전승된 불교 경전을 정통적인 것으로 받아들이고 있으며, 여기에서 자파의 기원을 찾고 있다.

이러한 상좌부불교는 재가자의 역할과 출가자의 역할을 명확하게 구분하고 있으며, 부처의 가르침에 대한 해석에서 보수적 · 정통적인 경향을 띠고 있음도 당연하다. 상좌부 불교에서 이상적으로 생각하는 불교도는 스스로의 노력에 의해 깨달음에 이른 완전한 성인 곧 아라한(အရဟံ 阿羅漢)이다. 그러므로 재가 생활을 하면서 깨달음에 도달한다는 것은 불가능하다고 보고 있다. 상좌부불교도들은 역사적 인물로서의 석가모니 부처에게는 완벽한 스승으로서 공경하는 마음을 지니고 있지만, 대승불교의 사원에서 숭배하는 신격화된 다양한 부처와 보살은 받들지 않는 것도 그 특징이다. 이 불교는 인도의 아소카왕 치세 중에 스리랑카와 미얀마를 비롯한 동남아로 전파되었다.

이러한 보수적 성격의 불교에 반발하고 부처에게 복귀하려는 운동이 불탑을 중심으로 일어났는데 이것이 곧 대승(大乘)불교이다. 기원전 1세기경에서 서기 5세기 사이에 인도를 비롯해 중국, 티벳, 중앙아시아 지역으로 발전해간 대승불교는 개인의 완성보다는 전체의 완성을 우선한다는 입장에서 스스로를 '큰 배'란 뜻의 대승이라 칭하였고, 이들에 의해 아비달마를 중심으로 하는 기존의 불교를 소승(小乘)불교라고 경시하여 칭하였던 것이다.

한편 인도에서는 5~7세기경에 불교는 힌두교 속에 거의 함몰되어버린다. 대신 마드라스 해안에 위치한 칸치푸람과 스리랑카에서만이 상좌부불교의 명맥을 이어나간다. 이때부터 스리랑카는 상좌부불교의 중심지이자 미얀마 등 다른 상좌부불교를 수용한 동남아 국가들에게 큰 영향을 미친다.

23) 부처의 전기에 관하여 서양의 학자들이 주로 그 근거로 삼았던 것이 빨리어로 된 자따까(本生譚)이다. 이것은 미얀마어로 '잣'이라 하며 그 서문에 해당하는 것이 인연담(因緣談)이다. 석가의 전기로서는 이것이 가장 완비된 모습을 갖추고 있다. 그러나 이것은 아마도 5세기의 인물인 부다고사가 쓴 것으로 간주되기 때문에 그 내용에 대해 얼마만큼 역사적 사실로 신뢰할 수 있는 지는 의문시된다. 부처와 부다고사 사이는 약 10세기의 시차가 있기 때문이다. 그리고 자따까의 내용이 부처의 죽음 직후 수집되었을 가능성이 있다 하더라도 불교탄압 등 여러 가지 정황으로 보아 최소한 아소카왕 당시에 와서야 정리되었을 가능성이 높다.

나와 우따라가 뚜원나부미에 들어와서 그 지역 주민들을 불교화했다는 것이다. 이 뚜원나부미의 중심 도시가 바로 하부 미얀마의 따톤이다. 이런 연유로 하부 미얀마에 들어온 불교를 순수 상좌부불교라고 일컫는다. 하지만 이 불교는 미얀마의 토속신앙, 힌두교와 융합되면서 불교의 또 다른 한 형태로 변형되었던 것이 사실이다. 일예로 11세기 중엽 따톤의 지배자였던 마누하의 왕실에 힌두교의 신상을 두고 있어 따톤 불교도 대부분 힌두교의 영향을 동시에 받았음을 증명해 주고 있다. 그리고 미얀마의 초기 힌두 이주자들은 도시의 주요 지역에 힌두신전을 세웠는데, 나중에 불교와 융합되면서 이것이 파고다로 발전되었던 것을 들 수 있다. 이것의 대표적인 형태가 위에서 언급한 양곤의 슈웨디공(ရွှေတိဂုံ) 파고다 외에 버고의 슈웨모도(ရွှေမော်ဓော) 파고다, 따톤의 슈웨자얀(ရွှေစာရံ) 파고다 등이다.

그럼에도 불구하고 순수불교를 유지하려는 노력도 부단했다. 지도급 위치에 있었던 승려들이 따톤의 외곽에 있는 껠라따(ကေလာသ)산에 순수 불교사원을 건립한 것으로 비롯해, 기원전 2세기에는 스리랑카의 대왕이라 일컫는 불자왕 두타가마니가 세운 불탑 제막식에 이 껠라따산의 몬 승려 대표단이 선물을 가지고 참여하였다는 기록도 있다.

이 외에도 뜨예케뜨야, 야마냐(ရာမည)[24], 라카인 부근도 불교가 전래되었는데. 뜨예케뜨야에서는 아비드마(အဘိဓမ္မာ)경전이 연구되어졌던 흔적이 발견되기도 한다. 그러나 초기 불교의 전파속도는 매우 느렸으며, 특히 해로를 통해 건너와야 했기 때문에 더욱 그러했다. 전파속도가 빨라지는 결정적인 분기점은 5세기에 이르러 부다고사(Buddhaghosa)라는 주석자가 등장하면서이다.

24) 라마냐라고도 하며, 딸라잉(တလိုင်း)과 함께 몬을 지칭하는 또 다른 명칭이다. 야마냐는 따톤과 함께 고대 태국의 드바라바티, 하리뿐자야에 거주했던 몬족들을 일컫는 말이었으며, 특히 이 지역을 몬족 지역이란 의미를 가진 '야마냐 데따'라고 불렀다.

인도 마드라스의 칸치푸람에 사원을 건립하여 많은 불교순례자들을 방문하게 한 부다고사라는 승려는 몬족으로 알려져 있는데 이 사람에 의해 서기 403년 스리랑카의 경전이 따톤으로 운반되었다고 미얀마 연대기에는 기록하고 있다. 팔라바 문자를 기초로 해서 만든 고대 몬족의 문헌에는 담마팔라와 칸치푸람이라는 말이 자주 등장하는 것이 이 사실을 뒷받침하는 것이라 한다.

이렇게 부다고사 이후로 하부 미얀마에는 상좌부불교의 영향력이 힌두교의 그것을 압도하기 시작했다.

그럼에도 미얀마에 힌두교 인도인의 영향은 매우 컸다.

미얀마의 힌두교는 대략 다음과 같은 과정을 밟는다.

1세기경 인도남부의 안드라(Andrha)왕조의 상업활동이 팽창하면서 인도와 동남아간에 교류가 빈번해졌다. 교류가 잦아지면서 인도 이주자들과 함께 힌두 승려들도 미얀마로 이주해 들어왔다. 물론 초기에는 그 숫자가 미미했지만 3세기 이후 수세기에 걸쳐 이들의 수가 불어나면서 자연스럽게 힌두교가 하부 미얀마에 퍼져 나갔다. 이 과정에서 점성술이 고착되었으며 비쉬누같은 힌두신들은 불교의 보호신으로 변했다. 원래 불교는 점성술을 배척하였지만, 당시 주민들 사이에서 급속히 퍼져나갔을 뿐만 아니라 이에 대한 믿음도 뿌리가 깊어져 거부할 수 없을 정도가 되었다. 왕실에서조차 왕위대관식 등의 의식에 점성술사가 선도하였으며, 때로는 국가의 중요한 정책결정에 점성술사의 조언이 크게 반영되었을 정도였다고 중국의 역사서는 기록하고 있다.

이러한 힌두교는 따톤같은 무역의 중심지에 주로 전파되었다. 그 결과 원주민과 이주자들 간의 통혼현상도 자연스럽게 나타났다. 하지만 교류가 빈번한 교역중심지를 제외하고는 대부분의 지역에서 주민들은 여전히 자신들이 믿어왔던 불교 혹은 토속신앙인 낫, 원시불교의 변형된 신앙 등에

사로잡혀 있었다. 그러나 시간이 흐르면서 새로운 종교가 기존의 종교를 무리하게 대체코자했던 지역에서는 종교적 갈등도 빚어지기도 했다. 이러한 현상은 불교와 힌두교 사이에 주로 발생했다.[25)]

이처럼 인도와의 교류는 1세기 인도가 동남아시아에 상업적 팽창이 확대되면서 빈번해진다. 1세기경 인도는 금을 확보하기 위해 동남아로 눈을 돌렸다. 당시 미얀마는 금도끼, 금으로 된 칼이 있다고 알려질 정도로 대량의 금이 산출되는 지역이었다. 스리랑카, 몬족 연대기, 중국의 역사서 등에서도 미얀마의 금에 관해 언급이 되고 있을 정도이다.

---

25) 티샤(1043~1057)는 힌두신을 숭배하는 버고의 지배자였다. 그는 부처를 경배하지 않았을 뿐만 아니라 계율도 준수하지 않았고 단지 브라만을 존중해 주었을 뿐이다. 그리하여 부처상을 파괴하여 도랑이나 습지에 내다 버렸다.

이 당시에 어떤 한 상인에게 불심이 깊은 바드라데비(Bhadradevi)라는 딸이 하나 있었다. 바드라데비는 삼보(三寶: 부처, 불법, 승려)를 존중할 뿐만 아니라 불경을 암송하며 부처에게 경배하는 일이 일과였다. 그러던 어느 날 개울에서 목욕을 하다 물속에 버려져 있던 부처상을 발견하였다. 그녀는 부처상을 건져 올려 정성껏 닦아 금으르 깨끗이 도금을 했다. 그리고는 하녀에게 어떻게 해서 부처상이 개울에 빠져있게 되었나를 물어 보았다. 하녀는 "지금의 왕은 그릇된 선생들의 말에 현혹되어 모든 부처상을 내버리게 하고 있습니다. 부처 또는 파고다에 존경을 표하거나 경배하는 자는 목을 베거나 엄벌에 처하고 있습니다."라고 대답했다. 이 말을 들은 바드라데비는 대단히 분개하여 맹세하기를 '나는 어떤 일이 있어도 삼보에 귀의할 것이며, 부처를 경배한 죄로 목숨이 달아나는 것도 개의치 않겠다.'고 다짐하였다.

마침내 이 소문을 들은 왕은 그녀를 데려오도록 했다. 왕명을 받은 신하가 당도했을 때 바드라데비는 다른 버려진 불상들을 주워와 깨끗이 하고 있었다. 그녀는 왕에게 가지 않을 것이며 자신이 하던 일을 계속할 것이라고 했다. 이러한 사실을 보고받은 왕은 격노하여 강제로 끌고 오도록 했다. 마침내 왕 앞에 이끌려 온 바드라데비는 코끼리 우리 속에 던져져 밟혀 죽게 하였다. 하지만 그녀가 '관세음보살 나무아미타불'을 외이자 그 어떤 코끼리도 그녀를 공격하지 않았다. 이제 왕은 볏짚을 쌓게 하여 그녀를 그 위에 올린 다음 태워 죽이도록 지시했다. 이렇게 하여 막상 불이 볏단을 태워 들어가자 그녀는 또다시 '나무아미타불'을 외웠고, 불길은 더 이상 피어오르지 못하고 꺼져 버렸다. 이제 왕은 마지막으로 자신의 눈앞에서 놓여진 부처상들이 하늘로 오르도록 명령했다. 만약 이것들이 하늘로 오르지 못하면 토막내어 죽이겠다고 했다. 바드라데비는 다시 주문을 외웠고, 부처상들이 하늘로 날아올랐다.

이제 어안이 벙벙해진 왕에게 바드라데비는 왕실 힌두법사들로 하여금 자신과 같이 해 보도록 명령하게 했다. 왕은 이들에게 명령을 내렸지만 이들은 아무런 변화도 일으키지 못했다. 마침내 왕은 힌두법사들을 몰아내고 불교도로 개종하였고, 바드라데비를 아내로 맞이하였다 한다.

따톤, 삐, 버고, 양곤 그리고 라카인 연안 지대에는 인도인 이주자들이 인구의 많은 부분을 차지하고 있었다. 이 이방인들은 대략 두 개의 길로 미얀마에 들어 온 것으로 추측되는데 하나는 아삼을 거쳐 상부 미얀마로, 다른 하나는 남인도에서 해로로 하부 미얀마로 들어왔다. 그러나 양쪽 모두 한 때는 몽고족의 일파로 여겨졌다. 왜냐하면 고대에는 지금보다 훨씬 더 몽고적 요소 또는 고산족의 요소들이 이들 지역에서 발견되기 때문이다. 심지어 부처도 몽고의 피가 흐르고 있다고 생각될 정도였다. 오늘날에도 인도의 벵갈과 오리사 지역에는 몽고 후손의 흔적이 남아 있다.

이러한 힌두교 이방인들의 이주와 함께 많은 변화를 가져왔다. 특히 지명이나 종족 이름들은 힌두교 이주민들의 영향으로 다른 명칭으로 바뀌기도 했다. 예를 들면 고대 버고의 명칭은 우사(ဦးထ)였는데 이것은 오리사(Orissa)에서 연유된 말로 버고가 인도의 오리사의 지배를 받았거나 이곳으로부터 이주해 온 인도인들에 의해 붙여진 이름일 수도 있다는 것을 알 수 있다. 이것으로 보아 당시 읽고 쓰고 전통을 고수할 수 있었던 계급은 유일하게도 지배계급인 인도인 즉 힌두 식민 지배자였지 않았나 하는 추측도 가능하다. 몬을 지칭하는 딸라잉이란 말은 아마도 인도 중부 지역인 텔랑가나(Talangana)에서 온 것 같다. 따라서 그곳의 많은 사람이 이주해 왔을 가능성이 높다.

또한 인도인들의 이주 초기 비교적 평화로웠던 것에 반해 시간이 지날수록 미얀마 원주민과의 갈등이 커져갔다. 왜냐하면 무역업자로 들어온 사람들은 원주민들에게 환영을 받았고, 이들은 원주민이 거의 살지 않은 지역에 자신들의 거주지를 형성하였기 때문이다. 그러나 시간이 흘러 거주지를 형성할 만한 지역이 줄어듦에 따라 이들 사이에 갈등이 빚어지기도 했다.[26)]

---

26) 이 당시의 시대상을 잘 반영하고 있는 이야기이자, 몬족 왕국인 버고의 태동에 관한 전설적

인 이야기를 한 토막 소개하면 다음과 같다.

버고의 따믈라왕(AD 825~837)은 그의 동생에게 후계 자리를 물려주기르 약속하고 그로 하여금 남인도의 탁실라에 사는 당대의 유명한 현자에게서 지혜를 배워 오도록 했다. 그리고 왕은 버고와 따톤 사이에 위치한 농촌에 살고 있었던 한 께인 노부부의 딸을 그의 첫 왕비로 맞이하였다. 세월이 흐르면서 따믈라는 그의 동생 위믈라를 잊어버렸다.

위믈라가 그의 스승에게서 지혜를 배우고 되돌아 왔을 때 왕이 자신과의 약속을 이행하지 않자 위믈라는 분개하여 왕인 그의 형을 살해하였다. 그리고 태어난 아이마저도 죽이려고 하자 왕비는 아이를 강보에 싸서 들소들이 사는 초원에 숨겨 두었다. 그후 아이는 낫(Nat)의 보살핌을 받아 지혜롭고 건장한 소년으로 자라났다.

이 아이가 16세가 되었을 때 힌두 인도인들이 버고 지역에 들어왔다. 이들은 대단히 분개해 있었는데 그 이유는 몬인들이 자신들을 내몰았기 때문이다. 이들은 싸워서 버고를 되찾겠다는 결의를 다지고 있었다. 그리하여 키가 3미터가 넘는 거구 람바의 지휘하에 버고를 포위하였다. 이들을 물리치기에 역부족이었던 위믈라왕은 이들과 맞서 싸울 전사를 찾고 있었다. 한편 버고의 한 사냥꾼이 숲에서 마주친 들소 무리에서 한 건장한 젊은이를 발견했다. 이 사냥꾼은 왕에게 이 사실을 알렸고 왕은 즉시 그 청년을 데려오도록 했다. 마침내 왕 앞에 나타난 그 청년을 보는 순간 왕은 그 청년이 자신의 조카임을 알아차렸고, 이름을 아따 쿰마로 지어 주었다. 그리고 왕은 그가 저지른 잘못을 아따 쿰다에게 고백하였고 아따 쿰마는 힌두 이방인들을 물리칠 것을 왕에게 맹세하였다.

아따 쿰마는 우선 자신을 키워 준 들소 어머니를 찾아가 작별인사를 하였고, 들소 어머니는 아타쿰마에게 적을 무찌를 수 있는 방법을 알려주었다. 마침내 전장에 나간 아따 쿰마는 거인을 창으로 찔러 죽이고 7척의 배와 3500명의 힌두 이방인들을 생포하는 승리를 거두었다. 위믈라는 아따 쿰마에게 왕위를 물려주었다.

현재 버고에 있는 슈웨모도 파고다 근처 힌타칸 지역이 아따 쿰마가 전쟁을 벌인 곳이다. 그리고 이 전쟁을 기념하여 세워진 파고다가 짜익아타 파고다이다.

제 3 장

버간 왕조

버간왕국 혹은 버간제국이라고도 하는 버간(ပုဂံ)[27]은 '적을 모두 물리친 도시'란 뜻의 아리마뜨나뿌라라고도 한다. 난차오를 비롯해 공격적 성향을 띤 이주자들을 모두 물리치거나 제압했다는 의미로 풀이될 수 있고, 당시에 버간 지역에 많았던 야생 멧돼지, 호랑이, 맹금류 등 인간에 위협이 되는 맹수를 모두 극복했다는 의미도 담겨있다고 한다.

뜨가웅, 베익따노를 이어 쀼족이 세운 고대 도시국가들의 보루였던 뜨예케뜨야 마저 멸망하자 지도적 위치에 있었던 사람들은 가족을 데리고 버간으로 이주하였다. 유리궁전연대기에 의하면 쀼족 이주자들은 마을단위로 소 부족 연합체를 이루고 있었다 한다.

버간은 서기 638년이 되어 연합체 전체를 대표하던 뽀빠(ပုပ္ပါး)산 지역의 뽀빠 소라한(ပုပ္ပါး စောရဟန်း)이 떤리짜웅(သိုက်လည်ကြောင် 서기 344-387) 통치 당시 만들어졌던 마하기리(မဟာဂိရိ)낫을 다시 강조하면서

27) 과거 영국에 의해 파간(Pagan)으로도 불리었던 버간왕국의 지배자들은 예외 없이 파고다를 건립하는데 힘을 기울였다. 이를 두고 버간왕조를 '파고다 건립자들의 왕조'라고도 일컫는다. 버간의 파고다에 관해 전해져 오는 이야기가 있다. 한 때 버간에는 400만 개의 파고다가 있었다고 전해진다. 미얀마에 속담처럼 회자되는 말 중에 "흘레윈요딴다냔냔 버간페야바웅(လေးသန်းလေးသိန်းလေးသောင်း ပုဂံဘုရားပေါင်း)"이란 것이 있는데 '파고다의 개수를 다 합치면 정확히 4,446,733개가 된다'는 뜻이다.

국가의 정체성을 확립한다.[28] 미얀마력의 기원도 이 때부터 시작된다.

이 시기 버간에 있던 원주민도 쀼족의 한 갈래였던 후기 쀼족 이주자들이었고, 이들이 뜨예케뜨야 등지에서 이주해온 쀼족들을 흡수하여 후에 버마족으로 재탄생한다. 이 때 깐얀, 뗏족 등 초기 종족도 멸종되거나 라카인, 버마족에 흡수되었다.

중국도 버간을 쀼족이 이룩한 것으로 기록하고 있었으며, 몽고가 버간에 들어왔던 1271년이 되어서야 버간 사람들을 미엔(မြင်း)이라 표기하고 있다. 이 미엔은 미얀마를 뜻하는 머얀(람)마(မြန်မာ)와 같은 말이다. 라카인의 연대기에도 아노야타가 인도의 부다가야에 보낸 사절을 '쀼의 왕이 보낸 사절'로 기록하고 있을 정도로 버간을 세운 사람을 쀼족의 연장선에서 보고 있다.

그럼에도 불구하고 대략 10세기를 전후하여 미얀마에서는 쀼 보다는 버마(미얀마)란 말이 보편화되어진다. 아마도 하부의 강자였던 몬과 대비해서 통일적으로 자신을 나타내는 말로 버마가 일반화 된 것이 아닌가 여겨진다. 어쨌건 버간은 미얀마 서북부를 흐르는 친드윈강과 미얀마 중심부를 관통하며 흘러내리는 젖줄 에야와디강이 만나는 지점의 바로 아래에 위치함으로 해서 중국과 인도, 몬족 지역인 따톤과 버고를 통한 동남아와의 교통과 전략적 요충지라는 지리적 호조건도 갖추고 있었다.

이후 849년에 이르러 삔뱌(ပျဉ်ပြား)가 이 지역을 에워싸는 새로운 성을 건립하면서 버간이란 명칭이 더욱 선명해진다. 이 이전 기간을 포함해 이후부터 아노야타왕 치세가 본격화 되는 11세기 즉 1000년까지를 증명해 주는 확실한 사료가 없어 그 기간을 역사적 사실로 정의하기는 힘들다.

---

28) 유리궁전연대기에 의하면 띤리짜웅왕이 현재의 버간 지역 근처에 19개 마을을 통합하여 띠리비자야(သီရိပစ္စယာ)왕국을 건립하였다고 한다. 이 왕은 공동체의 정체성을 유발시키기 위해 통일된 종교의 필요성을 절감했다. 이것의 가장 효과적인 방법은 수많은 형태의 낫을 정리하여 통일성을 갖게 하는 것이라 판단했다. 그리하여 전설이 깃든 즈가(ဇကား)나무를 이용하여 마하기리낫을 탄생시킴으로써 효과를 거두었다.

이후 서기 1001년 꼰소짜웅퓨라는 사람이 당시의 버간 지배자 냐웅우소라한을 내몰고 왕위를 차지한 다음 냐웅우 소라한의 아내를 자신의 왕비로 맞아들였다. 그리고 냐웅우소라한의 두 아들도 죽이지 않고 그대로 궁전에서 살게 했다. 그러나 나중에 이 아들들이 자라 사원을 짓고는 왕을 초청하여 감금해버렸다. 그리고 왕으로 하여금 자신들의 아버지를 죽인 것에 속죄하게 하는 동시에 승려가 되도록 강요하여 자신들이 지은 그 사원에 살도록 했다.

이후 냐웅우소라한의 두 아들 찌조와 속끄데가 함께 버간을 통치하다, 형이 죽자 동생 속끄데 혼자서 통치하게 되었다. 꼰소짜웅퓨와 냐웅우소라한의 전처에서 난 아들인 아노야타가 버간 근처 미엔꺼바에서 속끄데와 마상결투를 벌여 그를 베어 버리고 왕관을 거머쥐었다. 이 때가 서기 1044년이다.

• 아노야타(အနော်ရထာ 1044~1077)

아노야타는 아버지 꼰소짜웅퓨에게 왕위를 되돌려 주고자 했다. 그러나 꼰소짜웅퓨가 거절하자 자신이 직접 왕위에 올랐다. 꼰소짜웅퓨는 사원에서 아내의 시중을 받으며 4년여를 더 지내다 죽었다.

왕위에 오른 아노야타는 곳곳에 흩어져 있던 버마족을 통합한 것 외에도, 남부의 몬족 도시, 동부의 샨족과 난차오 지역, 서북부의 라카인과 인도 일부, 동남부의 태국, 캄보디아의 앙코르 제국까지도 무찌를 정도로 제국의 면모를 과시했다. 이러한 업적을 이루는 데는 아노야타 자신의 용맹스러움과 함께 지금의 포부대에 비견할 수 있는 코끼리부대를 전쟁에 사용한 점, 부하들에게 공을 세우도록 유도하는 철저한 신상필벌(信賞必罰) 정책도 있었지만 아노야타의 아들로 알려져 있는 짠싯따의 힘 또한 크게 작용했다.[29)]

아노야타는 왕국 내 주민들이 마하야나(대승) 불교, 토속 신앙, 아예찌 불교[30] 등 여러 종교들이 어지럽게 난립되어 있는 것을 못마땅히 여겼다. 특히 마술적인 힘을 빌려 주민들을 현혹시키는 아예찌 승려들의 횡포는 더욱 분개시켰다. 왕 보다 이들의 영향력이 국민들에게 더 크게 작용했다. 이의 해결을 고민하던 아노야타에게 쉰아라한이라는 승려가 나타났다. 순수불교를 통한 종교정화작업을 함과 동시에 왕의 권위를 세우는 기회를 갖게 된 것이다.

22세의 쉰아라한이 버간에 처음 들어 온 해는 1056년으로 아노야타 치세 12년이 되던 해였다. 그는 남방불교[31]인 상좌부불교의 존족 승려로 당시 물밀듯 들어오는 힌두교를 거부하고 상좌부불교의 불모지인 북부 미얀마에 상좌부불교를 전파하기 위해 왔던 것이다. 그러나 처음 얼마간은 버

---

29) 짠싯따에게는 당대 최고의 수영가 냐웅 우피, 산타기 명수 응아 흐트웨 유, 말타기 명수 응아 론 렛페, 눈 깜빡할 사이 수 십리를 달릴 수 있는 다리를 가진 슈웨삔지와 슈웨삔응에가 있었다. 이들은 군대의 선두에서 신마(神馬)를 부리듯 비호처럼 날쌔고 용감하게 싸웠으며, 짠싯따에게 충성을 다하는 전사들이었다.

30) 당시 버간의 불교는 북부 인도에서 전래된 대승불교의 한 분파로 여겨지며 아예찌라고 불리는 승려들이 주도하고 있었다. 이들은 산스크리트어로 된 경전을 가지고 있었다. 그러나 이에 의거한 교설(敎說)보다는 주로 마술적 힘을 뽐냈으며, 자신들은 업(業)에서 해방되었다고 주장했다. 따라서 영원히 죽지 않는 불사신인 것처럼 행동했다. 이들의 복장은 밍얀 지역의 따야퓨 사원에 있는 그림에서 보듯 수염과 4인치 정도의 머리를 기르고 있었고, 물들인 흑청색 승복을 걸치고 있었다. 말을 타고 다녔고, 권투 같은 격투기를 즐겼으며 술도 마셨다. 이들이 섬기는 것은 아내를 가진 부처와 뱀의 왕격인 용(나가)이었다. 물론 부처의 아내도 여신으로서 경배되었다. 이들은 글자를 모르는 주민들을 여러 가지 기교로 속이곤 하였다. 이를테면 자신들만 아는 산스크리트 글귀를 어린 나무 표피 안쪽에 새겨두고, 나무가 자라 표피가 딱딱하게 됐을 때 대중들을 모아 놓고 표피를 벗기게 했다. 그리고 그 속에 새겨진 글이 바로 부처님 혹은 신의 계시라고 일반대중들을 속이곤 했던 것이다.

당시 버간의 지배자들은 이들 아예찌들을 극진히 대접했으며, 이들의 지시에 따르는 일이 비일비재했다. 특히 10세기 말 버간을 지배했던 냐웅우 소라한은 아예찌를 위한 파고다를 건립해주었을 뿐만 아니라 거대한 정원, 용 우상을 만들어 주기도 했다.

31) 인도를 벗어나 불교가 빨리어 불경으로 맨 처음 전해진 곳이 현재의 스리랑카이다. 여기에서 따톤을 중심으로 하는 미얀마를 거쳐 태국, 캄보디아 등지로 퍼졌다. 따라서 빨리어 불경이 곧 남방불전이 되며 이를 통한 불교가 남방불교 혹은 상좌부(테라바다)불교가 된다. 반면 북방불교 즉 대승(마하야나)불교는 산스크리트어 불경에 의해 전파된 불교를 말한다. 이 불교는 대승불교나 밀교가 주류를 이룬다. 산스크리트어로 전래되었다고는 하나 티벳어나 한자로 번역되어 널리 퍼졌기 때문에 번역불교라고도 한다.

간 근처의 한 숲 속에서 은둔하고 있었다. 왜냐하면 아예찌들이 득세하는 곳에서 그가 원하는 순수불교의 전파는 거의 불가능하다는 것을 알았기 때문이다.

그러던 어느 날 한 나무꾼이 노랑색 가사를 걸친 쉰아라한을 발견하여 왕실로 데려갔다. 아노야타는 그를 보자 한 눈에 그가 순수하고 고도로 절제된 힘을 가진 사람이란 것을 알 수 있었다. 이는 비대하고 텅 비어 보이는 아예찌와 좋은 대조를 이루었다. 왕이 자신의 자리를 건네자 거리낌없이 왕좌에 앉았다. 이러한 모습에 더욱 감복한 아노야타는 '스승이시여, 조금이라도 좋으니 부처님의 가르침을 설파해 주십시오.'라고 말했다.

오랫동안 조언자를 기다려 왔던 아노야타는 쉰아라한을 만나 자신의 뜻을 펼칠 수 있었다. 새로운 사상은 전역으로 스며들었고, 쉰아라한은 전불을 위해 더 많은 승려를 따톤에서 데려왔다. 서서히 아예찌들이 마셨던 독주를 권하는 사람도 사라져갔고, 이들에 대한 믿음도 수그러들었다. 이렇게 되자 대부분의 아예찌들은 평범한 사람으로 되돌아가 그들의 생계를 위해 열심히 일할 수밖에 없게 되었다. 그 중 횡포가 심했던 아예찌들은 왕의 명령으로 비천한 신분으로 떨어졌으며, 어떤 이들은 상좌부불교에 귀의하기도 했다. 그러나 최상부 아예찌들은 쉽사리 자신들의 기득권을 포기하지 않고 기회를 노리고 있었다. 결국 이들은 아노야타에 의해 왕국 바깥으로 추방되었으며, 이들 중 많은 숫자가 스가잉, 샨 지역으로 숨어들어 갔다. 스가잉 지역에서는 1315년까지 이들의 이름이 거론되어졌고, 현재까지도 샨족 중 미개한 사람들이 믿고 있는 교리 중 아예찌 불교의 형태를 띤 것이 발견되고 있다.

당시까지도 필사된 경전이 드물 때인지라 쉰아라한도 버간에 들어올 때 경전을 가져오지 못했다. 따라서 상좌부불교가 융성하는 데 시간이 많이 걸렸다. 이에 쉰아라한은 아노야타에게 빨리어로 된 불교경전을 따톤에서 입수해야 할 필요성을 주장했다. 왕은 사신들을 보내 정중하게 이 뜻을 전했지만 당시 따톤 왕 마누하는 '이렇게 귀한 경전을 야단인에게 줄 수 없다'고 하면서 일언지하에 거절했다. 보고를 받은 아노야타는 자신이 직접 코끼리를 앞세운 군대를 지휘하여 따톤으로 진격했다. 당시 하부 미얀마는 버고와 따톤이 각각 몬족의 수장임을 자처하고 있어 버마족의 버간을 맞아 몬족 전체가 힘을 합치지는 못할 것이라는 아노야타의 계산도 깔려 있었다. 버간군에는 아직 17세의 나이였던 짠싯따도 자신의 충복들과 함께 했다.

싯따웅강과 빌린강을 차례로 넘었다. 따톤에 다다르자 마누하의 군대는 버간군에게 저항 한 번 제대로 못하고 무너져 버렸다. 당시 따톤과 우호관계를 맺고 있었던 태국의 하리뿐자야 왕국은 콜레라의 만연으로 쇠락해가고 있었다. 따라서 따톤을 지원할 여력이 없었다. 따톤 왕실만이 고군분투하는 최후의 항전을 했지만 버간군이 성 주위를 포위한 지 3개월쯤에 더 이상 견디지 못하고 모두 투항하고 말았다. 이리하여 해상무역으로 번영하였던 따톤은 다시 소생하지 못하고 역사 속으로 묻혔다. 이 때가 1057년의 일이다.

승전부대의 긴 행렬은 장관을 이루었다. 이 행렬 속에는 생포한 마누하 왕을 비롯하여 귀족, 학자, 장인, 승려 그리고 약 30,000에 이르는 따톤의 주민들을 포함하고 있었다. 그러나 무엇보다도 아노야타가 자랑스러워했던 것은 현재까지 버간의 불경 도서관에 안치되어 있는 빨리어 불경과 함께 마누하의 32마리 백상(白象)이었다. 코끼리마다 경전과 유물을 실은 채였다. 당시의 장면을 몬족의 연대기에는 이렇게 묘사해 놓고 있다.

"위대한 따톤은 폐허로 변하였고, 대신 버간은 영광과 승리감으로 더없이 사기가 충만했다. 마치 신이 버간을 돌보기라도 한 듯이."

아노야타는 회군길에 다곤(ဒဂုံ)의 슈웨디공을 들러 경배했다. 그리고 뻬(ပြည်)를 들러 전설적인 두따바웅의 유물들이 안치된 파고다를 파괴시켜버렸다. 이렇게 함으로써 몬족의 하부 지역을 포함해 미얀마 전체를 장악한 강력한 지배자임을 선언했다.

마누하는 버간 남부의 미엔꺼바에 난폐야라는 사원을 짓고 이곳에 자신의 소지품들을 두었다. 그러나 시간이 흐르면서 마누하는 자신의 장래를 고심하였다. 자신이 끼고 있던 거대한 보석 반지를 들여 마누하 사원을 지었지만 운명에 대한 불안감을 떨칠 수가 없었다. 현재도 이 사원이 버간에 있으며, 이 사원 속에 꽉 낀 채 앉아 있는 마누하상을 보면 당시 마누하의 답답한 처지를 느낄 수 있을 정도이다. 결국 아노야타는 마누하의 재산을 몰수하였으며, 가족들은 슈웨시공(ရ စေည းခုံ) 파고다를 건립하는 데 노예로 쓴 다음 외지로 추방시켜 버렸다. 운 좋게 살아 난 마누하의 가족 중 한 사람은 슈웨시공 파고다 근처의 마을 촌장을 지낸 것으로 전해져 오고 있고, 또 한 사람은 나병으로 죽었는데 후세 사람들은 그를 나병의 낫으로 경배하고 있다.

따톤의 불교 유입으로 상좌부불교가 상부 미얀마 불교를 대체해갔으며, 경전은 이전에 주로 산스크리트어로 표기된 주요 불교용어가 빨리어로 대체되는 계기를 마련해 주었다. 이와 더불어 따톤의 몬족 문자도 수용됨으로써 당시까지 통일된 표기형식이 없었던 버마족 언어가 몬족 문자로 표기하는 것이 유행하였다. 이로써 현재의 미얀마어 문자도 그 틀이 잡히기 시작했다. 하지만 당시의 문자 표기는 미숙하고 완전히 통일된 형식은 아니었다. 왜냐하면 귀족을 제외한 대부분의 일반 사람들은 문자를 습득할 기회를 가지기보다는 생업에 많은 시간을 할애했을 것으로 보인다. 따라서 일반인들은 자신의 감정과 생각을 각자가 알고 있는 방식에 따라 표기하였기 때문으로 보여 진다. 하지만 시간이 지나면서 빨리어 경전을 접하는 빈도가 많아지면서 문해율도 높아갔다.

따톤의 포로들 중에서 예술가들의 유입은 상부 미얀마의 문화를 번성시키는데 한 몫 했다. 그 대표적인 것이 '빤세묘'(ပန်းဆယ်မျိုး)라고 일컫는 10종류의 공예이다.[32)]

따톤과의 전쟁에서 얻은 자신감으로 아노야타는 라카인 평정에 나선다. 당시 라카인은 내륙과 떨어진 채 독자적인 문화를 일구어 가고 있었다. 그 대표적인 것이 바로 라카인 불교의 상징이자 자존심이라 할 수 있는 마하무니(မဟာမုနိ)[33)]불상이었다. 아노야타는 자신이 성공적으로 퍼뜨린 상좌부불교의 국민적 고취심을 가일층 북돋기 위한 일환으로 이 부처상을 획득코자 했던 것이다.

아노야타는 라카인 북부 응아페를 거쳐 짜욱퓨로 진군해 들어갔다. 마침내 수도 아짭(အကြပ် 현재의 စစ်တွေ)을 복속시켰다. 그러나 아노야타는 마하무니상을 옮겨오는 데는 실패했다. 아마도 그것을 옮겨오는데 필요한 능숙한 기술자의 부족과 나쁜 도로사정 때문이었던 것으로 추측된다. 대신에 그는 분묘에서 금 · 은 제품을 도굴해 왔으며, 라카인 주민들이 민속신앙으로 경배하던 마법나무와 마법상들을 모조리 파묻어버렸다 한다.

버간에 되돌아온 아노야타는 본격적인 정복 전쟁을 시작한다. 아노야타가 차오프라야 계곡에 있었던 하리뿐자야, 드바라바띠 등 모든 드시들을 정복하였고 미얀마의 문화가 태국에 전해지는 계기를 마련했다고 한다. 이의 근거로, 첫째 태국을 비롯하여 라오스, 캄보디아의 불교 의식의 들어가는 부분이 미얀마의 불교의식에서 연유되었다는 점과, 둘째 신년에 벌어지는 물축제가 이 때 태국으로 전래되었다는 점, 셋째 최근까지도 태국의 가장 좋은 벽돌은 버간 벽돌로 불렸다는 점, 넷째 방콕의 에메랄드 부처상이 원래 아노야타가 스리랑카로부터 받은 선물이었다는 점을 들고 있다. 계속

32) 금 · 은 세공, 구리 또는 청동 주물, 나무 또는 상아 조각, 철 또는 쇠 세공, 그림, 회칸죽, 칠기 기술, 석조 기술, 미장, 선반 기술 등 10종류가 있다.

33) 마하먓무니(မဟာမြတ်မုနိ)라고도 한다.

해서 아노야타는 캄보디아까지 정복하여 조공을 받았으며, 벵갈의 칫타공, 인도네시아의 자바까지 방문했다고 한다.

한편 11세기 중엽 스리랑카는 힌두교도의 침략으로 불교가 심한 내환을 겪고 있었다. 당시 스리랑카의 왕이었던 비자야 바후 1세는 침략자인 마드라스의 촐라왕국에 대항할 구원군을 아노야타에게 요청했다. 1060년 아노야타는 군대를 파견하여 스리랑카가 적들을 물리치는데 일조했다. 이에 대해 스리랑카 연대기에는 버간의 구원병이 도착하기 전에 자력으로 이들을 물리쳤다고 한다. 그러나 비자야 바후 1세는 촐라의 침략으로 인해 손상되고 파괴된 것들을 복구하기 위하여 아노야타에게 다시 경전과 승려들을 보내 줄 것을 요구했다. 아노야타는 기꺼이 이를 수락하여 1071년 승려, 경전과 불상 외에도 백상 한 마리를 선물로 보내 주었다. 그 대가로 스리랑카가 자랑스럽게 여기고 있던 부처의 치아를 아노야타는 선물로 받기를 원했다. 이에 스리랑카의 왕은 진품을 보내는 대신 정교하게 복사된 모조 치아를 보석상자에 넣어 보냈다. 이것을 실은 배는 바다를 건너 에야와디 하류를 거쳐 버간에서 3마일 정도 아래에 위치한 로가난다에 이르렀다. 이 지역 주민들이 보는 앞에서 강어귀에 기다리고 있었던 아노야타가 직접 그 물건을 엄숙하게 건네받아 유물함에 안치했다.

이렇게 함으로써 아노야타는 버간을 상좌부불교의 중심지로 만들어 국내뿐 아니라 몬족, 스리랑카로부터 불교 순례자들의 발길이 끊이지 않도록 하였으며, 특히 무슬림[34] 통치하에 놓여 쇠퇴해 가던 인도 불교도들의 피안처를 제공하기도 했다. 아노야타 자신은 불자로서 승려들을 극진히 대접하였으며, 사원과 파고다 등 많은 불교 건축물들을 세워 국민들로 하여금 불교를 통한 사회적, 도덕적, 종교적 공감대 형성을 통해 왕국의 안정을 성

34) 11세기 인도 서북부에 이슬람 왕국인 가즈니 왕조가 들어서 불교를 위협했다. 16세기에는 이슬람 무굴제국이 인도에 들어섰다.

공적으로 일구어냈다. 이것이 계기가 되어 이후 지배자는 불교를 보호하고 사원과 파고다를 건립하는 것이 의무사항이 되었으며, 지배자의 권위도 이런 행위를 통해 확보 받는 전통을 확립하게 되었다.

이제 아노야타는 난차오로 관심을 돌렸다. 여전히 버간을 속국으로 생각하는 난차오의 태도를 바꾸어놓기 위함이었다. 아노야타의 군대가 바모를 넘어 난차오에 이르자 난차오의 지배자 우띠보는 수도 다리(大理)의 입구를 막아 버렸다. 아노야타는 더 이상 진격하지 못하고 성문 밖에서 묘책을 강구하면서 기다려야만 했다. 한참의 시간이 흐른 후 두 지배자는 선물을 교환하여 우호적인 관계를 맺었다. 그 증표로 아노야타는 우띠보로부터 제이드 조각품을 선물로 받았다. 이 사건을 두고 비록 미얀마의 연대기에는 아노야타가 난차오를 복속시켰다고 하지만, 전리품 등의 언급이 없는 것으로 보아 양국이 친선관계를 맺는데 그친 것으로 보인다. 어쨌든 버간이 난차오와 우호 관계를 수립함으로써 북동부의 타이-샨이 미얀마 내륙으로 들어오는 것을 봉쇄하는 효과를 가져왔고, 이후 200여년간 이들이 미얀마뿐만 아니라 동남아 내륙으로도 침입하는 것을 사전 예방하는 효과를 가져왔다.

아노야타는 버간으로 돌아오는 길에 동부 샨지역을 방문하여 용웨 가까이에 보디땃 파고다를 건립하는 등 그 곳 소브와들에게서 충성을 확약받았다. 그리고 동쪽 산기슭을 따라 43개의 초소를 설정하여 초병을 주둔시켜두는 세심함도 보였다. 이 초소가 있었던 지역 중 현재 바모, 만달레이, 메익틸라, 냐웅얀 등지의 33개 지역에는 아직도 그 흔적이 남아있다. 특히 모가웅 소브와에게서는 소몽흘라라는 딸을 시집 보내왔는데 아노야타는 그녀를 대단히 사랑하여 국정을 소홀히 할 정도였다. 이에 신하들은 소몽흘라를 샨의 마녀라고 연일 상소하였다. 결국 아노야타는 소몽흘라를 추방시킬 수밖에 없었다. 후술하는 바와 같이 결국에는 관개를 위한 댐 건설에 희생양으로 생을 마감했다 한다. 그녀를 잃은 슬픈 심정을 달래기 위해 아노야타가 만든 것이 바로 만달레이의 슈웨자얀 파고다이다.

이제 정복 전쟁과 국가의 체제 정비가 마무리되자 군사들도 쉬게 하고 아노야타 자신은 사냥을 하면서 여가를 보낸다.

그런데 현재 태국의 치망마이쪽으로부터 라오-샨족이 버고를 침공하는 사건이 발생했다. 버고는 버간에 구원을 요청하였다. 이에 아노야타는 짠싯따(ကျန်စစ်သား)를 앞세운 구원병을 파견했다. 짠싯따는 자신의 충복들을 대동하고 군대의 숫자는 최소화하여 버고로 진격했다. 이들 지원군이 버고에 도착하자 지원군의 숫자가 보잘 것 없음을 본 버고 사람들은 이들이 과연 라오-샨을 물리칠 수 있을 지를 걱정했다. 그러나 짠싯따는 적들을 간단히 물리쳤다. 이 일 이후 짠싯따는 몬족의 영웅이 되었다. 버고의 왕은 귀환하는 짠싯따 일행에게 선물로 금궤에 든 네 가닥의 부처 머리카락, 사자상과 함께 왕의 딸 킨우(ခင်ဦး)를 아노야타에게 시집보내도록 데려가게 했다.

버간으로 돌아오는 도중 짠싯따는 킨우와 사랑에 빠졌다. 이것으로 아노야타와 짠싯따의 연은 끝이 난다. 왜냐하면 이 사실을 안 아노야타는 노발대발하여 짠싯따를 끌어오게 하여 심하게 꾸짖으며 창을 힘껏 던져 짠싯따를 죽이고자 했다. 그런데 창은 짠싯따를 묶은 밧줄에 맞았고, 목숨을 건진 짠싯따는 바로 줄행랑쳤다. 이후 짠싯따는 아노야타 앞에 나타나지 않았다. 그런데 아노야타의 군대가 달아나는 짠싯따를 추적하지 않은 것으로 보아 아노야타가 짠싯따를 죽일 의도는 없었던 것으로 보인다. 이후 짠싯따는 현재의 스가잉 지역으로 추정되는 짜웅퓨의 한 사원을 찾아 들어갔다. 그러던 어느 날 그곳 승려의 조카딸 땀불라(သမ္ဘူလ)를 알게 되어 그녀와 함께 아노야타가 숨을 거둘 때까지 그곳에서 지냈다.

아노야타가 지배했던 지역은 지금의 미얀마 크기보다는 작지만 대략

160,000 평방마일 정도가 되었고, 남북의 길이는 200마일, 동서의 길이는 80마일 이상이 되었고, 이는 서로는 라카인 북부, 중북부로는 모곡, 만달레이, 메익틸라, 밍얀, 짜욱세, 야메띤, 마그웨, 스가잉, 그리고 에야와디강의 동편 일부분과 버곡꾸와 미엔부의 강변지역, 그리고 남쪽으로는 뜨닌다리를 포함한 몬족 지역까지 포함하는 곳이었다. 아노야타는 전쟁에서 이긴 지점마다 빨리어 혹은 산스크리트어로 자신의 이름을 새긴 기념물을 남겨 두었다. 아노야타란 이름이 새겨진 돌부처상이 현재까지 북부 슈웰리 강변의 응아오요와에서 남부의 베익 지역까지 발견되고 있다. 그리고 마을 이름도 전쟁과 관련해 지어진 것들이 많았다. 이를테면 천명의 군사를 징집한 도시란 뜻을 가진 타웅뺘묘, 백명을 징집한 도시란 뜻의 야뺘묘 같은 것들이 대표적이다.

아노야타는 자신이 정복한 모든 지역을 버간을 중심으로 하는 중앙집권체제로 구축하고자 했다. 그리고 외곽에 떨어진 지역들은 조공국으로 남겨두었다. 그 일환으로 하부 미얀마의 몬족 지역은 왕을 폐위하고 지방 영주를 파견하였고, 버고는 아노야타가 따톤을 공격할 때 도와준 점을 감안하여 조공국으로 남겨 두었다가 왕이 죽자 영주를 파견하여 버간왕국에 편입시켰다. 그리고 라카인은 지형적 난점으로 인해 통치가 용이하지 못하여 반 자치국가로 두었다. 인도와 국경을 두고 있었던 친족 지역의 불교국가 브데익가야(ပဋိက္ကရား)와는 동맹 관계를 유지하였다. 그러나 버간의 영역 내라 하더라도 다양한 언어, 종족 등이 산재하고 있었고, 중하부를 제외하고는 대부분 지역이 험준한 산악으로 구성되어 있는 지형적 조건, 열대지방 특유의 비, 도로의 절대적 부족은 국가의 통합력을 저해하는 요인이 되었다. 즉 왕실이 있는 버간을 제외한 다른 지역의 주민들은 중앙 정부의 통제를 벗어나 그들 나름대로의 전통적인 관습과 문화를 이어갈 여지가 많았으며, 지배영토 전체를 유기체적으로 조직화할 수 있는 행정체계가 정비되지 못하여 외형적으로는 통일되어 있다 하더라도 내부적으로는 언제든지 분열될 소지를 안고 있었던 것이 사실이다.

아노야타는 메익틸라 호수를 크게 확장하는 등 관개수로 건설에도 심혈을 기울였다.[35] 빤라웅강의 낀다세, 조지강의 짜욱세 등 많은 댐을 건설하여 관개수로로 활용했다. 특히 짜욱세는 아노야타가 직접 진두지휘하여 3년이나 걸려 공사가 완성되었다 한다. 인부들이 열병으로 죽는 사고가 허다할 정도로 대단히 고된 작업이었고, 기공식을 할 때 사람을 희생양으로 바치는 제를 지내기도 했다 한다.[36] 이렇게 해서 짜욱세에 대단위 농경지가 조성되었다.[37] 이후 짜욱세를 지배하는 자가 상부 미얀마의 지배자가 될 수 있다는 말이 있을 정도로 많은 양의 쌀이 생산되는 곳이 되었다.

그리고 아노야타는 슈웨시공, 슈웨산도, 미엔거바, 로가난다 파고다 등 버마족으로는 최초의 대형 파고다를 건립한 사람이다. 그 대표적인 것이 슈웨시공 파고다이다. 1059년에 착공하여 그가 죽을 때까지도 완공되지 못한 파고다로써 굉장히 견고하게 만들어졌다. 이후에는 슈웨시공 파고다보다 더욱 정교한 파고다들이 건립되어졌음에도 불구하고 슈웨시공 파고

---

35) 왕위에 오른 아노야타는 그의 이부(異父) 형인 속끄데를 죽인 것에 대한 회한으로 몇 달 동안을 괴롭게 보냈다. 그러던 어느 날 꿈에 드쟈민이 나타나 "오, 왕이여. 그대가 형을 베어버린 행위를 죄스럽게 생각하고 그 죄를 사하길 원한다면 파고다, 동굴, 사원들을 많이 지어 죽은 형의 영령을 편안하게 해 주시오. 그리고 호수, 연못, 댐을 많이 만들어 그 공적을 죽은 그대의 형과 함께 공유하시오."라고 말했다. 아노야타는 이 꿈을 현실에 반영하기 위해 노력하였고, 그 일환으로 슈웨시공 파고다, 메익틸라 호수, 짜욱세 댐 등을 건설했다는 일화가 전해진다.

36) 이 때 희생양이 된 사람이 바로 소몽흘라였는데, 이 소식을 들은 오빠가 되는 샨소브와는 자신의 몸도 조지강에 던져 비극적인 죽음을 맞이했다 한다. 이후 이들 오누이는 묘지의 수호신으로 경배되었다. 지금도 묘지의 양편에 서 있는 이 오누이상(像)을 자주 발견할 수 있다.

37) 이 일을 시작할 초기에 아노야타는 세 마리의 뱀이 아래로 나란히 엎드려 있는 꿈을 꿨다고 한다. 꿈속에서 맨 아래쪽의 뱀을 네 동강이 내버렸는데, 이것이 남쪽의 빤라웅 강에 낀다, 응아나인띤, 빠운뱌, 꾸메라는 네 개의 댐을 상징한 것이었다. 세 마리 뱀 중 중간의 뱀은 세 도막을 내었는데 이는 조지 강에 노와뗏, 꽁세, 구도라는 세 개의 댐을 만드는 것을 상징했다. 맨 위쪽에 있었던 뱀은 그의 칼을 피하여 생채기 하나 없이 도망가 버렸다. 이는 갖은 노력에도 불구하고 북쪽의 미엣응에강의 공사가 실패로 끝날 것을 상징하고 있다는 이야기가 전해져 오고 있다.

다를 찾는 경배객들이 여전히 많았다. 그 이유는 슈웨시공 파고다에는 부처의 쇄골(鎖骨), 삐에서 가져온 부처의 앞머리뼈, 스리랑카에서 가져온 부처의 치아가 봉인되어 있을 뿐만 아니라 이러한 유물 주위를 지키고 있다고 믿어지는 37낫의 성령을 함께 안치해 놓았기 때문이다. 이렇게 한 이유에 대해 아노야타는 다음과 같이 설명했다.

"사람들이 이곳에 오는 것은 그들로 하여금 새로운 종교와 삶을 갖기 위해서라기 보다는, 구도자들로 하여금 기존의 토속적인 신에 대한 믿음을 진지하게 생각하게 하여 결국에는 이것을 극복하게 하기 위함이다."

슈웨시공 파고다는 그 후 다른 파고다 건축 양식의 표본이 되었다. 슈웨시공 파고다의 위치는, 보석 상자에 넣은 부처의 치아를 흰 코끼리의 등에 얹어 배회케 하여 그 코끼리가 휴식을 취한 곳으로 설정하였다. 이러한 방법으로 만들어진 파고다가 많이 있는데 예를 들면 밍얀 지역의 로가난다 파고다, 버곡꾸의 딴지 파고다, 짜욱세의 뗏까이웨 파고다 등이다. 이들 모두에는 부처의 치아가 안치되어 있다고 믿어지고 있다. 버고로부터 받은 부처의 머리카락은 버간 남쪽의 슈웨산도 - 마하삐인네 파고다라고도 한다.- 안치되어 있다. 이 외에도 버간에서 좀 떨어진 곳에 슈웨인묘, 슈웨구 파고다 그리고 메익틸라 지역의 또 다른 슈웨시공 파고다도 있다.

이렇게 많은 업적을 이룩한 아노야타는 원인을 알 수 없는 죽음을 맞이한다. 단지 연대기에서만 다음과 같이 이야기하고 있다. 1077년 아노야타가 버간 북쪽 아웅따 -꾸도도 폐야 아래 위치해 있고, 북동편쪽으로 슈웨자얀 파고다가 위치해 있다- 캠프에서 머물다 왕궁으로 되돌아가려 했을 때 죽음을 당할 것이라며 출발을 지연해줄 것을 왕실 힌두법사들이 요청했다고 한다. 하지만 아노야타는 이 말을 무시하고 버간을 향해 떠났다. 아노야타가 버간에 다다랐을 때 버곡꾸 지역에서 성난 들소들이 사람들을 해치고 있다는 보고를 받았다. 아노야타는 사람들을 구하기 위해 말머리를 돌려 그곳에 이르는 순간 노도처럼 밀려드는 들소 떼를 피할 겨를도 없이 그 속에 파묻혀버렸다.

• 솔루(စောလူး 1077~1084)

솔루는 왕위에 즉위하자 아노야타의 몬족 부인 킨우를 왕비로 맞이했다.[38] 솔루를 보살폈던 보모의 아들인 응아야만(ငရမန်)[39]이라는 사람이 있었는데 솔루와 어린 시절을 함께 보냈던 막역한 사이였다. 하지만 솔루가 왕이 되자 응아야만을 버고의 영주로 임명하여 왕실에서 멀리 떨어져 있게 했다. 몬족의 피가 흐르는 응아야만이 버고를 통괄함으로써 버마화에 대한 몬족들의 반감을 최소화하는 동시에 솔루와 유일한 경쟁관계에 있었던 응아야만이 곁에 있음으로 해서 발생할 모반 가능성을 없애겠다는 계산이었다.

하지만 응아야만이 버고에 다다르자 솔루의 예측은 빗나가고 말았다. 버고의 주민들은 그 동안의 불만들을 응아야만에게 토로하기 시작했던 것이다. 아노야타의 정복 이래 빼앗긴 자치권과 독자적인 대외무역의 회복이 가장 큰 요구사항이었다. 이에 응아야만은 솔루에게 몬족의 독립을 정중히 요구했다. 무력사용은 없었지만 이후 솔루와 응아야만의 관계는 급격히 악화되었다. 이런 와중에 한 번은 솔루가 응아야만과 주사위 게임을 했는데,

---

38) 킨우는 짠싯따와 사랑을 나누었던 몬족 여인으로 솔루의 유모 역할도 했다. 생모는 아니지만 솔루가 모자지간이었던 킨우와 결혼했다는 것은 근친상간의 죄악으로 여길 수도 있지만 당시에는 왕이 전임자의 아내와 결혼하는 것은 자연스러운 일이었다. 왜냐하면 새롭게 즉위한 왕은 자신의 권위를 빨리 그리고 효과적으로 확보하는 데는 국민들에게 익숙해 있는 이전의 왕비를 맞이하는 것이 최상의 방법이었다. 게다가 강력한 이미지를 가졌던 아노야타의 왕비는 이러한 효과를 거두기에 더할 수 없는 좋은 조건이었다. 이와 유사한 경우로 미얀마의 왕들은 이모와 결혼하는 경우도 종종 발견된다. 이는 왕권의 확보와 더불어 혈통의 일관성을 유지한다는 의미도 포함되어 있었다.

39) 아만 깐, 혹은 라만 깐이라 불리기도 하며, 응아야만의 한 쪽 눈이 없다고 하여 애꾸눈 몬족이라고도 불리었다.

이 게임에서 솔루가 졌다. 응아야만은 정도 이상으로 기뻐했고, 솔루는 심한 모멸감까지 느꼈다. 화가 머리끝까지 난 솔루는 응아야만을 향해 "네가 그렇게 똑똑한 놈이면 네가 그토록 요구하는 버고의 독립을 위해 내게 도전을 한 번 해 보시지?"라고 비아냥댔다.

응아야만은 비장한 마음으로 버간을 떠났다. 버고에 도착한 응아야만은 즉각 군대를 일으켜 버간을 공격해 들어갔다. 미처 손을 쓰지 못했던 솔루는 추방되어 있던 짠싯따를 불러들여 응아야만의 군대를 굴리쳐 줄 것을 부탁했다. 솔루는 군사훈련을 받아본 적이 없었다. 따라서 스스로 전략을 짤 수 있는 능력이 구비되지 않았던 점이 짠싯따를 불러들인 큰 이유였다.

솔루와 짠싯따의 연합군대는 마그웨의 미엔군어 캠프를 치고 버고군의 침략에 대비하고 있었다. 이곳의 슈웨난바욱 파고다는 당시 솔루가 주둔하면서 전쟁의 승리를 기원하여 만든 것이다. 한편 버고군은 그러는 사이 뜨옛 근처 삐도따쫀까지 올라 왔다. 짠싯따는 응아야만의 요새가 매우 탄탄하다고 판단하여 이들이 더욱 가까이 오기를 기다리자고 솔루에게 제의했다. 그러나 선제공격이 효과적이라 판단한 솔루는 짠싯따의 의견을 무시하고 응아야만의 요새를 공격해 들어갔다. 응아야만은 솔루의 군대가 포위망에 들어올 때까지 기다렸다가 일격에 대패시켰고, 솔루 자신은 응아야만의 포로가 되고 말았다.

다행히 짠싯따는 탈출하여 말을 달려 버간으로 되돌아 왔다. 신하들은 즉각 짠싯따를 왕위에 옹립코자 했지만 솔루의 구출이 우선이라고 생각한 짠싯따는 이를 거절하였다. 한편 버고군은 버간 외곽 근처까지 와서 캠프를 쳤다. 짠싯따는 솔루를 구하기 위해 야밤을 이용하여 버고군 캠프로 잠입했다. 솔루를 구출하여 빠져 나오려는 순간 무슨 영문인지 "짠싯따가 나를 훔쳐 간다."고 솔루가 외쳤다. 몬 군사들이 급히 몰려왔고 짠싯따는 솔루를 내팽개치고 도망칠 수밖에 없었다.

짠싯따는 몸을 에야와디강에 던져 넣었다. 혼신의 힘을 다 해 헤엄쳐 올라갔다. 정신을 잃을 때쯤 어디선가 들려오는 새소리에 다시 정신을 차려 강을 빠져나왔다. 아직 몬군의 손길이 미치지 않은 티흐라잉에 이르러 한 동안 이곳에 숨어 지냈다.

한편 솔루는 짠싯따가 도주하는 사이 응아야만의 손에 처형되고 말았다.

• 짠싯따(ကျန်စစ်သား 1084~1111)

솔루가 죽었다는 사실을 안 버간의 왕실 대신들은 즉각 짠싯따[40]를 새로운 왕으로 추대했다. 비록 짠싯따가 도망자 신세로 부재상태였지만 대신

---

40) 짠싯따가 아노야타의 아들이라는 설이 있다. 아노야타는 버간에 확고한 세력을 구축하자 자신에 어울리는 부인을 맞아들이고 싶었다. 정식으로 왕위 등극하기 4년 전인 1040년 일이다. 아노야타의 명령으로 라카인 지역의 외딸리에 다다른 사신 일행에게 그 곳의 왕은 삔사깔야니란 딸과 선물을 바친다. 아노야타에게 잘 보이고 싶은 의도였다. 그러나 버간으로 되돌아오던 중 사신은 그녀를 범하고 동행한 사람들을 살해하거나 멀리 떨어진 마을로 쫓아버렸다. 삔사깔야니를 맞이한 아노야타는 줄곧 그녀의 처녀성을 의심했다. 아노야타는 한 명의 하녀도 대동하지 않은 이유를 물었고, 삔사깔야니는 그간의 사실을 아노야타에게 고백했다. 사신은 참수되었고 삔사깔야니는 스가잉 지역으로 추방되었다. 세월이 흘러 삔사깔야니는 친드윈 강가의 작은 마을에서 짠싯따를 낳았다.

이 즈음에 향후 아노야타를 시해하고 왕위를 찬탈할 아이가 북부 지역에서 막 태어나고 있다고 왕실 점성술사가 아노야타에게 고했다. 아노야타는 군대를 북부지역에 보내어 분만이 가까운 아기를 포함해 갓 태어난 아기까지 모조리 없애도록 지시했다. 그러나 운 좋게도 짠싯따는 해를 면했다. 그래서 그의 이름이 '살아남은 아들'란 뜻의 '짠잇따'였다가 '짠싯따'로 바뀌었다고 한다. 그리고 '짠싯따'가 '진짜 아들'이란 뜻이듯이 아노야타의 진짜 아들이라는 설이 전해지고 있다. 사신의 씨였는지도 모를 일이고, 그 뒤 세월이 흘러 아노야타는 삔사깔야니를 다시 만나게 되었고, 이 때 어엿한 소년이 된 짠싯따를 보게 되었다. 짠싯따의 풍모와 충성의 맹세를 받은 아노야타는 마음을 누그러뜨리고 이들을 왕궁에 불러들였다.

여기까지가 미얀마 연대기에 있는 내용이다.

그러나 짠싯따가 아노야타의 아들인지 삔사깔야니를 처음 범한 사신의 아들인지에 대해서 연대기에는 정확한 언급이 없다. 따라서 짠싯따가 아노야타의 진짜 아들이라고 정의하기는 어렵다. 게다가 짠싯따는 생전에 아노야타가 자신의 아버지란 사실을 한 번도 언급한 적이 없다. 뿐만 아니라 아노야타와 솔루에 대한 호칭도 언제나 전임 왕 혹은 주군으로 불렀다는 것을 볼 때 짠싯따는 아노야타의 친자가 아닐 가능성이 더 많다.

들은 짠싯따가 결코 죽지 않았을 것으로 확신했기 때문이다.

반면 응아야만은 버간을 봉쇄하고 주민들에게 항복을 요구했다. 그러나 주민들은 짠싯따의 시신을 가져오면 응아야만의 지배를 받아들이겠다고 하면서 계속 버티고 있었다. 몇 차례의 공격을 시도해 보았지만 쉽게 성벽 방어가 허물어지지 않았다. 그럼에도 응아야만은 계속해서 틈새를 찾고 있었다.

한편 짠싯따는 응아야만과의 일전을 위해 군대를 조직하기 시작했다. 병참조달이 용이한 짜욱세에 사령부를 마련했다. 짠싯따가 군대를 조직한다는 소식을 듣고 많은 사람들이 모여들었다. 짜욱세 주변 11개 마을 모두를 숙사로 사용해도 모자랄 정도의 규모가 되었을 때 드디어 짠싯따는 전쟁의 채비를 했다. 짠싯따는 티흐라잉의 마법사 쉰뽀빠를 불러들였다. 쉰뽀빠는 짠싯따의 군대를 돌며 주문을 외웠고, 태양과 달을 그린 부적을 만들어 코끼리의 등, 말의 목덜미 그리고 군인들의 창과 방패에 부착했다.

모든 준비가 끝나자 짠싯따는 버간을 진격해 들어갔다. 몬군의 전령이 이 소식을 응아야만에게 전했을 때 몬군들은 불안해했다. 과거 버고를 침공한 라오-샨을 물리친 짠싯따의 용맹을 회상했기 때문이다. 게다가 오랫동안 가족과 떨어져 있었던 몬군은 심신이 지쳐 있었다.

몬군 진지에 이르렀을 때 짠싯따는 일단 진격을 멈추었다. 그리고 군인 중 몇 사람을 뽑아 게릴라 작전을 쓰기로 했다. 일단 전열을 분열시킨 다음 총공격을 감행코자 했다. 이는 지난번 솔루의 무모한 전략을 되풀이하지 않는다는 의미도 내포되어 있었다. 짠싯따의 선발대는 쉽게 몬군 진영을 장악했다. 짠싯따는 이곳의 몬군들을 자신들의 고향으로 돌려보내고 다음 공격지인 미엔꺼바로 말머리를 돌렸다. 짠싯따를 본 이곳의 몬군들도 거의 저항 없이 뿔뿔이 흩어져 도망쳤다. 이렇게 되자 응아야만은 배에 금·은 보화를 싣고 에야와디강 상류를 따라 도망치기 시작했다. 배가 미엔장 부근에 이르렀을 때 이상한 새소리를 들려 그 쪽으로 고개를 돌리는 순간 날아온 화살이 눈을 파고들어 응아야만은 죽고 말았다. 짠싯따의 궁수인 응아싱구가 새소리를 흉내 내어 응아야만을 유도한 다음 활을 쏘아 맞혔던 것이다.

이리하여 버간왕국에 도전장을 냈던 몬족을 격퇴한 짠싯따는 버간의 왕실로 들어갔다. 짠싯따는 자신이 아노야타의 청년 장교였을 때 결혼을 했던 아베야드나와 이들에서 난 외동딸 슈웨에인티와 입성의 기쁨을 함께 했다. 그리고 도망지 티흐라잉에서 결혼해 함께 전장을 돌아다녔던 티흐라잉 촌장의 딸 흐킨단도 왕실에 불러들였다. 이제 짠싯따는 오래 전 불같이 타오르는 감정을 억제치 못해 아노야타의 창을 받아야 했던 추억을 떠올렸다. 몬족 여인으로 아노야타에게 시집오는 도중 짠싯따와 불같은 사랑을 나누었고, 아노야타가 죽자 아노야타 아들인 솔루의 아내가 되었던 여인 킨우. 짠싯따는 이 킨우를 또 한 명의 부인으로 맞이했다.

짠싯따의 대관식은 거대하게 치렀다. 동정 소녀들로부터 신성한 물세례를 받으며 설법이 울려 퍼지는 사이로 국사인 쉰아라한의 인도로 대관식장에 들어섰다. 이어 왕을 상징하는 흰 우산이 짠싯따 머리 위에 씌어졌고, 거대한 야크 꼬리로 만든 부채의 바람을 맞으며 왕좌에 앉았다. 머리에는 왕관이, 옆구리에는 왕검이, 발은 조리 샌들에 단정히 놓여 있었다.

한편 응아야만을 받들었던 몬족들은 짠싯따의 처벌을 두려워하고 있었다. 그러나 짠싯따는 이들을 용서하고 유화정책을 폈다. 버고를 이전처럼 버간의 행정 구역에 포함시켰고, 왕실 관료자리도 몬족들에게 할애했다. 또한 버간의 지배를 인정하는 모든 몬족들에게 버간군에 입대할 수 있도록 했다. 뿐만 아니라 몬족 장인들과 학자들을 우대하여 이들이 버간에서 잘 지낼 수 있도록 배려했다. 이렇게 되자 버고는 짠싯따가 자신들을 위해 선정을 베풀 것이란 기대와 함께 그의 통치를 기꺼이 받아들였다.

짠싯따는 아노야타가 이용했던 배의 유물을 안치해 놓은 건물, 1101년 건립한 새로운 왕실을 비롯한 많은 건축물들을 짓는데 몬족 장인들을 활용했다. 특히 궁전 준공식에는 몬 귀족들이 대거 참가했고, 몬족 악사, 무용수들이 여흥을 장식했다.

그리고 짠싯따는 몬족 문자로 된 많은 명문들을 남겼다. 이는 아노야타의 하부 미얀마 정복 이후 몬 문자가 공용(公用)화되었기[41] 대문이기도 하지만 특히 짠싯따 자신이 몬 문자에 익숙해 있었던 것도 그 원인으로 여겨진다.

이처럼 짠싯따가 몬족에 대한 유화정책을 넘어 몬족 문화를 대거 차용한 이유는 몬족의 발전된 문화를 통해 왕국 전체의 문명화를 꾀하기 위한 일환으로 보인다.

그러나 이 과정에서 초래될 수 있는 버마족의 몬족 문화에 대한 거부감은 불교를 통해 희석되었다. 즉 아노야타 이래 국교로 숭앙된 불교를 더욱 강조하여 같은 불교도 의식을 심어줌으로써 종족 간 발생할 수 있는 갈등을 최소화할 수 있었던 것이다. 게다가 불교 다음으로 거대 종교였던 힌두교를 불교가 감싸 안음으로써 종교 갈등 여지도 없앴다. 동시에 짠싯따는 자신을 불교의 보호자로 자처하여 불교에서 정신적 피안처와 행복감을 느끼는 국민들의 지지를 이끌어낼 수 있었다. 이것은 왕권의 안정으로 이어지는 계기가 되었다.

실제로 짠싯따는 쉰아라한으로 하여금 불교가 힌두교를 수용할 수 있는 이론적 근거를 마련하라고 지시했다. 여기서 나온 것이 바로 짠싯따 전생이 비쉬누라는 선언이다. 비쉬누가 강력한 왕으로 환생했음에 힌두교들은 기

41) 비록 아노야타의 따톤 정복이래 몬 문자가 버간왕국 전체에 장려되었지만 완전히 뿌리를 내리지는 못하고, 여전히 왕실을 비롯한 상부 미얀마에서는 변형된 쀼족 문자와 빨리어 그리고 산스크리트어를 혼용하고 있었다. 그러나 이후 시간이 지나면서 몬 문자가 대부분의 버마어를 표기하게 되었고, 현재 미얀마 문자의 모습으로 정착되었다.

빼했고, 그 왕이 불교를 떠받들고 있으니 불교도들의 지지를 받는 것은 당연했다. 비쉬누를 믿는 힌두교도들에게는 불교로의 개종도 잘못된 현상이 아니라는 믿음을 갖게 했고, 부처를 경배하는 불교도들에게는 비쉬누가 부처보다 아래이고 왕보다 못하다는 자부심도 갖게 했다. 나아가 짠싯따는 전생에서 아예찌의 유물인 나가와 함께 뜨예케뜨야를 건립했다고 선언했다. 이렇게 함으로써 뜨예케뜨야의 영광은 쀼족과 몬족이 함께 달성한 것이라 믿고 있던 몬족들에게 버간의 영광도 자신들과 함께 공유할 수 있다는 생각을 갖도록 해 주었다. 짠싯따의 이러한 방법은 애니미즘적 신을 믿고 있던 주민들에게도 크게 영향을 미쳤다. 즉 전생 어느 때에 이들이 경배하는 마하기리[42]와 자신이 부처를 숭배했다고 선언한데 이어 아노야타의 병사들이 자신을 추격했을 때 나가가 자신을 보호해 줬다고 선언했다. 그리고 아노야타가 던진 창이 자신의 살을 파고들지 못했던 이유는 위대한 부처님의 보살핌이 있었기 때문이라고 설명했다. 이렇게 함으로써 정령신앙을 믿는 주민들도 불교에 자연스럽게 접맥되도록 했다.

짠싯따의 국가 경영 목표는 왕국의 번영과 안정이었다. 축제와 의식을 중시하여 세금을 걷는 일도 축제 분위기에서 행할 정도였다. 1090년 슈웨시공 파고다에 새긴 석문을 보면 짠싯따가 국가와 국민을 얼마나 사랑했는가를 알 수 있다.

> 사랑하는 사람과 헤어져 슬퍼하는 사람들. 혹은 다른 이유로 가슴에 상처를 묻고 사는 사람들. 이들이 흘린 눈물로 얼룩진 얼굴을 왕인 내가 닦아주리라. 정성과 자비로 그들에게 끝없는 사랑을 베풀 것이니라. 모든 국민들에게 나의 양손에 든 음식과 의복을 나누어주리라. 나의 백성들은 어머니의 품에 안겨 잠든 아기처럼 평안히 보호하여 끝없이 행복하게 하리라.

---

42) 민마하기리 또는 응아띤데라고 불리는 정령신으로 성산(聖山)으로 여기는 뽀빠산의 지배자이기도 하다.

짠싯따의 치세 기간 중 큰 반란이 없었던 점도 짠싯따의 정책이 국민들에게 환영받았음을 증명해 주는 점이다.

이렇게 짠싯따의 버간은 평화롭게 흘러갔다. 짠싯따는 이 참에 후계문제를 일찌감치 매듭짓고자 했다. 왕위를 이을 아들이 없었던 점도 고려되었다. 그리하여 공주 슈웨에인티를 결혼시켜 여기서 난 손자에게 왕위를 물려주고자 했다. 이 때 아노야타 이래 버간과 동맹관계를 맺고 있던 브데익가야 왕국의 한 왕자가 슈웨에인티에게 청혼했다. 이 왕자는 평소에도 버간왕실을 자주 드나들곤 했는데 이미 슈웨에인티를 점찍어 두고 있었던 것이다. 짠싯따도 이 젊은이에게 호감을 보였다. 그러나 신하들은 브데익가야와 사돈 관계를 맺을 경우 버간이 내정간섭을 받아 입지가 약화될 우려가 있다며 반대했다. 대신 몬족 왕자인 너가뜨만과의 결혼을 지지하였다. 이렇게 하는 것이 몬 유화정책에 더욱 부합되는 것이라 했다. 마침내 짠싯따도 이 제안에 동의하여 딸과 너가뜨만과의 결혼식을 거행했다.[43] 청혼을 거절당한 브데익가야 왕자는 자살하고 말았다는 일화가 전해지고 있다.

오래지 않아 슈웨에인티는 아들을 낳았다. 짠싯따는 대단히 기뻐하였고 손자의 이름을 '미래의 부처'란 뜻의 알라웅시뚜(အလောင်းစည်သူ)라 지었다. 짠싯따는 처음 계획한 대로 알라웅시뚜가 아직 어린 나이였을 때 일찌감치 그에게 왕위를 물려주고 자신은 상왕으로 있겠다고 공포했다. 짠싯따의 이런 행위는 자신의 왕권이 안정되었다는 자신감을 보여주는 것이었다. 그리고 혹시라도 사위가 왕위를 넘보아 생길 수 있는 종족간의 갈등

43) 이에 대한 다른 설이 있다. 즉 짠싯따의 딸이 솔루의 아들인 잘름발이 소윤과 결혼을 했다는 것이다. 본서는 미얀마 국사 교과서에 실린 내용을 필자가 받아들인 것으로, 그 배경은 짠싯따가 버마족과 몬족의 평화공존 정책을 일관되게 폈다는 점이다. 그러나 수웨에인티가 전임 왕인 솔루의 아들과 결혼했을 가능성도 전혀 배제할 수 없다. 왜냐하면 미얀마의 왕들은 전통적으로 왕족 내부에서 그의 배필, 혹은 제 2, 제3의 배우자를 맞아들이는 관습이 있었기 때문이다.

을 미연에 방지함과 아울러 어린 후계자에게 미리부터 확실한 권력기반을 다질 수 있도록 배려하는 것이었다.

짠싯따가 외손자에게 왕위를 물려준 지 2년이 되던 어느 날 나들이를 다녀오는 길이었다. 초라한 행색의 한 여인이 아이의 손을 잡고 짠싯따의 행렬 앞을 가로막고 있었다. 호위병들이 내쳐도 이 여인은 반항하며 그대로 버티고 서 있었다. 짠싯따는 호위병들을 제지하고 그 여인을 자세히 들여다본 순간 깜짝 놀랐다. 다름 아닌 땀불라(သမ္ဘူလ)였던 것이다. 땀불라 옆에 서 있는 아이도 자신의 아이임을 단번에 알았다. 야자꾸마였다. 짠싯따는 짜웅퓨를 떠난 후로 땀불라를 까맣게 잊고 있었다. 짠싯따는 이들에게 많은 재물과 함께 라카인의 쭌똥요와 지역을 하사했다.

앞에서 언급했듯이 짠싯따의 통치기에는 그다지 큰 정복 전쟁도 내분도 없었다. 단지 아노야타 이래 속국으로 간주된 라카인 지역에서 발생하는 문제들에 대처하는 정도였다. 이를테면 아직 완전히 버간 영토가 되지 않았지만 버간, 인도, 라카인 간 세력 다툼의 장이 되었던 라카인 남부 라믈레 섬을 습격한 인도인들이 포로로 잡혀 온 적이 있었다. 짠싯따는 이들을 훈방 조치했다. 그리고 아노야타가 점령했던 북부 라카인 지역으로 남쪽 라카인의 맹주격인 뗏밍가돈이 전 라카인의 지배자임을 내세우며 침략해 들어온 사건이 있었다. 짠싯따는 병사들에게 코끼리와 말을 주어 이들을 완전히 격퇴시키도록 했다. 이들이 포로로 잡혀왔을 때 짠싯따는 이들을 죽이려 했지만 쉰아라한의 설득으로 살려주었다. 쉰아라한, 짠싯따, 뗏밍가돈, 마하기리는 전생에서 친구지간이라고 했다.[44] 짠싯따는 뗏밍가돈과 그의 군대를 해산시켜버렸고, 희망하는 자는 버간군에 편입시켰다. 뗏

44) 짠싯따는 마하기리를 수호신으로 생각하고 있었다. 이전에 아노야타가 던진 창이 포승의 밧줄만 끊었을 뿐 생명에는 아무런 손상도 주지 않았던 일, 무작정 말을 몰고 달려나왔을 때 어렵지 않게 길을 발견할 수 있었던 일, 응아야만으로부터 도망칠 때 물 속에서 거의 의식을 잃은 자신을 새소리로 정신을 들게 해 주었던 일들이 마하기리의 보살핌 때문으로 여기고 있었다.

밍가돈은 고향으로 돌려보냈다.

왕권을 확립한 짠싯따는 아노야타와 마찬가지로 사원과 파고다 건립에 열중한다. 그 중 대표적인 것이 몬 양식으로 만든 아난다 사원이다. 당시 인도는 북서로부터 이슬람 세력이 들이닥치면서 불교가 크게 쇠퇴했다. 불교도들은 박해를 피해 남쪽으로 내려갔고, 일부는 새로운 불교의 중심지로 부각된 버간으로 이주해 들어왔다. 버간으로 들어 온 사람들 중 여덟 명의 불교승려는 짠싯따가 직접 공양을 올리는 등 융숭한 대접을 받으며 3개월 동안을 왕실에서 지냈다. 짠싯따는 이들에게서 들은 인도 오리사 우다야기리 언덕에 있다는 거대한 아난다 사원 이야기에 흥미를 가졌다. 마침내 짠싯따는 노동자들을 직접 지휘하여 1091년에 아난다 사원을 완공했다. 사원 외부는 하얗게 칠해 햇빛을 반사하도록 했으며 빛이 내부를 침투할 수 없게 만들었다. 이렇게 함으로써 내부가 동굴 속처럼 느낄 수 있도록 했다. 중앙에 평면 4각형의 주체부를 만들고 그 4면에 단든 방에 각기 9.5m 높이의 거대한 불상을 안치했다. 서에는 불교의 창시자인 고타마 싯다르타(ဂေါတမ) 부처상을 두었고, 남에는 까따빠(ကဿပ) 부처, 등에는 꼬나공(ကောဏာဂုံ) 부처, 북에는 까꾸딴(ကကုသန်) 부처상을 두었다. 양곤의 슈웨디공 부처상 위치와는 다르다. 4개의 방 앞에는 지붕이 달린 현관이 붙어 있다. 서쪽으로 나 있는 현관 끝 편 부처의 발치쪽으로 실물 크기의 좌상이 두 개 있다. 하나는 짠싯따이고 다른 하나는 국사였던 쉰아라한을 상징하는 것이다. 정교하게 새겨진 짠싯따의 형상을 보면 영웅의 면모에서 흔히 발견되는 강인한 턱을 가지고 있다. 그러나 어머니가 인도인이라 그런지 순수한 버마족 모습은 아니다. 사원 바깥에는 부처의 전생 이야기를 담은 자따까의 내용을 빨리어와 몬어로 작성한 1500개의 작은 파찰이 걸려 있다. 그리고 통로 안쪽으로 자따까를 묘사한 80개의 조각품이 있다. 이것들은 전통적인 중세 양식으로 인도로부터 초빙한 조각가들에 의해 만들어진 것으로 추측된다. 버간 최초의 거대한 사원이 되는 아난다 사원의 건립으로 버간은 새로운 불교 중심지로 각광받는데 손색이 없을 정도가 되었다. 부드러운 미와 함께 풍성한 조각들, 현기증이 날 정도의 하얀 외모와 아침 해를 받을 때 금빛으로 반짝이는 첨단의 뾰족탑은 버간의 걸작품으로 꼽힌다. 오늘날까지도 아난다 사원은 구도자의 집으로 일컬어질 정도로 여전히 순례객들로 붐비는 곳이다.

여러 종족들로 구성된 노동자와 다양한 언어의 흔적으로 보아 짠싯따는 에야와디강의 상류뿐만 아니라 하부 몬 지역까지도 확고하게 장악한 것으로 보인다. 완성된 아난다 사원은 짠싯따를 매우 미혹시켰고 다시는 이와 같은 걸작을 만들지 못하게 했다고 한다.

다음으로 짠싯따는 아노야타 이래 계속된 슈웨시공 파고다를 완공했다. 이 밖에도 짠싯따는 50여개의 크고 작은 불교건축물들을 건립했다. 스리랑카의 왕자가 보내 준 아홉 개의 부처 유물을 담아 놓은 미노찬따 파고다, 짠싯따의 어머니가 아노야타에게 시집 올 때 무릎을 꿇고 복종을 표했던 곳에 세웠다는 푸싯똑 파고다가 있다. 그리고 짠싯따의 고향에 빠레인마, 피난처를 기념하여 만든 스가잉 지역의 슈웨드원아웅, 민부 지역에 슈웨셋 파고다, 버곡꾸 지역 예사죠에 세운 세 개의 파고다, 밍얀 지역에 나가상 등을 건립했다.

대외관계에서는 이전보다 적극적인 모습을 보여준다. 짠싯따는 11세기 초부터 밀어닥친 인도에 무슬림의 공격 이래 불교가 크게 쇠퇴한 것을 안타까워했다. 그래서 고타마 부처가 설법을 베푼 벵갈 지역의 부다가야에 많은 보화와 장인을 보내어 성지를 복구시켰다. 이로써 짠싯따는 불교 성지인 부다가야를 개·보수한 최초의 미얀마 왕으로 기록된다. 중국과의 관계는 아노야타 보다 격상된 면모를 보여주고 있다. 1106년 버간의 사신들이 중국 조정에 당도하여 직접 황실과 대화를 가진 것에서 잘 나타나고 있다. 이전에 아노야타가 난차오와 대등한 관계를 맺었다고는 하나 적어도 중국 조정은 버간을 주권국가로 인정하지 않고 여전히 속국 난차오가 관리하는 조공국가로 여기고 있었다. 이의 증거로 짠싯따가 1103년과 1104년 각각 중국으로 파견한 사절단이 난차오의 중심도시였던 윈난 이상을 가지 못했던 점에서 드러난다. 사절단이 가져간 코끼리 등의 선물은 윈난을 거쳐 중국 정부에 전달되어졌던 것이다. 하지만 1106년 이래 버간의 대표부가 당시 송 왕조의 수도(开封 개봉, 카이펑)에 상주했던 것으로 보아 짠싯따 후기의 버간은 중국과 독자적 외교관계를 수립한 것으로 보인다.

계속해서 짠싯따는 캄보디아, 난차오에도 외교관들을 상주시켰다. 그리고 아노야타 이래 우호관계를 유지해 오던 스리랑카와도 관계를 더욱 돈독히 하여 두 나라 사이에는 순례자와 상인들이 자유롭게 왕래할 정도가 되었다. 청혼문제로 한 때 서먹해진 브데익가야와도 계속 관계를 돈독히 하였다. 그런데 짠싯따의 통치 말엽 북부 라카인에는 왕위 찬탈 사건이 있었다. 이 내란을 피해 왕세자는 자신의 자식들과 함께 버간으로 피신해 왔다. 짠싯따는 이들을 보살펴주면서 라카인을 평정할 기회를 엿보고 있었다.

그러나 짠싯따의 삶도 이제 서서히 막을 내리고 있었다. 1113년 그의 나이 73세. 당시로서는 꽤 장수를 했고, 이제 노쇠해 임종만을 바라보고 있었다. 땀불라의 아들 야자꾸마는 이 소식을 듣고 버간으로 달려왔다. 야자꾸마는 아무런 사심도 없었고 오로지 아버지 짠싯따가 베풀어 준 은혜에 조금이라도 보답하고픈 마음뿐이었다. 그리하여 어머니 땀불라가 남긴 전 재산, 즉 쭌똥요와(짠싯따가 야자꾸마에게 준 세 곳의 마을) 지역과 보석들을 처분하여 아버지의 건강을 기원하는 금불상을 만들었다. 미엔꺼바에 있는 동굴사원인 구빠욱지 사원을 만들어 금불상을 이곳에 안치했다. 자신은 나머지 생을 부처님께 귀의해 살겠다고 맹세했다.

마침내 위대한 짠싯따도 죽음 앞에는 어쩌지 못하고 조용히 숨을 거두었다. 야자꾸마는 아버지의 죽음을 애도하며 구빠욱지 사원과 40여 미터 떨어진 곳에 먀제디 파고다를 조성하여 두 곳에 똑 같은 내용의 사면체 석주비문을 조성했다. 짠싯따의 치적과 자신과의 관계를 각 면에 같은 내용으로 빨리, 몬, 쀼, 버마 네 종류 문자로 비문을 만들었다. 이 유적이 발견됨으로서 이전까지 모호했던 초기 버간 역사를 분명하게 알 수 있게 해주었다. 그리고 이전까지 잘 몰랐던 쀼 문자를 알게 해 주는 등 언어학적으로도 중요한 자료가 된다.

1887년 먀제디 파고다에서 먼저 석주가 발견되었고, 1911년에 구빠욱지에서도 같은 모양의 석주가 발견됐다. 그런데 먼저 발견된 먀제디 석주는 버간박물관으로 옮겨져 있고, 후에 발견된 구빠욱지 석주는 먀제디 파고다로 옮겨져 일반인에게 전시되고 있다. 이 비문들을 통칭 먀제디 비문, 구빠욱지 비문 또는 야자꾸마 비문이라고도 불린다.

• 알라웅시뚜(အလောင်းစည်သူ 1111~1167)

알라웅시뚜는 평생을 내세의 부처가 되기를 원했던 왕이다.[45] 그 이름도 내세의 부처란 의미를 담고 있다. 또한 알라웅시뚜는 자신이 불교에서 말하는 이상적 통치자인 전륜성왕[46]임을 거듭 표명하기도 한다. 이는 아

---

45) 일반적으로 부처라 함은 불교의 창시자인 석가모니 외에도 진리를 깨달은 사람 즉 각자(覺者)를 일컫기도 한다. 그리고 미래에는 미륵불(彌勒佛)이 나타나 인간을 구제할 것이라 믿어지고 있다. 따라서 알라웅시뚜가 말하는 내세의 부처는 곧 미륵불을 가리키는 것이다.

46) 미륵불의 출현은 불교의 현실적 통치자인 전륜성왕(轉輪聖王, Cakravartin စကြာ ဝတေးမင်း)이 통치한 연후 혹은 동시대에 출현한다고 믿어지고 있다. 따라서 알라웅시뚜 자신은 살아서는 전륜성왕, 죽어서는 미륵불로 존재한다고 천명함으로써 이상적 불자왕의 면모를 보여주려 했다. 이는 이후 미얀마 지배자 통치행위의 이론적 근거가 되었다. 전륜성왕에 관한 일반적 이론은 고대 인도에서 유래한 세계의 통치자를 지칭하는 개념에서 비롯된 말로 국민 모두에게 평등한 권리 및 자유를 누릴 수 있도록 제도적 장치를 마련해 주는 도덕적 지배자이다. 부처와 전륜성왕은 동시대에 같이 나타나지는 않거나, 같이 공존한다고 해도 부처가 정신계(精神界)를 맡고, 전륜성왕은 속계(俗界)를 각각 맡는다고 한다. 역사적으로 전륜성왕에 대한 최초의 언급은 BC 3세기 인도 마우리아 왕조 아소카왕의 기념비에 나타난다.

노야타 이래 확고해진 왕권과 통치에 대한 자신감을 보여주는 것이기도 했다. 실제로 알라웅시뚜는 태어나자마자 왕으로 지명되어 26세에 정식으로 왕좌에 오를 때까지 선왕보다 위대한 왕으로서의 자격을 갖추기 위해 많은 노력을 기울였다. 국사인 쉰아라한과 쉰아라한을 이은 세인냣의 지도하에 불교에 대한 지식뿐 아니라 빨리어와 몬어에 능통할 수 있도록 교육받았다. 군에서는 기마술과 무술을 익혀 군인왕으로서의 자질도 충분히 갖추고 있었다. 이렇게 문무를 겸비하고 있었던 것이다.

버간을 책임지게 된 알라웅시뚜는 왕국 내 무게와 도량형을 표준화시키고, 전국을 도・시・군으로 구획하여 중앙집권화를 꾀했다. 그리고 미얀마의 관습법을 통일 왕국 전역에 적용시켜 법에 입각한 통치를 펴고자 했다. 이를 소위 '알라웅시뚜식 통치 혹은 법전'이란 뜻인 알라웅시뚜 퍗톤이라 일컫는다. 이는 나아가 아노야타 이래 확대된 불교의 불법을 더욱 확대해 국민을 다스림으로서 불교와 왕권의 권위를 동시에 확립하고자 하는 정책이었다.

그러나 알라웅시뚜 통치초기에는 짠싯따 시기와는 달리 내란이 잦아 이를 진압하는데 신경을 곤두세워야 했다. 버떼인, 뜨닌다리 등 하부 미얀마에서 독립왕국을 요구하며 발생하는 폭동뿐만 아니라 짠싯따가 살려준 뗏밍가돈이 다시 버간으로 침략하는 사건이 발생했다. 알라웅시뚜는 군대를 보내어 이를 진압하도록 했다. 파견된 군대는 뗏밍가돈의 목을 쳐 왕에게 보내 왔다. 알라웅시뚜는 뜨닌다리를 직접 평정했다.

알라웅시뚜가 뜨닌다리를 평정한 후인 1115년에 쉰아라한이 81세의 나이로 세상을 떠났다. 그는 큰 뜻을 품고 버간에 들어 온 이래 많은 업적을 남기고 갔다. 버간의 팽창을 목격했고, 네 지배자들의 훌륭한 조언자이자 스승이었으며 세 왕의 대관식을 주도한 사람이기도 했다. 아예찌의 해악을 몰아내는데 크게 도움을 주었을 뿐만 아니라 국가가 인정하는 미얀마 최초의 승려장 혹은 국사로서 승려의 질서도 정착시켰다. 쉰아라한의 가르침을 받은 천여 개 사원의 주지승들은 국내뿐만 아니라 국외까지도 부처의 가르침을 전파하였다.

알라웅시뚜가 국내 상황은 승려의 조직화를 통해 비교적 안정적으로 유지한 반면 대외적 관계는 난제들이 많이 나타났다.

앞서 하부 몬족들의 반란에 이어 라카인이 왕위쟁탈전, 라카인 상하부 사이의 전쟁으로 점점 버간 통제를 벗어나고 있다고 판단한 알라웅시뚜는 라카인 문제를 확실히 해둬야겠다고 결심한다. 왜냐하면 짠싯따 통치 당시 북부 라카인의 왕세자가 왕위쟁탈전을 피해 버간에 머물다 운명을 달리하는 일이 발생했고, 그의 아들 레뜨야민난은 기필코 왕좌를 다시 찾기를 맹세하면서 알라웅시뚜에게 협조를 요청했기 때문이다. 알라웅시뚜는 이참에 라카인 문제를 정리하기로 마음먹고 레뜨야민난에게 군대를 주어 라카인을 공격할 수 있도록 했다. 레뜨야민난군이 밀리자 알라웅시뚜는 직접 군대를 지휘하여 총공격을 감행했다. 일진일퇴를 거듭한 후 마침내 1118년 북부 라카인을 완전히 장악했고, 왕위찬탈자도 축출하였다.

레뜨야민난은 부친의 뜻대로 왕좌를 회복하였고, 알라웅시뚜에게 보답을 하고 싶다는 의사를 전했다. 이에 알라웅시뚜는 불교성지 부다가야의 재건을 요구했다. 알라웅시뚜는 쉰아라한의 뒤를 이어 국사가 된 세인냐의 아들인 빵뚜꾸를 비하르에 파견하여 작업을 감시케 했다. 또한 많은 보화를 하사하여 개・보수 충당비용으로 사용하도록 했다. 현재 부다가야의 석문에는 "대 뿌족의 왕께서 신성한 장소를 보수하셨고..."라고 새겨 알라웅시뚜에 대한 고마움을 표하고 있다.

이로서 대외관계가 잘 정리되나 했는데 이번에는 남쪽에서 새로운 문제가 발생한다. 알라웅시뚜는 당시 팽창을 하는 캄보디아를 예의주시하고 있었다. 캄보디아의 지배자 수리야바르만 2세(Suryavarman II)[47]는 선

왕을 이어 계속 팽창정책을 펴고 있었고 태국을 이어 미얀마까지 위협하고 있었던 것이다. 알라웅시뚜는 차오프라야 계곡에 있던 몬족 왕국들로 하여금 캄보디아를 선제공격하게 함으로써 캄보디아가 버간으로 직접 공격할 수 없도록 유도하였다. 그러나 스리랑카가 캄보디아와 우호관계를 맺고 상호 물자를 직접 교류하고 스리랑카 공주를 대표로 하는 사절단을 캄보디아에 보내기까지 하는 등 캄보디아와 급격히 친해져 가는 상황이 발생한다.

내용은 이러했다. 당시 스리랑카는 자국의 해외대표부를 해상 거점으로 중요했던 미얀마의 버떼인에 두고 있었다. 당시 미얀마는 스리랑카에 쌀과 코끼리를 수출하고 있었다. 그런데 알라웅시뚜는 상인에게 맡기고 있던 코끼리 수출을 국가 독점으로 묶어 버리는 동시에 가격을 크게 인상시켰다. 이 같은 조치에 항의하던 스리랑카 상인을 묶어 물속에 던져 버리기까지 했다. 게다가 자유무역을 탄원하러 왔던 스리랑카의 사신들을 감방에 가두어 버렸다. 이렇게 되자 스리랑카는 캄보디아와 관계를 더욱 증진시켰고, 미얀마 상인과 짜고 밀무역으로 코끼리를 수입하는 일까지 벌인다. 이 사실을 안 알라웅시뚜는 버간에 머물고 있던 스리랑카의 승려와 학자들을 구금시켜버렸다. 마침내 스리랑카가 밀무역을 하지 않는다는 서명을 받은 뒤 이들을 추방시켜 버렸다.

이런 상황에서 스리랑카의 공주와 사신들을 태운 배가 캄보디아로 향하고 있었던 것이다. 알라웅시뚜는 이 배를 가로막았다. 일이 이쯤에 이르자 스리랑카의 대왕이라 일컬어지던 군인왕 파크라마바후 1세[48]는 6척의

---

47) 모든 경쟁자와 50년 이상 계속된 혼란상을 종식시키고 1113년 왕위에 올라 절대지배체제를 정착시킨 왕이다. 서로는 태국 북부 지역, 동으로는 베트남의 홍강(Red River) 삼각주 지역까지 영향력을 행사하였으며, 말레이 반도 동부해안 일부도 자국경토로 만든 강력한 왕이었다. 왕의 무덤인 동시에 비쉬누(Vishnu) 신전이자 세계에서 가장 큰 종교건축물인 앙코르 왓(Angkor Wat)을 건립하였다.

48) 1123년 네 개로 나뉘어 있던 스리랑카를 통일시킨 왕으로 사이바 승려들을 내쫓는 등 불교

배로 미얀마를 공격했다. 알라웅시뚜는 애는 먹었지만 이들을 잘 막아냈다고 한다. 하지만 스리랑카의 연대기에는 이 함대가 미얀마의 버떼인을 장악하고 계속해서 욱카마를 손아귀에 넣은 다음 그곳의 영주를 처형했다고 기록하고 있다. 그런데 욱카마란 지명은 지금도 없지만 과거에도 없었던 지명이다. 게다가 1165년 파크라마바후 1세가 남긴 비문에 보면 당시 스리랑카의 함대는 미얀마에게 단순히 위협성 공격을 가했을 뿐 욱카마든지 영주처형에 관한 이야기는 없다. 오히려 미얀마와 성공적인 협상으로 다시 우호관계를 맺게 되었다는 내용이 들어 있을 뿐이다.

어쨌든 미얀마는 스리랑카와의 교역문제는 잘 마무리되어진 듯 하고, 캄보디아도 참(짬)족[49]의 공격으로 급격히 쇠퇴하였고, 미얀마에 대한 위협도 사라지게 되었다. 이렇게 되자 미얀마와 스리랑카의 관계는 승려를 교환하는 등 급속히 호전되었다.

이렇게 대내·외 문제를 해결한 알라웅시뚜는 역대의 어떤 왕들보다 자신이 위대하다는 생각을 한다. 그런데 왕실 점성술사는 지나친 우월감 때문에 실명할 수도 있다는 얘기를 해 주었다. 사실 알라웅시뚜는 가끔 사물을 제대로 구분할 수 없는 사시(斜視)증세를 보이고 있었다. 알라웅시뚜는 선대왕들의 상 앞에 머리를 조아리며 자신의 잘못을 뉘우쳤고, 이후 다시 눈이 좋아졌다는 이야기가 전해져 오고 있다.

이제 알라웅시뚜도 선대왕들처럼 종교건축물을 건립하는데 전력을 다한다. 1144년에 건립된 땃빈뉴 사원과 자신의 묻힐 장소로 설정한 슈웨구지 사원은 가장 대표적인 종교건축물이다. 특히 슈웨구지의 벽면에는 내세의 부처가 될 것임을 강렬하게 희망하는 내용의 빨리어 글귀를 남겼다.

를 정화시켰다.

49) 말레이폴리네시아 혈통으로 인도화된 문화를 가진 종족이다. 2~17세기까지 존립했던 참파(Champa)왕국을 이끌었던 종족으로 현재 베트남 중남부 해안지역이 주 무대였다.

… 짐은 비쉬누, 마라(魔羅)[50]와 같은 존재로 태어나지 않을 것이며, 위대한 왕으로 다시 태어나는 것도 원치 않는다. 단지 부처가 되기를 원할 뿐이다. 짐은 윤회의 강 위에 길을 만들어 고통받는 모든 중생을 천도하여 극락으로 이끌 것이니라.

그리고 버간왕조를 통틀어 여행을 가장 많이 한 왕으로도 기록될 정도로 여행을 좋아 한 왕으로 기록된다. 들리는 지역마다 사원과 파고다를 지어 공덕을 빌었다. 민부지역의 슈웨빤먀잉, 신빈구니, 파웅도우 파고다, 뜨옛묘의 폐야보, 모곡의 또 다른 파웅도우 파고다를 건립했으며, 슈웨보의 슈웨구지, 몽요와의 슈웨다웅우, 만달레이의 난다칸과 마웅마칸, 슈웨말레 파고다 등이 대표적이다. 해외여행도 많이 했다. 인도의 벵갈지방, 스리랑카, 말라야를 방문하기도 하였다. 라카인의 섬들을 거쳐 들어간 벵갈에서는 아노야타가 세운 불상에 경배했고, 스리랑카를 방문했을 때는 스리랑카 왕이 공주를 줄 정도로 환대했다고 한다.[51] 그리고 인도 벵갈의 한 지역으로 추측되는 곳으로 가 잠부따베빈이라고 하는 신성한 나무를 발견했다. 장미사과나무라고도 하는 이 나무는 세상의 끝에서만 자란다는 이야기가 전해지고 있다. 이 나무 그늘 속에서 신들의 왕이자 불교의 보호신인 드쟈민이 탄생하였다고 전해진다. 그리고 알라웅시뚜는 바람에 흔들리는 이 나뭇잎들의 소리와, 열매가 강물에 떨어지면서 났던 소리를 흉내내서 음을 읊조리곤 했다. 게다가 이 나무로 다섯 개의 불상을 만들어 버곡꾸, 슈웨보 등지에 파고다를 만들어 안치시켜 두었다 한다. 이 파고다들은 슈웨시공 파고다의 전설처럼 백상이 배회하다 앉은 곳 또는 새들이 지정해 준 장소에 세웠다 한다.

50) 고타마부처가 보리수 아래에서 참선할 때 나타나 여러 차례 유혹한 욕계(欲界)의 지배자이다. 악마란 뜻으로도 사용되며 불교 수행에 장애가 되는 일체의 것을 말하기도 한다.

51) 그러나 스리랑카 연대기에는 알라웅시뚜의 방문에 관해 아무런 언급이 없어 진우가 불분명하다.

알라웅시뚜는 난차오가 가지고 있다는 부처의 송곳니를 얻고자 금·은 보화와 코뿔소 뿔, 상아 등을 난챠오에 보냈으나 이것을 획득하는 데는 실패했다. 말년에는 조용히 지내며 바모의 숲 지역인 머통, 빤따웅, 떠록, 웅아사웅잔-바모의 서쪽 부근- 등에서 코끼리를 사냥하며 시간을 보냈다. 이 때 브데익가야의 지배자는 딸을 조공으로 바쳐 알라웅시뚜에게 경의를 표했다. 이 딸은 노쇠한 왕에게 큰 기쁨을 주었다. 그러나 왕의 큰아들 민쉰소는 아버지가 이 이방인 여자를 맞아들이는 것을 못 마땅히 여겼다. 시간이 지날수록 왕실에 같이 있는 것조차 불편해 하는 민쉰소에게 알라웅시뚜는 만달레이 동쪽 통똥뿌뎃을 떼어주어 이곳을 다스리게 했다. 민쉰소는 이곳에서 슈웨지민 파고다를 건립한 외에도 아웅빈래와 따목소 호수를 개발하여 1년 삼모작을 할 수 있는 지역으로 탈바꿈시키는 등 여러 가지 치적을 쌓았다. 자연히 후계자는 둘째 아들 나라뚜 몫이 되었다.

이제 81세의 나이가 된 알라웅시뚜는 과거의 사시현상이 심화되는 등 기력이 쇠잔해져 국정을 제대로 돌 볼 수 없는 지경이 되었다. 이 틈을 타 나라뚜는 후계구도를 확실하게 해 두고자 했다. 비록 민쉰소가 왕실에서 90마일이나 떨어진 곳에 있긴 했지만, 알라웅시뚜가 후계자를 분명하게 설정해 두지 않은 상황에서 마음만 먹으면 언제든지 자신의 왕위세습권을 주장하고 달려 올 수도 있었기 때문이다. 나라뚜는 왕실의 신하들과 근위병들을 자신의 명령에 따라 움직이도록 조처해 두었다. 그리고 알라웅시뚜를 슈웨구지 사원으로 옮기게 함으로써 왕권을 완전히 장악하는 것처럼 보였다. 그러나 슈웨구지 사원에서 혼미해져 있던 상태에서 깨어난 알라웅시뚜는 자신이 알지 못하는 사이 슈웨구지로 옮겨졌다는 사실을 알고 대단히 진노하였다. 알라웅시뚜가 정신을 차렸다는 소식을 접한 나라뚜는 즉시 말을 달려 슈웨구지에 도착했다. 사원에 들어서자 알라웅시뚜 자신이 정성을 다하여 건립한 슈웨구지 첨단에서 반사되는 빛이 알라웅시뚜의 눈동자를 반짝거리게 하고 있었다. 모든 것을 포기한 듯 고요한 자태로 앉아 있는 그의 모습은 차라리 평화롭게까지 느껴졌다. 나라뚜의 살기등등한 모습과는 대조적이었다. 두 사람은 동시에 어떤 결심을 한 것 같았다. 나라뚜는 알라웅시뚜 앞으로 다가가 마치 기다리고 있기나 한 듯 조용히 시선을 떨구고 있는 알라웅시뚜의 얼굴 위로 옆에 있던 침대보로 덮어서 서서히 힘을 가했다.

• 나라뚜(1167~1170)

나라뚜가 알라웅시뚜를 해쳤다는 사실을 안 민쉰소는 전 병력을 이끌고 버간으로 달려왔다. 나라뚜를 처벌하기 위함이었다. 민쉰소의 단호한 성격을 잘 알고 있었던 나라뚜는 대처방안을 강구했다. 이윽고 쉰아라한을 이어 국사로 있던 쉰빵뚜꾸에게 다가가 민쉰소와 화해할 수 있도록 중재해 달라고 부탁했다. 나라뚜는 진정으로 형인 민쉰소에게 왕위를 돌려줄 생각이며, 단지 그전에 몇 가지 협의할 것이 있으니 민쉰소와 독대하고 싶다는 의사를 전해 달라는 것이었다. 처음에는 이 말에 반신반의하던 쉰빵뚜꾸는 부처상 앞에서 머리를 조아리며 용서를 비는 나라뚜의 모습을 보고 민쉰소의 캠프로 떠났다. 왕위를 건네주려 한다는 뜻밖의 말을 쉰빵뚜꾸에게서 전해들은 민쉰소는 주저없이 왕실로 향했다. 국사인 쉰빵뚜꾸의 말에 무게를 실은 행위였다. 민쉰소를 보자 나라뚜는 자신이 갖고 있던 왕관과 왕검을 민쉰소에게 건네주었다. 그리고 큰절을 올리면서 민쉰소가 버간의 새로운 왕이 된 것을 축하했다. 그러나 그날 밤 민쉰소는 독이 든 음식을 먹고 죽고 말았다. 나라뚜의 계략에 말려 든 것이다. 이 소식을 들은 민쉰소의 군대는 버간군에 투항했으며, 나머지는 통똥뿌뎃으로 되돌아갔다.

이렇게 왕좌에 앉은 나라뚜는 하례식을 가졌다. 그러나 그 누구도 진정으로 나라뚜에게 경의를 표하는 사람은 없었다. 쉰빵뚜꾸는 왕에게 다가가 "당신은 그릇된 일을 저질렀소. 당신은 늙지 않는다고 생각하시오? 이제 당신은 어둠의 미궁에서 빠져 나올 수 없을 것이오."라고 힐난했다. 이 말에 나라뚜는 약간 동요하는 것 같았으나 이내 "국사시여 나는 당신과의 약속을 어기지 않았소. 한 순간이었지만 나는 분명히 형에게 왕권을 상징하는 칼과 왕좌를 돌려주었소."라고 뻔뻔스럽게 대답했다. 쉰빵뚜꾸는 그대로 왕실을 나와 스리랑카를 향해 떠나 버렸다.

국사가 없는 버간은 국민들의 정신적인 유대감을 흔들어 놓았다. 사실 아노야타가 국사제도를 도입한 이래 왕실과 그 주변부를 제외한 대부분의 지역에서는 국사를 정점으로 하는 승가(僧家)조직에 의해 국민의식이 지속되었다 해도 과언이 아니다. 국사는 왕의 조언자, 스승, 대 국민 교육자, 민의의 대변자 역할을 하면서 지배자와 국민을 연결시키고 있었기 때문이다. 따라서 왕이 민심과 이반되지 않고 국민들로부터 지지를 받기 위해서는 승가의 인정을 확보해야 함은 두말할 나위 없다. 이런 상황에서 나라뚜는 좀처럼 왕권을 안정시키기 어려웠다. 신하들도 그를 대하기를 꺼려 주위에 사람이 없어 보일 정도였다. 결국 잘못된 시작은 잘못의 연속으로 이어지듯 나라뚜는 피의 숙청을 하기 시작했다. 나라뚜도 싫어했던 브데익가야 출신의 대비를 포함해 왕실가족의 대대적인 처형을 단행했다. 특별한 죄목도 없이 신하들은 매일같이 참수 당했으며, 승려들도 강제로 군인으로 입대해야 하는 등 박해에 시달려야 했다. 나라뚜의 지시로 만들어진 담마얀지 사원을 보면 당시의 상황을 짐작할 수 있다. 비록 규모는 거대하지만 외부의 각진 모습과 내부의 음침하고 좁고도 긴 아치는 무자비한 통치와 그 그늘을 느끼게 해준다. 이 파고다의 벽돌을 쌓아 올릴 때는 벽돌과 벽돌 사이에 바늘을 끼워 넣어 그것이 통과하면 현장감독을 처형시켜버렸을 정도였다 하니 투입된 노동자들의 탄압이 이만 저만 아니었던 게 분명하다. 결국 이 파고다는 나라뚜가 죽을 때까지도 완성되지 못했다.

나라뚜는 결국 왕위를 3년 정도도 채우지 못하고 피살당하고 말았다. 나라뚜가 죽인 브데익가야 왕비에 기인되는 죽음이었다. 딸의 억울한 죽음에 이를 갈던 브데익가야 왕은 무공이 튼튼한 8명의 자객을 은밀히 버간에 침투시켰다. 딸의 죽음을 복수하고자 했던 것이다. 자객들은 브라만 승려로 위장하여 왕실로 들어갔다. 나라뚜는 이들에게 자신의 복을 빌어주기를 바랐다. 가까이 다가간 자객들은 품속에 숨겨 두었던 칼을 꺼내어 순식간에 나라뚜를 처치했다. 일이 끝난 후 자객들은 모두 자결함으로써 왕실 근위병들의 칼을 받지 않아도 되었다. 당시 브데익가야는 인도인 왕국으로 인식되고 있었고, 나라뚜가 이들로부터 피살당했다 해서 '인도인에 의해 목숨을 잃은 왕'이란 뜻의 끌라쨔 민이라 불리기도 한다.

• 나라떼인카(1170~1173)

나라뚜가 죽자 그의 큰 아들 나라떼인카가 왕위에 올랐다. 나라떼인카는 왕위에 즉위하자 즉시 자신의 동생인 나라빠띠를 군 총사령관에 임명했다. 이는 미얀마 역사에서 중요한 변화를 의미한다. 버간왕조를 연 아노야타, 그리고 뒤를 잇는 솔루, 짠싯따, 알라웅시뚜는 모두 군 총사령관의 지위를 겸했던 군인왕이었다. 전제군주라면 의당 군통수권을 행사하듯이 버간의 왕들도 군대의 최고 계급인 총사령관직을 직접 수행함으로서 왕을 정점으로 일사불란한 지휘체계를 유지했던 것이다. 이와 다르게 나라떼인카가 사령관직을 다른 사람에게 위임했다는 것은 혼자의 힘으로 국가를 지배하기가 용이하지 않았음을 보여주는 것이다. 다시 말해 나라뚜 이래로 왕권의 현저한 저하 현상을 초래했고 나라떼인카 시기에 와서는 권력의 분점현상이 초래된 것으로 봐야 하는 것이다.

나라떼인카는 약화된 왕권을 회복하고자 했다. 그러나 미얀마의 왕들이 흔히 하듯 자신을 불자(佛子)왕으로 추켜세우면서 거대한 파고다를 건립한다든지 혹은 승가를 포함한 불교의 정화를 통해 권위를 회복하기보다는 뭔가 사심이 담긴 방법을 사용했다. 이를테면 인도인 왕비를 맞이하는 것이었다. 이는 아노야타 이래 인도인 왕비를 거느린 것을 연관시킨 좀 터무니없는 미신적 믿음이었다. 왜냐하면 아노야타의 버간은 막 탄생하는 국가로서 기존 이웃 국가들로부터 인정을 받는 절차가 필요했고, 아노야타 또한 개인적으로 버간을 팽창·확대했던 강력한 왕의 면모를 보였고, 이러한 아노야타에게 인도의 소국가 지배자들이 딸을 주어 평화를 유지코자 했던 성격이 강했기 때문이다. 따라서 왕권이 심하게 손상된 나라떼인카에게 브데익가야 같은 왕국이 새로운 아내감을 주지 않았음은 당연한 일이었다. 이렇게 인도인 왕비를 얻는 것이 어렵게 되자 나라떼인카는 총사령관으로 있는 동생의 아내인 외루와띠를 차지하고자 기회를 엿보게 되었다.[52] 이방인인 그녀를 차지해서라도 왕권회복을 이루는 방법으로 삼고자 했다.

그러나 쉽게 기회가 오지 않자 나라떼인카는 하나의 계책을 세웠다. 나라빠띠를 일단 왕실에서 벗어나게 하는 것이었다. 나라떼인카는 나라빠띠에게 동부의 응아사웅잔-버모의 서쪽 편-으로 적이 침투하였으니 이를 물리치고 오라는 명령을 내렸다. 뭔가 계략이 숨어있을 것 같은 예감에 나라빠띠는 자신의 심복인 응아뻬를 왕실에 남겨두어 정탐하게 일러두었다. 나라떼인카는 나라빠띠가 응아사웅잔으로 떠나자 외루와띠를 차지했다. 몇일후 나라빠띠는 적이 침입하지도 않았고 자신의 아내를 왕이 빼앗았다는

52) 외루와띠는 고산족 뵤족 여인이라 한다. 출생에 관련해서는 알려진 것이 없고 단지 거대한 대나무 숲에서 한 사냥꾼에게 발견되어 왕에게 바쳐졌다 한다. 그런데 귀가 너무 큰 것이 흠이 되어 왕은 동생에게 양보했다. 그런데 동생에게 가서 잘 단장한 외루와띠는 미인이 되었다. 이렇게 된 외루와띠를 나라떼인카는 다시 빼앗으려 했던 것이다.

사실을 알게 되었다.[53] 응아삐를 처형한 나라빠띠는 급히 말머리를 돌려 왕실을 공격했다. 왕의 근위병들은 대부분 투항했고, 나라떼인카를 마주친 나라빠띠는 가차없이 그의 목을 베어 버리고 부인을 도로 찾았다.[54] 이렇게 해서 나라떼인카는 역사의 저편으로 사라지고 말았다.

• 나라빠띠시뚜(1173~1210)

나라빠띠는 비어 있는 왕좌를 차지하였다. 버간의 7대 왕이 된 것이다. 왕위에 오른 나라빠띠는 알라웅시뚜 시기의 영광을 되찾는다는 뜻으로 스스로를 시뚜 2세라 일컬었으며 자신의 이름 뒤에 시뚜를 붙여 나라빠띠시뚜라 하였다. 실제로 쓰러지는 버간을 다시 일으켜 세운 왕으로 기록되고

53) 왕이 외루와띠를 차지한 사실을 알리기 위해 응아삐는 밤낮으로 말을 달렸다. 기진맥진해진 응아삐는 말에서 내려 잠시 눈을 붙였다. 그런데 이곳은 나라빠띠의 캠프와는 지척의 거리에 있었다. 응아삐는 이러한 사실을 모른 채 깊은 잠에 빠져들었다. 이윽고 말울음소리에 나라빠띠가 달려왔고 응아삐가 눈을 뜬 것은 거의 한 나절을 잠에서 보내고 난 후였다. 나라빠띠는 응아삐의 보고를 들은 다음 캠프에 거의 다 와 잠을 잔 것에 대한 죄를 물어 단칼에 응아삐의 목을 베어버렸다. 이후 응아삐는 북부 미얀마에서 마을 수호신인 백마(白馬)낫으로 경배되고 있다.

54) 나라떼인카를 죽인 사람은 나라빠띠가 아니고 나라빠띠의 부하였다는 설이 있다. 나라빠띠는 왕이 된 다음 그에게 죄를 씌워 처형시켰고, 왕실 대신이자 나라떼인카의 개인 교사였던 아난다뚜리야도 자신의 부인을 빼앗는 음모를 꾸민 혐의로 처형시켰다고 한다.(W. S. Desai, pp.24~26.) 그런데 아난다뚜리야는 문장 솜씨가 뛰어났다. 특히 외루와디 사건에 연루된 혐의로 사형을 선고받고 쓴 시는 본인의 마음을 담은 애걸시로 유명하며, 내용도 대단한 설득력을 담고 있어 이것을 읽어 본 왕은 바로 사형집행을 취소시킬 정도였다고 한다. 그러나 안타깝게도 왕의 형집행 취소 명령이 전달되었을 때는 아난다뚜리야는 형장의 이슬이 되고만 후였다. 이것을 계기로 이후 사형집행은 선고 후 최소한 한 달이 지난 다음 집행하는 것이 관례화 되었다 한다. 지금도 미얀마 사람들 사이에 회자되고 있고, 현재 버간 근처 민난두에 있는 레미엣나 사원에 새겨져 있는 이 글귀를 소개하면 다음과 같다.

> 그 누구든 한 사람이 좋아지면 다른 한 사람은 나빠지게 마련
> 아무리 부유하고 지위가 높다 해도 잔잔한 바다 표면 위로 잠깐 치솟는 물결과 같이 덧없기 마련
> 하해(河海)와 같은 은총으로 저를 방면해 주시길, 주군께서 죽이지 않아도 저는 언젠가 흙으로 돌아가기 마련
> 다음 생에서 바뀐 관계로 조우하여도 님을 그냥 두겠사오니 부디 덧없는 인생 마지막까지 누릴 수 있기를 간청하옵나이다.

있다.

나라빠띠시뚜는 왕위에 오르자 나라떼인카를 쉽게 벨 수 있었던 것을 거울삼아 자신은 근위병을 강력하게 만들어 경호에 만전을 기했다. 이 근위병은 왕실뿐만 아니라 도시와 국경을 지키는 잘 훈련된 군인 중에서 특별히 징집하였는데, 한 때 이 숫자는 3000명을 넘어섰다고 한다. 그리고 왕위 즉위를 전후해 벌어진 어수선한 상황을 틈타 버고, 뜨닌다리 등지에서 소요사태가 발생했다. 특히 버고에서는 반란자들이 에야와디강 상류까지 공격해 들어오는 일이 발생했다. 이들의 주류는 몬족들로 당시 버간에 살고 있었던 마누하의 손자를 자신들의 지도자로 내세우고자 했다. 그러나 마누하의 손자는 제안에 즉각적인 답변은 유보한 채 뽀빠산으로 몸을 숨겨 사태의 추이를 관망코자 했다. 이를 눈치 챈 나라빠띠시뚜는 마누하의 손자를 찾아가 자신의 딸을 주어 회유했다. 마침내 구심점을 갖지 못한 반란자들은 뿔뿔이 흩어지고 말았다. 다른 지역의 소요도 오래 가지 못하고 모두 진압되었다.

이제 나라빠띠시뚜는 흩어진 민심을 수습하고 국민적 정체성을 새로이 하기 위해 알라웅시뚜 이래로 해 오던 일반법과 관습법의 수정보완작업에 박차를 가한다. 마침내 몬족 승려의 손에 의해 담마야자라는 법전이 완성되기에 이르렀다. 이 법전은 애초에 빨리어로 만들어졌으나 곧 버마어와 몬어로 번역되어 왕국 전역에 적용되었다. 계속해서 나라빠띠시뚜는 문자의 형태가 통일되지 못하고 버마, 몬, 산스크리트, 빨리어가 혼용되고 있는 실정을 바로 잡기 위해 비문에 사용하는 문자를 모두 버마어로 통일시키도록 했다. 아울러 버마어에 대한 주석과 문법연구가 활발히 진행되었다. 이 때 현재 사용되는 버마 혹은 미얀마라는 말이 일부 학자들에 의해 최초로 사용되었다. 그리고 짜욱세의 관개를 재정비하였으며, 메익틸라 지역을 포함해 버간 주변에 새로운 댐들을 건설하여 농토의 범위를 대폭 확충했다.

한편 미얀마 불교도 새로운 국면을 맞이한다.

나라뚜의 버간을 피해 스리랑카로 망명가 있던 쉰빵뚜꾸는 나라빠띠시뚜가 왕이 되던 그 해에 버간으로 되돌아 왔다. 비록 국사직을 다시 수행했지만 90세의 나이로는 역부족이었다. 얼마 못 가 운명을 달리한 그를 대신해 몬족 승려 옥따라지와가 국사직을 승계했다.

옥따라지와는 최초의 스리랑카 순례자로 꼽히는 사람이다. 망명차 스리랑카로 도피했던 쉰빵뚜꾸는 그곳의 불교가 대단히 번성하고 있음을 버간에 소개했고 이어 1180년 옥따라지와는 버간의 국사로서 정식으로 스리랑카의 불교[55]를 둘러보고 온 것이다. 당시 스리랑카는 불교에 입각에 법을 제정했고 심지어 승려수행을 한 자만이 왕이 될 수 있을 정도로 불교가 번성하였다.[56] 이는 초기 불교의 중심지 역할을 했지만 끝내는 힌두교에게 자리를 내어 주고만 동 마드라스의 칸치푸람과 같은 도시는 더 이상 스리랑카의 불교경쟁자가 되지 못할 정도였다. 따라서 버간 국사의 스리랑카 방문은 단순히 순례차원을 넘어 스리랑카의 발달된 새로운 불교가 미얀마로 이입되는 측면을 담고 있었다. 실제로 옥따라지와는 많은 승려를 데리고 스리랑카로 여행을 떠났다. 그가 데리고 간 승려 중에 몬족 승려

---

55) 스리랑카에 교단이 만들어지고 상좌부불교의 전통이 확립된 이래 시간이 지나면서 스리랑카 불교도 3파로 분열되었다. 그 중 가장 보수적 성향이 짙었던 대사파(大寺波)가 정통의 위치를 차지하였다. 이 불교의 특징은 계율을 중시하였는데, 특히 승려는 세 가지 옷과 한 벌의 식기만 소유하여야 한다는 3의1발(三衣一鉢)과 명상의 실천으로 해탈을 성취한다는 선(禪)를 주요 골자로 하고 있다. 이는 현재 미얀마 불교의 수행법으 가장 중심이 되는 위빠따나의 유래가 되었다. 위빠따나 수행법이란 사물을 있는 그대로 본다는 뜻으로 직관명상(insight meditation)이 중심이다. 먼저 자신을 관찰하여 깨끗이 해야 하는데 이를 위해 자신의 호흡을 관찰하면서 정신을 집중시킨다. 이러한 과정을 통해 예리해진 집중력으로 자연과 육체, 그리고 마음의 변화를 관찰하고 나아가 무상(無常)과 고(苦), 무아(無我)의 진리를 경험하는 것이다.

56) 기원전 3세기 아소카왕의 해외 불전도를 계기로 불교로 개종한 데바남비야 티사왕에 의해 불교가 국교가 된 이래 주종족인 싱알리스(Singhalese)의 지배가 끝나는 1815년까지 불교도만이 정통성을 인정받는 왕이 될 수 있었다. 이와 같이 불교가 미얀마에 자리를 굳힌 11세기 당시 스리랑카에서는 이미 오래 전에 불교가 사회 · 정치적 종교로 확립되어 있었다. 미얀마 불교가 정형화되는 동안 스리랑카는 미얀마뿐만 아니라 태국, 캄보디아로부터 순수 상좌부 불교 교의의 원천으로 여겨졌다.

차쁘따는 옥따라지와가 돌아온 후에도 10년을 더 머물러 그곳에서 계(戒 · 誡)[57]를 받고 1190년이 되어 버간으로 되돌아 왔다. 제 2의 스리랑카 순례자로 일컬어지는 차쁘따가 되돌아올 때 네 명의 외국인 승려도 함께 왔다. 그 중에는 칸치푸람의 아난다라고 하는 승려와 짬족을 몰아내고 캄보디아에 상좌부불교를 도입한 자야바르만 7세의 왕자도 포함되어 있었다. 이들 다섯 승려는 버간 북부에 거주지를 마련하고 스리랑카양식의 차쁘따 파고다를 건립했다. 이들은 승려가 되는 계를 받기 위해서는 반드시 권위 있는 다섯 승려가 동석한 가운데 이들로부터 승려로서의 자격을 갖추었는지를 만장일치로 인정받아야 한다는 것이다. 차쁘따 일행이 다섯 명이었던 것도 자신들이 직접 계를 수여할 수 있기 위해서였던 것으로 보인다. 나라빠띠시뚜도 차쁘따 일행의 주장에 깊은 관심을 표명하였다. 이 참에 승가를 정화하여 왕의 권위를 회복하겠다는 계산도 깔려 있었다. 마침내 나라빠띠시뚜는 이들이 주장하는 방식의 계를 통과한 자만 정식 승려로 인정한다고 공포했다. 이렇게 해서 1192년에 이르러 미얀마 불교는 차쁘따의 스리랑카식 계의 수여가 주류를 이루게 되었다. 이와 함께 스리랑카에서 직접 계를 받기 위해 스리랑카의 마하비하라(Mahvihra) [58]로 떠나는 승려들도 점점 늘어갔다. 이 결과 스리랑카의 불교가 미얀마에 가장 큰 영향을 끼치는 외래 불교가 되었다. 이로써 아마도 칸치푸람에서 건너온 것으로 추정되는 따톤 불교는 단지 130여 년 간을 미얀마에서 활동하다 새로이 들어 온 스리랑카 불교에 자리를 양보하게 되었다.

나라빠띠시뚜의 또 다른 위대한 사업은 버간의 웅장한 고도쁠린과 술

---

57) 계(戒)라는 말은 원래 빨리어로 '띠라(သီလ)', 산스크리트어로는 '실라'를 한역한 것으로, 불제자가 지켜야 할 자율적 규제 또는 윤리적 행위나 도덕을 뜻한다. 불교에서는 이러한 계를 받는 수계(受戒)의식을 거친 연후 정식의 신자나 승려가 될 수 있다. 특히 승려의 경우엔 이 보다 한 단계 높은 득도(得度)식을 치르고야 진정한 의미의 비구, 비구니가 될 수 있다.

58) 기원전 3세기 스리랑카의 옛 수도 아누라다푸라에 세워진 불교 사원으로 단시 스리랑카의 불교 성지였다.

라마니 사원을 비롯하여 미머라웅자웅, 담마야지까, 차욱뺄라 파고다를 건립한 것이다. 이보다 규모는 좀 작지만 뜨옛묘에 있는 마떼인단과 슈웨도, 몽요와의 제디흘라, 짜욱세의 파웅도우, 그리고 슈웨보에 있는 슈웨드자가 있다. 그리고 베익의 제드윙, 몬 문자로 글을 새긴 샨 지역 냐웅수웨 근처 슈웨인데인파고다가 대표적이다. 이처럼 버간 외부에까지 널리 세워져 있는 이들 종교건축물로 보아 나라빠띠시뚜의 지배영역이 대단했음을 알 수 있다.

나라빠띠시뚜는 말년에 정원사의 딸을 첩으로 거두었다. 그리고 여기서 아들도 보았다. 이 여인은 왕을 극진히 대접했다. 한 때 왕이 생인손을 앓았을 때 그녀는 매 번 상처의 고름을 빨아내 주어 고통을 덜어 주었다. 어느 날 그녀가 여느 때와 같이 고름을 빨아내는 사이에 왕은 잠에 빠져들었다. 왕이 잠에서 깨어 여전히 고름을 빨아내고 있는 것을 보고 깊이 감동하여 소원을 하나 들어주겠노라고 했다. 이에 그녀는 자신의 아들 제야테인카를 왕세자로 지명해줄 것을 청했다. 다른 아들들과의 관계를 살핀 다음 왕은 하나의 꾀를 내어 청을 들어 주었다.

나라빠띠시뚜는 인생 마지막을 평안히 보내면서 37년간 치세의 막을 내린다. 나라빠띠시뚜는 선대왕들보다 비교적 법과 자비로 통치한 왕이란 기록을 남기고 다섯 명의 자식을 두고 74세의 나이로 세상을 떠났다.

• 나다웅먀(1210~1234)

제야떼인카가 막둥이 왕자였을 때 왕에게 극진했던 생모는 제야데인카를 왕세자로 책봉해 달라고 왕에게 수없이 졸랐다고 한다. 그래서 이름이 나다웅먀가 되었다 한다.[59] 그리고 '우산의 뜻대로가 왕의 뜻더로'라는 의

59) 원래 '나다웅먀'는 '많은 귀걸이'란 뜻으로 나다웅먀왕이 귀걸이를 많이 하고 있었음을 알 수 있다. 이 때 귀걸이는 특히 귀를 뚫어 끼우는 막대 모양의 귀걸이이다. 그런데 '난다웅먀'라

미의 틸로민로라는 예명도 가지고 있다. 이는 왕의 상징이었던 흰 우산을 공중에 날려 그것이 떨어져 머리가 향한 곳에 있는 자가 왕위를 잇기로 했고 나다웅먀가 그 자리에 있음으로 해서 왕이 되었던 것에서 연유된 이름이다. 아버지의 결정에 제야떼인카의 형들도 인정했다고 한다.

나다웅먀가 건립한 틸로민로 사원은 어린 시절 흰 우산이 떨어진 자리에 세워진 것으로 버간 최후의 거대한 사원으로 기록되고 있다. 이 외에 버간 근처에 스리랑카 양식으로 만든 세드나 파고다, 나라빠띠시뚜가 완성하지 못한 고도뺄린 파고다를 완공한 것, 부다가야 양식을 본 딴 마하보디 사원을 건립하였으나 이전 왕들에 비해 그 수는 많지 않았다. 이는 왕의 종교건축물에 대한 무관심에서 비롯됐다기보다는 더 많은 건축물들을 세울 재정이 빈약했기 때문으로 보인다.

나다웅먀는 아버지의 유지를 받들어 네 형들과 함께 국정을 수행했다. 네 형들은 매일 만나서 국가 전반에 관한 문제를 토의하는 모임을 가졌으며 왕은 여기서 도출된 결론을 가지고 국정을 수행했다. 비록 나라빠띠시뚜의 유지를 받들어 이러한 협의 형식의 정책을 폈다고는 하지만 사실은 왕권이 강력하지 못했다는 것을 증명해 주는 것이기도 하다. 왜냐하면 나다웅먀는 군 총사령관을 겸임하지 못했기 때문이다. 게다가 선대왕들이 활발히 해 온 파고다의 건립도 위에서 언급한 것 외에는 전무한 것으로 보아 왕실 재정도 빈약했던 것으로 보인다. 그리고 왕이 형들과 함께하는 국정 협의회는 이 때부터 하나의 정식 협의체인 흘루또로 탄생하는 배경이 된다. 이로 하여금 입법과 사법을 관장하게 하였는데 왕권의 약화와 무관하지 않은 것으로 보아야 한다. 물론 이 협의체가 왕과 정면으로 부딪치는 경우는 드물었지만 왕권을 간접적으로라도 견제할 수 있는 제도라는 점에

고 해야 '왕궁을 자주 요구한다'해서 왕위를 자주 요구했다는 의미가 된다. 하지만 위의 어느 경우의 철자든 나다웅먀라 발음하기 때문에 나다웅먀라 쓰고 왕위를 자주 요구했다는 의미로 유추해도 무방하다.

서 당시 왕권이 약화된 것으로 증명하는 것이다. 이 협의기관은 1885년 미얀마 왕조가 멸망할 때까지 존속한 흘루또용의 기원이 되기도 한다.

나다웅먀는 결국 그의 선대들이 이룩한 강력한 왕권을 회복시키지 못한 채 1234년 왕위를 그의 아들 짜소와에게 넘겨주고 말았다.[60]

60) 미얀마의 국정 국사교과서에는 나다웅먀가 1231년에 죽고 큰아들 나라떼인카우즈나가 1235년까지 통치한 다음, 나라떼인카우즈나의 동생인 짜소와가 왕위를 계속 이은 것으로 나온다. 그러나 이를 뒷받침해 줄 수 있는 문헌이 없기 때문에 본 서에서는 통설에 바탕을 두어 나다웅먀의 뒤를 짜소와가 이은 것으로 정리한다.

제 4 장

버간의 쇠퇴와 몽고의 침략

1. 버간의 쇠퇴

• 짜소와(1234~1250)

짜소와는 불교의 경 · 율 · 논[61]의 삼장을 암기했을 만큼 불교에 대한 해박한 지식을 갖춘 왕이었다. 하지만 불교에 심취한 것 외에는 이렇다 할 업적을 이루지는 못했다. 비록 차쁘따 불교의 인정 이래 빚어진 기존 승려들의 항명과 왕권의 약화로 더욱 기승을 부리게 된 사이비 승려들의 추태를 숙정하고자 했으나 성공적이지는 못했다.

짜소와는 왕위에 오르자 선대왕들이 사원과 파고다 등 불교 건축물을 건립할 목적으로 승려들에게 내려 준 토지를 모두 몰수해 버렸다. 현재까지 밝혀진 문헌으로는 이에 대한 정확한 이유를 알 수는 없다. 단지 선대의 왕들에 의해 내려졌던 토지를 다시 회수함으로써 차쁘따식을 반대하는 승려들과 사이비 승려들의 기반을 흩으려 놓는 동시에 이들로 인해 혼탁

61) 상좌부불교의 경전을 구성하는 세 가지 요소를 삼장(三藏)이라 하고 미얀마어로는 띠비뜨까 또는 비뜨깟 똔봉이라 한다. 각각을 경장(經藏), 율장(律藏), 논장(論藏)이라고 한다. 참고로 삼보(三寶)는 불(佛 보다ဗုဒ္ဓ 혹은 페아ဘုရား), 법(法 담마ဓမ္မ 혹은 떼아တရား), 승(僧 땅가သံဃ 또는 땅가아သံဃာ)이다.

해진 국민들 사이의 정서를 정화하여 국가의 기강을 바로잡기 위한 것이 그 주된 이유로 볼 수 있다. 그러나 새로운 왕이라면 으레 행하는 승가의 정화차원을 넘어서는 몰수행위는 일종의 왕실 생존을 위한 몸부림으로 비쳐진다. 가장 비옥한 토지에다 사원을 세움으로써 왕실에서 거두어들일 세입의 심대한 감소를 초래할 것을 우려했기 때문이라는 것이 그 근거이다. 승려들의 반발을 불을 보듯 하면서도 이전과는 다르게 문제를 삼았던 것만 보아도 알 수 있다.

위에서도 언급했듯이 나다웅먀 시기에 와서는 왕실의 재정이 거의 바닥나 있었다. 물론 당시는 토지와 여기에서 생산되는 농산물의 가격은 낮았을 뿐 아니라 사원을 건립하는데 드는 엄청난 비용은 주로 귀금속과 무역에 의해 생기는 수입으로 충당하였다. 따라서 왕실의 재정이 바닥난 것은 무역의 격감에 더 큰 원인이 있었던 것이 사실이다.

당시 미얀마를 비롯한 동남아는 다음날을 위한 저녁놀이 내려앉는 형국이었다. 동남아의 섬나라들을 주 무대로 활개를 쳤던 스리비자야[62]의 영광도 급속히 쇠퇴하기 시작했고, 자바의 케디리[63] 왕조도 몰락의 길로 들어섰다. 대륙부 동남아의 패권자 캄보디아도 앙코르 왓을 역사 속에 묻을 준비를 하고 있었다. 인도에도 이슬람 왕조가 들어선 이러 동남아와 인도의 무역도 급격히 감퇴했고, 중국의 송 왕조는 몽고의 침공에 대비하느라 동남아와의 무역은 뒷전이었다.

이런 상황에서 짜소와는 승려나 승가에 새로운 토지를 하사하는 것은 고사하고 되레 사원 소유의 토지를 몰수해서라도 왕실재정을 유지해야 했던 다급한 상황이었다. 그럼에도 이렇게 하여 사이비 승려를 일소하는 등

62) 남부 수마트라 중심으로 7세기에서 13세기까지 존속했던 해상왕국으로 말라카 해협을 지배했고, 10세기 후반부터 11세기 말까지 중국에 조공사신을 파견하여 중국의 승인 하에 해상무역을 주도했다. 중국 사료에는 삼불제(三佛齊)로 기록되어 있다.

63) 8세기 자바에 보로보도르 사원을 건립한 사이렌드라 왕국을 이어 12세기 자바를 이끌었던 왕국.

불교의 정화효과도 달성코자 하는 의도도 있었다. 특히 버간 초기부터 문제가 되어왔던 아예찌들과 차쁘따 이전의 승려들을 정화함으로써 왕권을 다시 확립하고자 하는 노력이기도 했다. 당시 아예찌들은 주민들에게 점을 쳐주는 등 매우 높은 인기를 얻고 있었으며 이렇게 하여 생긴 수입으로 거대한 수도원과 토지를 보유하고 있었다. 숲 속보다는 민가에 나와 거처를 마련하였고, 음주를 하는 등 청빈의 맹세도 깨어 버린 상태였다. 이들은 차쁘따에 의해 세워진 종파와 이를 따르는 사람들에게도 크게 비난을 받고 있었다. 여기에다 급속히 늘어난 도둑과 강도의 횡포도 나날이 증대되고 있었다. 짜소와는 특별 포고문을 국가 전역에 배포하여 국가기강을 흐리는 자에 대해 엄포를 놓았다. 그러나 짜소와의 노력은 결실을 맺지 못하였다. 이들 사이비 승려들의 활동과 범죄는 더욱 기승을 부렸으며 여론은 왕으로 하여금 몰수한 토지를 결국 사원 측에 되돌려 줄 수밖에 없도록 했다.

어느 정도 시간이 흘러 짜소와는 사원을 다시 건설하려는 의지를 나타냈다. 상징적으로라도 왕권을 유지하기 위해서였다. 그러나 공사를 감독할 사람을 비롯하여 유능한 기술자, 단순 노동자에 이르기까지 인부를 구하기도 어려웠다. 이들에게 지불할 임금을 충분히 줄만큼 왕실재정이 튼튼하지 못하였기 때문에 초기부터 난관에 부딪쳤다. 그렇다고 짜소와는 강제 동원을 시켜서라도 건축물들을 만들 의사는 없었다. 끝내는 "나의 삶에 있어서 덕을 행한 것 외에는 아무 것도 한 일이 없다."는 말만 남긴 채 국정을 신하들에게 맡기고 자신은 종교적인 습작과 사원을 다니는 일로 시간을 보냈다. 사이비 승려들은 이러한 왕의 태도를 비웃기라도 하듯 공개적으로 술과 고기를 즐겼다.

버간 왕조를 창건한 아노야타 이래 강력한 왕의 통치하에 살아오던 국민들은 이제 연약해진 왕권과 더불어 사이비 불교의 극성, 범죄의 난무로 내정은 극도로 혼란스러운 상태로 빠져들었다. 1250년에 와서 짜소와의 아들 우즈나가 짜소와를 이어 왕조를 이었지만 버간의 앞날은 그리 밝지 못했다.

• 우즈나(1250~1254)

우즈나는 왕자였을 때부터 해 오던 코끼리 사냥과 알코올 탐닉 버릇은 왕위에 올라서도 변할 줄 몰랐다. 국정은 왕실 최고 대신 야자띤짠에게 맡긴 채였다. 결국 우즈나가 사냥 도중 급사하자 우즈나의 적실(嫡室)에서 난 띠하뚜가 왕위를 승계코자 했다. 그러나 이를 야자띤짠이 반대하고 나섰다.[64] 결국 대신들을 모두 자기편으로 끌어넣는데 성공한 야자띤짠은 우즈나의 소실(小室)에서 난 나라띠하빠띠를 왕위에 옹립하는데 성공하였다.[65]

• 나라띠하빠띠(1254~1287)

비록 나라띠하빠띠가 왕위를 차지했지만 수석대신 야자띤짠의 입김을 무시할 수 없었다. 그만큼 왕권이 약화되었다는 증거이기도 하다. 킹 메이커 역할을 한 야자띤짠은 오래도록 자신이 세도를 브릴 수 있으리라 생각

---

64) 야자띤짠이 띠하뚜를 반대한 이유에 대해 연대기에는 다음과 같이 기록하고 있다.

우즈나가 통치하고 있던 어느 날 야자띤짠이 무엇을 골똘히 성각하며 걷고 있다 띠하뚜와 스치게 되었다. 그러나 야자띤짠은 그를 의식하지 못하고 그만 지나치려 했다. 그러자 띠하뚜는 씹고 있던 꽁(씹는 담배)을 야자띤짠에게 뱉어 버렸다. 그러나 야자띤짠은 묵묵히 집으로 돌아와 자신의 옷에 벌겋게 물든 꽁의 흔적을 지우지 않고 그대로 둔 채 다른 옷으로 바꿔 입었다. 언젠가 자신이 당한 치욕을 갚아 주리라 마음먹으며. 드디어 때가 왔다. 우즈나가 운명하자 왕실의 신하들 및 각 부락의 촌장들이 모였다. 여기에서 야자띤짠은 띠하뚜가 뱉은 꽁의 타액이 묻은 옷을 입고 나와 이렇게 된 연유를 밝히면서 버릇없고 덕없는 띠하뚜의 왕위 계승은 불가하다는 입장을 강력히 주장했다. 야자띤짠의 주장에 다른 사람들도 동의했다. 그리하여 띠하뚜 대신에 그의 이복동생인 나라띠하빠띠가 왕위를 계승하게 된 것이다.

65) 미얀마의 국정교과서에는 짜소와가 1249년에 죽고 이어 그의 아들 우즈나가 1249~1256년까지 왕위를 이은 것으로 나온다. 그리고 이어 우즈나의 아들 민옌이 1256년 잠깐 왕위에 앉았다가 그가 죽자 나라띠하빠띠가 1256~1287년까지 왕위를 이은 것으로 나온다.

했다. 게다가 나라띠하빠띠는 아직 16세의 미성년이었다. 그러나 시간이 지날수록 점점 나라띠하빠띠는 국정을 자신의 뜻대로 이끌어 가려고 했다. 그러자 야자떤짠은 나라띠하빠띠를 음해코자 했다. 왕이 적실 소생이 아닐 뿐더러 신분이 미천한 시골 선반공의 딸인 어머니에게서 태어난 자식이라고 공공연히 왕을 우롱하고 다녔다. 이 소식을 들은 왕은 그를 불러 묻기를 "할아버지, 파고다의 첨탑을 세우려면 무엇이 필요합니까?"라고 물었다. 그러자 야자떤짠은 "그야 당연히 받침대가 필요하지요."라고 대답했다. "그러면 파고다의 첨탑을 세우고 난 후에 그 받침대는 어떡하지요?"라고 왕은 물었다. "그야 당연히 받침대는 철거해야지요."라고 야자떤짠이 대답했다. 그러자 왕은 "내가 바로 그 첨탑이야. 첨탑을 세우기 위해서는 받침대가 필요하듯 내가 왕위에 오르기까지에는 너란 받침대가 필요했다. 그러나 이제 내가 왕이 된 이상 받침대 구실을 한 너란 존재는 더 이상 필요치가 않다."고 했다. 사실 야자떤짠은 당시 최고 대신이자 대장군으로서 그의 권위를 넘볼 사람은 아무도 없었다. 하지만 신하의 힘이 왕의 그것을 능가함으로써 발생할 사태는 불을 보듯 뻔한 것이다. 왕명이 서지 않을 뿐만 아니라 종국에는 국가경영 자체가 힘들어질 것이 뻔한 이치이고 자신도 해를 입을 수 있다는 위기감이 작용한 것이다. 이에 나라띠하빠띠가 승부수를 날린 것이다. 야자떤짠의 집무실은 폐쇄됐고 하인들과 코끼리도 압수당했다. 그리고 현재 양곤 남부의 달라(ဒလ)로 유배시킬 것을 명령했다. 야자떤짠은 포승에 묶여 유배지로 떠났다. 배를 타고 다곤을 향하고 있을 때 갑자기 거목을 송두리째 뽑아 버릴 만큼 거대한 폭풍이 일었다. 그러나 물속의 수초들은 단지 약간의 동요만 했을 뿐 그대로였다. 이를 본 야자떤짠은 "오, 내가 여태까지 이 수초보다 현명하지 못했다니. 나는 여태까지 큰 나무로만 행동했고 그리하여 마침내 이러한 꼴을 당하게 되었구나."라고 중얼거렸다.

야자띤쨘을 몰아내고 왕권을 어느 정도 확립한 나라띠하빠띠는 선대왕들이 했던 것처럼 종교건축물들을 세우고자 했다. 그러나 이 때 모뜨마와 라카인 산악지대인 맛사기리에서 폭동이 발생했다. 이들을 진압하기 위해 왕은 다시 야자띤쨘을 불러 들였다. 야자띤쨘은 그 동안 자신의 행위를 반성하고 있었고, 다시 기회가 주어진다면 신하로서 왕에게 충성을 다하겠다는 의사를 표명했던 터였다. 나라띠하빠띠는 이러한 야자띤쨘을 어여삐 여겨 복직시킬 기회를 엿보고 있었던 것이다. 모뜨마에 파견된 야자띤쨘은 쉽게 폭동을 진압하고 주범 아레임마를 생포하여 버간으로 되돌아 왔다. 후에 아레임마는 나라띠하빠띠에게 용서를 빌고 다시 모뜨마의 영주직을 맡는다. 한편 맛사기리에 파견된 군대는 진압은 커녕 반란군에 밀려 민부쪽으로 후퇴하고 있다는 전갈을 받았다. 화가 난 왕은 맛사기리 파견부대장을 처형하려 했다. 이에 야자띤쨘은 모뜨마에서 붙잡아 온 몬족 포로들을 왕에게 보여주어 왕의 진노를 가라앉게 한 뒤 처형명령이 내려진 사령관들을 용서해 주도록 만들었다. 그런 다음 야자띤쨘은 직접 군대를 이끌고 맛사기리로 향했다. 역시 야자띤쨘 앞에는 상대가 되지 못하고 반란군들은 뿔뿔이 흩어지고 말았다. 야자띤쨘은 맛사기리의 폭동 주동자와 포로들을 버간으로 보내어 왕에게 용서를 빌도록 했다. 그러나 정작 야자띤쨘 자신은 기력이 쇠잔해져 버간으로 되돌아오는 도중 숨을 거두었다. 62세의 나이였다. 이 비보를 접한 왕은 대단히 슬퍼했으며 야자띤쨘의 자식들을 거두어 주었다. 야자띤쨘의 두 아들은 아버지의 이름을 갖기 위해 서로 다투었다. 그러자 왕은 "얘들아, 너희들은 아버지의 이름을 중시할 것이 아니라 업적을 중시해야 하느니라. 너희들이 아버지만큼 업적을 쌓지 못하면 그 누구도 그 이름을 갖지 못할 것이다."라고 말해 주었다.[66] 이들은

66) 미얀마에서는 부계 혹은 모계의 성씨를 따르는 관습이 없다. 단지 아버지의 경성을 자랑스럽게 여기는 경우 자식의 이름 앞에 아버지의 이름을 붙이는 경우는 간혹 있었다. 야자띤쨘의 아들도 이 같은 경우이다. 최근에 와서는 미얀마 민주화의 상징이라 할 수 있는 수지 여

나중에 난다삐씨, 얀다삐씨라는 유명한 장군들이 된다.

내정을 안정시킨 나라띠하빠띠는 불교에 깊이 빠져들었다. 버간과 스리랑카 간에 순례자, 승려, 종교 사절단의 왕래도 적극 권장하여 국가 전역에 불심이 만연하게 했다. 하지만 차쁘따식 비구계를 인정하지 않는 승려와 주색을 즐기는 사이비 승려들을 뿌리 뽑는 데는 성공하지 못했다.

나라띠하빠띠 통치 당시 건립된 밍글라제디 파고다가 있다. 6여 년의 긴 기간이 걸려 만들어진 이 파고다에는 왕이 하루 300그릇의 반찬으로 식사를 했으며 3600만 대군을 거느리고 있었다는 믿지 못할 글귀를 새겨놓았다. 그만큼 나라띠하빠띠 자신을 최대한 과찬하여 이러한 글귀를 새긴 것 같다. 그런데 이 파고다는 세워지는데 소요된 기간에 비해 그렇게 웅장하거나 정교하지 않다. 이유는 나다웅먀 왕 이후 악화된 왕실 재정이 파고다의 건립을 지연시키게 된 점도 있지만 주민들 사이에 '폐야삐 삐삐엣'이란 괴 소문이 퍼진 것이 완성을 지체시킨 가장 큰 이유였다 한다. 즉 밍글라제디를 완공하면 버간은 멸망한다는 소문이 퍼져 공사가 중간에 중단된 것이다. 마침내 왕은 힌두예언자를 불러 사실의 진위를 알아보았고 예언자 역시 같은 이야기를 하는 지라 더 이상 공사를 진행시키지 못하였던 것이다. 그러나 국사는 "인생지사란 모두 정해진 궤도를 따라 돌아가는 것입니다. 따라서 정해진 운명이 있다면 이 탑을 완성하고 안하고가 그 운명을 바꿔 놓지는 못할 것입니다."라고 말했다. 이리하여 그 파고다의 공사는 다시 진행되었고 결국 6년 만에 완공을 본 것이다.

나라띠하빠띠는 지방 영주로 있는 아들들을 불러 함께 식사를 하곤 했다. 그때마다 돼지고기 뒷다리는 삐의 영주로 있는 아들 띠하뚜에게 나누어주었고, 앞다리는 다른 부인에서 난 큰아들에게 주었다. 띠하뚜의 생모

사의 앞 이름으로 아웅산을 사용하는 경우가 그 대표적 예이다. 아웅산은 수지의 부친으로 미얀마 독립 영웅이자 국부로 추앙받는 사람이다.

는 이를 모욕으로 받아들이고 요리사에게 왕이 챙기는 큰아들에게 뒷다리를 주고 자신의 아들에게는 앞다리를 내놓도록 했다. 이를 안 왕은 요리사를 벌하고 띠하뚜를 '돼지 다리 도둑놈'이라고 부르며 크게 꾸짖었다. 이때부터 띠하뚜는 나라띠하빠띠를 설욕할 날만 기다렸다.[67]

2. 몽고의 침략

비록 나라띠하빠띠의 버간은 왕권이 다시 정립되는 양상을 보이긴 했지만 나빠진 왕실재정은 좀처럼 회복되지 못했다. 무역도 전처럼 활발하지 못했고, 종교의 분파양상도 계속 커져만 갔고, 민심도 흉흉해져 갔다. 과거 종교와 왕국번영 상징으로 세워지던 종교건축물들에 보시와 공덕의 의미로 참여하던 주민들은 더 이상 적극적이지 못했다. 게다가 당시 주변 정세도 불안한 상태였다.

캄보디아는 더 이상 과거의 영광을 지속하지 못하고 서서히 꺼져 가고 있었고, 몽고의 침입으로 중국의 송 왕조도 몰락의 길로 들어섰다. 몽고의 이동로에 있었던 미얀마 북동부의 샨족은 불안해지기 시작했다. 1215년 일단의 타이족들이 북부 미얀마에 있는 모가웅에 작은 왕조를 건립한 이후 이들의 일부는 서쪽으로 이동하여 1229년 아삼 지역에 아홈 왕조를 열었다. 그리고 그 일부는 딴르윈강을 따라 남쪽으로 이동하여 1223년 미얀마의 동쪽 외곽 지역에 무옹나이란 왕조를 열었다. 그리고 이들은 계속해서 메콩 계곡 쪽으로 남하해 갔다. 한편 캄보디아와 태국 등지에서 용병을

67) 미얀마에서는 앞 · 뒤의 구분이 자신의 현 위치를 나타내줄 정도로 중요하게 여기는 관습이 있다. 길을 걸을 때도 앞서가는 사람이 중요하고, 여럿이 모이는 자리에서도 앞줄에 앉는 사람이 중요하고, 음식을 먹을 때도 중요한 사람이 먼저 시식을 해야 할 뿐 아니라 음식의 부위도 중요한 사람이 앞쪽 부위를 먹어야 한다.

수행했던 샨족 계열의 용병들은 이 틈을 타 자신의 왕국을 갖고자 캄보디아의 왕실을 공격했다. 그런데 오히려 캄보디아의 공주와 결혼했던 한 타이족 용병이 캄보디아 군사령관을 몰아내고 1238년 북부 태국에 수코타이 왕조를 열었다.

버간왕조는 그럭저럭 200년을 훌쩍 넘게 이어져 오고 있긴 했지만 나라띠하빠띠는 나다웅먀 이전까지의 왕들에 비해서는 그렇게 정력적으로 일을 하지 못하였다. 타이족이 남쪽으로 이주를 시작했을 때도 그대로 내버려두었고, 국민들도 스스로가 필요하다고 판단되면 언제 어디로든지 제약 없이 이주할 수 있었다. 따라서 왕실에 대한 반란이란 것도 더 이상 필요치 않았다. 이것은 표면적으로는 매우 평화스럽고 자연스러운 생활을 영위하는 것같이 보였다. 그러나 이러한 왕국은 그 자체로는 영원히 지속할 수 없었다.

1241년 몽고는 러시아와 폴란드를 삼킨대 이어 중국의 북부를 장악하였고 몽고의 사령관인 쿠빌라이 칸은 이제 중국의 남쪽을 집어삼키기 위해 윈난을 협공할 계획을 세웠다. 그리고 이어서 하노이를 진격해 들어가기로 계획을 세웠다. 그리하여 1253년 몽고의 군대는 난차오를, 1257년 하노이를 점령했다. 이런 와중에 타이족들은 자율 또는 강제적으로 몽고의 군대에 편입되었다. 이들은 여기에서 몽고의 전략과 전술을 익히게 되었다. 몽고의 총사령관이자 몽고의 지도자였던 칸 망굴(징기스칸)이 전사하고 후계구도를 놓고 어수선한 상황이 진행된 후 그의 손자 쿠빌라이 칸이 5대 칸이 되었다. 쿠빌라이는 원나라의 황제가 되었다. 그 동안 송의 조공국으로 있었던 동남아의 국가들을 쿠빌라이 자신이 직접 챙기기 위해 그들로 하여금 동맹을 맺도록 강요하거나 조공을 요구하였다.

1271년 원의 황제 쿠빌라이 칸의 지시로 윈난 정부는 미얀마에 조공사신을 보냈다. 알라웅시뚜 이래로 중국과의 조공관계가 흐지부지 되었던 것을 바로 잡음으로서 버간에 영향력을 행사하기 우한 것이었다. 따라서 이것은 버간의 완전한 항복을 요구한 것은 아니었다. 그러나 나라띠하빠띠는 윈난의 사신들을 접견도 하지 않고, 조공을 주는 대신 자신의 부하 한 명을 이들 사신과 대동케 하여 북경에 있는 부처의 치아에 경배하고 돌아오도록 일렀다. 그러나 1273년, 윈난의 사신들이 쿠빌라이의 서신을 가지고 버간에 다시 들어왔다. 편지에서 쿠빌라이는 자신은 이미 미얀마의 사신을 접견했다고 하면서 아래와 같이 적어 놓았다.

> 만약 그대가 우리 제국에 대한 의무를 이행한다면 그대의 동생 또는 수석대신을 보내시오. 이것은 그대가 우리와 뜻을 함께 함과 동시에 우리 연합체의 한 국가로 편입한다는 의사로 받아들이겠소. 이것은 그대의 명예를 높이는 일임과 동시에 귀국의 이익을 가져오는 일이오. 그러나 만약 귀국과 전쟁을 치르는 비극을 좌초한다면? 왕이시여 깊이 생각하시어 현명한 판단을 하길 바라오.

나라띠하빠띠는 화를 참지 못하고 편지를 가져온 사신들을 당장에 처형하라고 명령했다. 이때 대신 난다삐시는 왕의 흥분한 심기를 가라앉히기를 종용하며 "왕이시여, 저들의 무례함을 항의해야 함은 당연하오나 사신들을 처형하는 것만은 거두어 주십시오."라고 말했다. 그러나 나라띠하빠띠는 난다삐시의 말을 듣지 않고 사신들뿐만 아니라 이들의 수행원들 모두를 처형하고 말았다. 이와 유사한 행위가 자바와 캄보디아에서도 발생했다. 자바에 보내진 중국의 조공 사신은 푸대접을 받았고, 캄보디아에 보내진 사신은 처형되고 말았다. 이러한 사실들에 대해 중국의 연대기에는 동남아 국가들로 보내진 조공 사신이 되돌아오지 않았다고 기록함으로서 이러한 사실을 뒷받침하고 있다.

윈난 정부는 보낸 사신들이 돌아오지 않자 북경에 이 사실을 보고함과 아울러 버간정부의 어리석음을 깨우쳐 주기 위해 즉각 군대를 출동시켜야 함을 권했다. 그러나 북경의 응답은 좀 더 두고 보자는 것이었다. 그런데 정작 전쟁은 다른 상황에서 발생했다. 1277년 바모로부터 70마일 떨어진 곳에서 산족 족장이 스스로 중국에 복속하자, 미얀마는 이 지역에 군대를 출동시켰다. 이렇게 되자 그 족장은 중국에 급히 지원을 요청하였다. 쿠빌라이는 지원군을 파견하였고, 이렇게 하여 소위 미얀마인들이 일컫는 응아사웅잔 전투가 발발하였다. 1279년 남송은 원에게 완전히 멸망한다.

미얀마는 난다뻬시와 얀다뻬시 장군이 이끄는 60000명의 군과 2000마리의 코끼리 부대로 몽고의 12000명으로 구성된 부대와 전쟁을 벌였다. 대규모의 버간군이었지만 대제국을 형성한 최고 수준의 정예화된 몽고군에는 상대가 되지 못했다. 처음 전투에서 양쪽 진영의 군대가 맞붙자 2000여 마리의 코끼리 부대를 앞세운 버마군에 몽고군은 접근조차 할 수 없었다. 얀다 난다 형제 장수는 의기양양해져 몽고군을 두려워하지 않았다. 하지만 몽고군은 일단 후퇴한 뒤 지휘자 나스루딘의 명령에 따라 모두 말에서 내려 숲으로 숨었다. 잠시 후 미얀마의 코끼리 부대가 다가오자 몽고군은 일제히 화살을 날려 코끼리의 몸을 깊숙이 파고들게 했다. 화살을 맞은 코끼리 떼는 아픔을 견디지 못하고 좌충우돌하며 자기들 위에 타고 있는 군사들을 아무렇게나 내팽개치며 나무를 들이받는 등 삽시간에 아수라장을 만들었다. 몽고군은 이 기회를 놓치지 않고 버간군을 일제히 공격하여 무찔러버렸다. 두 형제 장수도 여기서 죽음을 맞이한다.

하지만 남은 버간군은 전열을 다시 가다듬어 재공격을 시도했다. 1283년 몽고는 다시 한 번 버간군을 대패시키고 바모 근처의 가웅신을 점령하였다. 이렇게 되자 버간은 몽고가 버간까지 진격해 들어올 것이라 믿었고, 이들을 막기 위해 나라띠하빠띠는 수 백 개의 파고다를 끌어와 방어벽을 만들었다. 그리고 궁녀, 하녀 등 여자들의 손발을 묶어 강에 들어가게 하여 적들의 손아귀에 들어가지 못하도록 명령했다. 그러나 새로 국사로 임명된 쉰디따빠마욱의 만류로 이것은 실행되지 않고 단지 준비만 하고 있었다. 하지만 왕실은 달라로, 다시 달라에서 버떼인으로 이전하여 그곳에 있던 왕의 큰아들의 보호를 받았다. 이를 두고 미얀마 연대기에서는 나라띠하빠띠를 미얀마어로 '중국을 피해 도망간 왕'이란 뜻의 "떼욕삐에민"이라고도 부른다.

이제 버간이 다스리던 미얀마의 다른 지역들에서는 민심의 동요가 일기 시작했고, 특히 삐는 반란이 일어나 거의 통제 불능의 상태에 빠졌으며 라카인도 버간의 영향력에서 벗어났다. 한편 몽고는 버간의 침공을 보류하는 대신 사절을 보내어 항복을 받아 내고자 했다. 그러나 버간에 도착한 중국의 사신은 나라띠하빠띠를 발견할 수 없었다. 반면 나라띠하빠띠는 끝까지 항복을 하지 않고 재전의 기회를 엿보고 있었다. 이렇게 되자 몽고는 다시 미얀마를 공격해 들어왔다. 버간의 남은 잔병들을 소집하여 전열을 가다듬은 몇몇 장군들은 뜨가웅에 포진하고 있었다. 그러나 이들은 몽고군의 상대가 되지 못하고 무너지고 말았다. 몽고군은 더 이상의 진격을 멈추고 뜨가웅을 중심으로 상부 미얀마를 중국의 새로운 행정 구역에 편입시켰다. 이 때가 1285년의 일이다.

중국의 사신이 버간에 왔다가 자신을 만나지 못하고 돌아갔다는 사실을 뒤늦게 안 나라띠하빠띠는 국사를 쿠빌라이에게 보냈다. 쿠빌타이를 만난 국사는 몽고 같은 대제국이 버간 같이 작은 나라를 상대로 싸움을 벌인다는 것은 이치에 맞지 않다는 주장과 함께 나라띠하빠띠가 버간으로 되돌아 갈 수 있도록 해 달라고 요구했다. 그러나 쿠빌라이는 즉각적인 답변을 회피한 채 몽고군을 계속해서 뜨가웅에 주둔시켜 두었다.

1287년 나라띠하빠띠는 더 이상 중국의 재가를 기다리지 못하고 버간으로 되돌아가려 했다. 그러자 부인 소가 만류했다. 이미 민심은 왕을 떠났고, 띠하뚜가 삐에서 모반을 획책하고 있다는 것이 이유였다. 그럼에도 나라띠하빠띠는 자신을 따르는 몇 명의 부하만을 대동하고 에야와디를 거슬러 올라 버간을 향했다. 왕의 일행이 삐에 이르렀을 때 띠하뚜는 왕의 일행을 에워쌌다. 그리고는 왕에게 독이 든 음식을 들게 했다. 왕은 음식에 독이 든 것을 알아차리고 먹기를 거부했다. 그러자 소는 또 참견했다. "왕이시여 당신을 둘러싼 군인들을 보십시오. 만약 당신이 이 음식을 들지 않으면 당신뿐만 아니라 여기 있는 당신의 모든 부하들도 저들의 칼에 죽음을 당할 것입니다."라고 말했다. 왕은 주변을 둘러 본 다음 결심이 선 듯 자신이 끼고 있던 반지를 빼고는 "내가 수많은 길을 지나 열반(涅槃)에 이를 때까지 다시는 나에게 남자아이가 나지 않게 해 주시옵소서."라고 읊조렸다. 그리고는 천천히 독이 든 음식을 먹었다.

왕을 처치한 띠하뚜는 계속해서 버떼인으로 갔다. 그의 형이 앓아누워 있는 방으로 들어가 사정없이 목을 베어 버리고 이어서 달라로 향했다. 달라의 영주로 있던 그의 동생 쪼소와를 베기 위함이었다. 띠하뚜가 강어귀에 도달했을 때 쪼소와를 호위하던 몬인 중의 한 사람이 그를 향해 심한 욕설을 퍼부었다. 이에 순간적으로 분개한 띠하뚜는 가지고 있던 화살로 그 몬인을 겨냥했다. 그러나 실수로 자신이 그 화살에 맞아 죽고 말았다. 이렇게 하여 유일한 왕자인 쪼소와가 뜨닌다리를 제외한 하부 미얀마 전체를 통치하게 된다.

나라띠하빠띠가 죽자 쿠빌라이는 손자로 하여금 뜨가웅의 몽고군을 지휘케 하여 버간을 공격하도록 했다. 몽고군이 버간을 진격하는 도중 몇 차례 민병대로부터 공격을 받긴 했지만 별 어려움 없이 버간에 진입했다. 몽고군은 사원과 수도원, 민가를 닥치는 대로 불질렀다. 이렇게 완전히 황폐화시킨 버간을 뜨가웅에 이어 중국의 행정 구역에 편입시켜 중국 령 미얀마의 제 2 도시로 설정했다. 그러나 이들은 버간에 주둔군을 두지 않고 버간에 있던 금은 등의 보석들만 훔쳐 되돌아갔다. 이들이 왜 물러났는지는 정확히 알 수 없다. 버간의 멸망에 대해 미얀마의 연대기에는 특별한 언급이 없고 앞의 내용은 중국의 문헌에 근거한 것이다. 한편 1293년에 세 명의 샨족 형제에 의해 세워진 비문에는 자신들이 중국군을 물리쳤다고 되어 있다. 이를 근거로 한다면 몽고군은 샨족 삼형제를 비롯한 미얀마의 민병대로부터 공격을 받고 물러간 것이 아닌가 여겨진다.

버간의 몰락을 나타내는 나라띠하빠띠의 죽음은 미얀마를 순식간에 혼란의 도가니로 몰아넣었다. 라카인을 비롯해, 버고의 몬족, 심지어 태국 차오프라야 유역의 몬족들도 반란에 가세했다. 그러나 대부분의 몬족들은 쪼소와의 왕위 계승을 찬성하는 쪽이었다. 하지만 1287~1289년의 2년 사이에 무슨 일이 일어났는지 연대기에는 나타나지 않아 이 또한 확신할 수는 없다. 1289년 쪼소와(1287~1298)가 버간으로 되돌아와 왕위 대관식을 갖는 자리에 나라띠하빠띠의 살아남은 몇몇 대신들이 참석했다는 것 정도만 알 수 있을 뿐이다.

한편 버간을 떠난 몽고군의 일부는 미얀마의 동정을 살피기 위해 일부군이 뜨가웅에 계속 머물렀다.

3. 버간의 몰락

(1) 삔야와 스가잉, 그리고 잉와

나라띠하빠띠가 버간을 통치할 당시 미얀마 동부 샨 고원에 살았던 한 샨족장의 동생이 미얀마에 정치적 망명을 희망하였다. 이에 나라띠하빠띠는 짜욱세에 망명지를 제공해 주었다. 그는 미얀마의 한 부자의 딸과 결혼하여 미엔사잉 지역에 보금자리를 틀었다. 여기에서 세 명의 아들과 한 명의 딸을 두었다. 그는 나중에 세 아들을 나라띠하빠띠에게 데려가서 이들이 왕을 위해 봉사할 수 있게 해 달라고 간청했다. 왕은 이 아들들의 불심과 버마족의 피, 그리고 무엇보다도 훌륭한 전사적 소질을 갖추고 있는 점을 인정해 흔쾌히 버간군 장교로 받아들였다. 이 아들들은 나중에 몽고와의 전쟁에 참전하기도 했으며, 갈수록 나라띠하빠띠의 신임을 얻어 나라띠하빠띠는 자신의 딸들을 이들과 맺어주기까지 했다. 그리고 이들의 누이는 띠하뚜와 맺어주었다. 띠하뚜는 전술한 바와 같이 삐의 영주로 있었던 왕의 작은아들로서 왕에게 증오심을 품었으며 결국에는 왕을 독살시킨 비정한 아들이다.

이렇게 버간의 왕으로부터 신임을 얻으며 버간을 위해 일하던 샨 삼형제는 국운이 기울어 나라띠하빠띠가 하부 미얀마로 도주하자 독자적으로 행동하기 시작했다. 왕이 버간을 떠나고 어수선한 틈을 타 자신들의 아버지가 둥지를 틀었던 짜욱세 인근의 미엔사잉 지역을 점령하고 이어서 버간 시대의 곡창 지대였던 짜욱세를 손아귀에 넣었다. 그리고 몽고군이 버간을 초토화시켰을 즈음 이들은 버간에서 완전히 분리된 독자적인 국가를 세울 채비를 했다. 앞에서도 언급했다시피 1293년에 쓰여진 것으로 보이는 비문에서 샨 삼형제가 직접 버간의 몽고군을 몰아냈다고 한 것을 보아 이들 주변에는 몽고군을 몰아낼 만큼 강력한 군인들이 있었던 것으로 보인다. 이런 상황에서 당시의 버간 왕이었던 나약한 쪼소와의 입장에서는 이들 샨 삼형제가 점령한 지역을 떼 줄 수밖에 없었다. 이렇게 해서 삼형제 중 맏이는 미엔사잉을 차지했고, 둘째는 짜욱세 위 멕까야, 셋째는 미엔사잉의 아래에 위치한 삔레를 차지하였다.

이제 실질적인 힘을 갖고 있던 이들 삼 형제와 거의 형식뿐인 버간왕 쪼소와의 관계가 원만하지 못한 것은 당연했다. 쪼소와는 1297년 1월 뜨가웅에 머물고 있던 몽고군에 자신의 아들을 보내어 복속할 의사를 전달하였다. 권력게임에 자신이 없었던 쪼소와는 몽고에 복속함으로서 그 후원을 기대했던 것이다. 하지만 쪼소와의 이러한 행위는 샨 삼형제뿐만 아니라 대비 소의 분개를 자아냈다. 즉 샨 형제들의 시각에서는 쪼소와가 몽고의 후원으로 장차 자신들을 제거할 포석으로 보였고, 연약한 왕을 앞세워 섭정하며 권력의 균형을 조율하고 있던 대비 소에게도 반발을 샀다.

당시 중국은 황제 쿠빌라이가 죽자 4한(汗)국간의 대결 및 분열이 가속화되었다. 게다가 몽고가 동남아를 공략한 것은 원제국의 최대 걸림돌이었던 남송을 포위하기 위한 것이었을 뿐 동남아영토 그 자체엔 별 관심이 없었다. 이러한 몽고의 입장에서는 충성을 맹세하는 쪼소와가 곱게 보였음은 두말할 여지가 없다. 그리하여 중국은 쪼소와를 버간의 왕으로 인정하여 독자적인 통치권을 인정했다. 이에 대비 소와 샨 형제들은 왕을 음해할 계획을 세운다.

같은 해 12월 샨 형제들은 미엔사잉으로 왕을 초대하였다. 구실은 새로 만든 사원의 봉납식에 참석해 달라는 것이었다. 왕은 어떤 흑각이 있으리라고 짐작은 했지만 자신의 뒤에는 몽고가 있다는 것을 믿어 미엔사잉으로 떠났다. 봉납식이 끝나자 대비 소와 샨 형제들은 계획대로 왕을 강제로 구금시켰다. 왕은 그 사원의 승려가 될 것을 강요받았다. 버간에서는 대비 소와 대신들에 의해 쪼소와의 작은 아들 **소닛**(1298~1312)을 왕위에 올려 본격적인 섭정의 채비를 갖추었다.

이제 샨 삼 형제는 더욱 대담해져 버간의 지배력이 약화된 틈을 타 몬족의 사절들이 독자적으로 뻬이징(대도)에 예를 갖추러 가기 위해 에야와디강을 거슬러 올라오는 것을 가로막아 투옥시켰다. 이러한 일련의 사건들에 관한 소식이 다음 해 6월 몽고에 전해졌다. 중국의 문헌에 의하면 쪼소와의 또 다른 아들이 샨 형제들로부터 탈출하여 이 소식을 몽고에 전했다고 되어 있으나, 미얀마의 연대기에는 소닛 자신이 몽고에 밀사를 파견하여 아버지 쪼소와를 왕위에 복직시켜 주기를 요청했다고 되어 있다. 어쨌거나 몽고군은 다시 미얀마에 들어올 채비를 갖추었고 이들이 상부 미얀마를 점령했을 때쯤 샨 형제들은 이미 쪼소와를 시해한 상태였다.

1301년 1월 몽고군은 중부 미얀마를 공격해 들어왔다. 그러나 이전처럼 파죽지세로 휩쓸지 못하고 버간과 샨 게릴라들의 거센 항전을 받아야 했다. 게다가 더위와 풍토병으로 갖은 고생을 감수하며 겨우 진입에 성공했다. 몽고군은 미엔사잉을 점령한 후 더 이상 남하하는 것을 멈추고 미엔사잉을 지키고 있어야만 했다. 왜냐하면 악천후에다 샨 형제들의 요새는 튼튼했고 곳곳의 게릴라들로부터 거센 반격을 받아야만 했기 때문이다. 마침내 몽고군은 퇴각할 구실을 찾기 시작했다. 마침 샨 형제들이 전쟁을 끝내기 위해 협상을 제시해 왔고 협상의 대가로 선물까지 받은 몽고군은 이를 조공으로 생각하고 순순히 퇴각했다. 중국은 소닛을 정식으로 버간의 왕으로 인정했다. 1303년에 이르러 중국은 이전에 중국영토로 선언했던 미얀마 북부 지역을 다시 미얀마에 되돌려 주고 주둔시켰던 군인들도 모두 철수시켰다.

이제 중국의 세력까지도 몰아 낸 샨 형제들은 단일 지배권을 두고 다툼을 벌인다. 막내인 띠하뚜[68]는 형들 중 한 사람이 죽자 남은 다른 형 아띤크야를 독살할 정도로 무자비한 사람이었다. 형제들을 제압하자 띠하뚜는 버간의 왕 소닛의 눈치도 아랑곳하지 않고 1309년 스스로 왕이 되었다. 그러나 띠하뚜는 버간을 접수하기보다는 먼저 상부 미얀마를 통일하여 권력기반을 다지기로 했다. 이의 일환으로 당시 주요 교통로이자 풍부한 용수를 공급받을 수 있었던 에야와디 강가에 왕실을 두고자 했다. 왜냐하면 버간은 더 이상 사람이 살기에 좋은 기후 조건을 갖지 못했기 때문이다. 파고다를 비롯한 각종 종교건축물들을 건설하는데 필요한 벽돌을 굽는데

68) 나라띠하빠띠를 살해한 아들 띠하뚜와는 동명이인임.

공급되었던 숲들도 황폐해졌고, 비의 양도 감소했다. 토양도 침식해 농경지 조성도 어려운 지경이었다. 여기에다 여전히 중국이 인정하는 소닛을 선불리 해할 수도 없었다. 비록 짜욱세가 주요 농지였지만 인구가 5만으로 불어난 버간 주민들에게 쌀을 충분히 공급하기에는 역부족이었을 뿐만 아니라 에야와디강과도 떨어져 있었다. 게다가 새로운 농토를 조성할 수 있는 여건이 마련된 하부 삼각주 지역도 왕실로 고려된 적도 있지만 지정학적으로 버간을 제압하지 않고는 힘들었을 뿐만 아니라 이곳의 족장들도 쉽게 볼 상대가 아니었다. 그리하여 띠하뚜는 에야와디와 디엣응에 강이 만나는 지역인 잉와에 새로운 수도를 세울 계획을 세웠다. 그러나 잉와에 수도를 정하면 왕국이 오래 가지 않을 것이란 소문이 돌아 그 보다 약간 아래 지역인 삔야에 왕실을 짓고 새로운 수도를 삼았다.

어느 정도 왕권이 안정되자 띠하뚜는 버간의 왕위를 승계하기로 마음을 먹었다. 한편 버간에서는 대비 소가 소닛을 몰아내고 전권을 행사하고 있었다. 이러한 때 띠하뚜는 대비 소에게 소위 황금궁전이라 불리는 띠하뚜의 왕궁 입주식에 참석해 주기를 바라는 초청장을 띄웠다. 소는 권력의 열세를 인정하고 삔야로 왔다. 그녀의 이러한 행위는 사실상 띠하뚜가 미얀마의 새로운 왕이 되었음을 인정해 주는 것이었다. 이때가 바로 1312년이다.

이제 몽고는 미얀마를 떠나버린 상태이고 인도-차이나 반도는 타이-샨 지배자들에 의해 통치되고 있었다. 띠하뚜는 용맹스러운 아띤크야소윤, 쉰쪼소와 같은 아들들에게 국경을 맡기고 국정도 국사에게 거의 전담시키고 띠하뚜 자신은 사냥으로 시간을 보냈다.

어느 정도 시간이 흘러 띠하뚜는 왕위마저 아들에게 물려주고 말았다. 그런데 자신의 피가 섞이지 않은 쪼소와의 아들 우즈나[69]가 그 후계자가

69) 버간의 10대 왕 우즈나와 동명이인.

되었다. 1297년 형제들과 함께 버간의 왕 쪼소와를 폐위시켰을 때 띠하뚜는 자신의 위치를 끌어올리기 위해 쪼소와의 왕비를 부인으로 삼았었다. 이 때 쪼소와에서 난 아들도 거두었는데 바로 그 아들인 것이다.

띠하뚜의 이러한 조치는 친아들 아띤크야소윤의 반발을 샀다. 아띤크야소윤은 자신의 추종자들과 함께 삔야의 상부에 위치한 스가잉에 새로운 왕국을 열었다. 이 때가 1315년이다.

그러나 아띤크야소윤은 이내 북으로부터 새로 움직이기 시작하는 타이-샨의 공격을 의식하여 삔야와 동맹을 맺고자 했다. 띠하뚜도 이 제의를 받아들였다. 비록 스가잉이 나중에 자신과 경쟁 관계가 될 것임을 알고는 있었지만, 북으로부터 모-샨족(မောရှမ်း)[70]으로 알려져 있는 또 다른 타이-샨족들의 공격 위협을 받고 있었던 터라 이러한 제안을 받아들였던 것이다. 그러나 띠하뚜가 죽자 스가잉은 더 이상 삔야를 인정하지 않고 즉각 주도권을 잡기 위한 전쟁을 벌였다.

1331년 우즈나가 통치하던 삔야는 엄청난 홍수 피해로 거의 빈사 상태가 되었다. 토지는 대부분 물에 잠겨 벼를 수확하기가 힘들었고, 종교건축물들도 폐허화되었다. 주민들은 살길을 찾아 다른 지역으로 이주하는 현상이 발생했다.

1342년 우즈나가 죽고 띠하뚜의 막내아들 쉰쪼소와.[71]가 새로 왕위에 올랐다. 군사를 키워 국가유지는 됐지만 여전히 왕실재정 확보를 위해 주민들에게는 많은 세금을 요구하는 일이 계속됐고, 1359년에 이르러 급기

---

70) 모가웅-샨족이라고도 불리는 모-샨족은 원난 지역 주변에 거주하던 타이-샨족 중의 하나다. 이들은 특히 스가잉과 삔야를 집중 공격해 왔다. 이들을 피해 원주민들은 따웅우쪽으로 도주해 내려오기도 했다.

71) '다섯마리 백상의 소유자'란 뜻의 미엔사잉응아시쉰(မြင်စိုင်းငါးစီးရှင်)으로 불리는 쉰쪼소와는 전술에 음악을 접목한 사람으로 알려져 있다. 매년 1월이면 기마병을 비롯해 각각의 임무를 맡은 병사들이 둥글게 원을 그리며 장단에 맞춰 춤을 추면서 게임하듯 전술연습을 했다는 것이다. '방어노래'란 뜻의 까진(ကာချင်း)이란 말도 이 때 생겨났다고 한다.

야는 승가 소유의 토지와 재산마저도 몰수하는 사태가 발생했다. 이에 항의하는 사람들을 모두 체포・구금하였지만 국가의 기강이 바로 서지는 못했다.

마침내 쉰쪼소와의 손자인 나라뚜[72]가 왕위에 오른 1364년 삔야의 왕은 최후의 묘책을 강구하였다. 그것은 다름 아닌 모-샨과 연대하여 스가잉을 협공하는 것이었다. 전쟁을 통해 민심을 바로 잡고자 했던 것이다. 마침내 동맹이 체결되었다. 그러나 막상 모-샨이 스가잉을 공격하였을 때 삔야는 공격에 가담하지 않고 한 쪽에서 이를 지켜만 보고 있었다. 이에 모-샨은 스가잉을 점령한 후 이어 즉각 강을 건너 삔야도 삼켜 버렸다.

이렇게 하여 북부 미얀마는 모-샨의 손아귀에 들어갔다. 이렇게 북부 미얀마까지 모-샨의 통치하에 들어갔으니 동남아의 대륙 지역이 모두 이들의 손아귀에 놓일 운명에 처하게 되었다. 그러나 모-샨족은 얼마 있지 않아 그들의 원래 본거지로 되돌아갔다. 이는 아마도 몽고의 세력이 쇠락한 틈을 타 모-샨족들이 오래 전부터 노리고 있었던 난차오를 공략하기 위한 의도였으리라 여겨진다. 모-샨족이 빠진 북부 미얀마는 통치권 부재 상태가 되었다. 샨 지역 소브와들도 중원의 지배권을 노리고 공격해 들오는 사태가 발생했다.

이 틈을 타 뜨가웅에 있었던 한 사람의 지배자가 나타났다. 자신은 미얀마 왕실의 후손이라 주장했지만 아마도 샨 삼형제와 이전의 버간 왕들 중 한 사람과 혈연관계가 있는 사람으로 여겨진다. 그는 스가잉과 삔야를 포기하고 이전에 불길한 장소라 소문나 띠하뚜가 수도를 포기했던 잉와에 새로운 도읍을 정하고 자신의 이름을 드도민뱌로 명명하였다. 드도민뱌는 잉와를 튼튼히 한 뒤 북부 미얀마를 평정한다.

---

72) 버간의 5대왕과는 동명이인임.

(2) 버고 왕조 태동

당시 상부 미얀마의 어수선한 틈을 타 하부 미얀마에서는 몬족들이 독립국가를 요구하며 반란을 일으켰다.

버간의 대미를 장식했던 나라띠하빠띠 통치 당시 뜨닌다리에서 몬족에 의한 반란이 있었다. 이 반란에 적극적으로 가담했던 사람 중에 마가두란 이름을 가진 용병이 있었다. 태생지는 따톤이었고, 타이족 아버지와 몬족 어머니 사이에서 태어났다. 따라서 필요에 따라 타이족과 몬족을 넘나들며 자신의 야망을 불태우고 있었다. 그러나 뜨닌다리 반란이 버간군에 의해 진압되자 위협을 느끼고 태국으로 도주하였다. 당시 태국의 지배세력이었던 수코타이[73]왕국의 라마카멩 왕을 찾아가 자신을 모뜨마의 영주였다고 속이고 망명을 허용받았다. 처음에는 왕의 코끼리 우리를 돌보는 일을 하다 곧 수코타이군에 입대했다. 그리고 얼마 있지 않아 코끼리 부대 사령관이 되었다.

1280년 몽고와의 1차 전투에서 버간이 대패했다는 소식을 접했다. 마가두는 이 틈을 타 하부 미얀마에 독립국가를 세우고자 모뜨마를 향했다. 수코타이왕의 후원을 받은 마가두는 당시 모뜨마의 몬족 영주 아레임마를 만나 독립국가를 위한 거사를 제안했다. 그러나 아직 시기상조라며 거사에 동참할 뜻이 없음을 밝힌 아레임마를 살해하고 모뜨마를 버간에서 분리하여 새로운 왕국이 되었음을 선언하였다.[74] 그리고 자신을 '하늘에서 떨어

---

73) 1238년, 이전까지 태국을 지배했던 캄보디아를 내몰고 들어선 왕국이다. '행복한 새벽'이란 뜻을 가진 수코타이 왕국은 차오 프라야(Chao Phraya)강 유역을 따라 발전해 갔으며, 태국 문화의 초석이 되었으며, 태국의 국교인 상좌부불교의 정착과 더불어 태국 문자의 발명, 미술, 조각, 건축, 문학 등 태국문화의 근간을 확립했다.

74) 여기에 대한 다른 설이 있다. 즉 마가두에게는 예쁜 여동생이 있었는데 모뜨마의 영주인 아레임마가 그녀에게 청혼을 해왔다. 마가두는 이를 수락하여 잔치 준비를 해두고 아레임마를 기다리고 있었다. 마침내 아레임마가 신부를 데리러 왔을 때 그를 붙잡아 처단하고는 모뜨마의 지배권을 손아귀에 넣었다 한다.

진 왕'이란 뜻의 와리루로 개명하고 모뜨마 왕국의 초대 왕으로 취임하였다. 이 때가 1281년의 일이다.

1287년 버간이 몰락하자 한따와디라고 불리기도 한 버고(ပဲခူး)[75]의 몬족 영주 응아빼몬도 버고를 버간에서 분리하여 독립왕국이 되었음을 선언했다. 자신의 왕명을 '최정상'이란 뜻의 뜨라퍄로 개명했다.

와리루와 뜨라퍄는 서로의 딸을 아내로 교환함으로서 끈끈한 동맹관계를 보여주었다. 상부 미얀마군이 공격해 왔을 때에도 단결하여 물리치기도 했다. 하지만 상부 미얀마로부터 더 이상의 공격도 없고, 자신들이 상부 미얀마도 장악할 수 있다는 확신이 들게 되었을 때 와리루와 뜨라퍄는 하부 미얀마의 단일 통치권을 두고 대결을 벌인다. 즉 이들이 연합하여 버간에서 파견된 하부 미얀마의 다른 영주들을 차례로 처단하고 북쪽으로 진격하여 삐와 따웅우의 남쪽 근처까지 장악하게 되자 뜨라퍄의 생각이 바뀐 것이다. 이쯤에서 뜨라퍄는 미얀마 전체를 독식하고 싶었던 것이다. 그리하여 와리루와 코끼리를 타고 하는 일대일 승부를 제안했다. 그러나 뜨라퍄는 와리루의 상대가 되지 못하고 코끼리에서 떨어지고 말았다. 뜨라퍄는 용서를 빌었고 와리루는 딸을 생각해서도 목숨을 살려 주었다. 하지만 뜨라퍄는 이후에도 계속 와리루를 살해할 기회를 엿보고 있었다. 마침내 이러한 사실을 뜨라퍄의 아내가 아버지인 와리루에게 고해 바쳤다. 와리루는 당장에 뜨라퍄를 붙들어 목을 베어 버렸다.

하부 미얀마를 완전히 장악한 **와리루**(1287~1306)는 모뜨마를 수도로 정하고 미얀마 전체를 손아귀에 넣을 구상을 했다. 우선 당시 대륙부 동남아 강국으로 부상한 수코타이에게 사신을 파견하여 계속해서 후원국이 되

---

75) 버고라는 말은 '콩을 훔친다.'는 의미적 기원을 갖고 있다. 그 만큼 주변에 콩이 많이 재배되고 있었음을 알 수 있다. 동시에 버고를 한따와디라고도 일컬었다. 한따와디는 힌두 오리 '힌따'에서 그 이름이 유래되었다 한다. 그만큼 버고 지역이 고대에 힌두문화가 뿌리 깊게 박혀 있었다는 증거이다.

어 줄 것을 요청하였다. 1294년 수코타이의 왕은 이를 인정한다는 뜻으로 백상을 한 마리 보내 주었다. 이로써 와리루는 걱정거리였던 후방의 공격을 염려하지 않아도 되었다. 와리루가 수코타이와 동맹을 맺었다는 소식을 접한 샨 삼형제는 모뜨마를 붕괴시키기 위해 군대를 몰고 왔지만 또 다시 패배하여 퇴각했다.

이렇게 하부 미얀마 모뜨마 왕국을 손아귀에 틀어 쥔 와리루는 통치의 근거로 삼을 법전편찬의 필요성을 느꼈다. 미얀마에는 고대 인도인들이 하부 지역에 들어왔을 때 힌두교와 함께 들어왔던 고대 마누 법전을 근거로 만든 자신들의 법전이 있었다. 이 법전들은 몬족 사원들에 전해졌고, 역대 왕들은 이 법전에 의해 법을 집행했다. 하지만 통일왕국이 오래 지속되지 못하고 획일적으로 법을 집행할 수 있을 만큼 왕권도 강력하지 못했을 뿐 아니라 지역마다 다른 문화관습으로 일률적인 법적용이 어려웠다. 따라서 와리루는 왕실관료와 승려들을 시켜 이 법전을 참고하여 새로운 법전을 편찬하도록 지시했다. 이리하여 새로이 편찬된 관습법전이 바로 와리루 법전이다. 이 법전은 와리루 담마땃이라고 불리며 현 미얀마 법전의 틀이 되었다.

와리루가 이렇게 의욕적으로 국가를 건설하고 통일왕국을 위해 노력한 것과는 대조적으로 하부 미얀마 몬족 국민들로부터는 그렇게 환영받지 못했다. 몬족들 눈에는 와리루가 샨족으로 여겨지고 있었고, 이것은 상부 미얀마 버마족들에게 띠하뚜가 왕위 찬탈자로 인식된 것과 같이 하부 미얀마의 사람들에게는 이방인 왕으로 인식되었던 것이다. 와리루가 하부 미얀마의 몬족들의 지지를 받지 못하고 갈수록 위약함을 드러내 보이자 후원국 수코타이가 태도를 바꾸어 직접 미얀마 남동 지역과 뜨닌다리를 공격할 채비를 갖추었다.

상황이 이렇게 전개되자 와리루는 모뜨마 왕국만이라도 지키기 위해 중국에 사절단을 파견한다. 중국의 조공국에 편입하여 중국의 보호를 받자는 의도였다. 하지만 이러한 와리루의 노력도 결실을 맺지 못하고 1296년 몬족들의 지지를 등에 업은 뜨라퍄의 손자에게 살해당함으로서 그의 원대한 꿈은 함몰되고 말았다. 그러나 새로운 왕의 지배권은 안정되지 못하고 왕위를 둘러싼 암투와 내분이 계속되어 하부 미얀마는 혼란 상태가 한 동안 진행되었다.

이 틈을 타 하부 미얀마의 무역로를 장악하고자 했던 수코타이가 모뜨마를 침공해 들어 왔다. 한편 태국 하부 차오프라야 계곡의 타이족 왕국에서도 내분이 발생했다. 이런 내분이 지속되다 마침내 1350년 타이족 한 왕자가 내분을 종결짓고 새로운 왕조 아유타야를 열었다. 이 아유타야는 타이-샨족이 세운 왕조로써 나중에 '샴' 혹은 '사이암'으로 불리게 되었다. 14세기 중엽 태국의 수코타이, 아유타야, 치앙마이 왕국은 하부 미얀마를 빈번히 침공하였다. 1353년 하부 미얀마에 비교적 강력한 왕으로 알려진 새로운 왕 **버냐우**(1353～1385)가 이들을 막는 데 안간힘을 썼지만 결국 뜨닌다리 해안을 내어 주고 수도를 버고로 옮기고서야 안정을 찾을 수가 있었다. 수도를 옮긴 후에도 태국의 침입이 계속되었지만 버냐우는 슈웨디공 파고다만큼은 지킬 수 있을 정도로 슬기롭게 막아냄으로서 몬족의 자긍심은 잃지 않았다.

(3) 라카인 왕국

그 동안 라카인은 험준한 산맥에 차단되어 미얀마 내륙과는 거의 차단된 채로 지내 왔으며, 통일된 왕국 없이 소위 삔싸, 빠레인, 체익, 타웅쩻이라 불리는 네 개의 도시가 주요 지역을 이루며 지내왔다. 수도는 자주 바뀌어 뜨베익따웅에서 단야와디, 그 후 외딸리(바셀티)가 11세기까지 이어왔고, 삔싸가 1118년까지 이은 다음, 빠레인(1118～1167), 체익(1167～

1180), 다시 뻰싸(1180~1237)로 이어졌다가 라웅쩻(1237~1433)이 그 중심도시이자 수도역할을 했다. 나중에 먀욱우(Mrohaung)가 1433~1785년까지 수도역할을 이어나간다.

비록 강력한 중앙정부가 형성된 적은 없었지만 해안에 인접한 지리적 이점으로 인도 등지로부터 해상로를 통한 신속한 정보 전달과 함께 일찍부터 불교가 전래되었다. 미얀마의 내륙 지역에 불교가 들어오기 전 이미 라카인에 불교가 전래되었을 가능성이 높다. 비록 문헌적으로 증명된 것은 아니지만 찬드라수리야왕(Candrasuriya, Chandra Surya)(146~198) 통치기에 마하무니 부처상을 받드는 전통이 있었던 것으로 추측된다. 이후 힌두, 이슬람교도 활발히 전해졌다. 10세기 이후에는, 아삼에서 말라야에 이르기까지 부들모칸(Buddermokan)으로 알려진 기묘한 모스크를 가진 이슬람이 전래되어 널리 퍼져 나갔다. 라카인은 인도의 이슬람 왕조인 무굴의 침입을 받아 한편으로는 이들의 통치력을 흡수하고 다른 한 편으로는 이들의 공격을 극복하면서 굳세어져 갔다. 그럼에도 불구하고 라카인 지역에서는 현재까지 불교가 계속 우위를 차지하고 있다.

라카인은 내륙과의 교류보다는 외부의 적으로부터 무수히 공격을 받았다. 아짭 지역은 고산족들에 노출되어 있었던 고로 10세기에는 주기적으로 모-샨족들로부터 침입을 받았다. 그리고 12세기 중엽까지 유명한 마하무니 부처상조차도 발견되지 못할 정도로 무정부적인 혼란과 방치된 정글로 뒤범벅된 곳이 바로 라카인이다. 짠싯따 이후의 버간이 지배권을 북부 라카인까지 뻗쳐 라카인 왕들로부터 조공을 거두어 들였을 때 비로소 라카인도 체계를 갖는 듯했다. 그러나 라카인이 통일된 체계를 갖기에는 아직 일렀다. 버간이 라카인을 완전히 장악한 것이 아니었기 때문이다.

버간 멸망 후 중부와 하부 미얀마가 내분에 휩싸였을 때는 지리적 이점을 살려 이에 말려들지 않음으로서 국력신장과 독립적인 위치를 고수할 수 있었다. 그러다 띠하뚜의 삔야가 상부 미얀마를 대표하는 국가로 고개를 내밀자 띠하뚜와 동맹을 맺고 동북부 샨족들의 이입을 차단하는 역할을 수행했다. 그러나 띠하뚜가 죽고 삔야와 스가잉이 대결을 벌이는 권력공백 상태가 되자 이를 틈 타 라카인 산맥을 넘어 상부 미얀마 영토를 침범하기도 하였다. 1333년에는 에야와디강을 끼고 삐와 대각선 위치에 있었던 뜨옛묘를 점령하고 이 지역의 영주를 포로르 잡아들이는 기염을 토하기도 했다. 그러나 잉와 왕국이 상부미얀마의 파권을 장악하고 호전적인 면모를 보이자 위협을 느낀 라카인은 더 이상 미얀마 내륙 공격을 멈추었다. 라웅쩻의 강력한 민티왕이 죽은 것이 원인이었다. 이후 라카인은 내분에 휩싸였으며, 14세기말에 이르러 잉와의 민찌소와왕에게 라카인을 통치할 왕을 보내 줄 것을 요청하기에 이르렀다.

(4) 세력 구도

이렇게 하여 1365년까지 최북부를 장악하고 있던 모-샨족과 함께 미얀마는 잉와, 버고, 라카인이 대립하는 형태로 진행되었다. 하지만 동부 샨고원은 지리적으로는 미얀마화 되었지만 여러 샨족 무리들이 각기 소지배자 중심으로 독립적으로 난립되어 있었다. 이런 상황에서 상부에 있던 잉와가 공식적으로 미얀마를 대표하는 왕국이 되었다. 하지만 군 장교, 관료 등 지배 계급을 샨족들이 담당함으로서 버마족과의 갈등을 내재하고 있었다.

4. 버간 시기의 생활 전반

버간 시기는 무엇보다도 상좌부불교가 국교화되면서 전 국민이 불교도화가 된 것이 중요한 점이다. 왕은 불교의 중요한 고객이자 강력한 후원자였다. 절대 통치자 왕이 앞장 서 불교를 독려하는 환경 속에서 불교적 가치를 직접 설하는 승가(僧伽, Sangha)의 역할도 크게 중시되었던 것은 두말 할 나위가 없다. 왕에 의해 불교는 국민적 종교가 되었고, 승가는 국민들에게 불교적 가치를 계속 유지할 수 있도록 독려하였다. 상가는 승려장에 해당하는 국사를 중심으로 교구장, 소교구장 등의 직위로 하부 지방조직을 단계적으로 통할하고 있었다. 이들은 자신들이 맡고 있는 지역 주민들에게 불교적 가치관 및 글자를 가르치는 교사 역할을 수행했으며, 심지어 외교, 법전편찬, 국민들 사이의 갈등 중재 등 국가 기능 중 일부를 담당하기도 했다. 미얀마의 언어는 불경을 기록하였던 빨리어의 영향을 받는 동시에 작가들도 대부분 승려들이었다. 이러한 상가의 역할은 대중들에 대한 영향력 행사의 중요한 근간이 되었다. 이것은 행정 당국의 권한이 수도권을 벗어나서는 별로 효과적이지 못했던 것에 반해 상가는 국가전반에 걸쳐 사회 조절기능을 담당하는 위치가 되기도 한 점이다.

버간 시기의 경제력은 농업과 무역이었다. 이 시기의 경작 도구는 단순했다. 괭이, 삽, 갈고리 등의 도구와 코끼리, 소, 들소, 말 등의 힘을 빌어 농사를 지었던 것이다. 특히 당시 미얀마인들은 말과 친숙하여 교역과 전쟁에 말이 필수적으로 사용되었다. 이웃 인도 마니푸르(Manipur)에서는 말을 지칭하는 용어가 '미얀마의 동물'이란 뜻을 담고 있을 정도이다.

쌀농사가 주업이었던 미얀마인들은 고산 지역에 건식 미작을, 평원 지대에는 습식 미작을 하고 있었다. 특히 버간 동부 짜욱세 지역은 대단위 평야가 펼쳐져 있는 곳으로 버간인들의 식량을 공급하는 역할을 맡고 있었다. '짜욱세를 차지하는 자가 미얀마를 통치한다.'라는 말이 있을 정도였다. 따라서 왕으로서는 무엇보다도 이 지역을 잘 관리하는 것이 의무 중의 하나였으며 관개에 혼신의 힘을 기울여야 했다. 관개는 자연수로를 이용한 것 외에도 땅을 파서 만든 인공호수도 이용하였다. 시간이 지나면서 이 호수에는 물고기 외에도 물새, 오리 등이 서식하게 되어 주민들의 식량으로도 이용되었다.

버간 시기의 신분계급은 크게 왕, 관료, 대상 등의 지배층과 농민, 노예, 소상인 등의 피지배층으로 나눠어 있었다. 군복무도 일정하게 정해져 있지 않았다. 평소에는 농사일과 부처에게 공덕을 비는 생활을 하다 전쟁이 나면 군복무를 위해 징집되는 정도였다. 당시의 지명을 보면 타웅뿌묘, 야뿌묘 등의 이름이 나오는데, 이것은 전쟁이 났을 때 왕이 그 지역에서 천 명, 백 명의 군인을 동원시켰다는 것을 의미한다.

일반인들의 주요 경제원이 농업에서 비롯된 것은 분명하지만 왕실의 부는 무역이 큰 부분을 차지하고 있었다. 무역의 주 품목이 무엇인지는 정확히 알 수는 없지만 무역의 결과로 생긴 부유한 자본가 계층이 형성되었다는 내용의 비문이 있다. 연대기에도 당시 미얀마인들이 상술에 밝아 물건을 잘 팔았던 것으로 기록되어 있다. 파고다 및 사원의 규모를 보면 왕실의 부가 어느 정도였는지를 알 수 있다. 제대로 된 파고다 하나를 건립하기 위해서는 대략 4~5만짯 정도가 소요되었다. 버간 말기의 인구가 대략 5만 정도이니 파고다 하나를 건립하는데 일인당 1짯 정도를 부담해야 한다. 매년 5개의 파고다만 건립한다 해도 1인당 5짯을 부담해야 한다. 대략 4인 가족이 1년간 먹고 살 수 있는 농토 1뻬(약 1.75에이커)의 가격이 20짯을 넘지 않는 것으로 보아 농산물에서 얻는 이익으로 그 많은 파고다를 건립하기란 어려웠을 것이다. 버간 시기에 건립되었던 셀 수 없을 정도로 많았던 불교건축물들은 그 동안 자연 훼손, 외부의 공격 등으로 대부분 파괴되고 현재는 약 5천여 개만이 남아 있다. 수 천 개 이상이 1225년 버간을 휩쓸었던 대화재, 1287년 몽고의 침공, 1299년 샨족 반란군에 의해 소실되었다. 수 백 개의 목조 건물로 된 수도원도 거의 전소되고 말았다.

이러한 파고다[76] 건축 양식은 크게 두 가지 종류가 있었다. 하나는 부처나 고승의 유물을 안치한 제디[77]라고 부르는 불사리탑이고, 다른 하나는 단순하게 아치형으로 중간을 텅 비게 한 빠토라고 불리는 파고다이다. 버간 최초의 거대한 불사리탑은 아노야타의 슈웨시공 파고다이다. 슈웨시공을 시발로 파고다의 모양이 방사형 아치 형태로 일반화되었으며 버마양식의 파고다 형태로 굳어졌다. 그러나 인도 양식에서 출발한 버마, 몬 양식의 파고다를 명확히 구분하기란 쉽지 않다. 대체로 파고다의 벽면에 창이 달려 있는 것이면 버마양식, 창이 없으면 몬양식이라 하고, 단순하게 종을 엎어놓은 형태는 고대 분묘양식이라 한다. 슈웨시공의 경우 고대 분묘양식에다, 도금 기술과 프레스코는 몬의 영향을 받은 것이다. 이처럼 다른 파고다들도 제 양식이 혼합되어 있어 특별히 어느 양식에 입각해 만들어졌다고 말하기는 곤란하다.

사원이라고 불리는 것도 거대한 불사리탑 내부에 기도와 명상을 할 수 있는 공간을 확보하고 있는 형태를 가리킨다. 우리가 흔히 알고 있는 부처상, 탑, 승려들이 함께 기거하게 만들어 놓은 사원의 의미와는 차이가 있다. 버간의 사원은 대부분 내부가 동굴 모양으로 어두운 편이다. 높이도 초기에는 단층으로 그리 높지 않았다. 시간이 지나면서 단층 위에다 층을 하나 더 높여 이곳을 도서보관함으로 사용하였다. 물론 이것들도 초기 것

---

76) 미얀마의 대표적인 종교건축물로서 불교의 이상을 표현하고 있다. 이 곳에는 불교관련 유물들이 보존된 곳일 뿐만 아니라 불자왕의 권위를 상징하는 것으로 현재까지도 건립이 계속되고 있다. 이러한 파고다라는 말은 스리랑카의 다수족 언어인 싱알리스(Singhalese)어 '다가바(Dagaba)'의 와전(訛傳)된 표현이다. 다가바는 불교경전을 최초로 표기했던 인도북부의 한 언어인 발리(Pali)어 '다투가바(Dhatugabbha)'에서 차용된 단어이다. '유물 저장소'란 뜻이다. 그 후 파고다는 신성한 장소로서 부처의 유골(遺骨), 성치(聖齒), 머리카락 등을 보관해 놓은 돔(Dome) 형태의 불교관련 구조물을 칭하는 말이 되었다.

77) 제디(Zedi)는 '성스러운 보관소'란 뜻의 발리어 제티야(Cetiya)에서 온 말이다. 이러한 제디는 크게 네 부류로 대별된다. 첫째, 부처나 고승(高僧)의 유골이나 사리(舍利)를 보관해 놓은 다또(Dhatho)제디가 있다. 둘째, 고대의 불교경전이 보관되어 있는 담마(Dhamma)제디. 셋째, 부처나 고승들이 지녔던 가사(袈裟), 바리 등 8가지 도구를 보관해 놓은 쁘리보가(Paribawga)제디. 넷째, 부처나 고승들을 표현한 그림, 상(像) 등을 보관한 우데익따(Udeiksa)제디이다. 하지만 제디라 하면 대부분 다또제디를 일컫는 것이 일반적이다.

들과 마찬가지로 도서보관함 위에 부처의 유물함을 만들고 그 위에 우산을 씌웠다. 이 유물함은 그 누구도 손을 댈 수 없도록 건물이 완성되기 전 영구히 폐쇄시켰다. 유물에는 부처의 유물 및 금, 은, 상아, 수정 등 진귀한 보석들이 들어 있다. 동서남북 사방의 가장자리에는 고타마 부처까지 네 명의 부처를 모셔 놓았다. 이것은 열반에 이른 네 명의 부처를 상징한다. 내부의 벽 전체에는 화려하고도 선명한 색깔로 각종의 정령들을 그려놓고 있고, 자따까에 있는 것과 같이 부처의 일생을 묘사해 놓고 있다. 때때로 단순히 부처를 묘사한 그림들만 잔뜩 그려져 있기도 하다. 외부도 매우 단단하게 만들어져 칼끝이 들어가지 않을 정도이다. 내부의 공간이 좁은 것이 특징인데 이것은 비슷한 시기 유럽의 성당과 좋은 대조를 이루고 있다. 즉 고딕 양식의 성당은 내부를 둥글게 만들어 설교대에서 설교하는 신부를 청중들이 볼 수 있도록 만든 반면에 미얀마는 내부에 부처상을 안치시키고 사람들이 지나다닐 수 있는 정도의 공간만 두었을 뿐이다. 이것은 버간 불교에는 유럽처럼 정례적으로 교인들을 모아 설교하지 않았다는 것을 말해 준다. 아울러 고딕 양식의 성당이 유럽에서 개인주의의 태동기와 함께 수 세대를 걸쳐 만들어진 것이라면, 버간의 파고다는 왕권이 가장 강력할 때에 불과 6개월, 길어야 수년 이내에 만들어졌다는 것이 좋은 대조를 이룬다. 왕권이 강력할 때 만들어졌다는 것은 파고다가 전제정의 상징을 나타내고 있기도 하다. 그런데 이러한 파고다를 만드는데 많은 사람들이 동원되었음은 틀림없지만 대부분 자발적으로 참여하는 성격을 띠었다. 벽돌 한 장을 나르는 것만으로도 공덕을 쌓는 일이라고 생각되었기 때문이다.

불사리탑과 사원은 비교적 저지대의 평지에 세워져 있으며 뾰족한 첨단은 하늘을 찌를 듯하고 있다. 이를 두고 버간인들은 다리는 지상에 놓여 있지만 정신은 하늘을 향하고 있다는 것을 상징하고 있다고 말하기도 한다.

'떼인(သိမ် Thein)'이라고 불리는 수도원은 대체로 벽으로 둘러쳐진 수많은 건물의 조합으로 되어 있다. 승려들이 기거하고 집회를 여는 중앙 건물 주위로 수도원장의 방, 계를 수여하는 방, 법당, 방문객과 수도원에서 일을 하는 사람들이 사용하는 방 등이 있다. 그리고 한쪽 끝에 도서보관함이 있는 탑 혹은 동굴 사원이 달려 있다. 따라서 우리가 흔히 알고 있는 사원의 개념이 바로 미얀마의 수도원격이 된다. 당시의 수도원은 대부분 목조건물로 만들어졌으며 인도식 형태라 일컫는 석조건물은 일반적이지 않았다.

파고다, 사원, 수도원 등의 종교건축물들은 믿음을 공유하는 국민들 모두가 언제든지 찾을 수 있는 곳이었다. 따라서 자연스럽게 사회생활의 중심이 되었다. 노동자, 상인, 농부, 예술가, 고산족들, 고위층의 사람들, 외국인들도 이곳을 드나들었다. 특히 예술가들은 이곳에 모여 즐거워하는 장면들을 벽에 그려 놓기도 했다. 그림 속의 복장은 매우 단순했다. 남녀 모두가 면 또는 비단으로 된 치마 같은 옷을 입고 다녔다. 남자들은 상의를 입지 않고 다만 스카프 같은 것을 어깨 위에 걸치고 다녔으며, 여성들은 몸에 꽉 끼는 상의를 입고 그 위에다 스카프를 걸치고 다녔다. 반면 왕과 왕비는 선명하게 디자인 된 상의를 걸치고 귀걸이 팔찌 목걸이 등의 장식물을 달고 다녔다.

버간 시대의 여성의 지위는 남성과 거의 동등했던 것으로 여겨진다. 문헌을 보면 여성 촌장, 관료, 왕실의 수행원, 자본가, 학자, 예술가, 승려, 필사자 등 거의 모든 직종에 여성이 있을 뿐만 아니라 사원 건립의 헌금자도 여성이 상당수를 차지하고 있고, 노예 문제에 대한 소송 당사자도 주로 여성인 것으로 보아 당시에는 여성들에게도 그 능력에 따라 남성과 차이를 두지 않고 사회 활동이 보장되었던 것으로 여겨진다.

버간 시대에는 다양한 음악과 춤이 있었다. 가수, 음악가, 무용수들은 남녀가 따로 없었다. 사원전용의 예술가들도 있었다. 이처럼 버간 시기에는 음악이 일반생활의 큰 부분을 차지하고 있었다. 버간 사람들이 음악을 좋아했다는 것은 당시의 한 왕실대신이 새겨 놓은 비문에 잘 나타나 있다.

> "나의 희망은 부처님의 공덕을 입는 것이다. 그러나 공덕도 중요하지만 매일 아침 북소리와 나팔 소리에 잠이 깰 수 있었으면 한다."

화폐단위는 '짯'이었지만 크게 유통되지는 않았다. 쀼시기에 사용되었던 동전은 버간 시기에 와서는 사용된 흔적이 없다. 대부분이 물물교환 형식의 거래가 통상화 되었던 것이다. 상품은 곡식 또는 가축들과 직접 교환되었고, 단지 노동자의 임금 정도만 10 또는 20짯 등의 은 또는 곡식, 가축 등이 병행되어 지급되었다. 버간 근처 경작지 1뻬의 가격은 20짯에 불과했고, 버간에서 좀 떨어진 지역은 1～10짯 정도에 거래됐다. 1뻬에서 산출되는 쌀의 양은 대략 20～30가마 정도였는데, 두 가마 값이 1짯이었다. 우유는 10베익따(1베익따는 약 1.63Kg) 가격이 1짯, 꿀 1베익따는 1.25짯, 빈랑 열매 1000개 정도가 1짯 정도의 가치가 있었다. 화폐에는 금, 은, 동이 주요 매개체로 사용되었다. 예를 들면 1짯에 해당하는 금은 10짯 상당의 은과 그 가치가 맞먹었고, 1짯의 은은 1/2짯의 동, 1과 1/2짯의 은은 1짯의 수은과 맞먹는 가치였다. 단순히 1짯이라 함은 1/100 베익따에 해당하는 무게를 나타냈다. 따라서 정확히 말하자면 당시의 짯은 무게와 화폐단위에 동시에 사용되었다. 특히 교환수단으로서 사용되는 짯은 은의 순도와 무게에 그 기준을 두고 있었다. 따라서 대게 화폐로서의 1짯이타 함은 대략 정제되지 않은 평범한 은 1짯의 양을 가리켰다.

당시의 미얀마인들은 물과 친숙해 물고기를 좋아하였고 여름철이 되어 개울물이 마를 때는 물고기를 갈아서 저장해 두었다가 먹었다. 그리고 사냥꾼과 푸주간이 있긴 했지만 불심이 낮은 사람 외에는 육고기를 그렇게 즐기는 편이 아니었다. 특히 소는 거의 금기시 되었다. 대신 이들은 우유와 버터 제품들은 즐겨 먹었다. 토지가 척박한 곳에서는 야자수, 망고, 마찌디 등 많은 과실나무들이 자랐다. 야자수는 다용도로 쓰였다. 잎은 엮어 바구니로 그리고 지붕을 만드는 재료, 모자의 넓은 챙, 승려의 부채로 사용되었다. 그리고 야자액은 그냥 마시기도 하고 흑설탕으로 정제되기도 하고, 술을 만드는 데 사용되기도 하였다. 그리고 빈랑 열매와 라임 그리고 석회석을 빈랑 잎에 싸서 씹었다.-이것은 미얀마어로 '꽁(꿍)'(야)이라 불리는 것이다.- 왕을 비롯한 고위 관리들은 이것을 시중드는 특별 하인을 항상 거느리고 다닐 정도로 즐겼다. 차는 끓여 마시기도 하고 차의 입을 절여서 튀긴 마늘, 볶은 깨와 함께 먹는 습관이 있었다.

버간 시대에는 좀 특이한 노예제도가 있었다. 세습의 유무에 따라 크게 두 종류로 대별되었다. 세습되는 노예는 사원소유의 노예로서 대를 이어 특정 사원에 머물러 있었다. 이들은 업무가 구분되어 있었는데, 이를테면 단순한 노동을 하는 노예와 글자를 새기는 노예, 파고다를 보수하고 손질하는 노예, 음악을 담당하는 노예 등이었다. 이들에게는 노동의 대가로 토지가 주어졌다. 이러다 보니 강제성을 띤 세습보다는 자율적으로 세습되는 경향이었다. 이유는 자유를 위해 도주한다거나 자유를 돈으로 사려하기보다는 평생 동안 의식주를 보장받을 수 있는 사원의 노예로 머물러 있기를 더 원했을 것이기 때문이다.

세습되지 않는 노예는 부채를 갚지 못한 경우와 피정복자의 경우였다. 그러나 이들 모두는 자유를 돈으로 살 수 있었고 다른 동네로 도주를 하여 자유를 얻을 수 있었다. 이들이 자유를 살 수 있는 돈은 노예 시장에서 거래되는 노예의 가격과 같았다. 그 가격도 비싼 것이 아니었다. 5베익따 정도의 평범한 구리 정도면 노예 한 사람을 살 수 있었다. 그리고 도망친 노예들은 단순히 계약을 위반한 사람 혹은 부채를 청산하지 못한 사람 정도로 간주되었을 뿐이었고 이들에 대한 벌도 경미했다. 노예를 재판한 기록을 보면 이들은 대부분 횡령죄에 적용시키고 있을 뿐이다. 발이 달린 물건이라고나 할까. 이렇게 되자 주인에 불만을 품었을 때 종종 도주하여 다른 새로운 주인을 섬기기도 했다. 이들은 주인에게 음식과 의복 뿐 아니라 병이 났을 때 충분한 치료까지도 요구할 수 있었다. 따라서 이들은 일종의 고용된 하인과도 비슷했다.

제 5 장

잉와와 버고(샨과 몬)

1. 잉와

• 드도민뱌(1364~1368)

잉와의 드도민뱌는 따웅우를 복속시켜 그 세력이 더욱 강대해졌다. 드도민뱌는 자신이 버간을 잇는 적실한 왕일 뿐만 아니라 버마, 몬, 샨족을 하나로 묶어 통일된 국가를 만들고자 했다. 그 일환으로 법을 새로 제정해 무질서한 내정을 바로 잡고 부패해진 불교의 정화작업도 단행했다. 하지만 드도민뱌의 의욕만큼이나 반감도 많이 샀다. 그가 순수 버마족이 아니란 사실 때문에 다수족인 버마족들로부터 많은 지지를 끌어내지 못했을 뿐만 아니라 무자비한 성격도 지도층의 화합을 이끌어내기에 역부족으로 작용했다. 예를 들면 어떤 귀부인이 약탈을 두려워 해 금덩이를 한 승려에게 맡겼는데, 그 승려가 이것을 횡령하자 드도민뱌는 직접 그 승려의 목을 베고 시체를 내다 버리는가 하면 자신을 배반한 부하를 잔인하게 죽여 내장을 끄집어내기도 했다.

그러나 시간이 흐르면서 드도민뱌의 성격도 많이 변해갔다. 많이 관대해졌다는 것이다.[78] 이것은 죽음에 임박한 자의 관용과 새로운 국가건설에 부응하는 개혁의지가 번번이 실패하는 것에 대한 반성에서 나온 것인지도 모른다. 말년에 드도민뱌는 자신의 무자비한 성격이 국민들의 화합을 이끌어내지 못했다고 자주 통탄했다 한다.

드도민뱌는 잉와의 초석만 세우고 1368년 숨을 거두었다. 4년간의 짧은 제위기간이었다. 후계자도 남겨 놓지 않은 채였다. 이 틈을 타 샨족 왕비와 가까와졌던 응아뗏뱌가 왕위를 넘보게 되었다. 그러나 왕실대신들은 응아뗏뱌의 과거를 문제삼아 반대했다. 대신 야메띤의 영주를 왕위에 옹립하고자 했다. 야메띤 영주는 버마족으로 당시 버마족 관료들이 샨족 부인을 얻는 관례에 따라 샨족 아내를 가지고 있었고, 평생 딱 세 번을 웃었을 뿐이란 말이 있을 정도로 과묵하고 예의 바른 태도로 버마족과 샨족들에게 존경을 받고 있었다. 그러나 야메띤 영주 자신은 단지 군인일 뿐이지 왕이 될 만한 그릇이 되지 못한다는 이유로 왕위 계승의 제안을 거절했다. 그러나 당시 귀족과 군의 대부분이 샨족으로 채워져 있는 상태에서 치세의 자신이 없었던 것이 실질적인 거절 이유로 보인다. 대신 그는 드도민뱌의 처남 민찌소와를 천거하였고 대신들도 이에 찬성했다.

• 민찌소와(1368~1401)

민찌소와는 민찌소와소께라고도 불린다. 민찌소와는 버간의 왕과 샨족 삼 형제의 피를 이어받은 왕으로서 버마족뿐 아니라 샨족으로부터도 전폭적인 지지를 받았다. 앞에서 언급했듯이 버간 왕이었던 나라띠하빠띠를 독

78) 다음과 같은 일화가 있다. 응아뗏뱌라는 유명한 도적이 왕에게 잡혀왔다. 왕은 응아뗏뱌에게 "내 너를 당장 목베어 마땅하나 그래도 네가 도적질한 물건을 가난한 사람들에게도 나누어 주었다 하니 다음의 세 가지 중 하나를 선택할 기회를 주겠다. 칼의 심판을 받겠느냐? 아니면 창으로 하겠느냐? 그렇지 않으면 코끼리에 밟히겠느냐?라고 물었다. 그 도적은 "저는 당신의 가장 아름다운 샨족 왕비를 택하겠습니다."라고 대답했다. 이 말을 들은 왕은 크게 웃으며 "너는 정말로 대담하고 용기 있는 놈이구나. 내 너의 목숨을 살려 주겠노라."라고 말하고 석방시켜 주었다. 목숨을 구한 응아뗏뱌는 드도민뱌의 군대에 들어가 가장 충직한 장군 중의 한 사람이 되었다.

살한 아들 띠하뚜는 샨 삼 형제의 누이와 결혼을 해 딸을 하나 두었다. 이 딸은 나중에 버간의 마지막 왕 소닛의 남동생과 결혼을 했다. 결혼 당시 이 소닛의 남동생은 자신의 아버지 쪼소와에 의해 뜨옛(묘)의 영주로 임명되어 있었다. 바로 이들 사이에서 난 아들이 민찌소와이다. 따라서 민찌소와는 나라띠하빠띠의 증손자이자 쪼소와의 손자이며 그리고 소닛의 조카인 동시에 샨 형제들의 조카손자인 셈이다. 비록 그의 몸에는 1/4만이 샨족의 피가 흐르고 있으나 유년시절을 샨족들과 함께 보내 샨족 풍습을 잘 알고 있었다. 그의 이름도 이전에 소와소께란 이름으로 불리어졌을 정도였다. 한 때 라카인이 뜨옛묘를 침입해 가족들이 인질로 잡혀가게 되었을 때 민찌소와는 라카인의 왕실에서 보낸 적도 있다. 라카인에서 풀려났을 때는 삔야의 왕실에서 군인 겸 관료로 지내기도 했다.

민찌소와는 북부의 여타 샨족들을 가장 위험한 적으로 보고 견제하면서 때로는 이들의 내부 분쟁에 개입하여 실익을 챙기기도 했다. 1371년에 이런 일이 있었다. 북부의 꺼레와 모흐닌의 소브와는 민찌소와에게 분쟁의 해결을 각각 요청해 왔으며 그 대가로 조공을 바치겠다는 약속을 했다. 민찌소와는 어떻게 해야 할 지 고민했다. 두 곳 다 세력이 만만치 않아 어느 한 쪽을 편들다가는 나중에 다른 한 쪽으로부터 공격받을 것을 우려했기 때문이다. 이윽고 자신이 아끼는 참모 원진민야자의 의견에 따르기로 했다. 원진민야자는 처음부터 개입하지 말고 그들끼리 싸우는 것을 관망하도록 했다. 그런 다음 모두 많은 피해를 냈을 때 양쪽을 한꺼번에 차지하도록 했다. 결국 원진민야자의 예측대로 꺼레와 모흐닌은 서로 싸워 다시 재기할 수 없을 정도로 많은 피해를 냈고, 이 틈을 타 민찌소와는 군대를 보내어 이 지역들을 잉와에 편입시켰다. 원진민야자는 이 외에도 1422년 죽을 때까지 잉와의 왕들을 위해서 탁월한 전술을 제안했던 것으로 기록되고 있다.[79]

이렇게 민찌소와는 샨족의 두 세력을 진압하긴 했지만 또 다른 샨족의 공격에 대비해야 했다. 1373년 몽고의 기운이 쇠퇴한 틈을 타 미얀마 최북부의 모샨족이 잉와를 침략해 왔다. 잉와와 모샨은 일전일퇴를 거듭하며 최종의 승자를 확인하기 어려운 상태로 진행되었다. 마침내 중국에 새로이 들어선 명왕조가 몽고의 원왕조에 쐐기를 박기 위해 원의 조공국이었던 윈난을 공격하기로 했다. 1381년 명은 윈난의 정복을 완료한 후 모샨에 관심을 기울였다. 이 때를 틈 타 민찌소와는 명에 도샨의 문제를 공동대응하자는 의견을 제시했다. 이러한 사실을 알게 된 모샨은 1393년 잉와를 공격해 왔다. 하지만 모샨은 야메떤의 영주가 이끄는 군대에 패했다. 그 후 민찌소와의 남은 통치기 내내 더 이상의 침공은 없었다.

민찌소와는 이처럼 북부의 샨족과는 늘 긴장관계를 유지했던 반면 남부의 몬족과는 화해 정책을 폈다. 1371년 버고의 버냐우와 국경 부근에서 만나 선물을 교환하며 우호적으로 지낼 것을 약조했다. 그러면서도 남서하부 삼각주 지역을 탐내고 있었다. 1374년에는 라카인에서 자신들을 통치해 줄 누군가를 보내줄 것을 요청해 왔다.

라카인은 버간 말기 뜨옛묘를 점령하는 등 강력한 면모도 보여주었지만, 민티왕이 죽자 내분에 휩싸였고, 결국 자신들 스스로의 힘으로는 내정을 안정시키지 못하고 있었다. 민찌소와는 자신의 삼촌을 보내 라카인을 통치하도록 했다.

한편 잉와의 뻗어 가는 힘은 따응우의 지배자를 불안하게 했으며, 민찌소와 또한 따응우를 완전히 제압하는 것이 잠재적인 적을 키우지 않는 것이라 판단했다. 따라서 민찌소와는 하나의 계략을 강구했다. 뻬의 영주로 있던 형에게 따응우의 지배자와 거짓 연합을 해 자신을 공격해 줄 것을

---

79) 원진민야자는 원래 원진이라 불린 사람으로 민찌소와가 짜욱세의 제방과 메익틸라 호수 제방을 개보축할 때 좋은 안을 냈던 사람이기도 하다. 꺼레, 모흐닌 해결방안 계기로 왕실로 불러들여 참모로 삼은 동시에 원진 민야자로 불러주었다.

부탁했다. 이에 삐의 영주는 따응우의 지배자에게 연합하여 민찌소와를 공격하자고 제안했다. 그 증표로 자신의 딸을 따웅우 지배자의 아들에게 시집보내겠다는 약조를 했다. 아무 것도 눈치채지 못한 따웅우의 지배자는 군대를 몰고 삐에 들어왔다. 따웅우의 군대는 미리 매복해 있던 잉와의 군대에 저항할 틈도 없이 대패하고 말았다.

잉와의 커져가는 힘은 버고와의 우호관계를 계속 내버려두지 않았다. 1385년 버고의 왕 버냐우가 죽자 아들 라자드릿이 왕위를 이어받았다. 하지만 왕위를 탐내고 있었던 버냐우의 동생인 먀웅먀의 영주는 라자드릿을 공격하기 위해 민찌소와에게 연합할 것을 제안했다. 라자드릿을 몰아내기만 하면 잉와의 조공국으로 편입될 것을 약조했다. 이렇게 먀웅먀의 영주가 민찌소와를 초청한 결과는 잉와와 버고가 벌이는 40년 전쟁의 막을 올리게 된다.

1386년 민찌소와는 군대를 이끌고 에야와디강을 따라 내려왔지만 버고의 반격으로 퇴각하고 말았다. 다음 해 잉와는 또 다시 버고를 공격했지만 라자드릿에 의해 격퇴되고 말았다. 이렇게 되자 민찌소와는 본격적으로 버고와의 전쟁준비를 한다.

한편 잉와가 버고를 침략한 것은 삼촌의 책략에서 비롯된 것을 안 라자드릿은 먀웅먀로 달려가 삼촌인 먀웅먀 영주를 잡아 가두었다. 영주의 아들과 두 사위는 도망하여 민찌소와의 보호를 받았다.

몇 번의 전투 패배와 버고의 아군 먀웅먀 마저도 없는 지경이 되자 민찌소와는 잉와군만으로는 버고를 무찌르기가 쉽지 않다는 것을 깨달았다. 그리하여 북부의 여타 샨족들과 연합하여 버고를 총공격하기로 계획을 세웠다. 이전에 복속시킨 모흐닌, 꺼레, 용흐웨 등의 샨족 소브와들에게 군대를 파견해 줄 것을 제안했고, 이들도 기꺼이 민찌소와의 제안에 응했다. 이렇게 되자 이 전쟁이 단순히 잉와와 버고와의 전쟁이 아니라 샨족을 중심으로 하는 북부 미얀마와 몬족을 중심으로 하는 남부 미얀마간의 전쟁 양상이 되었다. 실제로 버고의 연대기에는 잉와의 공격이라는 표현보다는 단순히 북에서 밀려 내려오는 샨족 이주자와의 전쟁으로 표기하고 있다.

잉와 연합군은 한 번 출정에 대략 1만 2천 정도의 군사가 동원되었으며 2년에 한 번 꼴로 버고를 공격했다. 이들 군대는 다곤, 달라, 흐모비 등 깊숙한 곳까지 점령하기도 하고, 때로는 따웅우에서 싯따웅 계곡을 진격해 들어가기도 했지만 몬순폭우 등의 악천후로 번번이 되돌아와야만 했다. 대신 점령했던 지역의 주민들을 데려가 노예로 삼는데 만족해야만 했다.

전쟁이 장기화 될 조짐이 보이자 라자드릿은 민찌소와에게 특사를 파견하여 평화협상을 제안했다. 민찌소와는 기꺼이 이 협상을 받아들였다. 왜냐하면 당시 민찌소와는 라카인의 일로 골머리를 썩고 있었기 때문이다. 민찌소와의 삼촌이 라카인의 왕위에 앉자 라카인의 내정을 안정시키고 잉와로 조공까지 보내며 만족한 면을 보여주었다. 그러나 왕이 후계자를 정하지 못하고 죽자 라카인에서는 민찌소와에게 또 한 번 통치자를 보내줄 것을 요청했다. 이번에는 민찌소와의 아들을 왕으로 보냈다. 그러나 이 아들은 폭정을 일삼아 라카인에서 내몰렸다. 격분한 라카인이 잉와를 공격할 것이란 소문이 돌았으며 민찌소와는 이에 대비해야 했다. 하지만 우려와는 달리 민찌소와가 죽는 1401년까지 잉와는 라카인과 비교적 잘 지냈다.

민찌소와는 33년을 통치했다. 통치기간 동안 많은 전쟁을 치르긴 했지만 상부미얀마는 잉와를 중심으로 안정화시켜 놓았다. 게다가 상부미얀마의 농업거점인 짜욱세에 둑을 쌓고 메익틸라 호수의 제방을 개선하는 등 많은 수리 시설을 개선하였을 뿐만 아니라 몽고의 침공으로 황폐해진 땅을 다시 개간하여 농경지도 많이 확보했다.

민찌소와는 아들에게 후계자리를 물려주었다. 그러나 이 아들은 1년도 채 왕위 자리를 지키지 못하고 개인교사 손에 살해되고 말았다.(사냥에 몰입해 국정을 돌보지 않는다는 이유로 뜨가웅 영주에게 살해되었고, 이 영주는 잉와의 신하들에게 살해 되었다고도 한다.) 뒤를 이어 모샨의 공주를 아내로 맞이했었던 민찌소와의 다른 아들 민카웅이 왕으로 즉위했다.

• 민카웅(1401~1422)

민카웅은 왕위에 오르자 북동부 샨족의 공격이 뜸해진 틈을 타 상부 미얀마의 통치권을 확고히 해야겠다는 생각을 가졌다. 이의 일환으로 민찌소와 시기부터 공격의 불안에 쌓여있던 라카인 문제를 빨리 정리하고자 했다. 그러나 민카웅의 의도를 간파했는지 라카인이 먼저 잉와를 쳐들어왔고, 이것이 계기가 되어 잉와는 버고와 또 다시 전쟁을 벌이게 된다.

당시 라카인은 나라메익흘라가 왕위에 올라 혼란한 내부 상황을 종식시키고자 노력하고 있었다. 그러나 뜻대로 내정 안정이 어려워지자 잉와를 공격하기로 한 것이다. 전쟁을 이용해 내분을 잠재우고자 했던 것이다. 에야와디강 유역의 버콕꾸지역을 공격해 왔다. 이에 민카웅은 1404년 아들 민예쪼소와에게 군대를 주어 나라메익흘라왕을 붙들어 오도록 했다. 당시 민예쪼소와의 나이는 불과 13세였다. 어린 나이임에도 라카인 군대에 밀리지 않고 내몰 정도로 대단한 전사적 자질을 가지고 있었다. 민예쪼소와의 군대를 도저히 당해내지 못하고 결국 도주하는 나라메익흘라를 쫓아 라카인 왕실까지 점령해 버렸다. 다급해진 나라메익흘라는 벵갈의 이슬람 왕국으로 도주해버렸다. 민예쪼소와는 함께 갔던 매부를 라카인의 새로운 지배자 자리에 앉히고 잉와로 되돌아 왔다.

이렇게 되자 나라메익흘라의 아들은 버고의 라자드릿을 찾아가 구원을 요청했다. 하지만 라자드릿은 병력을 라카인에 제공하는 대신 이참에 잉와를 무찔러 통일왕국을 건설하고자 하는 의욕이 생겨났다. 나라메익흘라의 아들은 쓸쓸히 발길을 돌려야 했다. 그리고 후술하는 바와 같이 민카웅의 아들 민예쪼소와는 라자드릿 자신이 직접 처단해야 할 인물로 생각하고 있었기 때문에 잉와 공격을 서두른 것으로 보인다. 게다가 당시 버고의 하부에 있던 아유타야는 수코타이를 병합하며 내부를 다지고 있었기 때문에 태국을 대표하는 아유타야의 공격위협을 잠시 내려놔도 되었기 때문이다.

1405년 라자드릿은 잉와를 쳐들어갔다. 라자드릿은 삐 근처에 이르자 만일을 대비해 자신의 사위와 군대의 일부를 이곳에 주둔시켰다. 계속해서 상부로 진격한 라자드릿이 스가잉에 캠프를 치고 잉와를 공격할 채비를 갖추었다. 캠프 주변의 수비대를 포로로 잡고 잉와를 포위했다.

라자드릿이 잉와를 포위하는 사이 삐의 영주는 라자드릿 사위가 지휘하는 군대를 무찔렀다. 아내를 두고 도주하는 라자드릿의 사위는 놓쳤지만 라자드릿의 딸을 인질로 잡아두었다.

반대로 잉와의 상황은 점점 더 어려워졌다. 잉와의 왕실경비대로는 버고군의 숫자를 감당하기에는 역부족이었고, 버고군이 도시를 포위하고 있었기 때문에 마을 사람들을 동원하기도 어려웠다. 그러나 잉와의 성벽은 단단해 버고군이 쉽게 뚫지는 못했다.

하지만 시간이 흐르자 성 내에 먹을 것이 바닥나 민카웅을 비롯한 왕실대신들은 아사할 지경이 되었다. 민카웅은 대신회의를 소집하여 위기에서 벗어날 수 있는 묘안을 강구했다. 유일하게 민예쪼소와가 정면승부를 벌여 위기를 타개하자는 안을 제시할 뿐 다른 대신들은 협상 쪽에 무게를 두었다. 민카웅은 삐의 군대가 잉와까지 오기에는 먼 거리일 뿐 아니라 라자드릿의 힘 또한 가늠하기 힘들 정도로 강해 보였기 때문에 선블리 성문을 열어 대결하기가 어려웠다. 이렇게 전전긍긍하는 사이 한 승려가 나서서 라자드릿과의 협상을 자처했다. 협상의 대가로 많은 선물을 주어 돌려보내자는 것이었다. 민카웅은 이 제안에 동의했다. 코끼리에 금은보화를 가득 싣고 라자드릿을 만난 승려는 더 이상의 유혈을 피하자는 제안을 하면서 가지고 온 모든 것을 협상의 대가로 주었다.

사위 군대가 삐를 점령하고 있지 못하다는(삐에서 위급해졌다는) 소식을 들은 라자드릿은 적진에서 더 이상 시간을 끌다가는 후방의 공격을 받을 것을 우려하여 협상을 수락했다.

이렇게 하고 버고로 되돌아가던 라자드릿은 도중에 피신하고 있던 사위를 만났다. 삐의 군대에 패하고 아내마저 인질로 잡혀있다는 보고를 받았다. 라자드릿은 딸을 버리고 온 사위를 바로 처형하고 삐로 내달렸다. 삐에 도착한 라자드릿은 이미 딸이 잉와로 옮겨져 민카웅의 새로운 아내가 되었다는 소식을 접했다.

한편 라자드릿이 삐를 다시 공격했다는 소식을 들은 민카웅은 병참을 새로 준비하여 손수 군대를 이끌고 삐에 들이닥쳤다. 그러나 잉와군은 라자드릿의 상대가 되지 못하고 크게 패했다. 이에 민카웅은 다시 한 번 굴욕적인 평화협정을 맺을 수밖에 없었다. 두 왕은 슈웨산도 파고다에 올라가 영원한 우호관계를 지속한다는 맹세를 했으며, 민카웅이 바친 누이동생을 라자드릿은 기꺼이 받아들였다. 버고로 돌아온 라자드릿은 국민들이 보는 앞에서 그녀와 성대한 결혼식을 올렸다.

그러나 잉와와 버고의 전쟁은 끝나지 않고 계속되었다.

두 나라가 맺은 일시적인 협상은 항구적인 평화를 가져다주지 못했고, 민카웅과 라자드릿 둘 다 자신들 나라만으로는 흡족하지 못하고 있었다. 전쟁의 재개는 민카웅이 구실을 제공했다.

민카웅이 버고를 치기 위해 치앙마이에 구원병을 요청하는 밀사가 버고군에 잡혔다. 게다가 아들 민예쪼소와가 민카웅의 후계자가 되는 것을 반대한 민카웅의 동생은 라자드릿에게 투항하여 잉와와의 일전을 부추겼다. 이것이 계기가 되어 잉와와 버고의 전쟁은 재개되었던 것이다. 평화협상을 맺은 지 1년 정도 지난 시점이었다.

라자드릿은 잉와의 외곽을 공격하는 한편 잉와가 라카인과 연합하는 것을 막기 위해 라카인을 침공했다. 라카인 왕실을 점령한 라자드릿은 왕위에 있던 민카웅의 사위를 처단하고 1403년 이러 라자드릿에게 복속했던 왕세자를 왕위에 올려놓았다. 그리고 라카인의 왕비였던 민카웅의 딸을 버고로 데려와 자신의 아내로 삼았다.

이에 민카웅도 군대를 몰고 하부 몬족 지역을 공격했다. 전세가 민카웅에게 유리했지만 퇴각할 수밖에 없었다. 왜냐하면 모샨족의 한 일파가 잉와를 공격해 왔기 때문이다. 이는 1406년 민카웅이 샨 고원의 2개 왕국을 무너뜨린 데 대한 보복이었다. 당시 민예쪼소와가 이 지역을 공격해 승리했지만 완전히 장악하지는 못했다. 이유는 중국이 군대를 이 지역에 파견한 것과 버고가 또 다시 삐를 공격해 온다는 전갈을 받고 급히 말머리를 돌려야 했기 때문이다.

1409년 민카웅이 다시 군대를 몰고 남진하였지만 라자드릿과의 승부를 결정짓지는 못했다. 1410년에는 민예쪼소와가 라카인에 다시 들어갔다. 이곳에서 라자드릿이 앉혀 놓은 왕을 몰아내고 라카인을 잉와에 편입시켰다. 이 때 내몰린 라카인의 왕(나라메익흘라 아들)은 벵갈로 도주했다.

1412년 버고가 다시 삐를 침입했다. 민예쪼소와가 이끄는 군대는 육로로, 민카웅은 강의 수로를 이용하여 버고군대를 협공해 들어갔다. 이번에는 잉와가 버고군을 패퇴시키는 듯 했다. 그러나 민카웅과 민예쪼소와가 이끄는 잉와 군대는 또 다시 잉와로 퇴각하지 않을 수 없었다. 모샨족이 잉와를 다시 공격해 왔기 때문이다. 잉와군이 되돌아오는 것을 보고 이들은 다시 샨고원으로 퇴각했다. 이 샨족 침입자는 1413년에 또 한 차례 잉와 지역을 침범하였으나 민예쪼소와가 무찔렀다.

이제 북부 샨족의 공격이 잠잠해 지자 1414년 잉와는 버고를 직접 침범했다. 그러나 버고를 무너뜨리는 데는 실패하고 선봉에 섰던 민예쪼소와가 버고군의 가장 유능한 장군 한 사람을 포로로 잡아 오는데 만족해야 했다. 나중에 이 장군은 잉와에 귀화하여 샨지역의 종주권을 문제 삼아 잉와를 공격한 중국군을 막아내기도 하는 등 잉와군의 유능한 장수가 되었다 한다.

1417년에 이르러 민카웅은 버고와의 지리한 전쟁을 종결시키고자 대대적인 공격을 감행했다. 늠름한 민예쪼소와를 선봉으로 버고를 향해 총진격했다. 일단 달라에 캠프를 친 잉와군은 세부적인 작전을 구상하고 있었다. 민예쪼소와는 잠시 틈을 내 주변을 정찰하러 나갔다. 민예쪼소와가 캠프와 멀어지게 되었을 때 어둠 속에 매복해 있던 버고의 코끼리부대가 갑자기 그를 에워쌌다. 민예쪼소와는 칼을 뽑아들었지만 미친 듯이 날뛰는 코끼리 떼를 당해 낼 재간이 없었다. 거의 초죽음이 되어 간신히 코끼리 무리로부터 기어 나와 나무 덤불 사이로 몸을 숨겼다. 그러나 곧 발견되어 라자드릿 앞으로 끌려왔다. 버고의 연대기에는 민예쪼소와가 입은 상처로 밤을 넘기지 못하고 죽었다고 되어 있으나, 잉와의 연대기에는 라자드릿에 의해 처형된 것으로 기록하고 있다.

민예쪼소와가 죽었다는 소식이 전해지자 달라에 있던 잉와의 병사들은 황급히 도망쳐 버렸다. 민예쪼소와를 잃은 민카웅은 비탄에 잠겼으며 전의도 상실했다. 몸까지 쇠잔해진 민카웅은 1422년 마침내 숨을 거두고 만다. 1423년 버고의 라자드릿도 사고로 사망함으로써 잉와와 버고의 40년 전쟁은 끝을 맺는가 했다. 하지만 왕위계승을 놓고 버고의 정세가 다시 혼란해지자 잉와가 다시 한 번 버고를 침공한다.

민카웅이 죽자 왕세자 띠하뚜가 왕위를 승계 했다. 한편 버고에서는 라자드릿의 아들 버냐담마야자가 왕위를 잇자 두 명의 동생이 불만을 표시했다. 이들은 버냐담마야자의 왕권이 안정되기 전에 왕위를 뺏기 위해 서로 경쟁을 벌였다. 이 중 한 사람이 띠하뚜에게 지원을 요청했다. 띠하뚜는 기꺼이 군대를 보내주었다. 잉와의 군대가 버고에 들이닥치자 버고군은 뿔뿔이 흩어졌다. 라자드릿같은 강력한 지휘자가 없었기 때문이다. 이런 와중에 두 형제 중 나머지 한 명은 모뜨마로 도주하여 종적을 감추어 버렸다. 이제 띠하뚜의 지원을 받았던 두 형제 중의 한 명인 버냐걍은 띠하뚜에게 복속하고 그로부터 버고의 새로운 왕임을 인정받았다. 그 대가로 버냐양은 여동생 쉰소부를 띠하뚜에게 바쳤다. 당시 쉰소브는 이미 두 아이를 가진 여성이었지만 29세의 나이로 여전히 아름다운 미모와 총명함을 지니고 있었다. 띠하뚜는 쉰소부를 왕비로 맞아들였다. 당시 띠하뚜는 지휘권을 상실한 버고를 쉽게 잉와에 편입시킬 수도 있었으나 여전히 북부 모샨족의 위협을 견제해야 했고, 긴 전쟁으로 국민들이 지쳐 있었고, 띠하뚜 자신의 왕권도 확고해지지 않은 상태였기 때문에 버고에 총력을 기울일 수가 없었다.

우려했던 대로 1425년 샨 고원의 한 소브와가 이끄는 군대가 잉와를 진격해 왔다. 이에 맞서 싸우러 나갔던 띠하뚜는 적의 화살을 맞고 숨졌다. 띠하뚜의 뒤를 아들이 승계했지만 3개월 만에 왕비 신보데이에 의해 독살되고 말았다. 신보메이는 내연의 남자였던 샨 소브와를 왕위에 앉혔으나 이내 한 버마족 대신에 의해 내몰렸다. 이제 이 대신이 새로운 왕이 되었음을 선언했다. 그러나 이 왕도 자신의 입지를 강화하기 의해 샨족 관료들의 지지를 받고 있었던 신보메이를 새로운 부인으로 맞이했다.

그러나 전쟁 후 무기력해진 잉와의 상황과 함께 이처럼 지배질서마저 혼탁해진 틈을 타 서서히 영향력을 나타내기 시작한 따응우 사람들은 잉와의 새로운 왕을 인정하지 않았다. 잉와의 왕을 샨족의 꼭두각시로 간주하였고 마침내 잉와를 전복시킬 구상을 했다. 하지만 이내 공격은 하지 않았다. 게다가 잉와의 샨족 관료들도 새로운 잉와왕이 버마족이란 이유로 그다지 큰 충성을 하지 않았다. 따라서 잉와 왕의 지배권은 급속히 감소되었고, 왕위를 둘러싼 갈등도 끊임없이 이어져 1527년까지 잉와는 내분과 쇠퇴의 길로 치달았다. 이렇게 되자 라카인도 더 이상 잉와에 의지하지 않았고 삐도 잉와의 영향권에서 떨어져 나갔다.

이러한 상황을 관망하던 윈난은 잉와를 복속시킬 절호의 기회로 생각했다. 하지만 이보다 앞서 모샨족의 또앙브와라는 자가 군사를 일으켜 윈난을 공격하는 사태가 벌어졌다. 그는 윈난과 잉와를 모두 제압하여 과거 난차오의 영광을 재현코자 했다. 또앙브와는 1441년 군대의 일부를 떼어 잉와를 공격하게 하고 자신은 주력 부대를 이끌고 윈난을 공격해 들어갔다. 갑작스럽게 공격을 받은 윈난은 일부 지역을 또앙브와에게 내주고 말았다. 그러나 윈난은 이내 전열을 가다듬고 강력한 반격을 펴 잃었던 지역을 회수했다. 1444년 윈난의 총공세에 또앙브와는 대부분의 군사를 잃고 후퇴하는 지경이 되었다. 마침내 또앙브와는 잉와에 투항했다. 이전에 잉와를 공격했던 자신의 군대는 이미 잉와군에 섬멸된 후였다.

윈난군은 여세를 몰아 계속해서 모샨 지역을 정복하고 잉와에 이르러 또앙브와를 넘겨줄 것을 요구했다. 하지만 잉와는 내정간섭이란 이유로 내주지 않았다. 일단 기회를 보던 윈난은 1446년 군대를 몰아 잉와를 포위하고 다시 한 번 또앙브와를 요구했다. 사태를 관망하던 또앙브와는 자신 때문에 잉와가 위험에 처한 것과 윈난의 손에 넘어가 살해될 것을 우려하여 자결을 택하고 말았다. 잉와는 또앙브와의 시체를 윈난에 넘겨주었다. 이제 윈난은 잉와가 윈난을 넘볼 만큼 강하지 않다는 사실과, 또앙브와의 시체를 넘겨준 것은 윈난에 복속한다는 의미로 받아들이고 되돌아갔다.

시간이 어느 정도 흘러 윈난이 미얀마 북부 지역에서 퇴각하자 모흐닌 소브와의 세력을 업고 모샨족은 1507년 또 다시 잉와를 쳐들어 왔다. 지배력 부재와 군대를 일으킬 힘조차 없던 잉와의 슈웨난쪼신왕은 따웅우의 지배자 민찌뇨에게 자신의 딸과 짜욱세를 넘겨주면서 구원을 청했다.

민찌뇨는 이것을 접수하긴 했지만 전쟁에 개입하는 것은 주저했다. 모샨족과 직접적인 대결을 펴기에는 시기상조라는 생각과 잉와도 더 이상 국가로 존속하기가 불가능하다는 판단도 했기 때문이다. 1524년 모샨족은 잉와의 주요 지점들을 점령한데 이어 1527년 마침내 잉와의 왕을 죽이고 잉와를 완전히 정복했다. 잉와의 일부 샨족을 제외하고 대부분의 버마족들은 새로운 살길을 찾아 따웅우로 이주해 갔다.

이제 모흐닌 소브와의 아들 또한브와가 잉와의 새로운 왕이 되었음을 선언했다. 불교를 인정하지 않았던 또한브와는 파고다, 사원등 불교건축물들을 불 지르고 승려들을 학살했다. 이들 중 살아남은 자는 따웅우로 도피했다. 사람들은 이 사건 당시 버간의 슈웨시공 파고다가 눈물을 흘렸다고 믿고 있다. 또한브와는 계속해서 귀중한 문헌들이 소장되어 있던 도서관들을 불태우거나 파괴시켜 버렸다.

이제 민심의 이반현상이 두드러졌고 주민들의 숫자도 현저히 줄어들어 급기야 국가의 존립자체가 위태한 상황이 되었다. 또한브와는 잉와를 벗어나는 자는 처벌할 것을 선언하는 한편 민심을 수습하기 위해 버마족 관리를 등용하여 그로 하여금 국민들의 마음을 돌려놓을 수 있는 방도를 찾도록 지시했다. 그가 바로 왕실 대신으로 임명된 민찌얀나웅이다. 그러나 민찌얀나웅은 또한브와를 돕기보다는 그를 무너뜨릴 기회를 넘보고 있었다. 또한브와의 잉와는 더 이상 국가로서의 의미가 없다고 판단했기 때문이다. 따라서 주민들을 친정부적으로 설득하기보다는 오히려 자신의 직위를 최대한 활용하여 잉와를 떠나고자 하는 사람들에게 은밀히 길을 안내해 주는 역할을 했다. 마침내 1543년 민찌얀나웅은 또한브와를 시해하기에 이르렀다.

이제 사람들은 민찌얀나웅에게 왕위에 오를 것을 권유했다. 그러나 민찌얀나웅은 자신의 소임은 주민과 불교를 보호하는 것일 뿐 왕위에 오르는 것이 아니라는 말을 남기고 메익카야 사원으로 들어가 버렸다. 민찌얀 나웅은 이후 승려로서 생을 마감했다.

왕위는 샨족 관료 중 한 사람이 이어 받았지만 잉와는 더 이상 과거의 영화를 재현하지 못하고 역사 속으로 묻혀가고 있었다.

2. 버고

1350년대 들어 태국의 아유타야[80] 왕국은 미얀마의 뜨닌다리, 몰라먀인, 모뜨마까지 영향력을 행사하고 있었다. 하지만 시간이 지날수록 그 영향력도 줄어갔다. 버고 또한 하부 미얀마를 완전히 장악하고 있지는 못했다. 드웨까지 통치했지만 버고와 이어지는 유기적인 행정 조직은 갖추지 못했다. 이렇게 하부 미얀마는 버고를 중심으로 태국과 경쟁하는 구도로 이어나갔다.

80) 현재 태국의 주종족인 타이족 사람들이 태국에 들어 온 것은 대략 10세기경으로 근거지는 중국 서남부였다. 13세기에 이르러 태국 지역에 두 개의 타이족 왕국이 들어섰다. 하나는 11~12세기경 앙코르를 세우고 태국을 지배했던 크메르 왕국에 반기를 들고 1238년 세워진 수코타이 왕국이다. 수코타이는 '행복한 새벽'이란 뜻이다. 수코타이 왕국은 차오 프라야강 유역을 따라 발전해 갔으며 현재 태국의 국교인 상좌부불교의 정착과 더불어 태국 문자의 발명, 미술, 조각, 건축, 문학 등 태국문화의 근간을 확립했다. 또 다른 하나는 몬족 왕국인 하리뿐자야를 무너뜨리고 1296년 건립한 치앙마이 왕국이다.

1350년 또 다른 타이족 왕국 아유타야가 수코타이 왕국을 점령해 들어갔다. 15세기 초반에 이르러 아유타야는 수코타이를 병합하고 쇠잔해진 크메르 왕국을 완전히 무너뜨렸다. 아유타야는 크메르의 영향에서 벗어나서 아라비아, 인도, 중국, 일본 그리고 유럽세력과의 관계를 촉진시켰다. 미얀마는 아유타야의 가장 강한 경쟁국이었다. 후술하겠지만 1569년 당시 미얀마를 대표하게 되는 따웅우 왕조의 버인나웅왕은 아유타야를 정벌하고 수도를 점령하여 약 15년간 통치했다. 1767년 미얀마 통일왕조 꼰바웅의 신뷰쉰 왕이 또 한 번 아유타야를 정벌하여 아유타야가 역사 속으로 묻히게 했다.

• 라자드릿(1385~1423)

버나우를 이어 왕이 된 라자드릿은 처음부터 강력한 면모를 보였다. 자신은 아따 쿰마(쿤 아따)의 후손이란 점을 내세우며, 과거 아따 쿰마가 인도의 거인을 물리친 곳에서 왕위대관식을 가졌다. 이것을 기념하기 위해 이곳에다 '적을 제압한다.'라는 의미를 담고 있는 얀아웅미엔 파고다를 건립했다.

전술한 바 있듯이 라자드릿이 왕위에 앉는 데는 어려움이 많았다. 삼촌을 비롯해 많은 정적들이 있었기 때문이다. 그 중 대표적인 인물이 먀웅먀의 영주로 있던 삼촌 라욱뱌였다. 앞에서 언급한 대로 라욱뱌는 잉와의 민찌소와에게 라자드릿을 제거해 줄 것을 요청하였고 이것이 잉와와 버고가 치른 40년 전쟁의 발단이 되었다. 국내적으로도 도처에 모반의 가능성이 많아 신경을 곤두세우고 있어야 했다. 그러나 이 모든 곳을 다 평정하고 있을 수는 없었기 때문에 대표적인 한 곳만을 평정하여 모반을 포기하도록 만들기로 했다. 그리하여 가장 위험성이 많았던 버떼인을 치기로 했다. 라자드릿이 버떼인을 칠 것이란 소식이 전해지자 버떼인 영주는 코끼리에 금은 보화를 가득 싣고 수백 명의 추종자를 데리고 라카인의 딴드웨로 도주했다. 라자드릿은 군사령관 뱟자로 하여금 이들을 붙들어 오도록 했다. 뱟자가 딴드웨에 다다랐을 때 성문은 굳게 잠겨 있었다. 뱟자는 '우리는 단지 도망자를 잡으러 왔을 뿐이다. 도망자만 데리고 돌아갈 것이니 성문을 열어 주기 바란다.'고 요구했다. 마침내 성문이 열렸고 성안으로 들어간 뱟자는 도망자들을 모두 생포했다. 도망자들은 '라카인 사람들은 개처럼 빈둥거리고 있을 뿐이다. 이들은 무방비 상태이며 현재 사흘간의 식량밖에 비축해 둔 것이 없다. 따라서 성을 사흘만 포위하면 모두 항복할 것이다. 이는 라자드릿도 좋아할 것이다.'라고 꾀었다. 그러나 뱟자는 일언지하에 거절하고 도망자들을 포박하여 즉각 버고로 되돌아 왔다. 뱟자의 부하 중

한 사람이 라자드릿에게 라카인을 삼킬 수 있는 기회를 뱟자가 포기했다고 말했다. 라자드릿은 뱟자를 불러 내용을 확인했다. '왕이시여, 약속은 생명과도 같이 소중히 생각해야 합니다. 약속을 어기면서까지 그들을 지배하게 되면 그 누구도 복종하지 않을 것입니다.'라고 뱟자가 대답했다. 이 말을 들은 라자드릿은 크게 고개를 끄덕였다.

라자드릿이 예상했던 대로 버떼인의 사태가 해결되자 다른 지역에서의 모반 기미도 거의 사라졌다. 대부분의 정적들도 라자드릿의 품에 안겼다. 라웃뱌 사람으로 끈질기게 라자드릿을 반대하던 왕실대신 데인마니욕도 결국 라자드릿 편으로 돌아섰다. 라자드릿 또한 데인마니욕을 처형할 기회를 보고 있었지만 명령에 절대 복종할 것을 맹세하는 데인마니욕을 용서했다. 데인마니욕은 딴리엔의 영주로 파견되어 변방을 지키는 가장 헌신적인 부하 중의 한 사람이 되었다.

1390년에 이르자 라자드릿의 기상은 최고조에 달했다. 내분거리도 없어져 왕권도 확고해졌을 뿐만 아니라 계속되는 잉와의 공격을 모두 격퇴함으로서 군사력도 자신할 수 있었기 때문이다. 게다가 골치거리였던 라웃뱌를 잡는 일도 성공함으로서 일말의 불안감도 제거되었다. 라자드릿은 확고해진 왕권을 자축하기 위해 슈웨모도 파고다에 제단을 만들고 1000여명의 승려를 초청하여 7일 동안 축제를 벌였다. 용서를 비는 라웃뱌도 풀어주어 여생을 승려로 지낼 수 있도록 배려함으로서 화합의 면모도 보였다.

하지만 이러한 라자드릿도 자신의 권력을 위협할 수 있는 존재는 그 누구도 용서하지 않았다. 언제나 주변을 의심의 눈초리로 살피고 있었던 것이다. 마침내 이러한 의심은 자신의 아들에게 집중되었고 결국 아들을 처형하는 결과를 가져 왔다.

라자드릿에게는 보로짠도라는 용맹한 아들이 하나 있었다. 보로짠도는 어린 시절부터 전쟁놀이를 좋아했으며 무술과 기마술에 남다른 재능을 보여주고 있었다. 그런데 라자드릿은 나날이 발전하는 보로짠도의 무공을 우려하고 있었다. 어느덧 세월이 흘러 보로짠도는 어엿한 성인이 되었다. 하지만 라자드릿은 아들에 대한 경계를 늦추지 않고 있었을 뿐만 아니라 급기야는 보로짠도를 없앨 구실을 찾기에 이르렀다. 마침내 그 기회를 잡았다. 보로짠도가 상아를 예리하게 갈고 있다는 보고를 받았던 것이다. 이것으로 자신을 해할 것이라고 판단한 라자드릿은 부하를 시켜 당장 보로짠도의 목을 베 오라고 명령했다. 명령을 수행하러 간 라자드릿의 부하들은 보로짠도를 죽이기 전 그간의 내용을 전해주었다. 보로짠도는 억울한 마음을 호소했지만 라자드릿의 확고한 의지에 어쩌지 못하고 죽음을 받아들이기로 했다. "나는 단지, 왕자라면 해야 할 훈련을 했을 뿐이다. 나는 결코 아버지를 시해할 생각을 해 본 적이 없다. 하지만 내가 살아 있음으로 해서 아버지가 불안해한다면 기꺼이 칼을 받겠다. 다만 죽음을 준비할 시간을 달라."고 보로짠도는 말했다. 그들은 보로짠도에게 시간을 주었다. 보로짠도는 슈웨모도 파고다에서 사흘 동안 불교경전을 읊조리며 죽음을 맞을 채비를 갖춘 후 "만약 내가 조금이라도 아버지를 해칠 생각이 있었다면 지옥에 떨어지는 벌이라도 기꺼이 받겠습니다. 그리고 다시는 부처님을 볼 수 없어도 좋습니다. 그러나 만약 내가 아버지를 털끝만큼도 해칠 생각을 갖지 않았다는 것을 부처님께서 인정하신다면 다시 태어나 몬족들을 벌하게 해 주소서."라고 기도했다. 그리고는 미리 준비한 극약을 마셨다.

라자드릿은 보로짠도의 시체를 확인했지만 마음을 놓을 수는 없었다. 보로짠도가 남긴 기도문의 내용이 다시 한 번 불안하게 만들었기 때문이다. 결국 앞에서 언급한 대로 잉와 민카웅의 아들 민예쪼소와를 보로짠도의 화신으로 생각하고 코끼리 떼에 밟혀 죽게 했던 것이다.

1422년 잉와의 민카웅왕 마저 죽자 라자드릿은 완전히 긴장이 풀렸다. 이후 경전 읽기와 사냥으로 소일하다 1423년 54세의 나이로 생을 마감한다. 자신이 놓은 코끼리 덫에 심한 부상을 입고서이다. 이런 라자드릿을 미얀마 연대기에서는 다음과 같이 표현하고 있다. '이 사자 왕은 매우 현명하고, 자비로우며, 강력한 왕이었다. 그에게는 어떠한 적들도 상대가 되지 못했다. 그러나 그런 그도 죽음의 왕 앞에서는 무릎을 꿇어야 했다.'

앞서 언급했듯이 라자드릿의 뒤를 아들 버냐담마야자가 왕위를 이었지만 이를 시기한 동생 버냐양(1426~1446)이 당시 잉와 왕이었던 띠하뚜에게 자신의 여동생 쉰소부를 바치고 그 대가로 병력 지원을 받아 버냐담마야자를 내몰고 왕이 되었다. 뒤를 쉰소부의 아들인 버냐와루(1446~1450)(버냐퍼유라고도 불렸다)가 잇고, 뒤를 쉰소부의 조카인 버냐쟌(1450~1453)이 그 뒤를 잇지만 이렇다 할 역사적 업적은 세우지 못했다.

• 쉰소부(1453~1472)

버고는 쉰소부의 귀환으로 새로운 번영의 길로 접어들었다. 미얀마 역사를 통틀어 여성이 왕위를 갖게 된 것은 쉰소부가 처음이자 마지막이다. 앞에서도 언급했지만 쉰소부는 잉와의 띠하뚜에게 시집을 갔었다. 띠하뚜가 죽자 그녀는 버고에 대한 일종의 볼모로 억류생활을 하게 되었다. 뒤의 잉와 왕들은 그녀를 왕비로 맞지도 않았다. 이러한 잉와의 생활이 쉰소부에게는 흡족하지 못했다. 결국 쉰소부가 잉와에 올 때 함께 온 두 명의 몬족 승려와 다시 잉와를 탈출하여 버고로 되돌아 왔다. 잉와군의 맹렬한 추격을 따돌릴 수 있었던 것은 이들 두 승려 덕분이었다. 이들이 마련한 배에 함께 타고 강을 따라 내려 왔는데 승려에 대한 검문이 형식적이었기 때문이다. 버고에 도착한 쉰소부는 왕으로 있던 오빠 버냐양의 따뜻한 환영을 받았다. 쉰소부는 왕실에 머물면서 권력의 주도권을 쥐는 비범함을 보였다. 버냐양의 뒤를 자신의 아들인 버냐와루를 앉혔고, 그 뒤를 자신의 조카인 버냐쟌에게 잠깐 맡겼다가 1453년에 자신이 직접 버고의 여왕으로 등극했다.

이렇게 왕좌를 차지한 쉰소부는 버고를 무역항구로 키우고자 했다. 따라서 주변국과 전쟁을 하기보다는 무역을 늘려 국부를 증대시키고자 했던 것이다. 하부 미얀마에서 버고와 경쟁관계에 있던 아유타야는 내란으로 치닫고 있었다. 치앙마이가 수코타이 잔존 세력과 연합하여 아유타야를 빈번히 침공하고 있었기 때문이다. 따라서 당시 동남아와 버고의 무역거점이었던 모뜨마를 아유타야가 다시 장악할 엄두를 못 내고 있었다. 이런 시기를 틈 타 버고는 모뜨마를 활용하면서 버고를 새로운 무역항구로 키울 수가 있었다. 비록 버고강의 잔모래가 바다로 계속 밀려들어 해면이 얕아지고 있기는 했지만 버고는 여전히 바다에 가장 가까운 지역에 놓여 있었다. 그리고 항구 버떼인과 다곤 아래에 있는 딴리엔을 새로 개발하면서 이 도시들이 국제적 항구역할을 준비하게 하였다.

비록 유럽의 이목을 집중시키지는 못하고 있었으나 이렇게 버고는 동남아의 무역 중심지 역할을 했던 멀라카와 무역을 증진시켜 루비, 금 등 미얀마의 풍부한 생산물들을 수출했다. 이렇게 하여 버고의 국민들은 이전에 볼 수 없었던 번영의 길로 접어들었다. 쉰소부가 100미터나 되는 슈웨디공 파고다 전체를 금으로 새로 옷을 입힌 것만 보아도 당시의 버고 왕국의 부가 어느 정도였는지 짐작할 수 있다.

잉와와는 평화정책을 펴 불교의 교류를 통해 혼탁해진 잉와의 불교를 정화시키고자 노력하는 한편 버고를 미얀마 불교의 중심지로 키우고자 했다. 스리랑카와도 불교 왕래를 적극 장려했다.

쉰소부는 자신과 함께 잉와를 빠져나왔던 두 승려를 가까이 했다. 내연의 남자들이 아닌가 하는 소문이 퍼질 정도로. 하지만 이러한 소문이 쉰소부의 업적을 끌어내릴 수는 없었다.

이제 세월이 흘러 쉰소부의 나이도 어느덧 70이 되었고, 후계자를 정할 시점이 되었다. 그러나 그녀에게는 왕위를 넘겨줄 아들이 없었다. 쉰소부는 자신과 늘 함께 있던 두 명의 승려 즉 담마제디와 담마발라 중 한 명을 택해야겠다고 생각했다. 그러나 이 두 사람은 비슷한 경륜과 학식과 덕망을 갖추고 있었던 지라 누구를 선택해야 할지를 몰랐다. 그래서 다음과 같은 방법으로 한 명을 선택했다. 두 명의 승려 앞에 놓인 공양그릇 중 하나의 바닥에 왕의 상징인 흰 우산, 들소(야크) 꼬리, 왕관, 왕검 등의 모형을 넣었고, 이것을 선택하는 자를 왕으로 지명하기로 했다. 모형이 든 그릇을 잡은 이가 담마제디였다. 담마제디는 즉각 환속하여 쉰소부의 딸과 결혼을 한 다음 왕위를 물려받았다. 그러나 신하들은 담마제디가 왕이 될 자격이 없다는 이유로 이를 반대하고 나섰다. 그러자 여왕은 다리 난간의 나무를 하나 뽑아 정성껏 부처상을 만들어 이들 신하들에게 보여 주었다.

"이것의 원래 모습은 매일같이 여러분의 발에 밟힌 평범한 나무에 지나지 않았다. 그러나 정성껏 다듬어진 후에는 이제 더 이상 나무가 아니라 부처상이 된 것이다. 이제 와서 이것이 나무라 하여 경배 대신 다시 짓밟을 것인가?"라 하여 반대자들의 말을 일축했다.

쉰소부의 나머지 삶은 슈웨디공에서 대부분을 소일했다. 슈웨디공 파고다는 그동안 이어진 왕들에 의해 점점 더 웅장해져 갔다. 쉰소부는 한 발 더 나아가 현재 양곤에 있는 슈웨디공의 모습으로 크게 증대시켰다.

그녀의 나이 78세가 되었을 때 수명이 다했음을 감지한 쉰소부는 반짝거리는 슈웨디공의 첨단을 바라볼 수 있는 위치로 침실을 옮기게 한 다음 이를 바라보면서 숨을 거두었다. 왕의 딸, 왕의 아내, 왕의 여동생이자 왕의 어머니, 왕의 고모였다가 마침내 자신이 왕이 된 한 여인의 마지막은 이렇게 끝이 났다.

• 담마제디(1472~1492)

담마제디는 승려 출신답게 종교의 발전에 힘을 쏟았다. 버간의 짠싯따가 했던 것처럼 상좌부불교의 부흥을 위해 부다가야에 사절단을 파견하여 불교의 원형을 다시 되새기게 하였으며, 1475년에는 스리랑카에 22명의 승려사절단을 파견하여 스리랑카 불교도 공부하여 돌아오게 했다. 이를 통해 그동안 혼탁해졌던 미얀마 불교의 정화효과도 거두었다.

담마제디는 관습법을 하나로 묶어 담마제디 관습법을 펴내기도 했다. 그는 몬과 버마라는 구별을 없애고 모두 다 부처를 추종하는 동지이자 버간의 영광을 잇는 한 자손임을 국민들에게 강조했다. 또한 부다고사[81]라는 승려를 시켜 와리루 법전을 미얀마어로 번역하여 잉와의 사람들도 읽을 수 있도록 한 것도 이러한 의도에서 나온 것이다.

담마제디는 자신과 쉰소부 여왕을 합친 몸무게의 네 배가 되는 금을 슈웨디공에 바쳤다. 버고에 슈웨구지와 짜익뽕 파고다를 건립하였으며, 슈웨모도의 서쪽에 새로운 도시를 건설하여 그 곳에 새로운 왕궁과 코끼리 우리를 만들었다. 그의 통치기의 석조 건축술은 탁월하였을 뿐만 아니라 옛 도시와 신도시 사이에 세워진 사원들은 후세인들의 감탄을 자아낼 만큼 거대한 것들이었다. 말할 것도 없이 이 시기는 종교의 부흥기였고 건축기술이 있는 사람들은 서로가 더욱 멋있는 건축물을 만들기 위해 경합을 벌일 정도였다.

---

81) 5세기의 주석자 부다고사와 동명이인.

3. 잉와와 버고의 생활 전반

버고는 라자드릿이 죽은 1423년부터 왕조가 끝난 1539년까지 100년 이상 평화를 누렸다. 1505년의 한 유럽 여행객이 버고를 묘사하기를 '왕은 매우 온후해서 아이조차도 그에게 말을 붙일 수 있을 정도였다. 그리고 왕이 걸치고 있는 옷에는 대단히 진귀한 보석들로 수놓아져 있어 밤에도 빛을 발할 정도였다.'고 술회하고 있다.

이 시기는 비록 전쟁과 폭동으로 점철되었지만 미얀마 역사에서는 하나의 낭만적인 시기이기도 했다. 왕과 귀족들은 많은 여자를 아내로 맞을 수 있었으며 여자들 또한 내연의 남자를 두는 경우가 많았다. 이를테면 드도민바의 샨족 왕비가 내연의 남자였던 도적 출신 응아뗏뱌를 왕위에 옹립코자 했던 일, 민카웅의 총애를 받았던 샨족 출신의 왕비 신보메이가 킹메이커 구실을 하여 이어지는 다섯 왕의 아내가 되기도 했던 경우가 그 좋은 예이다. 생명을 다투는 전쟁터에 나가는 왕과 장군들은 자신들의 아내를 데리고 다녔는데 후퇴를 할 때면 이들이 마차 안에서 떨어져 나뒹굴기도 하고 적의 손에 넘어가 적군의 아내가 되기도 하는 일이 비일비재했다.

하지만 전쟁이 장기화되면 협상을 하든지 아니면 일대일 대결로 결정짓는 경우도 많았다. 창, 칼, 활을 가지고 달리는 마상에서 혹은 코끼리를 타고 하는 승부 등이 있었다. 하지만 왕은 왕과, 왕자는 왕자와, 귀족은 귀족과, 장군은 장군과, 병사는 병사와 대결하는 것이 통례였고 계급이 다른 사람과의 결투는 거의 벌이지 않았다. 그리고 전쟁을 하다가도 몬순이 다가왔을 때는 양 측 모두 싸움을 멈추고 자신들이 경작하는 토지로 되돌아가는 것이 거의 일반적이었다. 그리고 적임에도 불구하고 상호간에 용맹스런 지도자를 추앙하는 것을 아끼지 않았다. 이를테면 민카웅이 죽었다는 소식을 들은 라자드릿은 통곡하며 "나의 형제이자, 나의 적이며, 나의 경쟁자이자, 나의 동료이기도 한 .... 이제 나의 삶도 무의미할 것이오."라는 말을 남겼을 정도다.

문학은 비록 주제가 단순하고 허무맹랑한 소재가 대부분이었지만 미얀마 문학의 황금기이기도 했다. 샨 형제 중의 띠하뚜는 미얀마어의 찬양자이자 버간식의 생활 양식을 존중하였을 뿐만 아니라 무엇보다도 자신이 버간을 잇는 왕이란 것에 대한 자부심이 대단하여 왕국 곳곳에 미얀마의 전통을 심어 놓았다. 문헌을 보면 버간 시대의 언어는 지루한 산문체이자 척박한 언어 형태를 보였다면 잉와 시대의 언어는 부드럽고 우아하며 운문체를 즐겨 썼다고 한다.

버간 시기에는 벽돌에 주로 글을 새겨 넣었던 것에 비해 이 시기에 와서는 야자수 잎에 쉽게 글을 새겨 넣는 풍조가 생겨 일상 언어로 된 문학이 풍성해졌다. 민카웅 시기에는 특히 시가 유행했다. 종교적인 주제를 다룬 시들 외에도 두 가지의 다른 형태의 시가 유행했는데, 그 중 하나가 왕실의 생활을 주로 노래했던 운문 형식의 시, 자장가가 있다. 그리고 다른 하나는 전쟁의 영광 및 고통을 담은 진군가의 형태를 띤 서사시였다. 종교시에는 두 명의 유명한 승려가 있었는데, 신 마하띠라윈따와 신 마하라따뜨라가 있다. 이 둘은 빨리어의 대가임에도 불구하고 미얀마어로 글을 즐겨 썼던 사람들이다. 앞의 승려는 순수한 시골 태생으로 시골 사원에서 자신의 글체를 익힌 사람이고 후자의 승려는 귀족의 가문에서 태어나 궁전의 글체를 익힌 사람이다. 그러나 무엇보다도 잉와의 문학이 풍성할 수 있었던 것은 잉와의 왕들이 작가들을 후하게 대접해 주었기 때문이다. 당시에는 궁내에 여류시인도 있었다.

음주의 금지는 16세기 중엽 따웅우 왕조의 버인나웅 통치기까지 일반화되지 않았다. 버간 이후의 많은 문헌들에서는 술을 담그기 위한 목적으로 재배되는 과수원들이 즐비했다고 기록되어 있고, 실제로 승려들 사이에서도 발효된 음료를 마시기도 했다. 특히 술을 즐기기로 유명한 마하기리낫 축제에는 버간시기부터 왕들까지 참여하여 술을 마시는 관습이 이어지고 있었다.

4. 서구의 발견

로마제국 하에서 빈번했던 동서양의 교류는 455년 게르만 민족의 대이동으로 유럽에 커다란 변화를 일으키면서 주춤해졌다. 그 후 유럽은 수세기를 지나면서 교회, 주교 그리고 왕들의 노력으로 게르만인들에게 문화를 주입시키고 교육시켜 혼돈으로부터 새로운 질서를 정착시킴과 동시에 공업, 도시, 중산층을 탄생시키고, 안정화된 정부는 다시 한 번 국민적 에너지를 진보의 장으로 나아가게 길을 터 주었다. 이러한 진보의 장 중에 하나가 외부 세계로 진출하는 것이었다. 이 때 이들이 발견한 것 중 가장 획기적 상품이 바로 동양의 향료였던 것이다.

초기 유럽의 농업은 아주 기초적인 농법이 일반화되어 있었던 시기로 종류에 관계없이 맛이 단조롭기 그지없었다. 이러한 시기에 동양의 향료를 발견하였던 것이다. 유럽인들은 향료를 홍해를 거쳐 이집트로, 혹은 페르시아만을 경유해 바스라와 그 위의 콘스탄티노플을 통하여 운반해 갔다. 하지만 손을 거칠 때마다, 국경을 넘을 때마다 가격은 높아졌다. 투르크족이 1453년 콘스탄티노플을 점령하자 잠시 상황이 악화된 것을 제외하고는 유럽인들의 해외 개척에 대한 이상주의는 더욱 고조되었다. 이제 유럽 정부들은 중개인을 거치지 않고 직접 인도와 교역할 수 있는 길을 개척하는데 투자하기 시작했다.

이런 유럽의 세력이 동남아로 눈을 돌릴 초기에는 미얀마는 유럽 상인들의 시선을 거의 끌지 못했다. 왜냐하면 무역로에서 좀 떨어져 있을 뿐만 아니라 미얀마의 상품들은 멀라카에서 대부분 구입할 수 있었고, 당시 미얀마는 향료 또한 거의 생산하지 않았으며 수공예품들도 일본이나 중국에서 생산되는 것이 훨씬 정교했기 때문이다. 따라서 상인은 일부에 지나지 않았고 주로 탐험가, 기독교 선교사들이 주류를 차지하였다. 사실 13세기 베니스(Venice) 출신의 탐험가 마르코 폴로(Marco Polo)가 미얀마에 관해 묘사했지만 그가 직접 내왕해 본 것을 묘사한 것으로는 보이지 않는다. 그는 버간의 파고다가 금과 은으로 입혀져 있다고 묘사하고 있는데, 실제로는 은으로 된 것은 없기 때문이다. 아마도 버간을 멸망시킨 몽고군이 되돌아와 쿠빌라이 궁전에 머물던 마르코 폴로에게 버간의 모습을 묘사했던 것을 옮기는 과정에서 이런 실수를 저질렀다고 보여 진다.

그러나 1435년 베니스의 상인이자 여행객인 니꼴로 디 꼰티가 무역의 가능성을 타진하기 위해 잉와, 버고, 라카인에 들어왔던 것이 역사상 최초의 유럽 방문객이 되는 동시에 미얀마가 서구를 비롯한 외부 세계에 본격적으로 알려지는 계기가 되었다. 이 사람은 일부일처제, 문신, 승려, 야자수책, 들소꼬리 부채, 루비, 금은보화를 실은 흰 코끼리 등이 미얀마의 인상 깊은 장면들로 묘사해 놓았다. 이후 멀라카를 중심으로 유럽, 인도, 중국의 무역이 활성화되면서 미얀마를 방문하는 유럽인들도 점점 늘어나게 되었다. 1470년 극동 지방을 여행하다 미얀마를 들른 러시아인 니티킨은 버고를 '가볍게 볼 수 없는 항구이며 인도에서 많은 사람들이 이주하여 살고 있는 곳'이라고 묘사할 정도로 미얀마는 서서히 유럽인들의 시선이 집중되어 갔다. 또 다른 베니스 사람 디 바떼마(di Vartema)가 미얀마에 들어왔고, 1496년 베니스 출신의 제노아의 상인 상또 스테파노(Santo Stefano)가 버고에 와서 왕에게 무기를 팔고 18개월을 기다린 후 받은 그 대금으로 루비를 사 가는 정도가 되었다.

유럽인들에 의해 본격적으로 항로가 개발되면서는 포르투갈인들이 최초의 대규모 동남아 방문객이 된다. 포르투갈인들은 인도와 동남아를 거쳐 중국에까지 들어갔다. 이 때의 가장 중요한 정박지는 멀라카로서 세계에서 가장 큰 향료무역의 거점이었다. 일본, 중국, 인도차이나뿐만 아니라 자바, 수마트라 그리고 남지나해의 수천 개의 섬들도 무역을 위해 자주 드나들던 곳이 되었다. 포르투갈을 이어 네덜란드 등 다른 유럽인들이 향료, 향수, 비단, 보석 등을 얻기 위해 다투어 동남아로 들이닥치기 시작했다. 이렇게 하여 동남아의 무역은 이전에는 상상도 하지 못할 만큼 급속히 증대되었다. 포르투갈은 이태리 상인과 동남아의 무슬림 상인을 대체하며 로마카톨릭을 동남아에 소개하는 역할도 수행했다. 점점 더 세력이 커진 포르투갈은 1510년에 인도 서부 해안 지역 고아를 점령하여 이 곳에 동남아의 전진 기지를 구축했다. 1511년 멀라카까지 점령한 포르투갈은 이전의 이슬람 상인을 대신하여 동남아 국가들이 자신들과 새로운 무역관계를 열어나갈 것을 호소했다. 이 일환으로 포르투갈의 총사령관 돈 알폰세 드 알부퀘얼퀴는 대리인을 아유타야와 버고에 보내 협조를 요청했다.

마침내 1519년에 이르러 포르투갈에 의해 모뜨마에 무역거점이 마련되었다. 말라카에 이르는 해로 가까이에 현재의 모뜨마와 뜨닌다리가 노출되어 있었다. 이 지역은 바다가 거센 것을 제외하면 아유타야에 빨리 도달할 수 있는 경유지이기도 했다. 게다가 모뜨마는 미얀마의 생산물이 딴르윈강과 에야와디강을 따라 내려와 최후에 집결되는 장소이기도 했다. 모뜨마와 뜨닌다리에는 포르투갈인들이 들어와 유럽의 섬유, 벨벳을 수입했고, 루비, 칠보, 왁스, 상아, 납, 버고 항아리와 뜨닌다리의 수림 지대에서 재배되던 후추 등을 수출했다. 이 후 15년간 버고의 무역은 엄청난 증가를 했고 막대한 부를 축적할 수 있었다. 뜨닌다리에는 1641년까지 포르투갈인들의 이주가 계속 이어지고 있었다. 또한 포르투갈인들은 보르네오로부터 장뇌와 중국의 자기를 들여오기도 했다. 이러한 모든 것들이 거래되던 무역항으로 바로 모뜨마 항구가 사용되었던 것이다. 즉 멀라카-뜨닌다리-모뜨마-버고-뱅갈로 무역물품이 연결되고 있었던 것이다. 하지만 뜨닌다리의 지배권은 1765년 미얀마가 되찾기까지 여전히 아유타야가 행사하고 있었다. 그러나 1800년대에 이르러 항해술의 발달로 뜨닌다리가 중개지로서 역할이 감소되고 주변에 해적이 판치게 되면서 뜨닌다리는 잠자는 도시로 변해갔다.

이처럼 버고가 무역에 몰두하는 틈을 타 따웅우는 군사력을 증대시키며 미얀마를 움직이는 새로운 세력으로 부상할 기틀을 마련하고 있었다. 게다가 버고와 협조적이었던 포르투갈인들도 해외 식민지를 오래도록 지속시키지 못했다. 식민지 개척자들이 조직화되지 못한 것과 식민지 주민의 숫자가 100만 정도의 아주 적은 규모였기 때문이다. 그러나 무엇보다도 포르투갈 본국의 힘이 약화된 것이 가장 큰 원인이었다. 따라서 이제 해외 식민지 개척의 주도권은 북서 유럽지역 특히 영국으로 넘어간다. 육지의 끝 부분에 위치한 섬나라인 영국은 새로운 항로의 출발점이자 지구의 중심부 역할을 했다. 영국은 막강한 해군력으로 프랑스 같은 대륙부 유럽국가들이 바다로 진출할 기회를 차단했다. 이렇게 하여 신대륙 발견의 초기 유럽의 문명이 지중해 중심에서 대서양으로 그 축이 바뀌어갔다.

제 6 장

따웅우와 라카인

1. 따웅우 왕조

1280년에 두 명의 버마족 형제가 따웅우 산맥 사이에 방벽을 만들어 마을을 조성한 것이 따웅우 왕국의 토대가 되었다. 이후 1309년 세 명의 샨 형제 중 막내인 띠하뚜가 왕위에 오르자 이를 인정하지 않는 몇몇 왕실 대신과 장군들은 따웅우로 이주해 왔고, 버간의 왕권이 약해진 틈을 타 북부 모샨의 공격과 횡포를 피해 이곳으로 대거 이주해 왔다. 이들은 버고 위에 있었던 따웅우에 정착했다. 그리고 띠하뚜가 죽자 스가잉과 삔야가 대립하는 틈을 타 많은 수의 버마족들이 또 한 차례 이 곳으로 이주해 들어왔다. 이렇게 하여 따웅우는 점점 더 큰 도시로 변모해 갔다. 따웅우는 험준한 버고 산맥의 한 가운데에 있어 동북부의 샨족들뿐만 아니라 중앙 평원과의 접촉을 최소화할 수 있는 곳으로서 전쟁의 위협을 피할 수 있는 최적지였다. 게다가 따웅우가 위치했던 지역은 척박한 토질로 인해 농사를 짓기에는 부적합했다. 지하자원도 많지 않았을 뿐만 아니라 에야와디강은 물론이고 바다와도 멀리 떨어져 있었다. 이것이 주변국들의 관심에서 벗어날 수 있게 한 원인이 되기도 했다. 그러나 시간이 흐르면서 잉와를 세운

드도민뱌의 야망에 이러한 따웅우도 더 이상 평화롭게만 지낼 수가 없었다. 강력한 통일국가 달성이란 기치를 내건 드도민뱌의 입장에서는 거대한 도시가 되어 있는 따웅우를 복속시키는 것이 급선무였다. 드도민뱌는 따웅우를 수차례 공격하여 마침내 따웅우를 복속시켰다. 이후 1500년대 모샨의 공격으로 잉와가 더 이상 왕국의 면모를 유지할 수 없게 될 때까지 잉와의 영향권 하에서 지냈다.

이처럼 따웅우는 잉와나 버고같이 이전 왕국의 전통을 성장의 발판으로 마련한 것이 아니라 거의 자력으로 성장할 수밖에 없었다. 비록 왕국의 형태를 갖고 있었다 해도 거의 200년 가까이 통일되지 못하고 28개의 작은 부락으로 나뉘어 있었으며, 샨족의 소브와처럼 각 부락의 촌장이 각각의 부락을 지배하며 지내 왔다. 따라서 부락간의 갈등과 반목도 비일비재했다. 이렇다 보니 따웅우의 왕이라 하더라도 외부의 적을 맞아 일사분란하게 전쟁을 수행할 수가 없었고, 전쟁보다는 잉와, 버고, 태국 등 주변 주도권 국가에게 복종하여 평화를 보장받는 정책으로 일관할 수밖에 없었다. 그러나 멸망한 버간의 미얀마인들에게는 따웅우가 이들의 도피지로서 뿐만 아니라 장래의 새로운 통일국가를 세울 수 있는 여건을 준비할 수 있는 지역으로 안성맞춤이었다.

• 민찌뇨(1485~1530)

민찌뇨는 대단한 무사적 자질을 가지고 있었다. 한 번은 그가 따웅우 남동쪽 40마일 지점에 있는 짜웅파를 접수하면서 이 지역 영주와 싸운 적이 있었다. 민찌뇨는 코끼리 등에 앉아 있는 이 영주를 껑충 뛰어 한 칼에 베어 버린 적도 있다. 이렇게 용맹스러운 민찌뇨는 쇠락한 잉와의 왕 슈웨난쪼신으로부터 공주와 함께 당시 중부 미얀마 관계수의 중요한 공급지였던 짜욱세를 접수하면서 통일국가의 초석을 다진다. 계속해서 잉와로부터 야메띤, 따웅뇨, 빠가웅(찌다웅간), 슈웨뵤, 낀따 등 주요 지역들을 따웅우에 편입시켰고, 이곳의 주민들을 따웅우 근처로 이주시켜 살도록 했다. 1510년 민찌뇨는 따웅우에 께두머띠라는 새로운 도시를 건설하여 성벽을 만들고 성안에는 거대한 인공호수를 조성하여 주민들의 식생활에 불편함이 없도록 했다. 그리고 새로운 농토와 과수원을 개간하여 주민들이 자급자족할 수 있도록 했다. 그리고 1527년에는 모샨족이 따웅우로 들어오는 것을 막기 위해 통행로를 차단하고 우물 등의 식수를 못쓰게 만들어버리기도 했다. 하지만 스가잉, 메익틸라 등의 지역에서 모샨족을 피해 들어오는 이주민들은 모두 받아들였다. 이렇게 인구도 불어 따웅우는 큰 국가가 되어가고 있었다. 이제 버고 뿐만 아니라 치앙마이도 민찌뇨를 한 왕국의 지배자로 인정해 주었으며, 꺼인족은 민찌뇨에게 조공을 보내어 충성을 확약하기도 했다.

그러나 통일왕국의 초석을 다진 민찌뇨는 다시 태어나는 거대한 미얀마를 눈앞에 둔 채 72세의 나이로 죽음을 맞이했다. 14살 된 아들을 남겨둔 채.

• 뜨빈슈웨티(1530~1550)

뜨빈슈웨티는 '금으로 된 단단한 우산'이란 뜻을 가지고 있다. 이 이름은 아버지 민찌뇨가 붙여 준 것으로 뜨빈슈웨티의 탄생과 관련 된 한 일화가 있다. 태어난 시각이 한 밤중이었는데도 창과 검이 번쩍거려 잉와의 민예쪼소와와 같은 용맹한 지배자가 될 것으로 믿고 이러한 이름을 붙였다 한다.

뜨빈슈웨티는 모샨족의 이주가 수그러들자 국가전역을 통일시키기 위해 노력했다. 우선 담마제디 이후 분열의 길로 들어선 버고를 평정하고자 했다. 잉와의 샨족들로부터의 공격에 대해서는 그렇게 우려하지 않아도 되었다. 왜냐하면 잉와는 이미 분열되어 더 이상 조직적이고 일사불란한 공격을 해 오기에는 역부족이었기 때문이다. 따라서 국토 전역을 통해 볼 때 당시 버고의 영향권 하에 있었던 하부 미얀마의 기름진 땅을 확보하는 것이 급선무였던 것이다. 게다가 여전히 무역거점으로서의 대력과 식민 개척 세력이 약화된 포르투갈 잔류병들이 들어와 일을 찾고 있던 곳으로 많은 자본과 군사력을 확보할 수 있는 곳이기도 했다. 뜨빈슈웨티는 우선 버떼인 등 버고의 주요 항구들을 점령하여 많은 자금을 확보했다. 당시 동남아와 유럽의 물품이 교역되고 있던 버떼인을 수중에 넣은 것이 가장 큰 수확이었다. 이 자금 중 많은 부분은 포르투갈 무기와 용병을 부리는 데 사용했다. 포르투갈인들을 용병으로 고용하여 군사력을 강화시켰으며, 이 용병 수는 한 때 700여명을 헤아릴 정도가 되었다. 이들은 해적이나 다름없었지만 본국의 지원이 끊어진 마당에 대가를 받는 한에 있어서는 최선을 다해 일을 수행했다. 이들이 뜨빈슈웨티로부터 환영을 받을 수 있었던 가장 큰 이유는 자신들이 가지고 있는 총포류 때문이었다. 당시 미얀마에서는 이러한 무기는 생소한 것이었다. 이러한 좋은 조건을 갖춘 뜨빈슈웨티는 버고를 쳐들어갔다. 그러나 1534년의 공격은 몬순으로 후퇴하고 말았고, 1535, 1536년 두 차례의 공격도 버고를 점령하는 데는 실패하고 말았다. 버고를 점령하기에는 아직 일렀다.

한편 잉와와 버고가 대결하는 틈을 타 자생력을 키운 삐는 잉와로부터 독립하여 더 이상 잉와의 영향권 하에 있지 않았다. 하지만 삐의 지배자는 버마와 샨족의 혼혈아였지만 버고의 왕과 처남 매부 관계를 유지함으로서 동맹관계를 유지하고 있었다. 그리하여 뜨빈슈웨티는 삐의 군사력이 외부로 팽창되는 것을 막기 위해 삐의 후방지역을 공격해야 하는 부담도 있었다.

뜨빈슈웨티는 군사력을 재정비했다. 그리고 버고를 재침하기 전에 버고군의 전열을 분산시키기 위해 묘책을 강구했다. 좀 비열한 방법이지만. 당시의 버고 왕 뜨쉰드가윳삐는 담마제디의 손자였음에도 담마제디와는 달리 의심 많고 소심한 성격의 소유자였다. 특히 그는 어렸을 때 자신의 개인 교사이자 왕실의 가장 유능한 장군이었던 두 사람을 항상 의심하며 경계하고 있었다. 뜨빈슈웨티는 이것을 이용한 것이다. 즉 뜨빈슈웨티는 사람을 시켜 자신의 특사인 것처럼 가장하여 이들 버고의 장군 앞으로 거짓 편지를 보냈다. 편지에는 "당신들의 훌륭한 계략에 깊이 감사하며 (버고를) 점령한 후 후사하겠음."이란 내용이 담겨 있었다. 이 편지를 소지한 특사는 고의로 버고군에 붙잡혔다. 편지를 뜯어본 뜨쉰드가윳삐는 당사자 신하 둘을 소환하여 단번에 처형시켜 버렸다. 이렇게 군대를 지휘할 유능한 장군이 제거된 틈을 타서 뜨빈슈웨티는 1538년 버고를 침공했다. 뜨쉰드가윳삐는 제대로 싸워보지 못하고 삐로 도주했다. 뜨쉰드가윳삐는 이후 마우빈 지역의 잉가부에서 울타리를 치고 살았다. 그러다 다음 해 코끼리 사냥을 나갔다가 죽어 버렸다. 지금까지도 이 곳의 어부들은 죽은 그를 뽀윳삐낫으로 제를 지내주고 있다.

마침내 1541년 뜨빈슈웨티는 버고를 합병했다. 버고가 따웅우에게 합병된 후 버고의 잔병들은 모뜨마로 도주했고 뜨빈슈웨티는 이들을 추격하는 한편 버고의 동맹국 삐를 진격해 들어갔다. 삐는 버고 잔병과 연합해 뜨빈슈웨티의 공격에 대항했다. 비록 버고-삐 연합군은 따웅우에 비해 수도 많고 군사력면에서도 포르투갈의 용병과 무기를 더 많이 갖추고 있어 우세했지만 따웅우의 상승세에는 어쩔 도리가 없었다. 뜨빈슈웨티는 자신의 군대가 전쟁을 유리하게 이끄는 것에 안심하고 버고로 되돌아 왔다. 하지만 삐의 완전한 정복은 미완성으로 남겨진 채였다.

버고로 되돌아 온 뜨빈슈웨티는 왕위대관식을 거행하여 버고를 포함한 하부 미얀마의 지배자가 되었음을 선언했다. 종족에 관계없이 자신에게 복속하고 충성을 맹세하는 사람들에게는 이전에 적이었다 하더라도 사면해주었을 뿐만 아니라 관료로도 중용했다. 심지어 궁내에서 조차 몬족 전통복장을 할 수 있도록 허락했다. 이는 버간의 아노야타, 짠싯따 등 위대한 왕이 그랬던 것처럼 타 종족 것이라 하더라도 문화적으로 우세한 점에 대해서는 인정하고 미얀마화하고자 했던 일환으로 보여진다.

한편 뜨빈슈웨티가 삐에서의 전쟁을 유리하게 전개하고 있었을 때 샨족 중의 몇몇 소브와는 수하의 군대를 동원하여 버고를 돕기 위해 남하해 왔다. 그러나 이들이 도착했을 때는 뜨쉰드가웃삐는 이미 죽고 난 후였고 버고의 지휘체계마저 흐트러져 있어 구원에 어려움이 따랐다. 게다가 삐는 아직 따웅우에 버티고 있었지만 뜨빈슈웨티의 대 몬족 유화정책에 동의한 몇몇 장군들은 뜨빈슈웨티에게로 떠나가는 상태였다. 마침내 소브와들은 다시 퇴각하고 말았다.

뜨빈슈웨티는 점령 지역 즉 버고와 버고에 부속된 지역들을 평화적으로 다스리고자 했다. 그러나 죽은 뜨쉰드가웃삐는와 처남 매부 관계였던 모뜨마의 영주는 따웅우에 복속하지 않고 도리어 모뜨마를 버고에서 분리하여 독립국 모뜨마의 왕이 되었음을 선언했다. 그리고 뜨빈슈웨티의 공격에 대비했다. 당시 모뜨마의 군대는 포르투갈의 무기로 무장하여 비교적 강력한 군대를 보유하고 있었다. 뜨빈슈웨티는 이러한 모뜨마를 공격해 들어갔다. 예상했던 대로 모뜨마는 총포를 발사하며 끈질기게 대항했다. 전쟁이 장기화됨에 따라 모뜨마 성내의 식량과 총알들이 바닥날 지경에 이르렀다. 개전 7개월이 되었을 때 모뜨마 영주는 뜨빈슈웨티에게 협상을 타진했다. 협상의 조건으로 매년 50톤에 달하는 은을 포함한 조공을 바치겠다는 것과 대신 자신을 모뜨마의 영주로 있게 해 달라는 것이었다. 하지만 뜨빈슈웨티는 일언지하에 이를 거절하고 무조건 항복을 요구했다. 그러자 이번에는 모든 것을 포기할테니 자신의 가족과 재산을 가지고 다른 곳으로 망명하게 해 줄 것을 요구해 왔다. 뜨빈슈웨티는 이것도 거절했다. 이렇게 되자 모뜨마 영주는 고아에 있던 포르투갈 총독에게 구원을 요청했다. 자신을 보호해 주면 재산 중 반을 주고 스스로는 포르투갈 군대에 들겠다고 제안했다. 당시 모뜨마 영주가 갖고 있는 금은 보화는 대략 네 대의 배에 가득 실릴 정도로 많은 양이었다. 하지만 당시 포르투갈의 아비스 왕조는 쇠퇴의 길로 치닫고 있었고 본국은 스페인에 위협받고 있는 상황이라 고아의 포르투갈 총독은 사면초가의 상태였다. 따라서 모뜨마 영주의 제안을 받아들일 수 있는 형편이 되지 못했다.

1541년 뜨빈슈웨티는 마지막 총공격을 가해 모뜨마를 함락시키고 영주를 붙들어 그의 가족과 함께 처형시켜 버렸다. 이러한 뜨빈슈웨티의 무시무시함에 놀란 이웃 몰라먀인의 몬족 영주도 뜨빈슈웨티에게 투항하고 말았다.

이제 버고의 속령 중 뻬만 유일하게 따응우에 버티고 있었다. 1542년 뜨빈슈웨티는 다시 수륙 양육으로 뻬를 공격해 들어갔다. 뻬의 영주는 최후의 방책으로 자신의 누이를 라카인의 왕에게 바치면서 구원을 요청했다. 당시 라카인도 포르투갈의 무기를 갖춘 강력한 병력을 보유하고 있었다. 라카인 왕은 흔쾌히 뻬 영주의 부탁을 수락하여 구원병을 보내주었다. 하지만 라카인 군대도 뜨빈슈웨티에게는 적수가 되지 못했다. 육군을 뻬의 배후에서, 해군은 버떼인에서 격퇴시킨 뜨빈슈웨티는 마침내 뻬의 영주를 처형하고 뻬를 완전히 장악했다.

이제 뜨빈슈웨티는 버인나웅에게 잉와의 잔존 세력을 평정하도록 명령했다. 버고를 도우러 떠났던 샨족 소브와들은 잉와로 되돌아와 전열을 가다듬고 있었다. 이들은 버인나웅의 군대가 잉와로 들어오는 것을 피하여 역공을 하기 위해 에야와디강쪽으로 진격해 내려 왔다. 에야와디강 하부에

진을 치고 있던 뜨빈슈웨티의 군대는 포를 쏘아 이들의 전열을 흐트린 다음 모두 제압했다.

뜨빈슈웨티는 1544년 상부 미얀마의 민부와 머간을 차례로 접수함으로서 상부도 손아귀에 움켜쥐었다. 이제 버고에서 했던 것처럼 머간에서도 왕위대관식을 치러 상부 미얀마의 지배자가 되었음을 선언했다. 1546년에는 몬족 의식과 버마 의식 양쪽으로 미얀마 전체의 왕이 되는 의식을 치렀다. 그리고 몬족 여성을 왕비로 삼고 자신의 머리 모양도 몬족 형태로 바꾸었다. 이렇게 몬인들을 왕궁 관료, 지방관, 군대의 고위직에 임명하여 몬족을 계속 우대했다.

모뜨마는 그 동안의 계속된 전쟁으로 극심한 혼란상을 드러내고 있었다. 이 와중에 포르투갈인들이 지배권을 행사하고 있었다. 그러나 이들은 단지 몇 척의 소형 배만 가지고 있었을 뿐 그다지 큰 힘은 없었다. 뜨빈슈웨티는 군대를 보내어 이들을 몰아내고 정정을 안정화 시켰다

이제 뜨빈슈웨티는 장래의 위협거리로 남아 있는 라카인을 공략하기로 했다. 당시 라카인에서는 민빈이 새로 왕위에 오르게 되었는데 이를 시기한 선왕 형제 중 한 사람이 뜨빈슈웨티를 끌어 들여 새로 왕이 된 조카를 시해할 음모를 꾸몄다. 뜨빈슈웨티는 그의 제안을 받아 들였다. 이리하여 버인나웅은 육로를 통해 뜨빈슈웨티는 해로를 통해 딴드웨로 들어가 왕의 삼촌을 만났다. 그의 안내로 라카인의 수도인 묘하웅을 공격해 들어갔다. 그러나 철옹성같은 성벽은 뚫지 못하고 도리어 라카인군의 반격을 받고 뜨빈슈웨티의 군대는 후퇴해야 했다. 뜨빈슈웨티는 장기전을 대비하지 않았으며, 태국의 아유타야가 드웨를 공격해 들어왔다는 전갈을 받고 본국으로 되돌아 갈 수밖에 없었다. 뜨빈슈웨티가 되돌아 간 후 라카인 왕 민빈과 그의 삼촌은 화해함으로서 라카인 내분도 일단락되었다.

아유타야에 대한 뜨빈슈웨티의 태도는 평화관계 유지였다. 점령지역

내의 안정화가 더욱 시급했기 때문이다. 버고, 삐, 버간을 하나로 묶고 샨 지역의 완전한 평정도 마무리되지 않은 상황이라 태국과의 전쟁은 부담스러웠다. 따라서 뜨빈슈웨티는 아유타야와 우호 조약을 맺고자 백상을 선물로 보내어 더 이상의 전쟁을 원치 않는다는 의도를 아유타야에 전했다.

그러나 미얀마의 지배권 확보를 목표로 하고 있던 아유타야는 뜨빈슈웨티의 제안을 거절했다. 화가 난 뜨빈슈웨티는 1547년 군대를 이끌고 아유타야를 진격해 들어갔다. 수많은 코끼리 부대를 대동하고 철갑옷과 투구를 쓴 400명의 포르투갈인 용병들의 호위 속에 휘황찬란한 옷을 입은 왕의 명령 하에 거칠 것 없이 밀고 나아갔다. 미얀마 군대는 모뜨마, 몰라먀인을 거쳐 아따랑강을 통과했고, 계속해서 메크라웅강을 따라 칸부리까지 나아가 마침내 아유타야에 이르렀다. 그러나 아유타야의 강력한 반격으로 아유타야를 완전히 장악하는 데는 실패했다. 대신 뜨빈슈웨티는 수많은 전리품들과 함께 아유타야왕의 아들, 사위 등을 생포하여 돌아왔다. 이 전쟁 이후 몇 년간은 휴전상태로 이어졌다.

아유타야 정벌에서 되돌아온 뜨빈슈웨티는 어느덧 32세가 되어 있었다. 그는 비록 아노야타가 이룩한 강력한 제국은 아니었지만 부친이 이루고자 했던 미얀마의 통일은 거의 달성한 셈이었다. 이제 뜨빈슈웨티는 휴식을 취했다. 그러나 한 포르투갈인 젊은 근위장교와 가까이하면서 주색에 빠져들었고 급기야는 판단력마저도 희미해지기 시작했다. 매일같이 그 포르투갈인과 사냥을 다니는 등 행동을 같이했고 자신의 여자를 그에게 주는 등 왕으로서의 권위도 잃어가고 있었다. 게다가 충신들의 의견을 무시하고 그 포르투갈인의 말이면 무고한 사람들마저 숙청하기까지 했다. 몬족 지역에서는 따웅우에서 분리하려는 움직임마저 일었다. 이렇게 되자 신하들 사이에서는 새로운 왕을 옹립해야 한다는 의견이 분출되기 시작했다. 이들은 새로운 왕으로 버인나웅으로 가닥을 잡고 기회를 보고 있었다.

어린 시절 쉰예툭이라고 불리던 버인나웅은 뜨빈슈웨티의 누나와 사랑에 빠져 결혼했고, 뜨빈슈웨티가 왕이 된 후 '왕의 형'이란 의미인 '버인나웅' 혹은 '버인나웅쪼틴노야타'로 불렀다. 버인나웅은 어릴 적부터 뜨빈슈웨티를 가까이서 보좌해 왔으며 뜨빈슈웨티 또한 중요한 일에 있어서는 꼭 버인나웅과 의논해 왔다. 그리고 버인나웅은 군사령관으로서 당시 미얀마 군의 반이 그의 지휘 하에 있었다. 그러나 버인나웅은 비록 뜨빈슈웨티가 국정을 어지럽게 하고는 있지만 처남을 해쳐 자신이 왕위를 잇기보다는 뜨빈슈웨티가 왕위를 계속 유지하는 것이 당연하며 자신은 단지 그의 소홀함을 메꿔주는 것으로 소임을 다하고자 했다. 대신 버인나웅은 기회를 엿보다 왕에게 적당히 둘러대고 그 포르투갈인 근위장교를 축출해버렸다. 하지만 뜨빈슈웨티는 여전히 국정은 뒤로 미룬 채 주색에서 벗어나지 못하고 있었다.

어느 날 취한 채 코끼리 사냥을 나간 뜨빈슈웨티는 사망하고 말았다. 나라를 걱정하던 신하가 자객을 시켜 살해했다고 전해진다. 뜨빈슈웨티가 죽자 왕실에서는 새로운 왕위를 차지하기 위해 암투가 시작되었다. 그 시간에 버인나웅은 과거 버고 왕손들이 연합하여 독립국가를 세우고자 하는 것을 평정하기 위해 다곤에 있었다. 반란의 주모자는 스밈흐토로 버고왕조의 창시자 와리루 혈통이다. 그 동안 승려생활로 지내면서 몬족의 버고왕국을 회복할 기회를 엿보고 있었던 것이다. 스밈흐토는 다곤과 달라를 이미 수중에 넣은 상태였다. 버고, 삐 등도 뜨빈슈웨티의 죽음을 기다렸다는 듯 독립을 선언하며 왕이 들어서는 등 미얀마는 또 다시 불안한 정정으로 치달았다.

뜨빈슈웨티가 죽었다는 전갈을 받은 버인나웅은 급히 말을 몰아 따웅우로 향했다. 버인나웅이 지휘하는 군대는 조금의 동요도 보이지 않고 버인나웅의 지휘 하에 일사불란하게 움직였다. 게다가 뜨빈슈웨티의 휘하에 있었던 특히 용감하고 충직했던 포르투갈 용병 디오고 소레스도 따응우의 새로운 왕으로 잠시 등극한 사람이 제시한 좋은 조건을 뿌리치고 버인나웅 편에 섰다.

• 버인나웅(1550~1581)

버인나웅은 하부 삼각주 지역의 소요지들을 간단히 평정하고 따응우로 향했다. 막상 버인나웅의 군대가 따응우 성을 공략하자 성안의 군인들은 대부분 버인나웅에게 투항했다. 이렇게 되자 잠시 왕위를 차지하고 있던 사람마저 버인나웅에게 항복하고 말았다. 버인나웅은 이 자를 죽이지 않고 한 지역 영주로 임명하는 아량을 베풀었다.

이제 정식으로 따응우의 새로운 왕위에 오른 버인나웅은 숨 돌릴 틈도 없이 하부 미얀마의 소요지역을 평정하기 위해 내달았다. 우선 따응우의 근거리에 있는 삐를 치기로 했다. 삐의 왕은 버인나웅이 진격해 온다는 소식을 듣자 라카인으로 도주했다. 그러나 몇 발작 가지 못하고 버인나웅에게 붙들려 그 자리에서 처형당하고 말았다. 계속해서 버인나웅은 버고를 향했다. 버인나웅이 버고에 이르자 버고의 왕위에 오른 스밈 흐토는 일대일 대결로 승부를 결정짓자고 제안했다. 버인나웅은 흔쾌히 수락했다. 그러나 막상 대결을 위해 버인나웅 앞에 선 스밈 흐토는 겁을 집어먹고 줄행랑쳤다. 이 자도 잡혀 참형을 당했다. 이로써 와리루 왕가는 끝을 맺었고 내란에 관여했지만 용서를 비는 몬인들에게는 사면과 함께 복직시켜 주었다.

한편 잉와는 형식적인 왕이 있었지만 내부는 분열되어 소브와들이 각기 자신의 지역을 통치하고 있는 형국이었다. 이는 중세 유럽의 봉건제와 유사한 것으로 형식적으로는 잉와의 왕 아래 지역 족장들이 놓여 있었지만 실질적으로는 지역마다 지역 족장들의 권한이 왕권보다 더 영향력이 있었다. 이러한 체제하에서는 왕권이 국가 전체에 쉽게 적용되지 못하는 결과를 가져왔고 따라서 잉와 지역은 더욱 분권화되고 있었다. 이것은 미얀마 전체를 중앙 집권적으로 통치하고자 했던 버인나웅의 의도와 맞지 않은 것이었다. 그리하여 버인나웅은 우선 잉와의 왕을 몰아내고 흩어져 있는 지역들을 통합하고자 했다.

마침내 버인나웅은 아들과 동생이 포함된 대규모의 군대를 파견하여 잉와를 공격하게 했다. 잉와의 왕은 따웅우군을 막아내기에 역부족이란 사실을 알고 변장한 채 도주해 버렸다. 그러나 이내 버인나웅의 군대에 붙들리고 말았다. 버인나웅은 그를 추방시켰다. 그리고 자신의 동생을 잉와의 새로운 영주로 임명했다. 이어 잉와의 완전 복속을 위해 가장 완강했던 북부의 모흐닌, 모가웅의 샨족 근거지를 공격했다. 1555년과 1557년 두 차례에 걸쳐 대규모의 군대를 파견한 이 전쟁에서 따웅우의 승리로 마침내 버인나웅은 샨족의 북부 지역 전부를 복속시키게 되었다.

하지만 종족적 문제와 함께 문화적 이질감을 극복하여 정체성을 유도하기란 쉽지 않았다. 따웅우의 정벌이 있기 전 샨 지역의 많은 종족들은 각각의 소브와를 중심으로 고유의 문화를 유지하고 있었다. 따라서 이들은 언제든지 기회만 되면 따웅우의 영향에서 벗어날 수 있는 소지를 안고 있었다. 이들을 미얀마화 하고 정체성을 갖게 하는 방법을 고심하지 않을 수 없었다. 버인나웅은 이러한 샨의 작은 지역들을 일단 따웅우의 주들로 편입시켰다. 소브와들에게는 기존의 통치권을 그대로 인정해 주었지만 미개한 관습과 문화에 대해서는 변화하게 만들었다. 마침내 불교를 통해 정체성을 유도하고자 했다. 이는 버간의 아노야타를 본 딴 것이다. 샨 지역에도 13세기이래 불교가 서서히 퍼져 갔긴 했지만 지배자의 불교후원이나 상가의 조직화가 이루어지지 않아 불교가 융성하지 못했다. 따라서 당시 샨 지역의 승려는 버간 초기의 아예찌와 별 다를 바 없었다. 버인나웅은 버고등지의 불교가 발달된 지역의 승려들을 샨 지역에 이주시켜 불교를 제도적으로 정착시킴과 동시에 수 백 채의 사원을 지어 주었고, 불경 복사본 수 천 질을 주어 마을 사람들이 공동으로 모여 읽게 함으로써 불교를 생활화하도록 만들었다. 또한 죽은 자가 아끼던 노예, 코끼리, 말 등 살아있는 생물들을 함께 생매장하는 장례의례를 엄격히 금하였다. 이러한 조치들은 샨주민들로부터 불평을 사지 않을 만큼 좋은 반응을 얻었다. 계속해서 버인나웅은 버마족과 샨족과의 통혼을 장려했다. 소브와의 공주를 미얀마 왕의 왕비로 삼는 제도를 심었고 소브와의 아들들을 미얀마 궁전에 불러다 예절을 익히도록 했다. 이들에게 왕실의 법도를 익히게 함으로서 보다 나은 문화를 알 수 있도록 하는 동시에 이들이 일종의 볼모가 되어 샨족들의 반란을 미연에 막을 수 있는 효과도 가져왔다. 이후 미얀마가 영국에 합병되는 1885년까지 샨 지역은 줄곧 미얀마의 지도에 따르게 되었다.

샨 지역을 편입한 버인나웅을 치앙마이는 두려워하고 있었다. 따웅우의 힘이 더 이상 확대되는 것을 두려워 한 치앙마이는 샨족 지역에서 여전히 버인나웅에게 반감을 갖고 있는 소브와들과 접촉하여 연합하고자 했다. 이들이 반란을 일으키면 치앙마이가 군을 투입하겠다는 것이었다. 이러한 치앙마이의 의도를 간파한 버인나웅은 1558년 군대를 동원하여 딴르윈강을 넘어 치앙마이를 공격해 들어갔다. 이 전쟁은 사상자 없이 비교적 쉽게 끝났다. 이렇게 치앙마이를 점령한 버인나웅은 치앙마이의 왕을 미얀마의 영주로 강등하여 계속 치앙마이를 다스리게 했다. 32개의 지방으로 나뉘어 있는 버고처럼 치앙마이도 57개의 지방으로 나누어 통치했다. 그리고 불경의 복사본, 승려들을 치앙마이에 보내고 불교건축물들을 세워 불교를 융성하게 했다. 최근까지도 치앙마이에는 버인나웅이 세운 파고다가 발견되고 있으며, 한때 미얀마는 이러한 증거들을 들어 이 지역의 관할권을 주장하기도 했다. 버인나웅의 군대가 되돌아 올 때 많은 수의 치앙마이의 장인, 특히 래커(lacquer) 기술자들을 데리고 와서 이들을 버고에 정착해 살도록 했다.

따웅우가 치앙마이를 점령했다는 소식이 퍼지자 미얀마-중국의 접경 지역에 있던 샨족 소브와들도 버인나웅에게 충성을 맹세했고 나아가 윈난의 일부 족장들도 따웅우와 동맹관계를 서둘러 맺었다. 이렇게 하여 더욱 위세가 높아진 버인나웅을 중국도 섣불리 대하지 못했고 인도 접경의 마니푸르의 지배자들은 조공을 보내기까지 했다.

버인나웅은 이에 만족하지 않고 정복전쟁을 계속 이어갔다. 1559년에 이르자 현재의 미얀마 영토 대부분과 인도의 마니푸르, 라오스의 비엔티앙까지 손에 넣게 되었다. 1563년 태국의 캄펭펫(Kampengpet)과 수코타이를 정복한 버인나웅은 아유타야의 공략에 다시 나섰다. 아유타야와의 전쟁에서는 많은 인명 피해를 내긴 했지만 1564년 결국 아유타야를 장악하는데 성공했다. 그러나 아유타야의 정벌이 태국 전체를 평정한 의미는 아니었다. 버인나웅은 통치 마지막까지 태국의 주요 반란 지역에 군대를 파견하여 평정을 시도하였지만 끝내 이루지 못했다. 매년 파견한 그의 군대는 수천 명이 기아와 질병으로 목숨을 잃어야만 했고, 많은 지역을 장악하긴 했지만 특히 중요한 지역의 족장들은 평정하지 못했다. 하지만 하부 태국의 지배자였던 아유타야를 제압했다는 것은 당시 미얀마의 힘이 태국을 능가했다는 것을 의미한다. 아유타야의 정복에서 버인나웅은 아유타야 왕의 아들로 하여금 미얀마 속령으로서의 아유타야를 영주 자격으로 통치하게 하고 아유타야 왕과 손자 프레나렛, 관료 등 3000여명의 포로를 데리고 왔다. 포로들 중에는 배우 가수들도 포함되어 있었으며 이때 미얀마에 아유타야를 음사한 미얀마어 발음 '요데야'란 춤과 노래가 전해졌고 지금까지도 공연되고 있다. 그 외에도 아유타야가 자랑하던 30개의 대형 청동 부처상을 비롯해 금은보화 등 엄청난 규모의 전리품을 가지고 돌아왔다. 한 포르투갈인은 승전의 나팔을 불며 환국하는 당시 버인나웅의 모습을 이렇게 묘사하고 있다.

> 수많은 마차에는 헤아릴 수 없는 전리품들을 가득 실은 채
> 의기양양하게 개선하는 버인나웅.
> 피정복자의 왕비, 왕자들과 수많은 금은보화.
> 그의 곁에는 2천 마리의 코끼리와 그 뒤로는 사기충천한 군대.
> 그는 웬만한 도시만큼이나 큰 거대한 궁전을 지었는데,
> 왕이 거처하는 건물의 지붕은 순금으로 도배했고,
> 방들 내부에는 순금과 값비싼 보석으로 꾸몄다.
> 국민들은 버인나웅을 신을 대하듯 했다.

이렇게 버고에 새로운 왕궁 깜보자따디를 조성한 버인나웅은 버고를 새로운 수도로 키워나갔다. 동시에 항구 지역에 거주지를 많이 조성하여 바깥 세계와의 접촉에 많은 관심을 표시했다. 마을들이 계속 생겨나게 되었고 외국 상인들의 주거지도 형성되어 갔다. 당시 베니스출신 상인들은 버고를 이렇게 묘사하고 있다.

> 성 주위에 파 놓은 호에는 악어들과 불탑들이 있고,
> 성안으로는 우아한 궁전이 우뚝 서 있으며,
> 코끼리와 기마부대의 행렬,
> 번쩍이는 의상을 입은 귀족들,
> 수많은 금과 보석들이 담겨져 있는 분묘,
> 객들의 끊이지 않는 발길,
> 권위가 더없이 충만한 왕의 어엿한 풍모.

버인나웅의 왕실에서는 일종의 계관시인이 있어, 이들이 짓는 싯구에 버인나웅은 감동되기도 했다. 특히 버인나웅은 군사령관이자 내무대신을

역임했던 나와데이의 서정시들을 좋아했다. 몬족이었던 바냐달라는 버인나웅의 지시에 따라 버고 왕 라자드릿의 전기를 집필했다.

버인나웅은 왕관의 보석을 빼내어 다곤의 슈웨디공, 버고의 슈웨모도[82], 현재 몬주 북부에 있는 짜익티요[83] 등 주요한 파고다에 나누어 바쳤다. 그리고 52세가 되었을 때 슈웨모도 주변에 많은 사원을 세웠고 슈웨디공 파고다의 높이를 더했다. 그러나 무엇보다도 그의 통치기에 가장 뛰어난 건축은 버고의 마하제디 파고다였다. '위대한 탑'이란 뜻을 가진 마하제디 파고다는 1560년 부처의 성치(聖齒)[84]를 안치하기 위해 만든 파고

82) '금으로 된 위대한'이란 뜻을 가진 슈웨모도 파고다는 버고의 동편 끝 지점에 서 있으며, 반경 10km 이내 어디서든 보일 정도로 크고 웅장하다. 양곤의 슈웨디공 파고다와 많은 유사점을 가지고 있으면서도 높이는 그보다 높은 114m에 이른다. 전설에 의하면 상인 마하따라와 꿀라따라가 인도에서 부처로부터 받은 두 개의 머리카락을 가져와 땅에 묻고 그 위에 탑을 세웠다 한다. 그 후 수백 년이 흐르면서 탑이 증축되어 지금의 거대한 파고다가 되었다고 한다. 982년과 1385년에 부처의 성치(聖齒)도 더해졌다 한다. 15세기 말 버고의 왕 담마제디가 종(鐘)을 하나 주조하여 이 파고다에 기증했다. 버인나웅왕에 이어 1796년 꼰바웅 왕조의 보도퍼야왕도 보석을 바치고 증축하여 높이를 90m에 이르도록 했다. 그러나 1930년 지진을 포함해 최근 100년 사이에 발생한 세 번의 지진으로 슈웨모도는 거의 붕괴되었다. 2차 대전 이후 슈웨모도는 국민들의 보시(布施)돈과 노동력 제공으로 거의 원상을 회복하였다.

83) 몬어로 '짜익'은 미얀마어 '퍼야'로 보면 되고, '티'는 발리(Pali)어로 수행자(修行者), '요'는 몬어로 (수행자의) 머리로 운반하다란 뜻이다. 따라서 짜익티요의 전체적 의미는 '수행자의 머리로 운반하는 탑'이 된다. 이 파고다는 높이 약 5.5m로 몬주의 북부에 위치하고 있다. 곧 떨어질 듯한 불안한 자세로 절벽의 난간에 얹혀있는 바윗돌 위에 버티고 있는 형상이 기이하기만 하다. 이러한 자세로 천여 년을 지내올 수 있었던 것은 파고다 속에 안치되어 있는 영험(靈驗)한 한 개의 부처 머리카락 때문이라고 미얀마인들은 이야기한다.

84) 1560년 포르투갈인이 스리랑카 칸디(Kandy)에 있던 부처 송곳니를 획득하여 그들의 사령부가 있는 고아로 가져간 일이 있었다. 이 소식을 접한 버인나웅은 사신을 보내어 후한 값을 치르고 구매코자 했다. 다른 불교 국가의 왕들도 비슷한 제안을 하여 성치를 갖기 원했다. 그러나 포르투갈인은 '이교도의 우상'이란 이유로 이러한 제안들을 거부하고 성치에 기름을 발라 불로 태워 버렸다. 그리고 남은 재를 물속에 던져버렸다. 그러나 물속에 던져진 그 재는 신기하게도 원래 형태대로 되돌아 왔다고 한다. 이것은 나중에 스리랑카의 한 공주의 손에 들어가게 되었다. 이러한 사실을 알게 된 버인나웅은 특사를 보내 어떻게든 획득하여 오게 했다. 그 특사는 공주의 아버지인 스리랑카의 한 족장을 만나 왕의 뜻을 전하고 엄청난 양의 보화를 주어 마침내 성치를 얻어 되돌아 왔다. 부처의 치아를 손에 쥔 버인나웅은 더없이 기뻐했다. 정복지보다도, 태국에서 획득한 백상보다도 더욱 값진 것을 얻은, 일생에서 가장 의미 있고 기쁜 일로 생각했다. "하늘은 나에게 자비를 베풀었다. 아노야타는 기껏 부처의 복제 치아를 획득했을 뿐이고, 알라웅시뚜는 중국에까지 가서 빈손으로 돌아왔지만 나는 지금 그 진품을 가지고 있지 않은가."

다이다. 버인나웅은 이곳에 1576년 스리랑카의 한 왕으로부터 받은 부처의 돌 공양그릇과 자신의 금상(金像) 등도 이 곳에 안치시켜 놓았다. 이 마하제디 파고다는 1930년 지진 당시 큰 피해를 입은 외에도, 지금은 성치도 공양그릇도 없는 파고다가 되었지만, 그 뒤 거의 원형대로 복구되어 첨단에 진귀한 보석을 간직한 채 주변의 대평원을 한눈에 바라볼 수 있는 위용을 여전히 뽐내고 있다.

버인나웅은 왕토 내에 있는 모든 종족을 하나로 통일된 법, 공통의 문자, 공동의 도량 단위를 사용하게 하여 일체감을 갖도록 했다. 이 일환으로 법전의 집필을 명하여 12인 승려 위원회에서 미얀마 법전 요설을 만들었고, 또 다른 법률가들은 관습법 묶음을 편집했다. 그리고 관습적으로 내려오던 낫경배를 금지시키고자 했으나 이미 불교 속에 녹아 부처와 함께 경배되고 있었으므로 쉽게 근절되지 못했다. 다만 산짐승들을 무분별하게 도축하는 행위는 칙령으로 엄하게 다스림으로서 상당부분 효과를 거두었다. 특히 낫의식에서의 도축행위가 눈에 띄게 줄어들었다.

하지만 버인나웅은 자신이 이룩한 공적에 비해 국민들로부터는 그렇게 숭앙받지는 못했다. 비록 전쟁에서의 승리와 많은 영토 확보가 국가적 자긍심을 고취시켰다고는 하나 국민들은 그 만큼의 인명 피해와 언제 전쟁

그러나 버인나웅이 갖게 된 성치는 복제품이라는 주장이 강하게 제기되고 있다. 왜냐하면 포르투갈이 스리랑카를 침략했을 때 칸디의 불교도 지배자는 진품을 빼돌리고 복제품을 그곳에 두었다. 따라서 포르투갈이 압수하여 불에 태운 성치는 복제품이었고, 이것을 한 공주가 가지고 있었던 것이다. 또는 복제 성치는 포르투갈에 의해 이미 불에 태워져버린 상태에서 버인나웅이 제안한 금은보화를 얻기 위해 스리랑카 쪽에서 또 하나의 복제품을 만들어 진품인 것처럼 꾸며냈을 가능성이 높다는 것이다. 이에 대한 근거는 전통적으로 불교를 국교로 신봉하고, 성치를 국가의 가장 귀중한 보물로 여기는 스리랑카가 이전에도 미얀마로부터 수차례 진품을 요청 받았지만 그때마다 스리랑카는 복제품으로 대신했던 전력이 있기 때문이다.

아무튼 이 부처의 성치는 버인나웅의 아들 난다버인 시기에 왕권이 약해진 틈을 타 따웅우의 새로운 실력자에 의해 따웅우로 옮겨졌고, 1610년 아나욱펫룬왕에 의해 잉와로 옮겨졌다. 그 후 따룬왕에 의해 수도 잉와와 이웃해 있던 스가잉 지역에 인도양식의 까웅무도 파고다를 만들면서 부처의 성치와 공양그릇도 이곳으로 옮겨져 오늘에 이르고 있다.

에 동원되어야 할 지 모를 불안감으로 하루하루를 보내야 했다. 게다가 농사를 지을 장정이 크게 줄어 농토가 황무지로 방치되는 경우가 허다했다. 보위 말년에는 가뭄까지 겹쳐 국민의 원망이 자자했다.

버인나웅은 1581년 마침내 66세의 나이에 97명의 자녀를 두고 숨을 거두었다. 어쩌면 그는 전 생애에 걸쳐 감당 못할 정도로 수많은 정복전쟁에 치중한 것인지도 모른다. 전쟁으로 인한 국민의 원성과 함께 정복지들을 효율적으로 통치할 수 있게 조직하지 못하고 죽었기 때문이다. 따라서 버인나웅의 죽음과 함께 일어난 정복지 주민들의 반란과 독립은 불을 보듯 뻔한 결과였다. 버인나웅은 숨을 거두는 순간까지도 라카인을 정복하기 위해 군대를 보냈을 정도였다. 한 마디로 버인나웅은 끝없이 이상을 실현하는데 온 힘을 다해 살다간 왕이었다.

• 난다버인(1581~1599)

버인나웅이 죽자 아들 난다버인이 왕위를 이어받았다. 왕위에 앉자마자 난다버인은 곳곳에서 일어나는 반란과 폭동을 진압하기 위해 안간힘을 썼다. 끝없는 전쟁으로 만든 버인나웅 제국은 버인나웅의 죽음으로 바로 균열되기 시작했다.

이에 난다버인은 우선 선왕의 죽음 직전 라카인 공격에 나섰던 군대를 불러들여 전열을 다시 가다듬었다. 그리고 자신의 왕위를 넘보는 자는 용서하지 않았다. 잉와의 영주로 있던 난다버인의 삼촌이 왕위를 뺏기 위해 삐와 따웅우에 있는 다른 형제 영주들에게 연합할 것을 제안하는 편지를 보냈는데, 이 편지는 도중에 난다버인의 손에 들어갔다. 난다버인은 즉각 군대를 출동시켜 잉와 영주를 잡아들이려 했다. 놀란 잉와 영주는 도망치다 병에 걸려 죽고 말았다. 하지만 이 후에도 잉와의 반란은 끊이지 않고 계속되어 난다버인은 계속 군대를 보내어 잉와를 평정하는 데 심혈을 기

우려야 했다.

난다버인이 잉와를 평정하기 위해 군대를 출동시켰을 때 각 속령의 군대들이 난다버인을 지원하기 위해 합세했다. 1571년 7년간의 깜보자따디에서의 억류생활을 끝내고 아유타야로 돌아가 있었던 아유타야의 왕자 프레나렛은 이 때를 아유타야가 미얀마에서 벗어날 수 있는 기회로 생각하여 군대를 동원하여 지원군에 합세했다. 프레나렛의 계획은 난다버인을 멀찍이 따라가다 틈을 보아 난다버인의 군대를 공격하는 것이었다. 난다버인이 승리하면 아유타야로 되돌아와 또 다른 기회를 보기로 했던 것이다. 그러나 이러한 계획을 알아차린 난다버인은 잉와를 평정하는데 성공한 후 고의로 패배한 것처럼 허위 소문을 퍼뜨렸다. 프레나렛을 버고로 유인한 뒤 처치할 생각이었다. 프레나렛은 버고에 들어와 보니 난다버인이 패배하지 않았다는 사실을 알고 도망치기 시작했다. 난다버인이 그를 쫓기 시작했을 때는 프레나렛은 이미 싯따웅강을 넘었을 때였다. 도주자들은 은폐와 거센 반격으로 미얀마군의 추격을 겨우 따돌렸고 프레나렛은 무사히 아유타야로 되돌아 올 수 있었다. 이 사건을 계기로 프레나렛은 아유타야의 영웅이 되었다. 아유타야의 왕으로서는 감히 상상도 못했던 난다버인에 대한 공격을 왕자 프레나렛은 용감하게 해 보였던 것이다.

1584년 자신에게 반기를 든 아유타야를 징벌하기 위해 난다버인은 대규모 공격을 감행했다. 프레나렛은 태국의 이웃 왕국들에게 도움을 요청하는 한편 치앙마이와 아유타야는 적이 거처할 수 없도록 텅 비워 놓았다. 작전은 성공하여 비록 난다버인이 아유타야를 점령했지만 난다버인이 준비한 식량으로는 오래 버틸 수가 없어 결국 퇴각하고 말았다. 이렇게 전세는 역전되었지만 태국은 난다버인의 군대를 추격할 수는 없었다. 캄보디아가 아유타야를 침략했기 때문이다. 당시 라오스는 미얀마에는 조공을 바쳐 복속하고 있었지만 캄보디아는 예전 앙코르왓의 영광을 재현해 보고자 이웃 아유타야를 엿보고 있었다.

과거 버인나웅이 이끌었던 군대는 강력했다. 머마족과 몬족은 군대 내에서 별 마찰 없이 버인나웅의 지휘 아래 일사불란하게 전쟁을 치렀고 전쟁에서의 신상필벌 정책은 군대를 더욱 강력하게 만들었다. 그러나 난다버인의 군대에 있던 장군들은 이제 나이도 들었고 아유타야와의 전쟁에서 패배한 책임을 지고 은퇴하는 사태까지 발생했다. 난다버인은 이들을 대체할 묘안을 갖고 있지 않았다. 이렇게 따웅우의 군대는 점점 허약해져 갔다.

그럼에도 난다버인은 프레나렛이 캄보디아와의 전쟁에서 힘을 소진하는 틈을 타 1585, 1586년 두 차례에 걸쳐 또 다시 태국의 정벌에 나섰다. 예상했던 대로 난다버인은 이 전쟁에서 패하고 말았다. 이렇게 되자 관료들 사이에서 불만의 목소리가 높아지기 시작했다. 게다가 많은 젊은이들이 징집을 피해 사원으로 들어갔고 왕실 대신뿐만 아니라 종단의 지도자들 사이에서도 난다버인의 퇴진을 요구하는 목소리가 높아갔다. 난다버인은 자신을 반대하는 사람들을 모두 유배시키고 처형하는 등 불만의 목소리를 억지로 틀어막았다.

한편 1584년 아유타야와의 전쟁에서 패했을 당시 따웅우의 영주로 있었던 버인나웅의 동생이 죽자 그의 아들이 그 자리를 이어받았다. 그리고 1588년에는 후계자를 지명하지 못하고 죽은 삐 영주의 자리에 난다버인은 자신의 둘째 아들을 이곳 영주로 임명했다.

1590년 난다버인은 또 다시 아유타야 정벌에 나섰지만 대패하고 말았다.

1592년 신하들의 거센 반대에도 불구하고 난다버인은 다섯 번째 아유타야 공격에 나섰다. 이번에는 자신의 장남을 공격 선봉에 내세웠다. 선왕의 죽음으로 아유타야의 왕위를 이어받은 프레나렛은 나레수엔이란 이름으로 미얀마의 공격을 맞았다. 양쪽은 대규모 코끼리 부대를 대동하는 등 전면전을 치렀다. 전쟁은 아유타야를 중심으로 하는 태국의 승리로 끝났다. 결국 난다버인은 아들을 잃고 패잔병을 이끌고 되돌아 왔다. 나레수엔은 전쟁 승리를 기뻐했지만 어릴 적 버인나웅의 궁정에서 함께 자란 난다버인의 아들 민찌소와를 죽인 것에 크게 슬퍼했다. 그리하여 아유타야로 되돌아가는 길옆에 작은 사원 하나를 지어 친구의 진혼을 달래주었다.

아유타야로 되돌아 온 나레수엔은 난다버인의 군대가 약해진 틈을 타 뜨닌다리를 점령해 버렸다. 뜨닌다리에서 되돌아온 나레수엔은 승전으로 고조된 군대의 사기를 최대한 이용하여 내친 김에 캄보디아까지 점령해 들어갔다. 마침내 캄보디아의 왕을 몰아내고 수 천 명의 포로를 데리고 와 이들을 태국에 정착시켰다. 이렇게 하여 나레수엔은 후방을 강화하는 효과를 가져왔고, 하부 미얀마의 완전 정복을 꿈꿀 수 있게 되었다.

당시 하부 미얀마는 미얀마와 태국 사이의 전쟁으로 거의 버려진 지대였다. 땅도 대부분 황무지 상태가 되었고, 흑사병 등 각종 전염병 창궐과 지독한 가뭄으로 주민들은 거의 얼이 빠져 있었다. 게다가 난다버인의 지배권도 약해짐에 따라 지휘체계 마저 무너져 민심은 더욱 흉흉해졌다. 마침내 1593년 일단의 몬족 주민들은 반란을 일으켰다. 난다버인은 가까스로 이들을 진압했다. 하지만 반란 주모자들을 비롯하여 조금이라도 혐의점이 있는 사람은 모두 처형시켜버렸다. 이러한 처벌에 불만을 품은 사람들은 몰라먀인의 영주 곁으로 모여들었고, 마침내 몰라먀인 영주는 난다버인에게 대항하기 위해 나레수엔에게 도움을 요청했다. 나레수엔은 기다렸다는 듯이 군대를 보내 주었다. 이 몬족과 태국 연합군은 버고를 봉쇄하는 등 미얀마의 지배권에서 완전히 빠져나오는 듯 했다. 그러나 삐, 따웅우, 치앙마이의 영주들이 파견한 군대의 도움으로 미얀마는 몬족과 태국 연합군을 다시 몰아낼 수 있었다. 이제 몬-태국 연합군은 버고에서는 퇴각했지만, 여전히 나레수엔은 이전에 점령한 뜨닌다리와 구원을 요청했던 몰라먀인과 모뜨마까지 속령으로 유지했다.

이렇게 아유타야와는 전쟁이 일단락되었지만 따웅우 왕국 내의 큰 지역들은 무모한 전쟁을 계속 벌이려 하는 난다버인을 더 이상 인정할 수 없다는 의견을 행동으로 보이기 시작했다. 가장 먼저 삐의 영주로 있던 난다버인의 둘째 아들이 삐를 미얀마에서 분리하여 독립을 선포해버렸다. 난다버인 왕국 내에 있음으로 해서 받을 피해를 줄이고 자신이 다스리는 지역이라도 안전을 도모하겠다는 것이 삐 영주의 독립 선포 이유였다. 이어 따웅우, 치앙마이, 잉와의 영주도 독립을 선포했다. 그러나 치앙마이는 지배권을 놓고 내분이 일었고, 이 틈을 타 라오스가 치앙마이를 공격해 들어왔다. 치앙마이의 영주는 나레수엔에게 도움을 요청했다. 나레수엔 군대의 도움을 받아 치앙마이는 라오스를 몰아낼 수 있었지만 그 대가로 치앙마이는 태국의 속령지가 되는 동시에 나레수엔의 지휘를 받아야 했다.

이렇게 난다버인의 권력 기반이 심하게 흔들리자 난다버인의 사촌이었던 따웅우의 영주는 이 기회에 버고를 장악해야겠다는 야심을 갖게 되었다. 그러나 자신의 힘만으로는 어렵다고 판단되자 라카인을 끌어들일 궁리를 했다. 당시 라카인은 뜨빈슈웨티의 침략 이후 미얀마의 간섭이 뜸해진 틈을 타 서서히 힘을 축적하여 다른 나라를 공격할 수 있을 정도의 왕국이 되어 있었다. 치타공을 지배하에 넣었으며 인도의 무슬림 지배자와도 우호관계를 맺고 있었다. 게다가 수도인 묘하웅(므로하웅)은 버고에 버금 갈 정도로 국제적으로 중요한 항구 역할을 하고 있었고 외국의 문물이 자유롭게 드나들고 있었다. 왕은 국민을 계몽하는데 심혈을 기울였고, 왕실에 계관시인을 둘 정도로 문인들을 우대하여 훌륭한 문학 작품이 쏟아져 나왔으며 각종의 법을 문서화하고 관습법도 제정했다. 비록 여인들은 이슬람 풍습대로 격리되어 생활하는 등 이슬람적 문화요소가 많았지만 왕은 불교에도 관심을 쏟아 불교승려를 우대하고 많은 사원을 건립하는 등 불교발전에도 힘을 쏟았다. 또한 라카인은 포르투갈 용병이 포함된 강력한 군대를 갖고 있었으며 이들 중에는 난다버인에게서 도망쳐 온 장군과 병사들도 상당수를 차지하고 있었다.

따웅우 영주의 요청을 받은 라카인 왕 민라자지는 1599년 함대를 딴리엔에 주둔시켰다. 동시에 따웅우의 군대는 버고를 에워쌌다. 이내 또 다른 라카인 군대가 버고로 와서 따웅우의 군대와 합세했다. 당시 버고는 이들 연합군이 피를 흘리는 싸움을 할 필요가 없을 정도로 황량한 상태가 되어 있었다. 난다버인은 군대에 모든 것을 맡겨 놓은 채 어찌할 바를 모르고 있었다. 딴리엔이 라카인 해군에 의해 봉쇄된 후 불안함을 느낀 버고의 주민들은 뿔뿔이 흩어져 다른 지역으로 떠나 버려 버고는 텅 빈 도시가 되어 있었다. 라카인과 따웅우 연합군은 조용히 도시 안으로 들어가 전리품을 나누어 가졌다. 금은 보화는 똑같이 이등분했고, 버인나웅이 아유타야로부터 가져온 30개의 대형 청동 부처상은 라카인이 가져갔고, 궁 안에 있던 부처상은 따웅우가 가졌다. 공주, 백상을 라카인이 차지하는 대신 따웅우 영주는 난다버인을 생포하고, 과거 버인나웅이 세웠던 마하제디 파고다를 도굴하여 이 곳에 안치되어 있던 성치와 공양 그릇을 가져갔다. 따웅우의 영주는 버고에 오래 머무르지 않고 따웅우로 되돌아갔다. 그가 되돌아간 뒤 라카인 군대는 버고에 남아 있던 값진 물건들을 전리품으로 몽땅 가져갔다. 이제 버고는 더 이상 과거의 화려했던 모습은 찾기 어려웠고 폐허 그 자체일 정도로 비참한 몰골만 남게 되었다.

아유타야의 나레수엔은 이 기회를 놓칠 수 없었다. 군대를 이끌고 버고로 쳐들어온 것이다. 그러나 버고의 몰골을 보고 씁쓸해 했다. 나레수엔은 말머리를 따웅우로 돌렸다. 따웅우에 당도한 나레수엔은 따웅우 영주에게 생포된 난다버인의 항복을 받아 내어 자신이 하부 미얀마의 유일한 통치자임을 증명할 수 있게 해 달라고 요구했다. 그러나 따웅우의 영주는 일언지하에 이 요구를 거절했다. 그러자 나레수엔은 즉각 따응우를 공격했다. 딴리엔에 남아 있던 라카인의 군대와 따응우 군대가 협공으로 맞섰고, 이를 무찌르지 못한 나레수엔은 퇴각하고 말았다. 그러나 라카인은 계속 그들을 공격하며 추격했다. 나레수엔이 태국으로 되돌아갔을 때는 군대 대부분이 절멸한 뒤였다. 이것으로 나레수엔의 하부 미얀마 장악의 꿈은 끝이 났다.

이제 그 꿈은 딴리엔의 새로운 지배자 드 브리뚜, 따응우의 새로운 지배자가 된 낫신나웅, 잉와의 냐웅얀 세 사람의 몫이 되었다.

2. 왕국의 분열

버고를 중심으로 하던 따응우 왕조의 분열로 딴리엔, 삐, 따응우, 잉와, 모뜨마, 라카인을 비롯한 소 왕국들과 모흐닌, 모가웅, 떼인니, 띠보 등 샨족 지역의 소브와들이 소 지역으로 분할하여 서로 갈등과 반목하며 난립되는 양상을 보였다.

• 드 브리뚜(1600~1613)

미얀마어로 응아진까로도 불리는 드 브리뚜(De Brito)는 라카인 군대가 딴리엔을 떠날 때 라카인 왕 민라자지에 의해 그 곳의 영주로 임명되었다. 그는 리스본의 빈천한 가정에서 태어나 포르투갈의 한 동남아 탐험 배의 급사로 동남아를 진출한 사람이다. 그 후 수많은 우여곡절 끝에 라카인 왕의 용병을 거쳐 군사령관으로 진급했다. 이 때가 1600년으로 포르투갈은 왕위세습 문제 등 극심한 내정혼란을 겪고 있었다. 100년 전 식민지 개척의 선구자적 모습은 더 이상 찾아볼 수 없을 정도로 약해졌고 기존 식민

지마저 신흥 유럽제국들에게 양보할 수밖에 없는 처지로 내몰리고 있었다. 따라서 드 브리뚜같은 포르투갈 장교 혹은 병사들은 자신들이 소유하고 있는 무기와 전술을 십분 활용하여 현지 지배자들 휘하에 들어가 활동하거나 해적이 되는 경우가 많았다. 스리랑카를 비롯한 남아시아와 미얀마를 비롯한 동남아, 방글라데시의 치타공도 이들이 활개를 쳤던 중요한 장소였다.

드 브리뚜는 딴리엔의 영주가 되자 성을 개량한 뒤 왕처럼 행동했다. 처음 그에게는 단지 50여명의 포르투갈인이 있었지만 하부 미얀마의 몬인들을 징집하여 군사 훈련을 시켜 강력한 군대를 보유하게 되었다. 그리고 드 브리뚜와 함께 있던 라카인의 파견관을 적당한 구실을 붙여 축출해 버렸다. 마침내 라카인과 따웅우는 드 브리뚜의 의도가 심상치 않음을 알아차리고 연합군을 조직하여 딴리엔을 에워쌌다. 그러나 드 브리뚜는 연합군 사령관인 라카인 왕자를 인질로 잡아 연합군이 물러나게 만들었다. 왕자는 결국 거액의 몸값을 주고 풀려났다. 이렇게 되자 드 브리뚜의 존재를 인정한 딴리엔 주변의 몬족 사람들은 드 브리뚜를 찾아와 정식으로 자신들의 왕이 되어줄 것을 요청했다. 드 브리뚜는 고아를 방문하여 자신이 딴리엔의 왕이 된 것을 보고하고 포르투갈 왕의 신하로 인정받았다. 이러한 표시로 고아 총독은 딸을 주어 결혼시킴과 동시에 드 브리뚜를 포르투갈 식민지군 사령관으로 임명하여 전함 6척과 병사 3천명을 주었다. 태국의 지배를 받고 있던 모뜨마의 영주도 자신의 딸을 드 브리뚜에게 선물하여 동맹관계를 맺었다. 단지 하부 미얀마의 버떼인만은 여전히 드 브리뚜를 인정하지 않고 예의 주시하고 있었다. 하지만 드 브리뚜는 이제 명실상부한 하부 미얀마의 실질적인 통치자였다.

이제 폐허가 된 버고를 대신하여 딴리엔이 하부 미얀마의 무역 중심지가 되었다. 드 브리뚜는 딴리엔을 거점으로 때로는 포르투갈 해적들과 연합하여 안다만 해상까지 세력을 넓혀가고 있었다. 드 브리뚜의 세력이 더욱 확대되는 것을 막기 위해 라카인은 다시 한 번 딴리엔을 공격했다. 이번에는 포르투갈인 600여명을 생포하는 등 드 브리뚜에게 일격을 가했다. 전세가 불리해지자 드 브리뚜와 연합하고 있던 포르투갈 해적 지휘관 세바스찬 곤잘레스 티바오는 연합을 깨고 라카인의 한 섬으로 도주했다. 라카인의 속령 치타공의 영주는 불화를 겪고 있던 형 라카인 왕을 치기 위해 티바오를 끌어들이려 했다. 그러나 티바오는 찾아온 치타공 영주를 살해하고 치타공을 수중에 넣어버렸다. 이렇게 되자 라카인은 드 브리뚜를 제압하지 못하고 바라보고만 있어야 했다.

한편 따웅우의 새로운 지배자가 된 낫신나웅은 태국과의 전쟁에서 전사한 난다버인 아들 민찌소와의 아내 야자다뚜깔야와 결혼코자 했다. 야자다뚜깔야는 마흔이 넘은 나이었지만 여전히 빼어난 미모를 자랑하고 있었다. 절절한 연정을 담은 편지들과 함께 반드시 통일왕국을 달성하여 야자다뚜깔야에 바치겠다는 맹세에 구애를 받아들였다. 하지만 시아버지였던 난다버인이 결혼을 허락하지 않자 낫신나웅은 구금되어 있던 난다버인을 목 졸라 죽이고 기어이 야자다뚜깔야를 차지했다.

이제 야자다뚜깔야와의 약속을 지키려는 듯 삐의 지배자와 연합하고 드 브리뚜와도 동맹을 맺어 잉와를 공격했다. 그러나 이 전쟁에서 낫신나웅은 잉와의 강력한 반격으로 퇴각하고 말았다.

• 냐웅얀(1599~1605)

버인나웅의 아들이자 난다버인의 동생이 되는 냐웅얀의 원래 이름은 민예난다메익이었다. 원래 냐웅얀의 영주로 있었는데, 왕국의 분열과 함께 냐웅얀을 독립시켜 왕이 됨으로서 이후 냐웅얀 왕이라 일컫게 되었다. 이후 힘을 축적한 냐웅얀은 잉와를 접수하여 지배영역을 더욱 확대시켰으며 왕실도 잉와로 옮겼다. 얼마 지나지 않아 버고의 잔존세력들도 이러한 냐웅얀의 통치를 받아들여 스스로 냐웅얀 왕국에 편입하였다. 따웅우와 연합해 잉와를 공격했던 삐의 지배자는 전쟁 수행 도중 부하에게 암살됨으로서 지배체계가 급속히 와해되었다. 삐의 군인 대부분은 냐웅얀 밑으로 들어갔다.

1600년 냐웅얀은 잉와에서 왕위대관식을 갖고 왕이 되었다. 이후 이어지는 왕들은 냐웅얀의 혈통이므로 이 왕조를 냐웅얀 왕조라고도 부른다. 그리고 일부에서는 따웅우 왕조의 혈통이 그대로 이어진다 해서 따웅우 복고왕조라고도 부른다.

이제 냐웅얀은 전 미얀마의 통일이란 기치를 내걸고 정복전쟁을 벌인다. 아들을 시켜 버간 하부의 야메띤을 정복한 데 이어 손수 미얀마 중부지역의 중심지였던 냐웅슈웨를 집어삼켰다. 그리고 샨족 지역의 모가웅, 바모, 모네를 차례대로 정복했다. 하지만 정복에서 되돌아 왔을 때 모가웅과 모네 소브와들은 다시 반란을 일으켜 독립국임을 선언했다. 과거 난다버인이 권좌에서 물러났을 때도 이들 소브와들은 아유타야의 나레수엔과 연합하여 독립을 선언한 경험이 있을 정도로 미얀마화 되는 것을 끈질기게 저항했다. 냐웅얀은 이러한 샨 소브와들의 행위를 확실하게 근절시키기 위해 대규모의 군대를 이끌고 들어가 이들 소브와들을 처형함으로써 샨문제를 매듭지을 수 있었다. 그래도 북부 샨족에 대해 안심을 할 수 없던 냐웅얀은 전열을 재정비하여 아들과 군대를 나누어 1605년 상부의 모메익, 띠보, 떼인니를 공격했다. 의외로 쉽게 이들 지역을 접수했지만 불행히도 이 전쟁 중 냐웅얀은 병에 걸리고 말았다. 되돌아오는 도중 냐웅얀은 숨을 거두었다.

• 아나욱펫룬(1605~1628)

1605년 냐웅얀의 아들 아나욱펫룬이 새로운 왕좌에 앉았을 때, 공교롭게도 아유타야에서도 나레수엔을 이어 동생이 왕위에 올랐다. 두 사람의 차이는 자신들이 맡고 있는 국가의 상황과 비례했다. 아유타야의 새로운 왕은 전쟁보다는 태국을 좀 더 효과적으로 통치하는 것에 심혈을 기울인 반면 아나욱펫룬은 샨족 지역들을 계속해서 정복해야 하는 등 통일왕국의 달성을 위해 노력해야 했다. 아나욱펫룬은 1608년 삐를 완전히 편입시킨 데 이어 1610년에는 따웅우를 정복했다. 하지만 낫신나웅을 죽이지는 않고 따웅우의 영주로서 계속 통치할 수 있게 해 주었다. 그리고 이곳으로부터 부처의 치아와 공양 그릇을 가져 왔다. 그런데 자신의 위치가 격하된 것에 분격한 낫신나웅은 드 브리뚜에게 편지를 써 따웅우를 수복시켜 줄 것을 요청했다. 그리하여 따웅우로 출동한 드 브리뚜와 모뜨마의 영주가 이끄는 군대는 따웅우로 들어와 성을 함락시키고 궁전을 불사르고 되돌아갔다. 이들이 되돌아 갈 때 낫신나웅도 딴리엔으로 따라갔다.

이 소식을 들은 아나욱펫룬은 1613년 딴리엔을 포위했다. 개전 초기부터 드 브리뚜의 반격은 예상외로 소극적이었다. 드 브리뚜는 아나욱펫룬의 군사력을 과소평가한 것은 사실이지만 전면전을 치르기에는 여러 가지 여건이 허락하지 않고 있었다. 벵갈에 화약을 사러 보낸 사신이 돌아오지 않은 데다, 도움을 요청 받은 고아 측에서도 웬일인지 지원병을 보내지 않고 있었기 때문이다. 한편 아나욱펫룬의 군대는 포르투갈 용병도 없는 데다 전에 보였던 드 브리뚜의 강력함을 의식하여 쉽사리 정면 돌파를 하지 못하고 성 밖에서 3개월이나 기회를 엿보고 있었다. 하지만 여전히 드 브리뚜의 군대가 반격을 해 오지 않자 이를 이상하게 여기기 시작했다. 마침내 드 브리뚜가 지원병과 무기를 기다리고 있다는 사실을 알게 된 아나욱펫룬은 한 가지 안을 제시했다. 낫신나웅을 내어 준다면 그냥 되돌아가겠다는 것이었다. 그러나 드 브리뚜는 이 제안을 거절했다.

이제 아나욱펫룬은 성을 공략하기로 했다. 그러나 무력으로 뚫기에는 역부족임을 알고 땅굴을 파기 시작했다. 이를 통해 성안으로 잠입하기 위해서였다. 마침내 성안에 이르렀을 때 도시는 조용했다. 알고 보니 포르투갈인들이 주일예배를 보기 위해 모두 교회에 있었던 것이다. 호기를 잡은 아나욱펫룬은 쉽게 승리할 수 있었다. 고아의 지원군이 해안에 도착했을 때는 딴리엔이 이미 무너지고 난 뒤였고 이를 알아차린 지원군은 뱃머리를 돌리고 말았다.

드 브리뚜와 낫신나웅은 아나욱펫룬 앞으로 끌려 왔다. 아나욱펫룬은 잘못을 빌고 다시 자신의 수하로 들어온다면 용서하겠다고 낫신나웅에게 제안했다. 그러나 낫신나웅은 이미 카톨릭 신자가 되었으며 끝까지 피로 맺은 형제인 드 브리뚜와 함께 죽겠다고 대답했다. 이에 왕은 "너는 너의 종족의 지도자가 되기보다는 외국인의 종이 되기를 더 원하는구나"라는 말과 함께 낫신나웅을 처형해 버렸다. 드 브리뚜는 사원을 약탈한 죄를 적용하여 벌을 주었는데 사흘간의 고통을 겪은 후에 숨을 거두었다. 총독의 딸인 그의 아내와 다른 가족들은 노예로 팔아 버렸다. 그리고 잘못을 비는 몇몇의 포르투갈인 가족들은 상부 미얀마로 이주시켜 자신들의 종교인 로마 카톨릭을 계속해서 믿으면서 살 수 있도록 허용했다. 그리고 드 브리뚜의 군에 속해 있었던 몬인들은 사면시켜 주었다.

드 브리뚜의 몰락에 힘입은 라카인의 왕은 이들의 잔당을 쳐부술 기회를 엿보고 있었다. 라카인은 때마침 네덜란드의 도움으로, 재 반격을 편 티바오가 이끄는 포르투갈 부대를 대파했다. 이렇게 하여 미얀마에 포르투갈 왕국을 구축하려던 포르투갈인들의 꿈은 깨어지고 말았다. 이어서 모뜨마의 영주도 복속해 왔다.

계속해서 아나욱펫룬은 뜨닌다리를 진격해 들어갔으나 포르투갈 용병으로 무장한 뜨닌다리의 방어벽을 뚫을 수가 없었다. 그러나 대신 아나욱펫룬은 소요를 벌이던 치앙마이를 평정하여 다시 미얀마의 영토에 편입시켰다. 이제 통일왕국 건설에 자신감이 생긴 아나욱펫룬은 잉와를 동생에게 맡기고 버고에 새로운 왕궁을 만들어 이곳에 기거한다. 버고로 되돌아 온 아나욱펫룬은 이 후 이렇다 할 큰 전쟁을 하지 않고 내치에 신경을 써 왕국을 한 동안 평화롭게 지낼 수 있도록 했다.

아나욱펫룬은 버마, 몬, 샨족을 종족적 차등을 두지 않고 동일하게 대우했다. 왕은 성 앞에 커다란 종을 설치하여 억울한 일을 당한 백성들로 하여금 왕께 직접 호소할 수 있도록 했다. 왕은 버고를 침공했던 라카인의 왕을 용서하는 동시에 그의 깊은 불심을 인정하여 승려들을 파견하여 불교를 더욱 신장시킬 수 있도록 해주었다. 계속해서 아나욱펫룬은 스리랑카 왕의 요청에 따라 스리랑카 승려들에게 계를 수여하기도 했다. 당시 스리랑카는 포르투갈인이 연루된 내분에서 벗어나 부처의 치아를 보존했던 칸디(Kandy)를 재건하는 동시에 스리랑카 불교의 종단을 정화시키는 작업을 하고 있었다. 그리고 포르투갈의 기록을 보면 아나욱펫룬이 역사가들과 논쟁을 벌이기 위해 고아를 다녀간 것으로 되어 있다. 그러나 실질적인 이유는, 그는 여전히 포르투갈 용병이 끼어 있는 라카인과 포르투갈 그리고 태국의 침입을 우려하고 있었고 이 문제를 가지고 고아의 총독과 대처방안과 고아와의 무역재개를 협의하기 위해 고아로 갔던 것으로 여겨진다. 즉 고아와의 관계를 좋게 함으로써 라카인이 포르투갈과의 연합을 도모하는 것을 막는 효과와 버인나웅 시기의 영화는 국제간의 무역에 기인한 것이라 판단하여 아나욱펫룬 자신도 버인나웅이 했던 무역 정책을 답습하고자 했던 것이다.

이와 아울러 아나욱펫룬은 새롭게 부상한 영국, 네덜란드와의 무역도 희망하고 있었다. 앞에서 언급했듯이 과거 아나욱펫룬이 치앙마이를 점령하고 버고로 되돌아 왔을 때 치앙마이에 있던 서양인들도 생포해 왔다. 이 중에는 아유타야에 나와 있던 영국 동인도 회사 소속 토마스 사무엘이란 직원이 끼어 있었다. 그 후 영국 동인도 회사 측은 그를 생포해 갈 때 함께 가지고 간 회사 상품들을 되돌려 받기 위해 두 사람의 직원을 버고로 보내 왔다. 왕은 이들을 극진히 대접하고 사무엘은 죽고 없었지만 보관해 두었던 사무엘의 물건들과 회사 상품들을 내놓으면서 딴리엔이나 모뜨마에 동인도 회사의 공장을 지어 주기를 요청했다. 이들은 그렇게 하기로 약속을 하고 되돌아갔다. 그러나 이들은 도중에 모든 물건들을 팔아 버리고 회사에는 "미얀마의 왕은 물건을 돌려주기는커녕 자신들 목숨마저도 위협하는 잔인무도한 사람이다."라고 보고했다. 결국 아나욱펫룬의 희망은 물거품이 되었다. 당시 영국 동인도 회사는 네덜란드와의 경쟁 초기단계로 미얀마까지 진출할 정도로 여건이 무르익은 상태는 아니었다.

그러나 아나욱펫룬은 단념하지 않고 할아버지 버인나웅 시기와 같이 버고를 왕국의 정치, 경제 중심지로 재건하는데 계속 노력했다.

그런데 어느 날 아들 민예데익바가 아나욱펫룬의 시녀 방을 자주 드나든다는 사실을 알았다. 왕은 아들을 불러 "왕실의 법도를 어기는 자는 그 누구도 용서할 수 없으며 한 번만 더 이런 일이 있을 시는 펄펄 끓는 기름을 부어 처형시키겠다."고 꾸짖었다. 많은 사람이 보는 앞에서 창피를 당했을 뿐만 아니라 이미 이러한 것에 탐닉된 자신의 습관을 다시 바꿀 수가 없었다. 마침내 민예데익바는 야밤을 통해 아버지를 살해하고 말았다.[85] 왕실 대신들은 처음에는 그를 인정하지 않았으나 새로운 왕으로 옹립할 마땅한 사람도 없을 뿐 아니라 이 틈을 타 외적들이 침입할 것을 두려워하여 민예데익바를 왕으로 인정하고 말았다. 이 소식을 접한 아나욱펫룬의

85) 아나욱펫룬은 왕이 되자 '위대한 불법왕'이란 뜻의 마하담마야자라는 왕명을 갖게 되었지만 역사에서는 '서쪽에서 죽었다.'는 뜻을 지닌 아나욱펫룬이란 이름으로 즐겨 불려진다. 그 이유는 자신이 아들에게 시해된 장소가 버고의 서편에 있던 임시 궁전에서였기 때문이다.

동생인 잉와의 영주 따도담마야자는 군대를 이끌고 단숨에 버고의 성안으로 진격해 들어왔다. 미처 대비하지 못한 민예데익바는 라카인으로 도주할 생각을 갖고 성을 탈출하려 했으나 발각되어 처형되고 말았다.

이렇게 하여 아노야타, 뜨빈슈웨티, 버인나웅을 이어 통합된 미얀마의 건설이라는 기치를 내걸었던 아나욱펫룬의 시도는 여전히 진행형으로 둔 채 다음 왕으로 이어졌다.

• 따룬(1629~1648)

왕명은 따도담마야자이지만 '매우 쾌적하다.'라는 뜻을 가진 따룬이란 이름이 더 익숙했다. 왕위 즉위를 전후하여 즉각적인 폭동이나 내분은 없었지만 따룬을 중심으로 하는 일사불란한 통일체계는 갖추지 못했다. 하지만 따룬은 강력한 통일왕국의 재건노력보다는 현상유지정책으로 일관했다. 라카인과는 동맹 관계를 맺어 상호 불가침 약속을 받아 냈고, 태국에도 사신을 보내어 공격할 의사가 없음을 전하는 동시에 태국이 샨족의 반란을 조장하지 못하도록 했다. 따라서 따룬 시기는 정복을 위한 큰 전쟁은 없었다. 이런 연유로 따룬이란 이름으로 더 익숙했던 것이다.

따룬은 잉와, 치앙마이 등지에서 약 4년을 머문 후 버고로 왔다. 그러나 1634년 일단의 몬족에 의한 궁전의 침입을 받은 데 이어 몰러마인에서도 몬족의 반란을 직면해야 했다. 다행히 어렵지 않게 평정은 했지만 또 다른 반란에 직접 관여해야 하는 하부 미얀마에 오래 머물고 싶지는 않았다. 비록 따룬은 고위 관직을 몬족들에게 제시했고, 상부 미얀마와의 교역뿐만 아니라 해로로 외국과의 무역도 자유로이 할 수 있게 해 주는 등 몬족이 미얀마화 하는데 공을 들였지만 하부 미얀마에서의 주도권을 주장하는 몬족들의 반란 가능성은 여전히 상존해 있었다.

게다가 버고강은 실트의 퇴적 심화로 더 이상 바다와 접근하기가 어렵게 되었다. 마침내 따룬은 여건이 좋지 않은 버고를 버리고 왕실을 잉와로 옮겼다. 자신의 힘으로는 통일왕국을 이룬다는 것이 역부족으로 느껴졌고, 상부에서 힘을 축적하며 기회를 보기 위함이었다. 그러나 이러한 천도를 미얀마 역사에서 평가하기란 쉬운 일이 아니다. 따룬이 수도를 옮긴 지 몇 년이 되지 않아 영국과 네덜란드는 동남아에서 포르투갈 세력을 완전히 제압하며 선진 세력으로 자리 잡았다. 당시 태국이 관리했던 드웨항은 영국을 비롯한 서양 세력들의 대결장이자 음모가 난무하는 장소로 바뀌어 있었다. 이곳은 애초에 서구의 식민 세력의 전위대격인 포르투갈이 들어왔을 때 포르투갈 용병들의 요새가 되었다가 나중에 유럽 세력들이 각축을 벌이는 장소로 변한 것이다. 그리고 프랑스 루이 14세와 프랑스 예수회의 지원을 받아 들어와 태국의 킹 메이커로 자리 잡은 그리스 탐험가 콘스탄틴 파울콘은 이곳에 카톨릭교를 상당수준 이식해 놓고 있었다. 이런 경우를 두고 볼 때 따룬이 수도를 버고에 그대로 두었거나, 국제적 항으로 손색이 없다고 자부하던 딴리엔 같은 하부 미얀마에 그대로 두었다면 이들 서양세력과 힘든 세력 겨루기를 해야 했을 것이다. 물론 이들 유럽 세력을 잘 이용하여 국가를 더욱 부흥시켰을 수도 있다. 하지만 과거 버인나웅 통치 당시 버고가 국제 무역의 중요한 항구가 되어 번성하였던 것은 왕의 노력이 뒷받침된 결과였다. 또한 아나욱펫룬도 영국 동인도 회사 측에 딴리엔에 공장을 지어 무역이 번창할 수 있도록 도움을 청했던 적이 있다. 하지만 따룬은 이런 유럽세력들을 두려워했음에 틀림없다. 이에 더하여 그 자신 원래 잉와의 영주로 있었음으로 해서 하부보다는 상부 미얀마에 대해 보다 친숙한 정서를 가지고 있었던 것이 왕실천도의 이유가 될 것이다. 어쨌든 결과적으로 미얀마의 왕국은 이 후 200여 년을 더 지탱할 수 있었다.

이렇게 하부 미얀마의 복잡한 상황을 피해 왕실을 상부로 옮기긴 했지만 대세는 거스를 수 없었다. 따룬이 잉와로 천도한 지 1년이 지나 네덜란드의 동인도 회사가 왕궁을 방문했다. 동인도 회사는 미얀마에 공장을 건설하는 등 미얀마와 무역할 것을 강력히 희망했다. 당시 미얀마는 인도산 섬유를 흡수하는 큰 시장이었을 뿐만 아니라 티크목, 상아, 금, 은, 주석, 구리, 루비 등 천연자원들이 풍부했고, 중국의 산물들이 윈난을 통해 많이 들어오고 있었다. 결국 따룬은 딴리엔에 공장을 차려 주기를 희망했고 회사는 그렇게 하기로 했다. 공장이 돌아가고 물건의 판매가 시작되자 이익금의 배분 문제로 문제가 발생했다. 이렇게 되자 네덜란드와의 관계는 더 이상 진척이 없었다. 대신 미얀마를 주시하고 있던 영국 동인도 회사가 드디어 1647년 2만 파운드 상당의 화물을 싣고 미얀마에 들어왔다. 그리고 곧 이어 딴리엔에 공장을 세웠다.

따룬은 내치에도 신경을 써 국민들이 경제적으로 풍요로워질 수 있도록 했다. 짜욱세의 관개시설을 대대적으로 개수하여 주변 농토를 넓혔으며, 버려진 땅들을 개간하기 위해 많은 선남선녀를 맺어주어 이곳으로 이주시켜 마을을 형성할 수 있도록 했다. 그리고 전국적으로 인구조사를 실시하여 보다 정확한 국내 사정을 통계화 했으며, 많은 도로를 닦아 국토의 균형적인 발전을 도모했다. 세법도 제정하여 각 지역 단위별 인구수, 농토의 크기 등에 비례해 세금을 거두어 들였다. 미얀마 역사에서 세금장부라는 개념이 도입된 것은 바로 이 때다. 따룬은 관습법을 손질하여 정리하는 한편 새로운 법전을 탄생시켰다. 이 법전은 빨리어가 아닌 순수 미얀마어로 만들어져 일반인들도 쉽게 읽을 수 있도록 했다. 그리고 정책의 보다 공정함을 위해 유명무실했던 흘루또 기관을 활성화 시켰다.

따룬도 역대 왕들처럼 대단한 불교 신봉자여서 불교의 정화 및 불교건축물 조성에도 많은 관심을 기울였다. 승려들이 엄격히 계율을 따르도록 종용하였으며 스가잉에 유명한 까웅무도 파고다를 지어 이곳에 부처의 치아와 공양 그릇을 안치했다. 앞에서 언급한 바 있지만 이 유물들은 스리랑카에서 가져온 것으로 애초에 버인나웅에 의해 버고의 마하제디 파고다에 안치되어 있었던 것이다. 나중에 그것을 난다버인과 연합한 따웅우의 낫신나웅은 마하제디를 파헤쳐 따웅우의 한 파고다로 옮겨 놓았다. 그 후 아나욱펫룬은 그것을 잉와로 다시 가져갔고 이것을 따룬이 까웅무도 파고다를 만들어 이곳에 안치시켰다. 이렇게 까웅무도는 부처의 유물을 보존한 스리랑카 양식 파고다이다.

• 삔들레(1648~1661)

따룬이 죽자 장남 민예얀다메익이 왕이 되었다. 그가 오랫동안 삔들레의 영주로 있었기 때문에 미얀마 역사에서는 삔들레왕이라 부른다. 그러나 삔들레는 불행히도 중국 왕조 전환기의 격변에 끼이게 되었다. 중국의 명왕조가 전복되었을 때 명의 마지막 황제인 융리는 윈난에서 재정비를 하여 만주족과 마지막 전투를 벌였으나 1658년 패배하여 가족과 700여명의 추종자들을 데리고 미얀마 상부의 바모로 도망쳐 왔다. 융리는 바모 영주로 하여금 160킬로그램 상당의 금을 미얀마의 왕에게 선물로 바치도록 하여 자신이 미얀마의 보호를 받을 수 있도록 해 달라고 제안했다. 삔들레는 이를 수락하여 융리 가족과 수하들을 스가잉에 머물도록 했다. 시간이 흐르면서 중국의 청왕조에 반대하는 사람들이 계속 미얀마로 밀려들었고, 마침내 이들은 스가잉에 거주하던 융리의 수하들과 한 패가 되어 미얀마 북동 지역을 무단 침입하여 약탈과 노략질을 일삼게 되었다. 이에 삔들레는 군대를 동원하여 제지를 시도해 보았지만 쉽지 않았다. 따룬 이래 돌보지 않았던 군사력을 재정비하는 동시에 모뜨마의 몬족들을 대거 군대에 차출하였다. 그러나 현역 군인을 포함해 약 6000여명의 몬족 징집병들은 전쟁을 두려워하여 가족들을 데리고 태국으로 도주해버렸다. 이런 어처구니 없는 일이 발생하자 왕실에서부터 삔들레를 성토하는 소리가 붉어져 나왔다. 뇌물을 받고 중국인들을 미얀마에 들어 올 수 있게 허락해 준 것부터가 잘못이었고 이들의 만행을 제지하지 못한 점은 더 이상 왕으로서의 면모를 지속할 수 없다는 것이었다. 게다가 군인들을 이탈하게 한 것은 왕국의 와해를 촉발하는 중대한 사건으로 보고 왕을 바꾸어서라도 통치권을 강화하는 일이 시급하다는 의견이 지배적이었다.

• 삐(1661~1672)

마침내 흘루또는 1661년 삔들레의 동생인 삐를 새로운 왕으로 옹립했다. 이러한 쿠데타성 왕위 옹립에 대해 삔들레는 도저히 동의할 수 없었다. 하지만 지지자가 거의 없는 자신의 힘으로는 왕위를 회복하기 어렵다는 것을 깨달았다. 도주할 곳도 마땅치 않았던 삔들레는 더 이상 시간이 흐르기 전에 동생의 왕위를 인정하고 목숨을 구걸했다. 삐는 삔들레가 거처할 곳을 마련해 주고 융숭한 대접을 했다. 그러자 흘루또를 포함한 신하들은 두 왕을 모실 수 없다고 하면서 삔들레의 처형을 간청했다. 이들의 힘이 뒷받침되지 않고는 왕위를 보전하는 것이 힘들다고 판단한 삐는 의견을 받아들여 삔들레와 가족 모두를 강물에 던져 죽이고 말았다. 1662년에 이르자 중국의 청 황제 누이에게 아들을 장가들인 윈난의 영주가 융리의 신변을 인도해 주기를 요구했다. 삐는 개인적으로는 거부의사를 표명했지만 이번에도 신하들이 인도해 줄 것을 강력히 주장했다. 이리하여 융리의 신변은 윈난의 영주에게 넘어갔고 호송 도중 활줄로 목을 감아 죽여 버림으로써 명 왕조는 역사 속으로 완전히 묻혀 버렸다.

이제 중국인들의 노략질 행위는 수그러들어 국내사정은 좀 조용해졌지만 무역을 비롯한 경제적인 여건은 좋지 않았다. 왜냐하면 1657년 딴리엔의 영국 공장은 문을 닫아 버렸고, 1661년 네덜란드마저도 딴리엔에 이어 버고, 잉와의 공장을 폐쇄하고 미얀마와의 거래를 완전히 중단해 버렸기 때문이다. 이는 1652년 벵갈만에서 벌였던 영국과 네덜란드의 전투에서 영국이 패배함으로써 영국의 영향력이 크게 줄었고, 네덜란드도 향료[86] 생산지 경영에 더욱 매진해야 했기 때문이다. 이제 영국은 프랑스에 맞서 인도의 경영에 더욱 집중해야 했다. 게다가 미얀마 내의 통치권이 불안해 왔던 것도 서양 세력이 미얀마에서 발을 뺀 큰 원인이 되었다. 하지만 삐는 이들로부터 거두어들이는 만만치 않은 세수와 국민들의 불만을 해소하기 위해 다시 외국과의 무역재개를 원했다. 인도 마드라스에 있었던 영국의 동인도 회사에 사절단을 파견하여 미얀마의 공장을 다시 가동시켜 주기를 여러 번 간청하였으나 번번이 거절당하고 돌아왔다. 급기야 왕은 1662년 입항해 있는 배 중의 한 척을 볼모로 삼아 무역과 공장 재가동을 강력히 촉구하기에 이르렀다. 이에 영국은 왕의 뜻을 받아들이기로 하고 배를 돌려받았다. 하지만 결국 약속은 이행하지 않았다.

한편 태국은 영국과 프랑스의 세력 각축장으로 화해 이웃에 신경을 쓸 수 없는 지경이 되어 있었다. 이제 동남아의 세력 균형은 영국과 프랑스의 손아귀에 놓이게 되었고 통찰력이 부족했던 삐로서는 1672년 죽을 때까지 이러한 제국주의 세력에 어떻게 대처해야 하는지에 대한 방안도 마련하지 못하고 있었다. 삐를 이어 아들 **나야와야**(1672~1673)가 왕위를 계승하였으나 몇 달 후 죽어 버렸다. 이에 흘루또는 야메띤의 영주로 있던 나야와야의 사촌 동생 **민예쪼틴**(1673~1698)을 왕으로 추대했다. 민예쪼틴은

---

86) 고대 로마부터 주요 무역물건이었던 향료(香料, spice)는 15세기 지리상 발견으로 새로운 항로가 개척되면서 흔히 스파이스 제도라 일컫는 멀라카와 동인도제도, 스리랑카가 각광을 받게 되었다. 네덜란드는 1602년 국회의 인준으로 동인도회사를 출범시켰고, 이어 다른 유럽 국가들도 여러 가지 방식으로 동인도회사를 설립하여 인도와 동남아로 물밀 듯 밀려들었다. 이들 유럽 제국들은 경쟁적으로 식민지를 개척하더니 시간이 지날수록 본국의 사정과 맞물려 식민지 나눠 갖기로 정착되었다. 19세기까지 영국은 인도와 스리랑카에서 커다란 이권을 누린 반면 네덜란드는 동인도제도(인도네시아 반다제도를 비롯한 열도들)의 많은 지역에서 지배권을 행사했다.

불법과 관습, 그리고 역사에 조예가 깊었던 사람으로 신하들에게도 숭앙받은 왕이었다. 하지만 1675년 태국의 정벌에 나섰다가 패배함으로써 왕권이 크게 실추되었다. 1685년에는 북서부 거떼족[87]의 침입을 힘겹게 막아내는 등 힘겹게 왕국을 이끌어 갔다. 하지만 1689년 프랑스에게 딴리엔에 동인도회사를 설립을 인가해 유럽의 회사가 다시 미얀마에서 활동하도록 하는 등 왕국에 생기를 다시 불어넣기도 했다. 당시 프랑스는 유럽에서 가장 솜씨 좋은 선박 제조 기술을 자랑하고 있었다. 이들은 배를 만드는 방법을 미얀마에 가르쳐 주었으며 실제로 미얀마에서 만든 배가 아랍의 술탄과 인도 상인에게 팔려 나가기도 했다. 이는 외국 회사들이 완전히 미얀마를 떠난 것이 아니란 것을 증명해 주는 것이기도 하다. 당시 배의 재료 중 최고로 꼽히는 티크의 원산지가 미얀마였다는 데에서 이들이 쉽게 미얀마를 떠날 수 없었던 이유가 됐으리라 짐작된다. 이 시기에 영국도 미얀마의 초석(硝石)[88]을 구입하기 위해 왕실과 협상을 벌였으나 결렬되고 말았다. 1698년 아들 **싸내**(1698~1714)가 민예쪼틴의 뒤를 이어 왕이 되었다. 영국도 1709년 공장을 다시 열었다. 그러나 왕권은 계속 허약해져 유럽 국가들과의 관계에서 주도권을 행사하지 못했다. 뒤를 이어 **뜨닌가누웨**(1714~1733)가 왕이 되었지만 왕토는 줄어만 갔다. 치앙마이가 독립을 선언한 데 이어 버인나웅 이래 1581년까지 조공을 보내왔던 마니푸르도 미얀마의 왕권이 약해진 틈을 타 오래 전에 독립을 선포한 상태에서 이제 미얀마를 침공해 온 것이다. 마니푸르의 공격이 계속되는 틈을 타 잉와 북부의 그웨샨족 소브와는 몬족과 연합하여 미얀마의 왕권을 탈취할 것을 도모했다. 미얀마 군에 의해 이들은 진압되긴 했지만 하부 미얀마에서의 미얀마 왕권은 크게 실추되었다. 하지만 마니푸르군은 스가잉을 비롯한 미

87) 아삼(Assam)과 마니푸르에 사는 종족들을 일컫는 말.

88) 질산칼륨이라고도 불리며 흑색화약 · 성냥 · 불꽃놀이용 폭죽 등의 원료, 비료 · 유리 · 유약(釉藥) 등의 원료 및 산화제 · 의약품, 또 육류의 살색고정제 등으로도 사용된다.

얀마 북서부 지역을 계속 침략했다. 미얀마군과 정면 대결은 피하고 기습 공격을 주 전법으로 하여 약탈과 살인을 저질렀고 부녀자와 아이들을 마니푸르로 데려갔다. 이렇게 하여 에야와디의 서쪽 부분은 거의가 이들의 손아귀에 놓이게 되었다. 마침내 뜨닌가누웨는 이들을 평정하기 위해 전군을 동원하여 진격했다. 그러나 지휘관의 일사불란한 지휘력 부재와 군 내부 단합력의 결여로 인해 대패하고 말았다. 이 전투에서 뜨닌가누웨는 전사했고 아들 마하담마야자디버디가 왕위를 계승했다.

• 마하담마야자디버디(1733~1752)

잉와를 왕실로 둔 미얀마 왕국은 꺼져가고 있었다. 버고마저 독립을 향한 몸부림을 시작한 것이다. 1740년에는 버고의 영주가 하부 미얀마의 새로운 왕이 되었음을 선언해버렸다. 그러나 시민들의 지지를 받지 못했을 뿐 아니라 잉와에서 파견된 원정군에 의해 처형되고 딴리엔의 영주가 버고의 영주 자리를 겸임하도록 했다. 이 새로운 영주 우따아웅은 시민들의 반란을 미연에 방지하기 위해 엄격하고 혹독하게 다스렸다. 게다가 세금도 많이 부과하여 주민들로부터 원성을 사게 되었다. 마침내 우따아웅은 몬족 자객들에게 살해되었다. 마하담마야자디버디는 민예아웅나인을 새로운 영주로 파견했으나 몬족들은 이 또한 살해하고 말았다. 이제 독립국가건설 요구는 버고, 모뜨마, 드웨 등지의 하부미얀마 전체로 퍼져나갔다. 잉와군은 이들을 더 이상 진압하지 못하고 전전긍긍하고 있었다. 이제 어느 정도 목적달성이 가능하다고 판단한 하부미얀마의 몬족들은 자신들의 지도자를 내세워 구심점 역할을 해 주기를 바랐다. 그리하여 이전의 귀족 관리였던 마웅아웅흘라에게 지도자가 되어 줄 것을 권유했다. 하지만 마웅아웅흘라는 치앙마이 출생의 샨-버마족 혼혈아로 자신은 정치적 이해와 관계없이 자유를 위해 싸우는 사람일뿐이라는 이유를 들어 이 제의를 거절했다. 그러자 반란자들은 잉와에서 도주해 온 냐웅얀 가계(家系)의 보다께익디를 자신들의 왕으로 옹립했다. 그도 처음에는 왕위를 사양했지만 결국 수락하여 왕위에 올랐다.

이렇게 되자 미얀마의 민심은 흉흉해졌고 국가를 위해 강력한 통치자를 갈망하게 되었다. 이러한 분위기에서 한 소문이 돌기 시작했다. 신검과 창을 가진 용맹스런 사람이 미얀마 어딘가에 살고 있다는 소문이었다. 마침내 마하담마야자디버디의 귀에까지 이 소문이 들어갔고 왕은 점성술사에게 이 사람의 소재를 물어 찾아내었다. 그는 미얀마 북부 모소보에 사는 촌장의 아들로서 22세의 마웅아웅제야라는 청년이었다. 그러나 왕 앞에 불려 온 이 청년은 자신은 자격이 없음을 정중하게 이야기하였고 왕은 이 청년의 뜻을 받아 들여 되돌려 보냈다.

한편 하부 미얀마의 새로운 왕이 된 보다께익디는 하부 미얀마에 거주하는 샨, 몬, 버마족 대표자들과 합의제 형식으로 정책을 펴는 등 통치에 자신감을 갖지 못하고 있었다. 게다가 몬족 사람들은 왕명과 무관하게 유럽인들의 하부 미얀마 거주를 반대하였고, 1743년에는 딴리엔을 점령하여 교회, 공장 등을 불태워 버렸으며 유럽인 소유의 선박을 대부분 압수했다. 이들과 협상을 위해 잉와 최초의 주교 갈리지아가 신부들을 대동하고 딴리엔에 도착했다. 그러나 이들 또한 버고의 왕궁으로 향하는 도중에 일단의 몬족들에게 붙들려 살해되고 말았다.

이러한 몬족들의 대 유럽관 인식을 바꿔놓은 것이 프랑스였다. 오스트리아 왕위계승전쟁이 끝나자 인도에 있었던 프랑스 장군 듀프리(Dupleix) 대공은 동남아에서 영국과의 일전이 불가피하다는 판단 하에 일단 하부 미얀마의 몬족들을 교란할 수 있는 묘책을 강구했다. 즉 몬족을 도와주고 그 대가로 딴리엔을 손에 넣어 이 곳을 프랑스의 전초기지로 삼고자 했다. 그리하여 당시 딴리엔에 거주했던 이태리 신부 비토니를 프랑스의 대리인으로 내세워 몬족 반란자들과 협상을 진행했다. 이 협상에서 비토니는 몬족이 하부 미얀마의 지배권을 장악할 수 있도록 프랑스가 도와주겠다는 제안을 했다.

이에 힘입어 버고의 몬족 관료들은 하부 미얀마의 몬족화란 기치로 버마족을 무참히 학살하기 시작했다. 대부분이 몬족 출신으로 채워져 있던 버고 왕실의 일명 '대신회의'에서는 전에 왕위직 수락을 거부했던 마웅아웅흘라를 최고 대신으로 선출하고 버마족 관료들을 대대적으로 살육했다. 샨족도 몬족도 아닌 순수 버마족이었던 보다께익디는 신변의 위협을 느끼고 근위병들을 증강했으나 어쩌지 못하고 결국 왕위를 마웅아웅흘라에게 넘겨주고는 치앙마이로 도주했다. 치앙마이의 지배자는 한동안 보다께익디를 보호해 주었지만 버고의 보복이 두려워 치앙마이를 떠나도록 했다. 그래서 보다께익디는 아유타야로 다시 피신했다. 그러나 아유타야 왕도 차라리 중국의 도움을 청하는 것이 낫다는 말과 함께 보다께익디의 입국을 거절했다. 보다께익디는 다시 중국을 찾았지만 중국도 그에게 아무런 관심을 보이지 않자 다시 치앙마이로 향했다.

이제 대세에 밀려 어쩔 수 없이 버냐달라라는 몬식 왕명을 얻은 새로운 왕 마웅아웅흘라는 버인나웅의 제국을 회복한다는 기치를 내걸었다. 프랑스제 무기를 대량 구입하여 전열을 가다듬은 버냐달라는 동생을 왕세자로 지명하는 동시에 공격의 선봉에 서게 하였고 몬족 떨라빤을 군 총사령관으로 임명하여 잉와를 공격하기로 했다.

자신의 계략이 제대로 진행되어 가는 것에 흡족해진 비토니는 1750년 몬족 사절단을 인도 마드라스 남단에 있는 프랑스령 퐁디셰리(Pondicherry)로 데리고 와서 듀프리의 융숭한 대접을 받도록 했다. 이 자리에서 듀프리는 자신의 부하 장교 중에 가장 탁월한 보르노(Bourno)를 사절단에 대동케 하여 버고로 되돌아가 몬군과 합세하도록 했다. 이는 몬이 하는 일에 프랑스가 적극 협조한다는 의미로써 그 대가는 프랑스와의 교역을 실제화하는 것이었다. 이러한 몬족과 프랑스의 행동이 자신들에게 불이익을 가져다 줄 것이라는 판단을 하게 된 태국과, 인도에 있던 영국인들은 각각 잉와에 하부 미얀마의 공격에 대비하라는 전갈을 보냈다. 그러나 잉와가 준비할 틈도 없이 몬족과 프랑스 연합군은 즉각 잉와를 공격해 들어왔다. 이들은 어렵지 않게 잉와의 왕궁을 접수하고 왕과 가족들을 인질로 잡아 버고로 돌아갔다. 버냐달라의 동생은 떨라빤으로 하여금 상부 미얀마를 지키도록 하고 자신은 인질들을 데리고 버고로 되돌아 왔다. 이 때가 1752년 일이다.

3. 왕국의 멸망

버냐달라는 잉와의 정복과 인질로 잡은 왕으로 인해 너무 빨리 왕국의 몰락을 단언했다. 게다가 잉와의 왕은 더 이상 추종자들로부터 아무런 신의와 존경을 받지 못한다고 생각했다.

떨라빤은 군대 중 일부를 떼어 북부와 서부로 보내어 귀족들과 마을의 촌장들로 하여금 자신에게 복속하기를 종용했다. 하지만 이들은 복속하기보다는 오히려 주민들을 모아 잉와의 새로운 지배자임을 자처했다. 그 대표적인 경우는 다음과 같다.

하나는 잉와가 몬의 습격을 받았을 때 한 장군의 지휘로 잉와군에서 떨어져 나온 집단이었고, 다른 하나는 잉와 왕의 폭동 진압 당시 도망쳤던 그웨샨의 지도자에 의한 것이었다. 이들은 각각 잉와의 새로운 왕으로 자처하며 각 지역으로부터 충성을 요구했다. 또 다른 한 세력의 주동자는 우아웅제야[89]로 호칭이 바뀐 마웅아웅제야였다. 약 16년 전에 그는 마하담마야자디버디왕에게 입각제의를 거절한 후 조용히 지내고 있었다. 이제 그는 38세의 더욱 성숙되고 세련된 사람으로 모소보 마을의 촌장이 되어 있었다. 그의 집안은 대대로 마을의 촌장직을 맡아 왔으며 자신도 부친의 촌장직을 물려받아 수행하고 있었던 것이다. 당시 우아웅제야를 보았던 영국군 장교 베이커의 묘사에 의하면, 잘 생긴 용모에 5피트 10인치의 키, 그리고 근엄하고 위엄있는 모습을 갖고 있었다고 했다.

잉와가 몰락했다는 소식을 접한 우아웅제야는 모소보 방위를 더욱 튼튼히 했다. 그리고 반란을 일으켜 잉와의 새로운 왕임을 자처하는 장군과 샨 지도자를 좌시하지 않겠다고 했다. 그는 이웃 46개 마을의 지지를 얻는데 성공하였고 이들을 모소보로 이동시켜 요새를 구축했다. 마을의 주변에는 호가 없었고 벽돌로 된 성벽을 쌓을 시간도 없었기 때문에 야자줄기를 이용하여 성벽을 만들었다. 그리고 이주가 끝나 사람이 없는 주변 마을들을 모두 불태우는 등 근경 10마일 내의 나무, 풀 등도 죄다 초토화시켜 적이 침입해 왔을 때 은신처를 제공할 만한 모든 장소를 없애 버렸다. 그리고 46개 마을 촌장들을 규합하여 고문단을 구성했다.

몬족의 파견대가 모소보 근처의 마을까지 와서 그들과 연합할 것을 제의하고 있다는 정보가 우아웅제야의 정찰대로부터 전해졌다. 우아웅제야는 즉각 고문단을 소집하여 이들이 다음에 취할 행동을 논의했다. 대부분의 의견은 숫자적으로 열세에 있는 자신들의 군대로서는 도저히 몬 군대와 맞서 싸울 수 없으니 일단 그들과 동맹 관계를 맺은 다음, 이들이 귀환

---

89) 미얀마인들은 이름 앞에 붙이는 존칭이 있다. 남자는 세 가지, 여자는 두 가지가 있는데 남자는 결혼하기 전까지는 '마웅', 결혼 초기에는 '꼬', 30대 중반이 지나면 '우'를 붙이는 것이 일반적이다. 그러나 비록 나이가 적더라도 그 사람의 사회적 지위가 높은 경우에는 나이에 관계없이 '우'를 붙이기도 한다. 여자는 '마'와 '도'가 있다. 보통 30세 이전의 여자들인 경우 '마'를, 결혼을 한 경우와 사회적 지위가 비교적 높은 여자들인 경우 '도'를 붙이는 것이 일반적인 현상이다. 이 외에도 사회적으로 높이 평가되는 직함 내지는 자격명이 있을 때는 위의 호칭 대신 그것을 이름 앞에 붙인다. 예를 들면 보조 아웅산(장군 아웅산), 닥터 바모(박사 바모) 등이다.

할 때 동맹 관계를 깨고 후면을 공격하자는 의견이었다. 게다가 이들은 미얀마의 나머지 지역을 완전히 복속할 때까지 그웨샨과 일시적인 동맹을 맺을지도 모르며 그렇게 되면 자신들은 풍비박산이 날지도 모르니 일단 몬군과 형식적으로나마 동맹을 맺자는 의견이었다. 그러나 우아웅제야는 '한 번 동맹을 맺으면 그 관계는 오래 지속되어야 하며 동맹을 계략적으로 맺거나 동맹관계를 쉽게 깨어 버리는 것은 비겁한 행위이다.'라고 하면서 당당하게 싸울 것을 제안했다. 마침내 고문단은 우아웅제야의 용맹스러움에 감복하여 일사불란하게 전쟁준비를 했다.

개전 바로 전에 우아웅제야는 부모 앞에 머리를 조아리며 '왕권을 기필코 회복하여 어지럽고 혼란된 국가를 바로 세우는 동시에 자신이 미얀마의 새로운 왕이 되겠음'을 맹세했다. 수적으로 열세인 자신의 군에 대해 염려하는 어머니의 말에 '전쟁의 승리는 군사의 수에 달린 것이 아니라 정신력과 사기에 있다.'는 말로 승전의 자신감을 확신했다. 지휘자의 확신과 신념에 고무된 군대와 그를 추종하는 마을 사람들 모두의 사기는 하늘을 찌를 듯했다.

며칠 후 몬족의 파견부대가 모소보에 도착하였으나 맹렬한 반격으로 후퇴했다. 이것은 잉와의 멸망 이후 북부 미얀마가 몬족을 향한 최초의 도전이었다. 그러나 떨라빤은 모소보의 군사력을 과소평가하고 이내 좀 더 강한 파견부대를 증원하여 재공격을 시도했다. 그러나 이번에도 교란 작전에 말려 대패하고 말았다. 떨라빤은 이에 개의치 않고 전군을 동원하여 또다시 공격을 시도하였으나 다시 퇴각해야 했다. 이렇게 되자 우아웅제야는 더욱 유명해졌고 그를 따르기 위해 많은 사람들이 속속 휘하에 들어왔다. 이들 중에는 농부, 장인 외에도 작가, 군인 심지어 이전의 잉와 귀족들까지 포함되어 있었다.

4. 생활전반

따웅우 왕조는 뜨빈슈웨티와 버인나웅왕이 통일왕국을 이룩했지만 난다버인 시기에 와서 다시 소 왕국으로 분열되는 상황이 되었다. 이것을 냐웅얀이 다시 통일시켰다. 이 과정에서 정치, 경제, 문화, 종교 일반에서도 많은 변화를 겪었다.

우선 정치적인 면에서 보면 왕의 명령이 곧 법일 정도로 왕권은 거의 절대적이었다. 그렇다고 왕은 국민들을 마음대로 유린하거나 체통이 떨어지는 행위를 할 수 없었다. 어디까지나 국민의 보호자임을 명심해야 했고, 불자왕으로서 불교의 보호와 불교적 가치관을 준수해야 했다. 게다가 관습과 신하들의 조언에도 귀를 기울여야 했다. 한편으로는 관리들이 폭정을 일삼지 않도록 항상 환기시켜주는 역할도 했다. 버인나웅 시기에는 궁전 앞에 커다란 종을 걸어두어 억울한 일을 당한 국민들이 이 종을 울려 왕에게 직접 고할 수 있는 장치를 해 두기도 했다. 그리고 관리들은 문관과 무관을 따로 구분하지 않고 관리라면 누구나 문무에 능해야 했다. 따라서 평소에는 행정을 담당하다가도 전쟁이 나면 병졸을 이끌고 전쟁에 참여할 수 있어야 했다. 왕도 전쟁이 나면 군사를 지휘할 수 있을 정도로 병법과 무술이 뛰어나야 했다. 행정체계는 왕 아래에 각 지방의 영주들이 있어 이들은 왕명이행, 지방 통치, 종교단속, 치안과 세금징수 등의 일을 담당하고 있었다. 특별한 경우 지역 사정을 감안하여 왕의 직속 관리들을 더 파견해 두는 경우도 있었다. 냐웅얀 시기에 버고의 세금 징수관, 딴리엔에 무역선만 전문적으로 관리하는 관리를 파견해 둔 것이 그 예이다. 지방 영주 아래에는 고을 수령, 촌장 등이 있어 이들을 통해 왕명이 일반인들에게 전달될 수 있도록 했다. 모흐닌, 모가웅, 바모 등 좀 떨어진 산족 지역은 지역 촌장격인 소브와들이 통치하도록 했다. 이들은 몬순이 시작되는 6월과 몬순이 끝나는 10월[90], 그리고 매년 초 새해를 맞이하면 왕실에 조공을 바치는 것이 정례화 되어 있었다. 그리고 전쟁이 나면 주민들을 징집하여 왕에게 보내주어야 했다. 이러한 의무들을 제외한 모든 것들은 소브와들의 자율에 맡겨졌다.

경제는 농업을 위주로 하는 전형적인 농업국가였다. 버간 시기부터 비가 많은 지역에서는 천수답, 비가 적은 지역에서는 호수와 댐을 만들어 경작하는 관개농업을 주로 하였다. 농지는 크게 4종류로 구분할 수 있는데 그 대표적인 것이 쌀을 재배하는 논이다. 논은 우기가 끝나고 땅이 건조해졌을 때 벼를 심는 머인레와 우기의 습지에 심는 딴레두 종류가 있다. 딴레에 심는 벼에는 익는데 시간이 오래 걸리는 까욱지와 그다지 시간이 오래 걸리지 않는 까욱응에혹은 까욱인 두 종류가 있다. 다음으로는 물이 귀한 지역에 있는 일종의 반논반밭이 있다. 이곳에는 수수, 기장, 옥수수, 보리, 깨, 야자수 등을 재배한다. 그리고 밭에서는 각종의 콩, 호박, 오이, 가지, 마늘, 배추 등 각종의 야채를 재배한다. 냐웅얀 시기에 와서는 담배도 재배하게 되었다. 그리고 과수원으로 정의할 수 있는 농지가 있었는데 이곳에서는 빈랑나무를 가장 많이 재배했으며, 망고, 코코넛 등 각종의 과일들을 재배했다. 농사에는 소를 비롯하여 괭이, 호미 등 각종의 도구를 사용했으며, 염소, 닭, 돼지, 오리 등의 가금들을 사육했다. 농부 외에도 도축자, 포수, 어부, 수공예업자, 화가, 벽돌공 등 직업종류도 다양했다. 외국과의 무역도 점점 더 활성화되었다. 초기에 외국인들이 관심을 보이던 품목은

---

90) 몬순(Monsoon)은 인도양에서 습기를 품은 무덥고 습한 바람이 인도 및 동남다 쪽으로 몰아치는 시기이다. 따라서 미얀마에서는 우기(雨期)가 시작되고, 7월부터 3개월간은 불교식 사순절(四旬節) 시기가 된다. 승려들은 우안거(雨安居)에 들어가고, 10세 전후의 아이들은 승려생활을 맛보는 쉰쀼(Shinpyu)의식이 치러지고, 젊은이들은 불교의 계(戒)를 받는 시기로 활용한다. 일반 신도들은 결혼이나 이사 등의 번잡한 행사를 금(禁)하는 시기이다. 우기가 끝나는 10월이 되면 생기를 다시 찾는 달이다. 우안거도 끝나고, 축제의 분위기가 다시 무르익는 시기가 된다. 이 때는 장장 5개월 여의 우기도 끝나는 시기로 결혼을 약조한 젊은 쌍들은 금기시 되었던 결혼식을 올릴 수 있어 그 기쁨이 배가(倍加)되는 때이다.

금, 은 등이었고, 따웅우 왕조에 들어와서 유럽인들은 루비를 비롯한 각종 의 보석류 외에도 상아, 왁스 등을 사 갔으며, 냐웅얀 시기에 와서는 석유, 티이크목, 후추 등이 각광 받았다. 외국인들이 가지고 온 것은 향수, 카펫, 의류 등이었다. 이들의 주요 정박지는 딴리엔, 먀욱우, 모뜨마였다. 육로를 통해서는 중국과도 거래가 활발하게 이루어졌는데, 이들은 차, 비단, 고산지 사람들을 상대로 소금 등을 가져와 미얀마의 제이드, 면사 등을 구입해 갔다.

사회계층은 대략 4계층으로 분류할 수 있다. 왕, 귀족, 평민, 노예가 그것이다. 왕 계층에는 왕비와 왕의 가족들이 포함되며 거의 특권을 행사하는 계층이다. 귀족을 포함한 모든 하위 계층 사람들은 이들에게 복종과 경의를 표해야 했다. 아무리 부자라 할지라도 왕족이 사는 집, 왕족이 입는 옷과 장식, 왕족이 먹는 음식을 먹을 수가 없었다. 평민 계층에는 농민을 비롯해 상인, 직공 등이 포함된다. 노예 계층은 사원소유 노예와 개인 소유 노예로 대별되며 기능은 버간 시기와 흡사했다.

문학적으로는 4음절 시가 처음 소개되었으며, 버간 시기 시작된 버마어로 된 문학이 계속 발전되었다. 잉와 시기에는 애정문학, 에친(ဧခ င း)91)이 나타났다. 에친의 유명한 작가는 라카인의 아두민뇨, 잉와의 뜨킨트웨 등이다. 이 외에도 잉와 시기에는 서사시, 연대기도 저술되었다. 유명한 작가로는 승려출신의 신옥뜨마쪼, 신마하띠라원따 등이 있다. 따웅우 시기에 와서는 에친과 함께 서정시들도 많이 만들어지는데 작가로는 나와데이, 낫신나웅 등이 대표적인 사람이다. 냐웅얀 시기에 와서도 문학은 계속 번성하는데 뻐데뜨야자, 우끌라 등이 유명하다. 뻐데뜨야자는 서사시 외에도 전원풍경을 노래한 작품들을 많이 남겼고, 우끌라는 왕조사를 펴낸 것으로

91) 자장가 형식으로 왕자에게 들려주는 노래로 '에'로 시작하여 '에'로 끝나는 것이 특징이다. 내용은 선왕의 업적과 영광을 찬미하고 있다.

유명하다. 이러한 문학활동이 가능했던 것은 전쟁없는 나날이 장기화되면서 엄격한 규율대신에 개인의 취향대로 생활할 수 있었기 때문이다. 뜨닌가누웨왕이 통치했던 1714~1733년에는 훌륭한 작품들이 많이 나왔다. 이 때가 바로 쁘데뜨야자와 우끌라가 활동했던 시기이다.

5. 라카인

• 나라메익흘라(1404~1434)

1404년 잉와의 군대에 의해 추방당한 나라메익흘라는 벵갈의 한 이슬람 왕국으로 피신하여 그곳 왕으로부터 융숭한 영접을 받았다. 이후 라카인은 버고와 잉와에게 차례대로 유린되는 상황을 맞았고 1430년 나라메익흘라가 벵갈의 도움으로 왕위를 다시 차지함으로서 새로운 전기를 맞는다. 나라메익흘라는 당시 수도였던 라웅쩻이 외부인들에 지나치게 노출되어 있어 수도로서는 좋지 않다고 판단하여 므로하웅(묘하웅, 먀욱우)으로 왕실을 옮기기로 했다. 비록 한 예언자가 천도하면 왕의 수명이 끝날 것이란 예언에도 불구하고, 결국 나라메익흘라는 천도 후 1년이 못돼 죽고 말았다. 하지만 입지 좋은 항구와 평야, 그리고 교통수단이 되는 수로들이 있는 므로하웅은 4세기 동안 라카인의 수도로 지속되었다. 나라메익흘라와 함께 들어온 벵갈의 무슬림들은 므로하웅에 산디흐칸 모스크를 건립하는 등 라카인에 이슬람교를 이식하는데 선구자적인 역할을 하였다. 이 시기 이후 라카인 왕들은 비록 불교도라 하더라도 자신들의 고유 이름 외에 이슬람식 이름과 코란의 내용을 새긴 메달을 패용하고 다녔다.

나라메익흘라가 죽자 동생 **아리칸**(1434~1459)이 왕위를 계승하여 라무(Ramu)를 차지하는 등 영토를 확장했다. 이어 **바소퓨**(카리마 사하,

1459~1482)가 즉위하여 치타공을 손아귀에 넣어 치타공은 이후 1666년까지 라카인의 지배를 받았다. **민빈**(1531~1553)왕 통치기에는 포르투갈과 따웅우의 공격으로 또 다시 수난을 겪는다. 민빈 초기에는 포르투갈의 잦은 침입으로 애를 먹고 있었다. 게다가 따웅우의 뜨빈슈웨티 공격에 민빈은 속수무책으로 당하고 있어야 했다. 공격이 잠시 뜸해진 틈을 타 민빈은 재침에 대비해 수도 주변에 방책을 치고 호를 파 적들이 쉽게 들어오지 못하도록 했다. 이렇게 하여 라카인에 대한 따웅우의 공격이 더 이상 용이하지 않게 만들었다. 하지만 민빈은 뜨빈슈웨티에게는 무력했지만 북부의 라무와 치타공의 통치는 여전히 이어가고 있었다. 이 지역들에서는 민빈의 이름이 박힌 동전이 통용되고 그의 흉내를 내는 술탄들이 생겨나기도 했다. 치타공은 유능한 선원을 양성하는 장소로 활용되기도 했다. 민빈은 므로하웅에 시타웅, 두카테인, 레메뜨나, 슈웨다웅 등 많은 파고다를 세우고 안도 파고다에는 스리랑카에서 가져 온 부처의 성치를 보존하기도 했다.

포르투갈 선박의 무단 입항과 침입으로 곤욕을 치르기도 했지만 포르투갈인들과의 접촉은 라카인의 항구를 번성시키는 계기도 마련했다. 급기야 라카인은 포르투갈인들을 용병으로 받아들여 이들을 최대한 활용한다. 비록 포르투갈인들 사이에서는 적과 아군이 구분되지 않아 혼란스러운 면도 있었지만 라카인군에 편입된 포르투갈인들은 용병역할을 훌륭히 해낸다. 이렇게 병력을 보강한 라카인이 미얀마의 세력 균형의 한 축으로 행사하며 역사의 전면에 부각된 시기는 **민라자지**(1593~1612) 시기이다. 민라자지는 포르투갈 용병 드 브리뚜를 앞세워 버고를 침공하는 대담함을 보였다. 빠라보 파고다는 자신의 힘을 과시하여 만든 파고다이다. 만라자지의 뒤를 이어 **민호카마웅**(후세인 사, 1612~1622)이 왕위에 올랐다. 민호카마웅은 한 때 세력이 커진 드 브리뚜에게 감금된 적이 있었다. 하지만 풀려난 뒤부터 싯뜨웨 주변 섬들을 본거지로 하는 포르투갈 해적을 소탕

하는 데 전력을 다했다. 당시 싯뜨웨 주변 섬들은 주변에 널려 있는 풍부한 나무를 이용하여 쉽게 배를 건조할 수 있는 입지를 갖추고 있었다. 이 지역이 일단의 포르투갈 용병들에게 점령당하자 민흐카마웅은 네덜란드의 도움을 받아 그곳의 포르투갈인들을 격퇴하여 1617년에 싯뜨웨를 되찾았다.

이후로 포르투갈인들은 라카인의 적이 되지 못했으며 치타공에 국한하여 주거지를 형성하여 이 곳 사람들과 혼교하며 살았다. 위에서 언급한 것과 같이 그 동안 포르투갈인 중 일부는 라카인 왕과 협력하여 라카인의 적을 무찌르는 데 공조하였고 일부는 라카인에 대항하여 싸웠다. 라카인이 싯뜨웨 외에도 노아칼리(Noakhali), 바케르곤지(Bakergonj), 그리고 캘커타 남부 삼각주를 손아귀에 넣고 다카 등지를 공략하는데 조력했다. 하지만 라카인군에 편입되지 않았던 포르투갈인들은 대부분 마그(Magh)라 불리는 해적이 되어 마을을 침입하여 주민들을 잡아 놓고 몸값을 요구하기도 했다. 이런 행위는 이들 사이에서 세금을 걷는 일이라고 일컬었다. 실제로 세금 장부를 가지고 있기도 했다. 이들의 행위는 영국이 해상 경찰 역할을 할 때가 되어서야 수그러들었다. 그러나 이러한 해적 행위의 잔재는 여전히 남아 1795년에는 미얀마 왕의 배를 강탈하여 선내에 있는 모든 물품에 10%의 세금을 강제로 부과하기도 했다. 지금도 바케르곤지의 남동 끝 부분에 위치한 4~5개의 섬에는 당시 이들이 노예로 잡아간 라카인인들의 후손이 살고 있다. 이들은 여전히 라카인어를 사용하며 전통복장을 하고 생활하고 있다.

• 산다투담마(1652~1684)

산다투담마왕은 지나마나웅, 테짜마나웅, 라타나마나웅, 슈웨짜테인 파고다 외에도 므로하웅에 로가무 파고다를 건립하는 등 라카인에 불교를 부흥시킨 왕으로 알려져 있다. 특히 산다투담마는 네덜란드 식민 개척자들과 우호를 돈독히 했다. 재임 말기에는 라카인에 불교 전파를 부탁하기 위해 40명의 승려들을 스리랑카로 파견했다. 이때 네델란드군이 승려들을 호위했다. 당시 네덜란드인들은 포르투갈의 영향력이 되살아나는 것을 우려하여 라카인에 적극 협조한 것으로 보인다.

1626년 므로하웅에 지사를 두었던 네덜란드의 동인도 회사는 태평양의 향료 무역보다 수익성이 적었을 때를 제외하고는 1600년대 말까지 존속했다. 1660년경에는 라카인에 정교한 주화가 만들어졌다. 이것은 내륙 미얀마에서 1861년이 되어서야 만들어진 것에 비하면 2세기나 앞선 것이다. 그 이전에 내륙 미얀마의 민군 파고다에 안치된 메달의 주조 기술도 1785년에 라카인에서 배워 온 것이었다. 이러한 메달은 라카인에서는 이미 10세기에 왕위 즉위식 때 사용되었다.

한편 1660년 인도 무굴 제국의 황제 아우랑지브의 동생인 수자는 왕위 쟁탈전에서 패한 후 도망을 쳤다. 그는 메카에서 성스럽게 죽을 것을 각오했다. 이 소식을 들은 라카인 왕 산다투담마는 그를 메카까지 데려다 줄 것을 약속했다. 그리하여 수자는 거대한 배를 타고 라카인에 당도했다. 그러나 수자가 아름다운 딸과 여섯 마리의 낙타등에 가득 실은 금은 보화를 가지고 라카인에 도착했을 때 산다투담마는 큰 유혹에 빠졌다. 그렇게 많은 부는 이전에 본 적이 없었기 때문이다. 왕은 수자의 딸을 자신의 아내로 줄 것을 요구했다. 그러나 수자는 무굴 제국의 자존심과 무슬림이 비무슬림과 결혼한다는 것은 있을 수 없는 일이라며 거절했다. 이 말에 화가 난 산다투담마는 수자에게 3일 이내에 라카인을 떠나도록 명령했다. 배도 압수당하고 수자가 데리고 온 사람들도 사실상 포로가 된 것이나 다름없었다. 수자는 수도에 있는 무슬림들을 부추겨 폭동을 일으킬 것을 독려했다. 그러나 왕궁에서 이를 먼저 눈치 채고 즉각 그들을 격파했다. 수자는 이 과정에서 사라져 버렸다. 이리하여 왕은 수자의 보화를 차지하였고 그의 딸은 왕실 규방에, 가족의 나머지는 감옥에 투옥시켰다. 그리고 일 년 후 수자의 딸을 포함해 수자 가족 모두를 처형시켜버렸다.

하지만 1665년 마그의 해적 행위를 근절시킨다는 명분으로 인도 아웅라지브 황제는 무굴 제국의 벵갈 지역 총독인 사이스타 칸으로 하여금 함대를 출동시켜 싯뜨웨를 봉쇄하고 주민들을 내몰았다. 1666년에는 288척의 배와 6500명의 군사를 동원하여 치타공과 라무(Ramu) 를 점령했다. 그는 현지에 있었던 라카인인 중 2000명을 붙들어 노예로 팔아 버렸다. 당시 그 곳에 주둔해 있던 라카인 군대는 도주했다. 미처 도주하지 못한 군인들은 이전에 라카인군에 의해 끌려와 노예 생활을 하고 있던 벵갈 무슬림들의 공격을 받고 뿔뿔이 흩어지고 말았다.

치타공의 함락은 벵갈에 커다란 기쁨을 가져다주었다. 이것은 동시에 라카인에 커다란 치명타를 입히는 결과가 되었고 이로 말미암아 라카인의 영화는 다시 회복할 수 없게 되었다. 여전히 인간의 발자취가 드물었던 라카인 하부 삼각주 지역으로 라카인의 도망자들이 찾아 들었다. 이 지역은 이후 라카인 사람 뿐만 아니라 바다를 공략하려는 온갖 종족의 잡동사니가 모여드는 곳이 되었다. 라카인은 치타공 뿐만 아니라 라무조차도 다시 회복시키지 못할 정도로 급격히 쇠퇴했다.

이처럼 산다투담마의 통치기가 라카인의 절정기라 한다면 그의 사후 라카인은 혼란의 연속으로 이어진다.

이제 라카인은 수자의 뒤를 따랐던 사람들에 의해 좌우되는 지경에 이르렀다. 수자의 뒤를 따르는 사람들은 상부 인도로부터 계속해서 불어났고, 힘 또한 강력해져 자신들 뜻대로 왕을 갈아 치웠다. 1692년 이들은 왕궁을 불살라 버리고 이 후 20년 간 라카인 전역을 돌아다니며 파괴와 약탈을 자행했다.

마침내 **산다위지야**(1710~1731)란 새로운 왕이 등극하면서 이들의 행위도 종말을 고하게 되었다. 그는 이들을 라므레(Ramree) 지역으로 추방시켰다. 이 후 이들의 후손들은 라므레 외에도 아짭(싯뜨웨) 주변 지역에서 까만이란 이름으로 살고 있었는데, 지금도 여전히 라카인 말을 사용하며 종교는 이슬람을 믿으며 지내고 있다.

산다위지야가 살해당해 죽자 라카인은 또다시 혼란의 도가니로 화했다. 이어지는 왕들도 피살의 연속이었고 마을과 마을은 싸움의 연속이었다. 미얀마의 연대기에 보면 각 지역이 수세기 동안 지진에 시달렸다는 기록이 나오는데 1760년대 초반 라카인은 지진이 유별났던 것 같다. 이 지진으로 혼란이 더욱 가중된 것이 아닌가 여겨진다.

라카인의 마지막 왕 **타마다**(1782~1785)는 과거 인도 무슬림의 유배지였던 라므레 출신으로 이전의 왕들보다 더욱 자율권이 제한되었다. 왕권이 약하다 보니 권력을 두고 심한 내란이 일게 되었다. 이러한 상황을 탈피하기 위해 일단의 귀족들이 잉와에 중재를 요청하러 갔다. 그들의 의도가 진정한 애국심에서 우러나온 것인지 혹은 잉와를 등에 업고 자신들이 권력을 잡기 위한 의도였는지는 판단하기 어렵지만 어쨌든 당시 꼰바웅 왕조의 미얀마 왕인 보도폐야는 흔쾌히 이를 수락했다. 그리하여 라카인에 군대를 파견하였고, 이들을 내정을 진정시키는 구원자로 여긴 라카인인들은 열렬히 환영했다.

제7장

꼰바웅 왕조와 제국주의

1. 꼰바웅 왕조[92)]

• 알라웅폐야(1752~1760)

이제 모소보를 '황금 사령관'이란 뜻을 가진 슈웨보로 바꾸고 우아웅제야 자신은 '부처가 될 왕'이란 의미의 알라웅폐야로 칭호가 바뀌었다. 그를 '내세의 불법(佛法)왕'이란 의미의 알라웅민떼야라고도 불렀다. 알라웅폐야는 뜨가웅, 버간, 잉와, 따웅우를 잇는 미얀마의 새로운 왕이라 선언했다. 그리고 이전의 버간, 잉와, 버고는 수도로서의 명이 다했음을 역설하면서 슈웨보를 통일왕국 미얀마의 새로운 수도로 삼을 것을 선언했다. 그를 따르는 모든 사람들은 이러한 알라웅폐야의 선언에 지지를 보냈다. 민돈 같은 멀리 떨어진 지역의 촌장도 사병을 이끌고 알라웅폐야의 휘하에 들어오

92) 서구와 기존의 일부 문헌에는 이 시기의 미얀마를 여전히 잉와로 부르고 있다. 그 근거는 알라웅폐야가 일어났던 지역이 잉와의 영토 내에 있었고, 알라웅폐야 자신도 잉와를 잇는 왕이라고 선언한 데 따른다. 하지만 알라웅폐야는 이미 잉와를 수도로 하던 따웅우가 몰락한 후 등장한 왕일 뿐만 아니라 슈웨보를 새로운 수도로 정한만큼 계속해서 잉와라고 부르는 것은 적합하지 않다. 게다가 꼰바웅 왕조는 알라웅폐야의 가계가 그대로 이어지고 있으며 왕조 후기에 이르러 몬, 샨, 라카인 등 대부분의 지역들이 이 왕조 내에 들어와 새로운 통일왕국이 조성되므로 잉와라고 부르는 것은 온당치 못하다.

는 등 많은 사람들이 알라웅폐야 주위에 모여들었다. 알라웅폐야는 이들을 군사력, 개인의 지도력에 따라 계급을 부여하여 일사불란한 지휘체계를 확립했다.

오래지 않아 예견되었던 몬족이 다시 공격해 왔다. 떨라빤은 버고의 병력을 보강하여 전면전 태세로 공격해 온 것이다. 떨라빤은 군대를 4개로 나누어 슈웨보를 사방으로 쳐들어 왔다. 알라웅폐야는 이들을 겨우 막아내긴 했으나 5일 밤낮으로 엄청난 물리력으로 퍼부어 대는 떨라빤의 공격에 일부 방어벽이 심하게 손상되는 등 피해가 컸다. 자신감을 얻은 떨라빤은 1500명의 특공대를 선발하여 약해진 한 쪽 방어벽을 완전히 뚫도록 지시하고 다른 방면에서는 엄호공격을 하도록 했다. 드디어 특공대가 방어벽을 허물고 들어가 성문을 열려는 찰나였다. 하지만 알라웅폐야 군대도 만만치 않았다. 알라웅폐야군은 이쪽으로 쏜살같이 달려들어 다시 특공대를 물리쳤다. 이렇게 되자 떨라빤의 군대는 지치게 되었다. 떨라빤은 일단 퇴각명령을 내려 방어벽에서 약간 떨어진 지역으로 이동했다. 이 틈을 놓치지 않고 알라웅폐야는 뒤쫓아 공격을 했다. 마침내 전열이 와해된 몬군은 도망쳐 에야와디 강어귀에 다다랐다. 이곳에서 뗏목을 이용해 버고로 도주할 생각이었다. 알라웅폐야는 더 이상의 추격을 멈추고 전열을 가다듬기 위해 슈웨보로 되돌아갔다. 이를 본 떨라빤은 도주할 생각을 바꾸어 다시 한 번 전열을 가다듬어 강둑을 따라 방어벽을 구축하여 슈웨보로 재 진입할 준비를 했다. 이것을 알아차린 알라웅폐야는 파견대를 보내어 떨라빤의 방어벽을 부숴 버렸다. 떨라빤은 또 다시 잉와로 퇴각했다.

이제 알라웅폐야는 이전에 반란을 일으킨 잉와의 장군과 그웨샨 지도자를 불러오게 했다. 그러나 이들은 거절했다. 화가 난 알라웅폐야는 즉각 군대를 동원하여 이들을 모조리 사살해 버렸다.

바야흐로 1752년이 저물어 가고 있었다. 년 초에는 국가 전체가 혼란

속에 빠져들어 혼미를 거듭했지만 알라웅폐야의 등장으로 이제 다시 국가 중심이 서고 치안도 회복되었다. 알라웅폐야는 잉와만 제외하고 샨족 지역을 포함한 상부 미얀마를 모두 수중에 넣었다. 슈웨보에는 튼튼한 성벽을 쌓고 호를 팠다. 궁전을 새로 지어 이곳에 기거했으며 많은 사원과 파고다도 세워 수도로서의 면모를 갖추었다. 국사도 새로 선정하여 종교적 전권을 위임하여 사이비 승려들과 퇴폐행위를 종식시키도록 했다. 알라웅폐야는 또 군대 내에서의 음주행위를 금지시킴으로서 군 기강을 확립하는 한편 일반인들의 학문을 진작시켜 열심히 연구하는 사람에게 보상과 명예를 주는 풍토를 조성했다. 그리고 60세 이상 된 사람들을 왕 또는 마을당국의 부역으로부터 해방시켜 주었을 뿐만 아니라 이들이 오계(五戒)를 지키면서 사원에서 나머지 생을 보낼 수 있도록 배려해 주었다. 그리고 왕 자신도 금욕생활과 성지순례를 정례화했다. 버인나웅 사후 왕권이 약화된 틈을 타 되살아났던 정령숭배와 관련하여 동물들을 도축하는 행위를 엄하게 중지시켰다.

1년여의 조직 정비와 휴식을 거친 알라웅폐야는 1753년 잉와로 진격해 들어갔다. 알라웅폐야가 성을 포위하자 떨라빤은 야밤을 통해 성밖으로 빠져 나와 강 쪽으로 도주해 버렸다. 알라웅폐야는 이러한 사실을 알아차렸지만 어차피 잉와만 탈환하는 것이 목적이었기 때문에 군더의 소모를 줄일 겸 뒤좇는 대신 성안으로 들어가 잉와를 쉽게 점령해 버렸다.

잉와를 거머쥔 알라웅폐야는 군사력의 확대를 위해 샨족 지역으로 들어갔다. 이곳에서 많은 소브와들과 혈맹을 맺고 샨족 사람들을 대거 휘하 군대에 들어오게 하여 군사 수를 늘렸다. 이제 알라웅폐야는 몬군이 잉와를 향해 올라오는 것을 막기 위해 잉와 하부의 길목에 큰아들과 셋째 아들이 지휘하는 군대를 주둔시켰고, 잉와는 둘째 아들에게 맡기고 자신은 샨 지역에 그대로 머물러 있었다.

알라웅폐야가 샨 지역에 있다는 사실을 안 떨라빤과 버냐달라는 강 상류로 올라와 잉와 아래에 주둔해 있던 슈웨보 군대를 격파한 후 잉와를 포위했다. 이 소식을 들은 알라웅폐야는 대규모의 군대를 이끌고 내려와 잉와를 포위한 적들을 배후에서 틀어막았다. 신호에 의해 성문을 열고 앞에서 공격하는 알라웅폐야의 아들 군대와 후면에서 공격하는 알라웅폐야의 군대에 의해 몬족의 버고군은 대패했고 떨라빤과 버냐달라는 버고로 도망쳤다. 한편 버고군에 패해 도주했던 슈웨보군 잔병들은 삐로 들어가 성문을 막아 일단의 버고군 잔병들이 입성하는 것을 저지했다. 이들은 뒤쫓아온 알라웅폐야에게 쉽게 제압되고 말았다. 알라웅폐야는 전열을 가다듬기 위해 버고로 도망치는 버냐달라 일행을 계속 쫓지는 않았다.

구사일생으로 버고로 되돌아 온 버냐달라 일행은 향후 대책을 논의했다. 하지만 몇몇 장군들은 버고는 더 이상 소생할 수 없다고 판단하여 알라웅폐야 편에 서기로 했다. 그리고 이전에 버냐달라가 잉와를 정벌하고 인질로 잡아온 마하담마야자디버디를 버고의 새로운 지배자로 추대하기로 모의했다. 그러나 이 사실을 알아차린 버냐달라는 모의를 도모한 장군들과 마하담마야자디버디를 붙잡아 처형시켜 버렸다.

그 동안 버고의 커져가는 세력에만 긴장했던 아유타야의 왕은 이제 알라웅폐야의 세력도 두렵게 여겼다. 하지만 근접해 있는 버고가 더 불안한 상대였다. 버고에는 여전히 프랑스군이 주둔하고 있었기 때문이다. 마침내 아유타야 왕은 한 가지 꾀를 내어 버고를 교란시키기로 했다. 치앙마이에 있는 보다께익디를 시켜 버냐달라가 자신을 배신했음을 몬족 사람들에게 알리는 편지를 쓰도록 부추겼다. 불청객 신세였던 보다께익디는 이 제안에 동의했다. 잘 되면 왕위를 다시 회복할 수 있다고 믿었기 때문이다. 그러나 주민들에게 뿌려질 이 편지는 중간에 알라웅폐야의 손에 들어갔다. 알라웅폐야는 치앙마이에 사신을 보냈다. 보다께익디를 돌려보내 줄 것과 치앙마이가 다시 미얀마에 편입한다면 공격하지 않겠다는 뜻을 전했다. 그렇지 않아도 알라웅폐야에 긴장했던 치앙마이 왕은 알라웅폐야의 휘하에 들어갔다. 알라웅폐야는 치앙마이의 지배자를 영주로 삼아 치앙마이를 계속 통치할 수 있도록 했고, 보다께익디는 자유롭게 생활할 수 있도록 보호해 주었다. 보다께익디는 그 후 천수가 다할 때까지 편안히 종교적 생활을 하다 생을 마감했다.

1752년 알라웅폐야가 버고를 물리쳤을 때 보르노는 버고에서 프랑스인들의 대표자 자격과 함께 버고 왕실의 정치, 군사 고문역할을 하고 있었다. 영국의 동인도 회사는 보르노의 영향력을 못마땅히 여겼다. 미얀마 남서 끝 지점 항구도시였던 응아뿌도를 영국이 선점하고자 노리고 있었는데, 버고와 결탁한 프랑스에 빼앗길 수도 있었기 때문이다. 하지만 프랑스의 입장도 불안하기는 마찬가지였다. 알라웅폐야에게 패한 버고를 계속해서 지원할 것인가가 고민이었기 때문이다. 만약 알라웅폐야가 버고를 완전히 점령해버린다면 자신들이 버고에게 공들인 의미가 없어지기 때문이다. 따라서 영국과 프랑스는 알라웅폐야가 하부 미얀마를 공격해 오기를 바랐다. 프랑스는 알라웅폐야에게 어느 정도의 무기를 선물하여 자신들의 입장이 유리해지도록 조처하였다. 하지만 알라웅폐야는 이 선물을 받았지만 프랑스를 경계했고, 응아뿌도에 있는 영국인에게도 사신을 보내어 그곳은 분명히 미얀마 영토임을 확인시켜 놓았다. 하지만 충분한 양의 무기를 공급해 준다면 응아뿌도를 사용할 수 있도록 해 주겠다는 제안을 했다. 그러나 영국은 무기제공을 주저하고 있었다.

드디어 1755년 알라웅폐야는 버고와 딴리엔을 치기 위해 하부 미얀마를 진격해 들어갔다. 우선 버고를 피해 그 하부에 있었던 다곤 항을 접수했다. 이를 기념하기 위해 다곤을 '적의 종식'이란 의미의 양곤으로 개명하였고, 슈웨디공 파고다 앞에서 승리 행진을 벌였다. 그리고 이 곳에서 영국, 프랑스 배 수 척을 억류했다. 이때 딴리엔에 있던 보르노가 찾아와 압류한 배를 돌려줄 것을 요구했다. 이에 알라웅폐야는 그 대가로 무기를 요구했다. 그러나 알라웅폐야가 보르노와 담판을 벌이는 사이 프랑스 배들은 닻을 올리고 출항해 버렸다. 이제 알라웅폐야는 남은 영국배들로 무기를 얻기 위한 협상을 벌여야 했다. 하지만 협상은 쉽게 끝나지 않았다. 배의 선장들은 여태까지 몬족을 상대로 무기를 팔아 왔고, 알라웅폐야가 딴리엔을 정벌할 수 있을지 확신이 서지 않았기 때문이다. 만약 알라웅폐야가 딴리엔을 정복하지 못한다면 알라웅폐야에게 무기를 판 자신들이 몬족으로부터 받을 항의와 피해가 염려되었기 때문이다. 하지만 알라웅폐야는 현재의 군대와 무기로는 서구 무기로 무장하고 있는 딴리엔을 정벌하기가 어렵다고 판단하고 꼭 협상을 성사시키고자 했다. 이러고 있는 사이 북서부의 마니푸르군이 미얀마를 공격해 들어오고 있다는 전갈이 왔다.

알라웅폐야는 군대 중 일부를 양곤에 남긴 채 급히 올라갔다. 이 틈을 타 딴리엔에 있던 버냐달라의 동생과 보르노는 군대를 이끌고 양곤을 공격해 들어갔다. 그러나 주둔군의 반격으로 양곤을 장악하는 데는 실패했다. 상황이 이렇게 되자 영국은 알라웅폐야를 돕기로 했다. 영국제 무기를 공급하겠다는 것이었다. 그 대가로 응아뿌도에 있는 영국인들의 신변보장을 요구했다. 그러나 알라웅폐야는 즉각적인 수락은 하지 않은 채 자신이 다시 딴리엔을 정복하기 위해 양곤에 도착하면 만나서 구체적으로 이야기하자고 했다.

알라웅폐야는 마니푸르 문제를 해결하고 수 천 명의 포로들은 미얀마에 정착하여 살게 했다. 생포된 마니푸르군은 알라웅폐야의 군대에 편입시켰고, 마니푸르의 점성술사들을 데려다 왕실을 위해 일하도록 했다.

1756년 알라웅폐야는 딴리엔을 치기 위해 또 한 번 양곤을 향했다. 그가 양곤에 도착하기 전에 양곤을 지키던 주둔군들은 이미 딴리엔과 버고를 연결하는 모든 통로를 봉쇄해 놓고 있었다. 그러나 항구는 보르노에 의해 계속 방위태세를 견지하고 있었다. 이때 알라웅폐야는 이전에 영국이 제시한 조건을 들어주겠다는 전갈을 웅아뿌도의 영국인에게 보냈다. 영국제 무기를 충분히 공급받은 알라웅폐야는 그 대가로 웅아뿌도에 거주하는 영국인들의 상주권을 인정해 주는 동시에 버떼인에도 공장을 지을 수 있도록 허락했다. 계속해서 알라웅폐야는 금종이에 친서를 써 영국 왕에게 양국의 우의를 도모하자는 내용의 서신을 보냈다. 이제 알라웅폐야는 대규모 공세를 펼쳐 딴리엔을 공격했다. 그러나 8개월여 간의 계속된 전투에도 불구하고 딴리엔의 방어벽은 무너지지를 않았다. 알라웅폐야는 또 다시 영국인에게 무기 공급을 요청했다. 그러나 이번에는 알라웅폐야가 원하는 만큼은 아니어서 불쾌했다.

한편 보르노는 전투력증강을 요청하는 전갈을 퐁티셰리에 보냈다. 알라웅폐야는 인도에 있는 프랑스 함대가 들어오기 전에 딴리엔을 넣어야 한다고 생각하고 특공대를 조직했다. 가장 날렵한 93명을 딴리엔의 성벽을 넘도록 지시했다. 이들이 바로 후에 딴리엔의 '슈웨보따'라 불리는 특공대였다. 특공대는 성벽을 기어올라 처참하게 총칼에 찢기면서도 끝내는 성안으로 들어가 성문을 바깥의 아군을 위해 열어 줄 수 있었다. 보르노와 프랑스 군인들은 반격을 펼쳤지만 곧 진압되었다. 다음날 알라웅폐야는 시장 거리에 가득 쌓아 놓은 포획한 금, 은 등의 전리품들을 살아남은 20여 명의 특공대원들과 전사한 특공대원 가족들에게 나누어주었다. 이삼일 후 무기와 식량을 가득 실은 프랑스 지원함 세 척이 도착하였으나 사기가 하늘을 찌를 듯한 알라웅폐야군에 의해 저지되고 말았다. 프랑스 지원군은 지원함 두 척을 남기고 되돌아가야 했다. 이제 포로가 된 보르노와 프랑스 장교 몇 명은 처형되었고 나머지 사람들 중 미얀마군의 복무를 희망하는 자는 받아들였고, 그 나머지는 상부 미얀마 슈웨보의 드 브리뚜 후예들이 사는 카톨릭 지역에서 살 수 있도록 해 주었다. 이 사람들은 드 브리뚜 이래 버인지(페린지)[93] 사람들이라 불리었다.

계속해서 알라웅폐야는 버고의 공략을 용이하게 하기 위한 교두보를 확보하기 위해 룬세를 점령했다. 이곳을 '재빠른 승리'란 뜻의 만아웅으로 개명했다. 알라웅폐야는 만아웅에서 영국 특사를 맞았다. 이제부터는 양국 간에 오해가 생기지 않도록 협의문을 작성했다.

1. 미얀마 왕은 응아뿌도를 비롯한 서남단 끝 지점에서 영국이 주도권을 가질 수 있도록 하는 동시에 버떼인에도 공장을 지을 수 있도록 허용한다.
2. 미얀마 왕은 동인도회사가 왕국의 어느 곳에서든 활동할 수 있도록 보장한다.
3. 영국은 매년 미얀마 왕에게 대포를 비롯한 화약, 총포를 선물 명목으로 공급한다.
4. 미얀마 왕은 동인도회사가 양곤에 대리점을 개설하는데 동의한다.
5. 외부의 적들에 의해 동인도회사가 피해를 입었을 때 왕은 이에 대한 배상을 한다.
6. 동인도회사는 어떤 경우에도 미얀마의 적들을 지원해서는 안 된다.

이제 알라웅폐야는 버고를 향했다. 버고의 길목에 이르자 몬족 승려들이 알라웅폐야를 찾아와 자신들이 전쟁을 중재할 뜻이 있음을 표했다. 그러나 알라웅폐야는 정중하게 거절했다. 이렇게 되자 전쟁의 승산이 없다고 판단한 버냐달라는 딸을 선물로 보내 와 항복할 의사를 밝혔다. 알라웅폐

93) 버인지는 '대왕'이란 뜻을 가지고 있으며, 과거 드 브리뚜의 영향력을 감안해 이렇게 불리게 된 것으로 여겨진다. 페린지는 버인지란 글자를 유럽인들이 잘못 발음한 데서 기인되었다. 양곤을 랑군 혹은 랭군이라 발음하는 경우와 같다.

야는 그녀를 성대하게 맞이했다. 하지만 떨라빤은 자신이 사랑하는 여자가 알라웅폐야에게 가는 것을 두 눈 뜨고 보고 있자니 미칠 지경이었다. 게다가 이러한 버냐달라의 결정을 못마땅하게 여긴 몇몇 몬 장군들은 연합하여 버냐달라를 축출했다. 사태가 심각하게 돌아가자 떨라빤은 버고를 빠져나와 싯따웅 지역으로 도주했다. 왕위를 차지한 장군들은 협상단을 불러들이고 성문을 닫아 버렸다. 그리고 알라웅폐야와의 일전을 선포했다. 하지만 이들도 알라웅폐야의 상대가 되지 못했다. 알라웅폐야군은 재빨리 성을 넘어 성문을 열었고, 몬족 저항군은 밀어닥치는 알라웅폐야군에 짓밟히고 살해되었다. 이로써 버고를 정복한 알라웅폐야는 버고의 왕족들을 데리고 슈웨보로 되돌아 왔다. 떨라빤도 곧 생포되었다. 알라웅폐야는 패배한 몬족들을 숙청하지 않고 이전 자신들의 위치에서 일할 수 있도록 배려해 주었다. 하지만 몇몇 몬족 장군들은 알라웅폐야의 지배를 인정하지 않고 여전히 모반의 기회를 엿보고 있었다.

버고를 정복한 군대가 숨돌릴 틈도 없이 마니푸르가 다시 미얀마를 공격해 왔다. 알라웅폐야는 이번에는 응전이 아니라 마니푸르를 완전히 정벌하기 위해 대규모의 군대를 이끌고 마니푸르로 향했다. 마니푸르 문제를 해결할 즈음 모반의 기회를 보던 몬족 장군들은 버고를 탈환 할 수 있는 절호의 기회로 보고 반란을 일으켰다. 하부 미얀마의 버마족들을 학살하고 버고의 새로운 영주를 몰아내 버렸다. 이를 진압하기 위해 알라웅폐야는 급히 말머리를 돌려 하부 미얀마로 향했다. 하지만 알라웅폐야가 버고에 도착했을 때는 하부 미얀마 곳곳에 주둔해 있던 알라웅폐야의 군대에 의해 반란이 진압된 후였다. 반란에 동조했던 많은 몬족 사람들은 알라웅폐야의 처벌을 두려워하여 아유타야 등 태국으로 도주해 갔다. 알라웅폐야는 이번 반란에 영국이 개입됐다는 보고를 받았다. 영국인들이 반란군들에게 무기를 공급해 주었다는 것이다.

알라웅폐야는 또 다시 영국에 실망했다. 반란에 간여한 사실 외에도 일전에 영국 왕에게 보낸 서신에 대한 회답이 오지 않는 것도 그 이유였다. 이는 영국이 자신을 정통성 있는 미얀마의 왕으로 보지 않거나 자신을 해치기 위한 음모를 획책하고 있는 것으로 판단했다. 알라웅폐야는 협약을 깬 동인도회사에 대해 더 이상 협약을 준수할 수 없다고 통보한 뒤 곧 바로 응아뿌도 등지에 있는 영국 공장을 불태우거나 폐쇄시켜버렸다. 그리고 영국인도 죽여 버리라고 명령했다. 하지만 버떼인의 영국인은 반란에 관련된 증거가 없었으므로 그대로 두었다.

알라웅폐야는 이제 숨을 좀 돌리고자 했다. 계속된 전쟁으로 국민들도 매우 지쳐 있었고, 내부 정리도 시급했기 때문이다. 하지만 몬족들이 태국으로 계속 도주하고 있는 한 안심할 수 없는 입장이었다. 이들이 태국의 도움으로 또 다시 반란을 일으킬 수 있기 때문이다. 알라웅폐야는 태국의 수장격인 아유타야의 태도를 확실하게 해 놓기로 했다. 그래서 우선 아유타야에 몬족 반란자들을 인도하라는 요구를 했다. 그러나 아유타야는 알라웅폐야의 요구를 묵살하고 곧 방벽을 보수하고 이전에 미얀마가 쳐들어왔던 길을 따라 군사를 매복시키는 등 미얀마와의 한 판 전쟁에 대비했다. 그러나 전쟁은 태국에서 먼저 걸어왔다. 뜨닌다리의 중심도시이자 무역항으로 각광받던 드웨를 공격해 온 것이다. 드웨는 따웅우 왕조의 버인나웅 이후 태국이 관할하다 국제적 항구로서 부각되면서 프랑스가 거의 전권을 행사하는 지역이 되어 있었다. 아유타야가 드웨를 공격한 이유는 대략 두 가지였다. 하나는 이곳을 자신의 영토로 확실히 못을 박는 동시에 이에 대한 알라웅폐야의 반응을 보고자 했던 것이다. 아유타야는 일단의 병사들을 드웨로 진격시켰다. 아유타야의 군대가 드웨에 들어왔다는 전갈을 받은 알라웅폐야는 직접 군대를 이끌고 뜨닌다리 해안을 따라 들어가 순식간에 드웨를 장악해버렸다. 이어 곧바로 북(동)의 아유타야를 향했고 마침내 아유타야를 포위했다. 아유타야는 본진을 북서 방면에 거의 올인하여 미얀마의 공격에 대비하고 있었기 때문에 허를 찔린 것이다. 때는 1760년 4월로 몬순의 악천후가 얼마 남지 않은 시기였다. 따라서 알라웅폐야는 몬순이 닥치기 전에 아유타야의 문제를 해결하고자 했다. 아유타야에 사신을 보내 자신은 앞으로 부처가 될 사람인 동시에 더 이상의 유혈 사태를 원치 않는다는 내용과 함께 아유타야의 항복을 요구했다. 그러나 아유타야의 왕은 "우리가 살고 있는 이곳 지상에는 오직 다섯 명의 부처만 출현한다 했다. 그 중에 네 명은 이미 출현했고 다섯 번째 올 부처는 현재 신의 보호 속에 있다."라고 하면서 항복할 의사가 전혀 없음을 통보해 왔다. 화가 난 알라웅폐야는 공격을 펼칠 채비를 차렸다. 알라웅폐야가 공격할 움직임을 보이자 아유타야왕은 갑자기 사신을 보내 와 평화협상을 맺자고 제안했다. 알라웅폐야는 이를 거절했다.

전열을 가다듬고 마지막 점검을 하던 중 엉뚱한 사태가 발생했다. 알라웅폐야가 갑자기 쓰러졌기 때문이다. 당시 태국의 문헌에 따르면 알라웅폐야가 포를 검열하다 오발된 포탄에 맞아 쓰러진 것으로 기록하고 있다. 하지만 미얀마 문헌에는 그가 급성 이질에 걸렸다고 기록되어 있다. 어쨌든 알라웅폐야는 실신상태에 빠져들었다. 이렇게 되자 장군들은 알라웅폐야가 쓰러진 사실이 태국 뿐 아니라 아군에게도 알려지지 않도록 보안에 신경을 곤두세워야 했다. 마침내 민카웅노야타 장군이 지휘하는 5000명의 군대만 남긴 채 미얀마는 후퇴해야 했다. 알라웅폐야를 커튼으로 가린 마차에 실어 조용히 후퇴했다. 알라웅폐야 일행이 따톤(သထုံ)에 도달했을 때 알라웅폐야는 숨을 거두었다. 장군들은 이 사실을 여전히 숨긴 채 은밀하게 슈웨보로 전령을 보내어 알라웅폐야의 맏아들에게 통보했다. 이러는 사이에도 장군들은 알라웅폐야가 살아있는 것처럼 위장하기 위해 밤낮으로 번갈아 가면서 왕의 마차로 가 직접 작전을 통보 받는 것처럼 행동했다.

거의 보름동안이었다. 한편 적진에 남아 있던 민카웅노야타는 아유타야와 몬족 연합군의 공격을 막지 못하고 후퇴했다. 하지만 재공격을 위해 슈웨보로 오지 않고 하부 미얀마에 머물렀다.

태국의 정복을 눈앞에 두고 알라웅폐야는 46세의 나이로 세상을 떠나고 말았다. 이렇게 죽음으로서 알라웅폐야는 국민들을 애국열에 들끓게 하는 데는 성공했지만 국가란 확고한 틀 내에서 국민들이 긴장을 풀고 평화스럽게 살게 하는 데는 실패한 왕이 되고 말았다. 하지만 비록 8년이란 짧은 기간 동안의 통치였지만 그 동안 미얀마는 많이 달라져 있었다. 따웅우왕조의 몰락과 함께 붉어져 나온 분열과 내란으로 국민들은 불안하고 부끄러운 모습 그 자체였으나, 1760년 알라웅폐야가 죽었을 때 국민들의 모습은 단합되고 강력한 국가의 한 일원이 되었음을 자랑스럽게 여기고 있었다.

• 나웅도지(1760~1763)

알라웅폐야가 살았을 때 자신이 죽으면 여섯 아들이 차례로 왕위를 지키도록 말한 적이 있다. 게다가 공식적인 후계자를 지명해 놓지도 않았기 때문에 맏아들 나웅도지가 왕위에 앉았다. 그러나 나중에 신뷰쉰(신퓨쉰)이라 불리게 된 둘째 아들 메두는 자신이 왕위계승의 적격자임을 내세우며 나웅도지의 왕위계승을 반대했다. 메두는 성격이 급했지만 용맹스러워 알라웅폐야의 아유타야 정벌 당시 군사령관으로 동행했으며, 알라웅폐야가 죽은 후 사실상 군 지휘권을 행사하고 있었다. 메두는 아유타야를 다시 공격해야 한다는 의견을 강력히 제기했고 다른 장군들에게 자신이 왕위에 오를 수 있도록 지지해 달라는 부탁도 했다. 그러나 장군들은 이를 거절했다. 이렇게 되자 평소 나웅도지가 꺼리고 있던 민카웅노야타 장군에게 희망을 걸었다.

자신의 왕위 찬탈을 음모하고 있다는 소식을 접한 나웅도지는 급히 메두와 민카웅노야타를 불러들였다. 메두는 순순히 슈웨보로 왔다. 나웅도지는 어머니의 간곡한 청과 메두가 용서를 빎으로서 용서해주었다. 한편 민카웅노야타는 나웅도지의 의도를 짐작하고 슈웨보로 가는 것을 지연했다. 참지 못한 나웅도지는 민카웅노야타를 강제로 체포해서 데려오도록 했다. 민카웅노야타는 메두로부터 협조부탁은 받았지만 수락은 하지 않은 상태였다. 하지만 민카웅노야타는 틀림없이 왕이 자신을 죽일 것이라 생각하고 처신을 숙고했다. 사실 민카웅노야타는 1752년까지만 해도 평범한 촌부에 불과했다. 그러나 주군이자 친구인 알라웅폐야와 함께 전쟁터에 나가 혁혁한 공을 세움으로서 오늘에 이른 것이다. 아래 글은 당시 자신의 심경을 피력한 것이다.

> 나는 원래 평범한 시골 사람에 불과했다. 그러나 몬족의 반란과 왕국이 분열될 지경에 이르자 친구 알라웅폐야를 도와 어지러운 형국을 바로 세우기 위해 검을 들었다. 나는 그를 기어이 왕으로 만들었고 그가 필요한 곳에서는 언제든지 목숨을 걸었다. 그러나 이제 나의 곤경을 구해 줄 수 있는 유일한 나의 왕은 이 세상에 없으니....이제 후회와 공포를 더 이상 느끼고 있을 시간이 없다. 그러니 나는 나대로의 방식으로 싸워야 한다.

민카웅노야타는 추종자들을 이끌고 잉와로 진격했다. 간단히 잉와의 성을 손아귀에 넣었지만 곧 들이닥친 나웅도지의 공격을 받고 죽음을 맞이했다. 나웅도지의 처리방식에 불만을 품은 따웅우 영주는 반란을 도모했다. 그러나 이 또한 쉽게 진압되었다. 나웅도지의 삼촌이었던 영주는 용서를 빌어 목숨을 살려주는 동시에 그대로 따웅우를 통치하게 했다.

국내의 반란 세력을 정리한 나웅도지는 내정을 공고히 하고자 했다. 그러나 또다시 전쟁을 치를 수밖에 없는 상황이 생겼다. 다름 아니라 치앙마이가 아유타야에 구원을 요청해 독립하려 했기 때문이다. 과거 알라웅페야가 목숨을 살려줬던 떨라빤을 사령관으로 초청하여 나웅도지에 반기를 든 것이다. 나웅도지는 군대를 파견하여 치앙마이를 점령했다.

이후 나웅도지가 죽을 때까지 큰 전쟁 없이 지냈다. 이제 나웅도지는 왕국 내 각 지역을 돌면서 영주들의 충성을 확인했으며 남는 시간은 성지 순례를 하면서 여생을 보냈다. 1763년 3년여의 재위기간을 보내고 단지 12개월 된 아들을 하나 남겨 놓은 채 죽음을 맞이했다. 이제 몌두가 왕위를 계승하는 데는 이론의 여지가 없었다.

• 신뷰쉰(1763~1776)

몌두는 왕위에 앉자 자신의 이름을 '백상의 지배자'란 의미의 신뷰쉰으로 개명했다. 그리고 수도도 슈웨보에서 잉와로 옮겼다. 잉와는 미엣웅에 강을 따라 펼쳐진 짜욱세 평야가 인접한 곳으로 따웅우 왕조의 따룬왕 이래 줄곧 수도로 이어져오면서 명실상부한 상부 미얀마의 중심 도시가 되어 있었다. 그리고 알라웅페야가 잉와를 점령한 이래 몌두가 통치해왔던 지역이기도 해 익숙한 곳이었다. 이것은 내륙 깊숙히 위치한 슈웨보보다 수도로서 더 좋은 조건이었다.

신뷰쉰이 왕위에 오르자 아유타야의 왕은 신뷰쉰이 공격해 올 것을 우려했다. 그래서 치앙마이와 연합해 신뷰쉰에 대항코자 했다. 이를 눈치 챈 신뷰쉰은 군대를 이끌고 치앙마이를 공격했다. 단숨에 치앙마이를 장악한 신뷰쉰은 따웅우 왕조의 난다버인 시기 아유타야에게 뺏겨 태국의 속령으로 있던 라오스까지도 수중에 넣었다. 일이 이렇게 되자 아유타야의 왕은 드웨의 몬족 영주와 다시 연합하였고 드웨는 독립을 선포해 신뷰쉰의 공격을 기다리고 있었다. 그러나 드웨는 신뷰쉰의 상대가 되지 못했다. 드웨를 평정한 신뷰쉰은 이제 아유타야와 본격적인 전쟁을 벌일 채비를 갖추었다.

모든 준비가 끝나자 신뷰쉰은 전쟁개시를 선언했다. 라오스에 머물고 있던 군대는 마하노야타가 이끌고 위에서 공격하고, 드웨에 있는 군대는 마하띠하가 인솔하여 아래서 공격해 들어가도록 했다. 신뷰쉰은 잉와에 그대로 남았다. 중국과 윈난의 태도가 수상했기 때문이다. 북진하는 군대는 아유타야가 미리 매복하고 있을 것을 예견하여 이전에 알라웅폐야가 갔던 길과 다른 길을 택했으며, 남진하는 군대는 배를 타고 메콩강을 따라 내려왔다. 그러나 이 두 군대가 아유타야에서 만나는 데는 거의 1년이 넘게 걸렸다. 이들 군대들은 도중에 있는 지역들을 정복하여 군인들을 징병하는 등 군사력을 더욱 보강해야 했기 때문이다.

1766년 1월 드디어 군대들은 아유타야 부근에서 만났다. 군인의 숫자도 약 5만 명으로 불어났다. 이 숫자는 태국이 집결한 것과 비슷한 규모였다. 그러나 전력 면에서는 태국이 우세했다. 왜냐하면 미얀마 군대는 계속된 전쟁과 오랫동안의 행군으로 지쳐 있는 데다 군인의 많은 부분이 치앙마이, 라오스 그리고 중간에 점령한 지역에서 차출되었기 때문에 충분히 훈련받지 못한 상태였다. 반면 태국은 미얀마의 공격을 기다리는 동안 충분히 훈련하고 휴식을 취할 수 있었다.

드디어 전쟁이 개시되었다. 미얀마는 군대를 좌·우측으로 이분하여 성을 공격하도록 했다. 태국은 미얀마의 우측 부대를 집중 공격했다. 미얀마의 우측 부대는 후퇴할 수밖에 없었다. 그러자 자신감을 얻은 태국군대는 성 밖으로까지 나와 후퇴하는 미얀마부대를 추격했다. 이때 미얀마의 좌측 부대는 우측을 추격하는 태국군을 뒤에서 집중 공략했다. 후미에서 급습을 당한 태국군은 혼비백산하여 성안으로 급히 되돌아갔다. 태국이 전열을 가다듬는 사이 미얀마의 우측부대도 전열을 다시 재정비했다. 얼마 후 미얀마가 포를 쏘는 것을 신호로 전쟁은 다시 시작되었다. 그러나 큰

성과는 없었다. 미얀마는 작전을 바꾸어 육로와 수로를 이용하여 도시 전체를 에워싸기로 했다. 하지만 성을 뚫기가 여간 쉬운 일이 아니었다. 전쟁은 4개월 동안 계속되었고 드디어 몬순이 닥쳤다. 태국은 미얀마가 되돌아갈 것이라고 생각했으나 미얀마는 오히려 높은 지역에 벽돌 제방을 쌓고 이 위에 포를 설치하여 쏟아지는 빗속에도 불구하고 계속해서 포격을 가했다. 게다가 미얀마는 수천 척의 배와 뗏목을 만들어 홍수로 인해 강으로 변한 들녘 위를 이것들을 타고 접근하여 성의 입구를 모두 봉쇄했다. 이렇게 되자 아유타야의 왕자는 군사 10000여명을 이끌고 성 바깥으로 나와 미얀마 군대와 전투를 벌였으나 미얀마의 상대가 되지 못했다. 그러나 미얀마는 여전히 성안으로 들어가지는 못하고 있었다. 몬순이 끝나자 미얀마는 성 외각에 구릉을 만들어 이것을 방어벽으로 하여 다시 성안으로 포격을 가하기 시작했다. 이제 성안에서는 항복과 계속적인 항전을 놓고 의견이 갈리기 시작했다. 계속적인 항전을 주장했던 프라 탁신을 포함한 몇몇의 장군들은 야밤을 이용하여 성 밖으로 나와 미얀마를 공격해 보았으나 미얀마를 제압하기에는 역부족이었다.

이렇게 전쟁이 장기화되자 장군과 병사들이 병에 걸려 죽는 등 미얀마군에도 위기가 닥쳤다. 게다가 중국이 미얀마를 공격해 왔다는 소식이 전선에 전해지면서 본국의 가족 걱정과 국가의 운명에 대해 비관적인 분위기가 엄습했다. 하지만 잉와의 신뷰쉰은 전령을 보내 왕위의 건재함과 중국을 막아낼 수 있다는 자신감을 전하는 동시에 어떻게 하든 아유타야를 정벌하여 태국이 미얀마를 넘보지 못하도록 해야 한다는 명령을 하달했다. 한편 드디어 전쟁을 이기기가 불가능하다는 판단을 하게 된 아유타야의 왕은 미얀마에게 휴전을 제의했다. 그러나 신뷰쉰은 그렇게 하기에는 너무 늦었다는 이유로 거절했다.

1767년 4월 미얀마는 마지막 총공격을 감행한다. 아유타야 성 아래로 터널을 뚫고 짚과 장작을 가득 넣어 불을 붙였다. 순식간에 성안은 화염으로 가득차면서 태국군과 주민들은 우왕좌왕하기 시작했다. 이 틈을 놓치지 않고 미얀마는 성안으로 들어가 도시를 장악했다. 이 당시를 기록해 놓은 태국의 문헌에는 성안으로 들어 온 미얀마 군대가 주민들을 닥치는 대로 학살했다고 기록하고 있다. 이제 도시는 폐허가 되었고 무너진 성의 잔해는 방어호를 가득 채웠다. 미얀마는 승전의 나팔을 불며 잉와로 되돌아 왔다. 이 때 태국에서 데려온 포로들 중에는 아유타야왕과 그 가족이 포함되어 있었고, 버인나웅이 아유타야를 정벌하고 그랬던 것처럼 무용수, 음악가, 예술가, 장인, 의사, 점성술사, 직공, 금 · 은 세공 기술자, 학자, 시인 등도 포함되어 있었다. 미얀마는 이들에 힘입어 미얀마의 르네상스라 일컬을 수 있을 정도로 문학과 예술에 있어서 번성기를 맞이한다.

미얀마가 태국과 전쟁을 개시하던 시기 미얀마는 중국과 또 다른 전쟁을 치러야 했다. 중국은 미얀마의 팽창을 예의주시하고 있었다. 마침 잉와에게 내몰리고 다른 소브와들과도 사이가 좋지 않던 그웨샨족을 비롯한 몇몇 샨족들은 미얀마와 중국의 국경지역을 넘나들면서 도적질과 약탈을 일삼고 있었다. 그러는 한편 윈난정부를 찾아가 자신들의 지위를 되찾도록 도움을 요청하고 있었다. 미얀마는 이에 개의치 않고 중국과 국경을 맞댄 라오스 지역에 미얀마군을 배치해 공격에 대비했다.

마침내 중국은 미얀마를 쳐들어갈 구실을 찾았다. 대상지역은 샨 고원의 극동지역에 해당하는 짜인동(Kentung)이었다. 이 지역은 다수의 중국인도 살고 있어 중국은 상황을 보아 윈난을 통해 관할권을 주장할 심산이었다. 하지만 이 지역 소브와는 미얀마에 매우 우호적이어서 중국보다는 미얀마에 의존하고 있었다. 마침 짜인동에 사는 중국인과 미얀마인 사이에 술에 취해 싸움이 벌어졌다. 여기에서 중국인이 생명을 잃는 사고가 발생했다. 소브와와 미얀마 정부는 죽은 중국인에 대해 충분히 보상을 해줌과 동시에 달아난 미얀마인을 지명 수배했다. 그러나 윈난의 영주는 범인의 즉각적인 인도를 요구했다. 이는 중국이 짜인동의 지배권을 나타내는 주장이라고 생각한 미얀마 당국과 소브와는 이를 거부했다. 그러자 기다렸다는 듯이 윈난의 영주는 대규모의 군대를 이끌고 짜인동을 공격해 왔다. 이때가 1765년 일이다. 신뷰쉰은 일단 유사시를 대비하여 샨 지역에 항시 군대를 주둔시켜 놓고 있었던 터라 즉시 샨 지역에 있는 미얀마 군대를 짜인동에 출동시켰다. 그러나 막상 미얀마 군대가 짜인동에 도착했을 때는 이미 소브와의 군대가 윈난군을 물리치고 난 후였다. 이제 소브와와 미얀마는 연합 작전을 펴 도주하는 윈난군을 뒤쫓아 괴멸시키고 말았다. 이 소식을 들은 윈난의 영주는 수치스러움과 책임을 통감하여 자결하고 말았다 한다.

중국의 황제는 윈난에 새 영주를 임명하여 그로 하여금 현재의 까친 지역과 국경을 맞대고 있는 미얀마 북부지역을 정복하도록 명령을 내렸다. 황제의 명령으로 출동한 윈난군은 의외로 쉽게 미얀마에서 파견해 놓은 부대를 섬멸했다. 자신을 얻은 윈난 영주는 이 기회에 상부 미얀마 전체를 수중에 넣고자 했다. 윈난 영주는 상부 미얀마를 모두 장악하여 중국에 편입시키겠다는 내용을 담은 서신을 중국 황제에게 보냈다. 황제는 미얀마를 정벌하여 중국에 충성할 수 있는 새로운 미얀마인을 왕으로 앉혀 섭정을 할 수 있도록 하라고 지시했다. 윈난 영주는 바모에 이르는 무역로를 따라 군대를 배치했다. 중국과 윈난의 동태를 파악한 미얀마 정찰병의 보고를 받은 신뷰쉰은 한 부대를 바모에서 그리 멀지 않은 에야와디 강가의 까웅동에 파견하여 공격에 대비하라는 명령을 내렸다. 윈난군은 신뷰쉰이 의도적으로 약간의 군대만 주둔시켜 놓은 바모를 쉽게 장악했다. 자신감을 얻은 윈난군은 아래로 내려와 까웅동을 몰아쳤다. 며칠 후 신뷰쉰은 제 2의 부대를 파견하여 까웅동을 지원하는 척하면서 바로 바모를 공격해 들어가게 했다. 미얀마의 지원군이 까웅동에 들어오는 것을 보고 놀란 윈난군 사령관은 전군을 까웅동에 투입했다. 이것을 신호로 미얀마 제 2 부대는 재빨리 까웅동을 빠져 나와 강을 거슬러 무방비 상태의 바모를 진격해 들어갔다. 이어 신뮤쉰은 에야와디 서쪽 둑을 따라 제 3의 부대를 파견했다. 이 부대의 임무는 미엣찌나 북쪽으로 들어오는 윈난군 지원 부대와 달아나는 윈난군을 무찌르는 일이었다.

신뮤쉰의 작전대로 윈난군은 바모의 제 2부대와 까웅동의 제 1부대에 포위되어 수많은 사상자를 내었다. 이중에는 풍토병에 걸려 희생당한 사람들도 상당수가 포함되어 있었다. 이렇게 되자 마침내 윈난군은 후퇴를 했다. 하지만 미얀마군의 포위와 추격으로 모두 섬멸되고 말았다 미얀마군은 계속해서 윈난 내에 있는 여덟 개의 샨족 자치주를 정복했다. 그럼에도 윈난 영주는 여전히 자신의 뜻을 굽히지 않은 채 아래와 같은 거짓내용의 서신을 황제에게 보냈다.

> "바모는 완전히 장악되었으며, 이곳에 사는 미얀마인들은 돼지꼬리 모양의 머리 형태를 하는 만주족 관습에 동화되었을 뿐만 아니라 약 만 여명의 군사를 잃은 미얀마군 사령관은 윈난에 와서 평화를 구걸하고 있습니다. 중국과 미얀마의 무역 정상화를 위해 평화협상을 받아들이는 것이 좋을듯 하여 그렇게 하였습니다."

그러나 미얀마군이 중국의 국경 안까지 들어왔다는 사실을 알고 있었던 황제는 이 보고서가 거짓이란 것을 금방 알았다. 그리하여 황제는 윈난의 영주를 베이징으로 급히 불러 들였다. 윈난의 영주가 황제를 배알한 자리에서 황제는 자결을 명했고 윈난 영주는 황제의 명령에 따를 수밖에 없었다.

황제는 1767년 자신의 사위를 윈난의 새로운 영주로 임명했다. 몬순이 끝났을 때 윈난의 영주는 군대로 하여금 바모를 공격하도록 했다. 그러나 이것은 연막전술이었고 영주는 직접 주력부대를 이끌고 남쪽으로 진격하여 흐센위(Hseni)와 흐시뽀에 있는 샨족을 정복했다. 흐센위를 완전 장악한 영주는 소브와를 처형하고 그 자리에 자신이 지명하는 사람을 앉혀 미얀마를 공격하는 중간기지로 활용했다. 이제 영주는 일부의 군대만 흐센위에 두고 자신은 잉와로 향했다.

일이 이렇게 돌아감에도 불구하고 신뷰쉰은 짜인동을 방위하고 있었던 부대를 불러들일 수가 없었다. 이 방면 공격에도 대비해야 했기 때문이다. 신뷰쉰은 현지의 병력으로 윈난의 영주가 이끄는 부대를 막도록 했지만 패배하고 말았다. 하지만 살아남은 사람은 흩어지지 않고 정글에 숨어서 기회를 엿보고 있었다.

계속해서 윈난의 영주는 잉와로 부터 북쪽으로 약 30마일 떨어진 싱구를 점령해 들어왔다. 드디어 신뷰쉰은 기다렸다는 듯이 즉시 병력을 싱구로 보냈다. 이 병력은 싱구로 직접 들어가지 않고 배후에 해당하는 흐센위 쪽으로 갔다. 먼저 흐센위를 탈환하여 빠져나갈 구멍을 만들어주지 않겠다는 작전이었다. 이때가 1768년 3월로 상부 미얀마의 태양은 중국군을 녹일 듯이 내리쬐고 있었다. 지원 병력은 15000명의 군사로 구성된 윈난군 통로를 무너뜨렸다. 계속해서 흐센위에 주둔해 있던 윈난군을 집요하게 공격하였고 처절한 싸움 끝에 승리를 거두어 흐센위를 다시 탈환했다. 미얀마군의 몇몇 장군들은 계속해서 잉와로 지원을 하러 가자는 의견을 냈지만 총사령관 마하띠하는 '우리의 왕도 군인이다. 왕은 이때 어떻게 해야 하는 지를 안다. 현재까지 왕은 우리에게 공격해 오는 중국을 막고 퇴각하는 중국군을 처리하라고만 했다. 따라서 우리는 다음 명령을 기다리면 된다.'는 말로 다른 장군들의 의견을 일축했다.

미얀마의 군대가 뒤에 있다는 것을 눈치 챈 윈난의 영주는 퇴각하기 시작했다. 그러나 이때는 이미 미얀마군은 본토에서 파견된 다른 지원병력과 합세한 상태였고, 정글 속에 숨어 있던 잔병들도 가세해 신뷰쉰의 공격명령만 기다리고 있었다. 윈난의 영주는 방어진지를 구축하고 지원군이 오기를 기다렸다. 하지만 까웅동을 공격했던 윈난의 다른 부대는 줄기차게 까웅동을 공략했으나 막대한 손실만 입은 채 점령하지 못하고 마침내 윈난으로 퇴각했다. 이렇게 되자 미얀마는 소수의 부대만 까웅동에 남겨 두고 전 병력을 윈난 영주와 대치하고 있는 병력과 합세했다. 마침내 윈난군은 미얀마의 부대에 포위되었다. 신뷰쉰의 공격명령에 맞춰 일제히 진격하였다. 윈난군은 더 이상 미얀마의 상대가 되지 못했다. 윈난군은 대부분 전사하고 몇 명만이 살아서 도망했다. 도망자 무리 속에는 윈난의 영주도 끼여 있었다. 그러나 얼마 가지 않아 윈난 영주는 여전히 황제에게 충성을 맹세한다는 의미로 자신의 머리카락을 잘라 부하로 하여금 황제에게 바치게 하고 자신은 그 자리에서 자결했다.

이제 미얀마는 윈난군이 아닌 중국 황제군이 직접 쳐들어 올 것에 대비해야 했다. 이리하여 신뷰쉰은 아유타야에 머물러 있던 남은 부대도 불러들이는 등 대대적인 전쟁준비를 했다. 1769년 말엽 중국은 미얀마의 국경 부근에 60000여명의 군대를 집결시켰다. 중국은 이 부대를 3개조로 나누어 동시에 미얀마를 공격하고자 했다. 제 1병력은 에야와디의 서쪽 둑을 따라 남하하는 것이었고, 제 2병력은 에야와디의 동쪽 둑을 따라 남하하고자 했다. 제 3병력은 바모를 바로 공격하는 것이었다. 신뷰쉰은 중국군의 전면에 군대를 배치하는 한편 적의 보급로를 차단하기 위해 다른 한 부대를 후면에서 공격하도록 했다.

개전 초기 중국군은 공격보다는 주로 방어태세를 유지하며 매우 느리게 이동해 왔다. 미얀마의 전력을 시험해 보는 것 같았다. 강의 서쪽 둑으로 행군해 오던 중국군은 미얀마군이 올라오는 것을 보고 더 이상의 진군을 멈추었다. 에야와디강의 동쪽 둑으로 내려오던 군대도 진군을 멈추었다. 이들 병력들은 바모를 향하는 본진에 합세했다. 바모를 점령한 중국군은 바모와 까웅동의 중간 지점에 있는 슈웨냐웅빈에 진지를 구축했다. 여기서 수 백 척의 배를 건조하여 에야와디강 하구로 이동해 왔다. 까웅동에 이르자 포격을 가하기 시작했다. 미얀마군도 이에 맞서 함포를 쏘아댔다. 마침내 중국의 배들은 거의 침몰되고 말았다. 살아남은 중국군은 모두 슈웨냐웅빈에 집결했다. 하지만 미얀마군은 고삐를 늦추지 않고 계속 슈웨냐웅빈을 공격하였고 마침내 중국군 진지는 함락하고 말았다. 남은 병력은 모두 까웅동에 재집결했다.

중국군 사령관은 협상을 신청했다. 이에 아유타야의 전쟁 영웅이자 미얀마군 총사령관이었던 마하띠하뚜라는 독단적으로 휴전협정을 맺고 말았다. 아마도 전쟁을 종식해 평화를 정착시키고자 했던 바램에서였던 것 같다. 다음은 중국과 맺은 협정문의 내용이다.

1. 중국은 모든 소브와에 대한 권리를 포기하는 동시에 미얀마에서 중국으로 도주한 정치범과 범죄자들을 미얀마에 넘겨줄 것.
2. 역사적으로 미얀마 제국의 영토에 귀속된 샨족 지역에 대한 미얀마의 지배권을 인정할 것.
3. 모든 전쟁포로들을 풀어 줄 것.
4. 중국의 황제와 미얀마의 왕은 이전처럼 우호적으로 지내는 동시에 정규적으로 사절단과 선물을 상호 교환한다.

하지만 신뷰쉰에게는 이 사실을 즉각 보고하지 않았고, 전쟁이 미얀마의 승리로 끝난 줄만 알았던 신뷰쉰은 마하띠하뚜라에게 군대를 이끌고 마니푸르로 이동하게 했다. 마니푸르의 반란을 진압하기 위해서였다.

이렇게 해서 중국군은 평화적으로 본토귀향을 했지만 귀환도중에 수천

명이 기아와 병으로 죽어 갔다. 중국 황제는 협정문의 내용이 좋지 않다고 하며 준수하지 않을 것임을 분명히 했다. 하지만 전쟁은 재발하지 않았다.

급기야 조약이 체결된 경위를 알게 된 신뷰쉰은 격노하여 마하띠하뚜라를 호출했다. 마하띠하뚜라가 잉와로 오는 사이 그의 판단에 대해 대신들 사이에 격론이 벌어졌다. 결과적으로 왕의 권위가 실추되었으므로 그를 처벌해야 한다는 의견과, 중국과 전쟁을 계속 벌임으로서 내정이 부실해질 것이기 때문에 그의 판단이 옳았다는 의견이었다. 게다가 신뷰쉰과는 사돈관계인데다 그 동안 왕의 명령을 한 번도 거역한 적이 없던 그가 휴전 결정을 내린 것은 나름대로 이유가 있었던 것이 틀림없다는 것이다. 마침내 신뷰쉰은 후자의 견해를 받아들여 이 일을 덮어두기로 했다.

중국과의 전쟁을 이렇게 종결짓자 신뷰쉰은 후계자를 일찌감치 지명하여 왕실의 안정을 도모코자 했다. 후계구도를 미리 결정함으로서 왕위계승을 둘러싼 내분의 여지를 없애기 위함이었다. 신뷰쉰은 아들 싱구를 후계자로 지목했다. 이것은 알라웅페야의 유언과는 상치되는 것으로 신뷰쉰 형제들로부터 불만을 사게 되었다. 하지만 싱구는 당시 군 최고 사령관인 마하띠하뚜라의 사위였고, 마하띠하뚜라의 지지를 받고 있는 한 함부로 불만을 표출하기가 힘들었다. 신뷰쉰은 형제들의 불만을 희석시키는 동시에 제국 건설을 종결짓기 위해 1773년 다시 한 번 군을 동원하여 하부 미얀마의 몬족들을 무자비하게 탄압했다. 비록 항복하여 목숨을 연명하고 있었던 버냐달라를 처형하는 등 반란의 여지가 있는 사람들을 죽여버렸다. 이 결과 수천명의 몬인들이 살 곳을 찾아 태국으로 건너갔다. 이는 차오프라야강의 아래쪽, 즉 현재의 방콕에 수도를 삼고 스스로 태국의 새로운 왕이라 선언한 프라 탁신의 힘만 강화시켜 주는 격이 되었다.

1775년 신뷰쉰은 프라 탁신을 제거하기 위해 태국으로 또다시 진격명령을 내렸다. 이번 출정부대의 지휘도 마하띠하뚜라가 맡았다. 그러나 다른 장군들은 이전과는 달리 그렇게 열정적이지 않았다. 왜냐하면 신뷰쉰은 병이 들어 죽어 가고 있었고 신뷰쉰 사후를 걱정하는 분위기가 지배적이었기 때문이다. 궁전 내부에서도 음모와 갖은 억측이 무성했다. 이렇게 지휘체계가 흔들리는 사이 치앙마이의 영주는 미얀마에서 등을 돌려 프라 탁신과 손을 잡고 치앙마이가 태국의 일부가 되었음을 선언해버렸다. 이어 라오스도 태국에 편입한다고 선언하는 등 미얀마는 제국의 면모를 유지하기가 힘들게 됐다.

결국 마하띠하뚜라는 거의 혼자 힘으로 왕의 명령을 수행하는 격이 되었고, 이전처럼 막강한 전투력을 보여주지 못했다. 겨우 전쟁 초기의 열세를 극복하고 태국 북부를 장악하는데 성공했다. 하지만 곧 프라 탁신과 동료 장군 프라 차크라의 반격을 받아 미얀마군은 다시 후퇴할 수밖에 없었다. 프라 차크라는 나중에 프라 탁신을 제거하고 왕위에 오른다. 마하띠하뚜라는 메시지를 보내 휴전을 제의했다. 1776년 신뷰쉰이 죽자 사위가 순조롭게 왕위를 승계하는 것을 돕기 위해 마하띠하뚜라는 군대를 이끌고 잉와로 되돌아 왔다.

• 싱구(1776~1782)

싱구는 비록 장인의 강력한 지지로 왕위에 오르긴 했지만, 왕위계승의 권리와 적합성을 인정하지 않는 자들은 싱구를 제거할 기회를 엿보고 있었다. 특히 이들 중에 알라웅폐야와 같이 전선에도 참여했고 신뷰쉰의 바로 밑 동생이기도 한 아뮈엔은 옛 동료들을 지지 기반으로 하여 왕위 찬탈에 가장 적극적이었다. 그러나 일을 도모하기 전에 싱구에게 발각되어 아뮈엔은 처형당했다. 계속해서 싱구는 음해의 여지를 없애기 위해 삼촌들과 나웅도지의 아들인 마웅마웅을 추방시켜 버렸다.

이제 왕위찬탈의 위협이 모두 제거되었다고 생각한 싱구는 무사안일에 빠져든다. 전쟁이 싫다하여 군대를 해산하고 자신은 성지를 순례하는 데 소일했다. 그러나 얼마가지 않아 순례행위가 싫증났는지 중단하고 주색에 빠져들었다. 이제 주위에는 놀기 좋아하는 사람들과 아첨하는 사람들로 가득했다. 갈수록 판단력마저 희미해진 싱구는 국정을 돌보라고 충고하는 장인 마하띠하뚜라마저 추방시켜버렸다.

계속 때를 기다리던 마웅마웅은 이 틈을 놓치지 않고 왕이 흠뻑 취해 있는 시점을 골라 왕실을 점령해버렸다. 이 소식을 듣고 무작정 왕실로 들어온 싱구를 마웅마웅의 부하들이 베어버렸다. 마웅마웅은 왕위를 튼튼히 하기 위해 마하띠하뚜라를 다시 불러 들여 재상의 자리에 앉혔다. 아울러 추방되어 있던 삼촌들을 꼼짝하지 못하게 감옥에 넣어버렸다. 그러나 이 중 알라웅폐야의 넷째 아들인 바돈이 감옥을 탈출한다.

• 보도폐야(1782~1819)[94]

몇몇 장군들의 도움으로 감옥에서 탈출한 바돈은 불과 7일간을 왕위에 있었던 마웅마웅을 제거하고 자신이 새로운 왕위에 오른다. 그를 '노인(할아버지)처럼 노련한 부처'란 뜻의 보도폐야라 불렀다. 보도폐야는 마하띠하뚜라를 계속해서 재상으로 중용하여 그의 지지를 이끌어 내려고 했다. 그러나 마하띠하뚜라는 보도폐야를 인정하지 않고 알라웅폐야의 후실 아

94) 미얀마 역사의 일부 연구자들은 꼰바웅 왕조를 보도폐야 앞과 보도폐야 이후 두 부분으로 나뉘어야 한다고 주장한다. 첫 부분은 싱구의 몰락과 함께 사실상 알라웅폐야의 제국건설기는 끝이 났다는 것이다. 이 논리의 배경에는 보도폐야 시기에 와서 왕위를 두고 벌어진 연속된 갈등은 끝이 났으며, 서구 열강들과도 직접 부딪히면서 진정한 의미에서 세계 속의 국가로 탈바꿈했다는 논리이다. 또한 신뷰쉰 통치당시인 1769년 12월 13일 중국과의 평화조약을 체결한 시점이 미얀마의 에너지가 최고조로 발산된 때로 이 후 미얀마는 새로운 형태의 제국으로 변모되었다는 것이 이러한 논리를 펴는 이유이다. 그러나 보도폐야 이후 서구 열강과의 대결양상으로 인해 국력은 다시 퇴조한 건 사실이지만 꼰바웅 왕조 내내 알라웅폐야의 가계가 이어지는 시기였으므로 이렇게 나누는 것은 별 의미가 없어 보인다.

들인 시따를 왕위에 옹립하고자 모반을 일으켜 바돈을 몰아내었다. 그러나 바돈의 동료들은 군대를 동원하여 이를 진압했다. 다시 왕위에 앉은 바돈은 시따, 마하띠하뚜라를 포함하여 이들의 추종자 모두를 처형했다. 그러나 곧 마웅마웅의 동료들이 다시 군사를 모아 왕실을 점거했다. 그러나 이 또한 곧 바돈의 부하들에게 진압당해 모두 처형되는 운명을 맞았다. 이어 알라웅폐야의 다섯째 아들도 모반을 단행했지만 쉽게 진압했다. 이 때 하부 미얀마에 사는 일단의 몬족이 다시 반란을 도모해 양곤을 점령하는 사건이 벌어졌다. 보도폐야는 즉각 군대를 동원하여 양곤을 재탈환했다. 이때도 수천 명의 몬인들이 태국으로 이주해 갔다. 이제 왕위를 넘볼 수 있는 자는 알라웅폐야의 여섯째 아들 밖에 없었다. 그런데 이 자는 겁이 많고 수줍음도 많이 타 왕위를 노릴 정도의 야심가가 아니었다. 보도폐야도 이를 인정해 그를 죽이지 않고 천수를 누리게 해 주었다. 이렇게 왕권을 강화한 보도폐야는 잉와가 수도로서 생명을 다 했음을 역설하는 예언자의 말에 따라 1783년 잉와 북쪽 6마일 지점이자 현재 만달레이시 아래에 있는 아마라뿌라로 왕실을 옮겨 새로운 수도로 삼는다.

미얀마인들은 집안의 넷째 아들은 좀 괴팍하고 예측을 불허하는 사람이라고 생각한다. 보도폐야를 가까이서 보았던 영국군 대위 사임즈(Symes) 같은 사람도 왕을 '철없는 아이 수준의 사고를 하고, 폭군식 통치를 하며, 감정기복이 심한 다혈질 인간'으로 묘사하고 있을 정도이다. 사실 보도폐야는 우둔하지는 않았지만 신뷰쉰과 싱구가 통치하던 시기에 남으로부터 동정을 자아낼 정도로 외롭고 쓸쓸하게 지냈으며, 스스로도 남의 주의를 끌지 않도록 노력하는 편이었다. 따라서 왕족이라면 해야 하는 군사훈련도 회피해 형제들과 장군들로부터 경멸을 받을 정도였다. 그런 보도폐야가 권력을 잡고서는 단호하면서도 용의주도한 사람이 되었다. 가끔씩 괴팍스러움과 충동적인 성격을 표출하긴 했지만 정적들을 제거하는 과정에서 매사에 신중을 기하는 습성을 갖게 된 것이다.

보도페야는 통치초기 전쟁보다는 내치와 중앙집권에 더 신경을 썼다. 따라서 전쟁을 종용하는 장군들을 모두 쉬게 했고, 비판만 일삼는 승려들을 분산시킴으로써 왕권을 더욱 튼튼히 했다. 이는 긴 전쟁과 왕실의 암투에 지쳐 진정한 평화를 갈구하는 국민들의 지지를 받았다. 보도페야는 국민들로 하여금 경전을 공부하게 하고 파고다와 사원들을 건립하여 더욱 더 불교와 친밀하게 했다.

흘루또는 행정체계의 중심 역할을 하였고 보도페야의 지시 사항도 지방 영주들에게 잘 전달되었다. 승려와 학자들에게 관습법을 연구하여 새로 정리하게 하였으며, 경제영역이 커짐에 따라 전문 서적의 출판과 각종 송사를 신속히 처리할 수 있는 판례집을 만들도록 했다. 보도페야는 특히 법의 전문성을 강조하여 법 적용 훈련이 교양공부의 한 부분으로 간주되었고 사원에서조차 법률을 가르칠 정도가 되었다.

보도페야는 그 동안 논쟁의 대상이 되어 온 종단개혁을 착수했다. 과거 알라웅페야는 개혁성향의 종단을 지지하였고 이곳 출신의 승려에게 국사직을 맡겼다. 그러나 알라웅페야가 죽자 정통성 시비로 불교계는 다시 분열과 논쟁이 이어졌다. 싱구왕은 보수 종단에서 국사를 선정하였으나 논쟁은 끊이지 않았다. 보도페야는 국사 제도를 계속 존속시켜 기존 국사의 위신을 지켜 주긴 했지만 논쟁의 초점을 논의하는 왕실 위원회를 따로 구성하여 이 곳에서 종합적이고도 통일된 의견이 나오도록 유도했다. 그러나 이 위원회는 양측의 의견을 수집하고 논의하였지만 결정은 항상 보수 종단에 유리한 쪽으로 내렸다. 위원회의 보고를 받은 보도페야는 모든 승려는 정통 종단의 승려들이 입는 방식인 통견으로 가사를 입도록 지시하는 동시에 앞으로는 이러한 논쟁을 불식하라고 지시했다[95]. 미얀마를 포함한

95) 18세기 내내 승단에서 가장 논란이 되었던 문제는 승려들의 가사 착용에 있어 통견파와 편

그 어떤 불교국가에서도 왕이 가사를 특정형태로 입으라고 지시한 적은 없었다. 따라서 각 층의 승려들은 이에 항의하는 소리를 높였다. 보도폐야는 자신의 지시를 어기는 승려와 이에 항의하는 승려들을 탄압했다. 그래도 항의가 줄지 않자 보도폐야는 개혁 종단의 지도자이며 알라웅폐야 통치기의 국사였던 승려를 하부 미얀마로 유배시켰다. 이 승려는 뜨옛묘에 도착하여 자유로운 몸이 되었을 때 다시 민돈으로 거처를 옮겨 몇 년을 더 살다 죽었다. 승려의 최고직위이자 왕의 스승으로 추앙받는 국사 직까지 역임한 사람이지만 보도폐야 앞에서는 무력하기만 했다.

이 사건을 계기로 보도폐야는 승려들을 좀 더 효율적으로 통제하기 위해 승려 감사원제도를 정착시켰다. 그리고 국사가 있음으로 해서 국사에게 힘이 집중되는 것을 막기 위해 국사제도를 폐지했다. 처음에 4명의 고승들로 감사원을 조직하였으나 나중에 12명으로 늘었다. 그런데 원장격인 국사가 없이는 최종 결정을 내리는데 시간이 걸릴 뿐만 아니라 감사원의 권위도 서지 않았다. 보도폐야는 어쩔 수 없이 이들 중에 한 명을 다시 국사로 임명했다. 그러나 최종결정권은 항상 왕이 할 수 있도록 하여 왕의 권위를 넘지 못하게 했다. 마침내 승려들의 체계와 기강이 확립됨으로서 보도폐야의 감사원 제도는 실효를 거둘 수가 있었다.

이제 어느 정도 내정을 안정시킨 보도폐야는 급박하게 돌아가는 주변 상황에 눈을 돌려야 했다. 영국이 인도를 거쳐 동진할 태세를 취하고 있었고, 태국은 1782년 프라 차크라의 기치 아래 차크리(Chakri) 왕조를 새로 열고 수도를 방콕으로 하여 미얀마를 위협하고 있었다.

1784년 보도폐야는 아직 미얀마 제국에 완전히 편입되지 않은 라카인을 공격하기로 했다. 이는 라카인을 수중에 넣겠다는 의도보다는 영국과

단파의 분쟁이었다. 가사의 착용법에는 크게 두 가지가 있는데 그 하나가 두 어깨를 모두 가리는 통견(通絹)이며 다른 하나는 왼쪽 어깨는 가리고 오른쪽 어깨를 드러내는 편단(偏斷) 혹은 우견편단이다. 현재 미얀마의 승단은 탁발할 때와 수계식의 경우 통견을 한다.

미얀마의 완충지대로 활용하기 위해서였다. 여전히 체계가 서 있지 않았던 라카인이 영국의 손아귀에 놓인다면 미얀마의 상황은 어려워질 것이 틀림없었기 때문이다. 게다가 보도폐야는 포르투갈이 라카인의 내정에 간여한 이후 발생한 사건들을 기억하고 있었다. 즉 라카인이 난다버인의 버고를 점령한 것과 딴리엔에 드 브리뚜 왕국이 들어섰던 것이 라카인을 외세에 노출된 채로 두었기 때문이라고 생각을 했던 것이다.

한때 라카인 왕국은 포르투갈의 용병과 무기로 매우 강성했었다. 드 브리뚜가 무너진 후에도 네덜란드가 공장을 세우는 등 외세의 유입이 계속되었었다. 포르투갈의 세력이 약화된 후에도 포르투갈인 용병과 무기의 공급으로 라카인은 여전히 강력한 해군을 보유할 수 있었다. 그러나 1660년 인도의 왕위를 둘러싼 권력 분쟁에 휘말리면서 걷잡을 수 없는 혼란에 빠졌다. 계속되는 혼란에서 빠져 나오기 위해 딴드웨는 자체적으로 알라웅폐야의 보호 속에 들어가고자 했다. 그러나 알라웅폐야는 군대를 보내지는 않았다. 인도 무굴제국의 힘이 약화되어 더 이상 라카인으로 들어올 가능성이 줄어든 데다 하부 미얀마의 몬족 반란에 골몰해야 했기 때문이다.

이제 보도폐야의 시기에 와서는 서구 제국주의의 세력이 본격적으로 동남아로 밀려들기 시작하였고, 따라서 라카인을 그대로 방치해 두다가는 영국 수중에 들어갈 가능성이 높았다. 게다가 라카인 사절들이 연이어 아마라뿌라에 찾아와 자국의 법과 질서를 회복시켜 주기를 간청했다. 마침내 보도폐야는 군대를 출동시켜 라카인 문제를 해결하고자 했다.

보도폐야 군대가 라카인에 들어오자 라카인 사람들은 부대가 지나는 연도에 나와 북, 나팔, 징을 울리며 열렬히 환영했다. 자신들의 무법천지가 이제야 끝날 수 있게 되었다는 기대감으로 춤을 추며 좋아했던 것이다. 당시 미얀마군을 지휘했던 보도폐야의 아들은 졸지에 영웅이자 구세주가 되었다. 하지만 얼마 지나지 않아서 라카인인들은 크게 실망하고 말았다. 미얀마군은 마치 정복자인양 행세하며 전리품을 챙기기 시작한 것이다. 특히 라카인 사람들의 자부심이자 자신들 불교의 상징이라 할 수 있는 거대한 마하무니상을 빼내간 것은 참을 수 없는 수치였다. 게다가 마하무니상을 운반하기 위해 수천 명의 라카인인들을 강제로 동원시켰다. 라카인 사람들은 이러한 강제 노동과 홀대는 참을 수 있어도 마하무니상이 도적질 당하는 데는 울분을 금할 수 없었다. 라카인인들은 울부짖었으며 마하무니상도 슬퍼 눈물을 흘린다는 소문까지 퍼졌다. 태국의 프라 탁신이 라오스를 정복하여 라오스에 있던 에메랄드[96] 부처상을 태국으로 가져간 경우와 비슷했다. 태국과 마찬가지로 미얀마도 이러한 유물을 가져오는데 있어 라카인 사람들의 반응은 전혀 고려하지 않았던 것이다. 어쨌든 마하무니상은 미얀마 군대에 의해 첩첩 산중을 넘어 에야와디강에 이르렀고 여기서부터 뗏목으로 아마라뿌라에 옮겨졌다.

1785년 보도폐야는 태국과 한 판의 전쟁을 치러야 했다. 당시 태국은 몬족 이주자들의 도움을 받아 미얀마의 국경지역을 다시 공격해 오고 있었다. 이들은 베익 항을 정복하고 계속 북진하고 있었다. 보도폐야는 직접 군대를 몰고 태국을 공격했지만 태국국경 안으로 진입하는 데는 실패하고 말았다. 보도폐야 자신의 군사적 경험 부족과 후방으로부터 원활한 병참공급이 제대로 이루어지지 않은 점이 실패의 중요한 이유였다. 비록 다시 전열을 가다듬어 재공격을 했지만 태국의 거센 반격에 보도폐야는 후퇴하지 않을 수 없었다. 분노한 보도폐야는 다음 해 다시 군대를 보냈지만 역시 패배하고 말았다. 그 다음 해 또 한 번 군대를 파견하였지만 역시 패배하고 말았다.

---

96) 현재 태국에 있는 이 에메랄드 부처상은 역사적으로 볼 때 여전히 논쟁거리로 남아있다. 미얀마의 역사에 의하면 이것은 애초에 스리랑카에서 만들어져 아노야타에게 선물로 주어진 것이었다. 그러나 이것이 운반되는 도중에 폭풍을 만나 어느 항구에 내려지게 되었다. 그런 다음 이것은 차오 프라야강 계곡의 한 왕국에서 다른 왕국으로 이어져 라오스에 도착했다는 것이다. 이후 라오스의 자존심으로까지 여겨질 정도로 라오스인들에게는 큰 자랑거리였다.

당시 태국은 유럽 무기를 앞세워 말레이 반도를 장악하는 등 상승국면이었다. 이러한 태국의 상승세를 두려워 한 말레이 왕국의 술탄은 페낭을 영국에 할양했다. 영국의 도움으로 태국이 더 이상 진격해 오는 것을 막기 위해서였다. 술탄은 보도폐야에게도 서신을 보내 태국의 공격을 차단시켜 달라는 부탁을 했다. 그러나 태국은 이런 상황에 아랑곳하지 않고 계속해서 공격을 가했다. 뜨닌다리 전체를 장악하여 말레이 반도를 향하는 관문을 확보하고자 했던 것이다. 다시 한 번 보도폐야는 군대를 출동시켜 태국군을 겨우 제지시키긴 했지만, 손실도 컸다.

이제 보도폐야는 전쟁으로 얼룩진 국민들의 마음을 달래고 권위를 회복하기 위해 내치에 신경을 쓴다. 메익틸라에 수리시설과 거대한 저수지를 축조해 관개농업을 용이하게 했고, 잉와 위 밍군에 대규모 사원과 거대한 종[97]을 만들도록 지시했다. 사원은 미완성으로 끝났고, 종은 그 거대미에도 불구하고 장인들의 열정과 섬세함을 발견할 수 없을 정도로 조악하다는 평을 받는다. 그도 그럴 것이 이것을 만드는 데 동원된 노동자들에게 기대에 못 미치는 대우를 해 주었기 때문이다. 당시 양곤을 포함한 하부 미얀마 노동자의 임금은 엄청나게 올라 있었음에도 왕은 여전히 상부 미얀마에 준하는 급료를 주었던 것이다. 이는 왕이 억지로 노동력을 갈취함으로써 이들의 일할 의욕을 잃게 한 것이나 다름없었다. 게다가 당시 밍군은 말라리아가 유행하고 있었고 작업조건도 열악했다. 결국 노동력의 부족

97) 현재 스가잉의 북쪽 끝 지점, 에야와디 강둑에 위치한 밍군에 있는 것으로 사원은 미완성된 채로 세계에서 가장 많은 벽돌더미가 쌓여있는 곳으로도 알려져 있다 만달레이로부터 북서쪽으로 10km나 떨어진 곳이긴 하지만 만달레이 언덕에서 자세히 보면 이곳이 보인다. 만달레이에서 배를 타고 에야와디를 거슬러 1시간 정도 가면 밍군에 도착한다. 밍군 사원에서 북쪽으로 약 100m 떨어진 곳에 위치한 87톤의 무게, 3.7m의 키, 5m의 폭으로 된 밍군 종은 지금도 타종(打鐘)되고 있다. 밍군종과 더불어 세계에서 가장 큰 종으로 알려져 있는 러시아의 크레믈린 종은 균열과 파손으로 더 이상 종의 구실을 못하고 있다. 밍군종은 1790년 보도폐야 왕이 세계에서 가장 거대한 파고다를 건립할 의지를 갖고, 이 사원에 설치하기 위해 주조되었다. 보도폐야는 이 종을 완성한 후 다시는 이러한 종을 만들 수 없도록 하기 위해 종을 만든 장인(匠人)들을 모두 죽여버렸다고 한다.

현상이 생기자 왕은 라카인에서 노동자들을 강제로 더욱 끌어왔다. 그리고 왕은 이것을 만드는 데 드는 비용을 충당하기 위해 많은 세금을 거두어들였다. 결국 국민들의 원성을 사게 되었고 그 결과 국민들 사이에서 '사원이 완공되면 왕은 죽을 것이다.'란 뜻의 '폐야삐 민삐엣'이라는 소문이 퍼졌다. 이는 단순한 항의가 아니라 혹독한 저주였다. 보도폐야는 자신의 권위를 세우기 위해 무리한 사업을 강행했고, 이것은 전쟁의 패배와 피곤함에 식상해 있던 국민들을 다시 한 번 실망시키게 하는 결과를 가져 왔다.

한편 비록 상부 미얀마에서는 평화가 깨지지 않고 유지되고 있긴 했지만, 중국과 윈난은 호시탐탐 설욕할 날을 기다리고 있었다. 특히 윈난의 영주는 협박 편지까지 보내 와 보도폐야는 결코 안심이 되지 않았다. 보도폐야는 이러한 불안에서 탈피하기 위해 중국과의 정규적인 무역 거래의 회복을 원했다. 사실 중국의 황제는 평화조약의 내용이 마음에 들지 않는다는 이유로 공식적으로는 미얀마와 무역 거래를 중단하고 있었지만 비공식적으로는 미얀마와의 무역을 어느 정도 눈감아 주고 있었다. 이러한 때에 바모의 소브와와 윈난의 중국 상인들은 양자의 완전한 무역재개를 위해 서로 중국 황제와 보도폐야의 눈을 속이기로 계획을 세웠다. 윈난 측에서는 사람을 시켜 중국의 황제가 보낸 사절단인 것처럼 꾸며 보도폐야에게 황제가 준 것처럼 위장하여 선물을 갖다 주도록 했다. 보도폐야는 답례로 미얀마의 사절단을 북경에 보냈다. 이때 소브와는 사절단의 통역을 매수해 이들이 황제 앞에서 보도폐야의 조공을 가지고 왔다고 보고하게 했다. 황제는 기뻐하여 무역의 완전 재개를 명했다. 그 얼마 후 음모자들은 또다시 가짜 사절단을 구성하여 세 명의 아리따운 아가씨를 황제의 손녀라고 속여 갖다 바쳤다. 그러나 시간이 지나면서 이들이 황제의 손녀가 아닌 것을 안 보도폐야는 화가 나 무역재개를 유야무야시켜버렸다. 그럼에도 비공식적으로 하는 무역은 계속 눈감아 주었다.

보도폐야는 스리랑카 불교가 쇠퇴해가는 것을 걱정하고 있었다. 스리랑카를 도와 불교재건을 이룩시켜주고자 했다. 이를 위해 우선 스리랑카와 사절단을 교환하기를 희망하였다. 하지만 당시 스리랑카의 정치적 상황이 이를 어렵게 만들었다. 스리랑카 사람들은 네덜란드의 도움으로 포르투갈 세력을 몰아내는 데는 성공하였지만 대신 포르투갈인들에게서 회복한 해안지역에 네덜란드인들이 머물게 됨으로서 내부적인 문제는 여전히 계속되었다. 18세기 후반에 들어오자 영국이 다시 네덜란드 세력을 대체하게 되었고, 보도폐야의 시기에는 스리랑카 중앙부의 칸디 왕국만 겨우 독립을 유지하고 있는 상태였다. 그리고 스리랑카는 해안 지역을 제국주의 세력에게 내준 이후 불교가 쇠퇴해 갔다. 칸디의 왕들이 부처의 치아를 보존하고 있는 사원을 보호하는 등 자신들이 불교의 후원자인 것처럼 행동했지만 이들은 인도인들이자 힌두교도들로써 진정한 불교의 옹호자는 아니었다. 이렇게 보도폐야가 전전긍긍하고 있을 때 정치적 어려움을 무릅쓰고 스리랑카의 한 승려가 불경과 불교연구를 위해 아마라뿌라를 찾아왔다. 이 승려는 스리랑카에서 카스트제도가 번져나가는 것을 못 마땅히 여기고 있었다. 보도폐야는 이렇게 찾아준 승려를 보고 크게 기뻐했다. 보도폐야는 정성을 다해 그를 돌보아 주었고 마침내 3년간의 불교수업을 끝내고 새로운 계를 받고 떠나게 되었다. 그의 귀국길은 화려한 환송연과 아울러 왕이 직접 자신 전용의 배로 환송해 주었다. 이 승려는 그 후 스리랑카에 아마라뿌라라는 종단을 세웠고 이 종단은 계율이 엄한 것으로 아직도 스리랑카 사람들에게 관심을 끄는 종단이 되었다.

보도폐야는 인도의 불교 순례지가 방치되어 피폐해 있는 것에도 안타까워했다. 그래서 불교 사절단을 인도에 보냈다. 이들로 하여금 사원의 수리와 아울러 불교에 관련된 관심 있는 작품들을 복제해 오라는 명을 내렸다. 하지만 이들 불교사절단은 영국의 의심을 사게 되었다. 이들이 인도의 왕족들을 부추겨 동인도 회사를 공격하도록 하기 위한 정치적 목적을 갖고 있다고 보았던 것이다. 미얀마의 사절단은 이러한 의도가 전혀 없음을 주장하였지만 영국은 이 사절단이 벵갈을 통해 인도에 들어가는 것을 끝내 허락해 주지 않았다.

보도페야는 버간과 잉와의 석문들을 해독하는데 관심을 기울여 이들을 탁본해 두도록 지시했다. 그리고 이것들이 기후 또는 전쟁 등의 사고로 인해 소실될 것을 방지하기 위해 그 중의 많은 부분을 아마라뿌라에 옮기게 했다. 그리고 보도페야는 교단소유 토지의 비과세 혜택을 금지하고 시세에 따라 일정한 금액을 세금으로 거두어 들였다. 이는 이전에 따룬이 했던 조치와 유사한 것이다. 이러한 방법은 매우 실효성을 거둬 왕실의 재정이 튼튼해지는 계기가 되었다. 그리고 보도페야는 도로, 항만 시설도 많이 건설하여 교통이 원활하게 이루어질 수 있도록 했다. 계속해서 서양 세력이 탐내고 있던 티크, 석유 등을 왕실이 독점함으로서 함부로 가져갈 수 없도록 했다.

보도페야는 통치기 말엽이 되었을 때 자신의 업적을 스스로 대단한 것이라 평가하고 자신이 미래의 부처가 될 것임을 선언했다. 그러나 이러한 보도페야의 주장은 승려와 국민들의 냉소와 반발을 샀다. 내세의 부처는 국민들이 평가하는 것으로 당시 국민들은 알라웅페야만을 미래의 부처로 인정하고 있었으므로 보도페야가 끼어 들 수 없다는 논리였다. 결국 대신 우포우의 직언으로 이러한 주장을 철회했다. 우포우는 학식이 풍부했을 뿐 아니라 왕에게 농담과 충고를 서슴지 않을 정도로 호탕한 면을 지니고 있었다. 보도페야는 이런 우포우를 대단히 신뢰하고 있었다. 우포우는 공개석상에서 왕의 선언이 터무니없음을 비난했고 왕도 이를 인정하여 자신이 선언했던 말을 철회하도록 했다.

2. 보도페야와 영국

보도페야 통치기에 유럽세력의 양상이 크게 달라졌다. 과거 미얀마를 비롯한 동남아에서 주도적인 세력이었던 포르투갈과 네덜란드가 급격히 퇴조했고, 영국과 프랑스가 이들을 대체하고 있었다. 영국과 프랑스는 인도의 지배권을 놓고 막바지 전투를 치르며 동남아의 분할에 고심하고 있었다. 대륙부 동남아에서는 태국이 새로운 왕조를 열면서 미얀마를 떨치고 동남아 중심부 장악을 꿈꾸고 있었다.

이러한 때 미얀마에 정복당하고 거대한 마하무니 부처상마저 빼앗겨 버린 라카인인들은 미얀마에서 벗어날 틈을 엿보고 있었다. 하지만 확고한 통치체계가 서지 않아 정정은 계속 불안했다. 비록 미얀마부대가 폭동을 막기 위해 군대를 계속 주둔시키고 있었지만 시간이 흐르면서 더욱 기승을 부리는 반란과 폭동을 제지하기에는 역부족이었다. 마침내 1794년 라카인의 한 마을 추장의 지휘 아래 미얀마의 지배를 반대하는 반란이 발생했다. 이 반란은 쉽게 진압되었지만 잔존세력들은 국경을 넘어 아삼 지역의 영국 통치령으로 도주했다. 미얀마군이 이들을 뒤좇아 들어가자 영국이 미얀마군의 퇴각을 요구했다. 유럽이 적용하는 국제법에 입각하여 미얀마군은 침입자라 주장하며 영국은 일전을 불사하겠다는 입장을 보였다. 이에 반해 미얀마는 범죄자를 쫓는 당연한 권리임을 주장하면서 물러서지 않았다. 사실 미얀마는 이전에도 샨족 도망자를 쫓아 윈난을, 몬족을 쫓아 태국으로 들어간 적이 있었다. 이 사고는 다행히도 전쟁으로 발전하지는 않았다. 영국군 지휘관은 미얀마 측이 주장하는 긴급추격권을 인정해 주었던 것이다. 당시까지도 미얀마령 라카인과 영국령 벵갈과의 정확한 국경선이 확정되지 않은 상태였기 때문이었다. 미얀마는 도망자들 중 지도자급 3명을 인도해 주기를 바랐고, 이들이 다시 반란을 일으키지 않겠다는 약속을 받아내고자 했다. 영국은 이 제안을 받아들여 미얀마가 원하는 대로 조처해 주었다. 반란 지휘자는 얼마 후 스스로 목숨을 끊었으며 이후 반란의 조짐도 수그러들었다.

한편 영국은 벵갈만을 놓고 프랑스와 전쟁 상태에 돌입했다. 영국은 미얀마의 항구가 프랑스의 기지로 활용되어 벵갈만의 영국 선박을 공격할 수 없도록 하는데 신경을 곤두세웠다. 그리하여 인도의 총독이자 군사령관인 죤 쇼(Sir John Shore)는 보도퍠야를 자극하는 행위를 최대한 자제코자 했다. 이에 더해 죤 쇼는 이전에 미얀마의 아삼 침입문제에 대해 다시 한 번 유감의 뜻을 전하는 서신을 왕 앞으로 보냈다. 그러나 보도퍠야는 이 문제는 이미 끝난 것이라 생각하여 답장을 하지 않았다. 죤 쇼는 답장을 받지 못하자 마음이 불안해 지기 시작했다. 미얀마가 프랑스와 연합할 것이 우려되었기 때문이다. 일이 이렇게 될 것을 방지하기 위해 죤 쇼는 하나의 방안을 세웠다. 1762년 버떼인에서 영국의 공장이 철수하면서 끊어진 양국간의 외교 관계를 다시 재개하자는 요구를 했다. 사실 1762년 당시 미얀마 왕 나웅도지는 영국이 미얀마와의 계속적인 무역을 해줄 것을 희망했었으나 영국에 의해 거절된 것이다. 어쨌든 1795년 죤 쇼는 아래의 3개 사항을 승인해 줄 것을 요구하기 위해 마이클 사임즈(Michael Symes) 대위를 대표로 하는 사절단을 미얀마로 보냈다.

1. 프랑스에 미얀마의 항구를 내어 주지 말 것.
2. 영국과 무역 조약을 맺을 것.
3. 국경문제로 빚어진 양국 간의 적의를 해소할 것.

사절단이 아마라뿌라 왕실까지는 들어왔지만 보도퍠야가 이들에게 비

협조적이라는 느낌을 받고 대책을 숙의했다. 그러나 유럽의 어떤 나라와도 중립적인 입장을 견지하려는 왕의 확고한 태도를 바꿔놓기 위해서는 시간이 필요하다는 것을 느꼈다. 마침내 사임즈는 왕의 입장을 이해한다는 면을 보였고, 보도폐야도 이전과는 다르게 이들에게 우호적인 면을 보이기 시작했다. 보도폐야는 영국이 미얀마에서 활동하는 것을 긍정적으로 고려하겠지만 항구 사용의 권한은 주권 국가의 고유권한이라고 하면서 이 문제에 대해서만은 더 이상의 요구를 받아들이지 않겠다는 점을 밝혔다. 그러나 사임즈는 미얀마가 친 프랑스적이 되지 않을 것이며 동시에 영국에 불리한 쪽으로 전개하지 않겠다는 의사로 받아 들였다. 따라서 영국이 제시한 조약에 보도폐야가 동의하지 않은 것에 대해서도 사임즈는 그렇게 실망하지 않았다. 다만 영국의 동인도회사가 양곤에 주재할 수 있도록 허가하는 문서를 받아 낸 것에 이번 방문의 큰 의의를 두었다. 이 문서 속에는 미얀마가 영국령 아삼을 인정하는 대신 영국도 미얀마령 라카인을 인정하여 미얀마가 영국의 국경을 넘지 않는 대신 영국도 미얀마의 도망자를 숨겨 주지 않는다는 것을 약속하는 내용도 포함되어 있었다. 사임즈가 들고 간 이 문서를 영국 당국도 승인했다.

이듬해인 1796년 영국 동인도회사의 본사는 양곤 지점 동인도회사 대표로 히램 콕스(Hiram Cox) 대위를 임명했다. 콕스는 회사일 뿐만 아니라 하부 미얀마의 동태파악과 사정을 본사에 보고하는 일도 겸하고 있었다. 아마라뿌라에 도착하자 영국 정부도 승인해 주지 않은 외교관 신분을 보장해 달라고 보도폐야에게 요구했다. 이것이 받아들여지지 않자 미얀마에 대해 매우 부정적인 시각을 가졌다. 미얀마 왕과 왕실, 심지어 미얀마를 미개한 나라라는 표현을 해대며 국민적 감정을 자극하는 언동까지 일삼았다. 이러한 언행은 양곤에 가서도 계속되었으며, 자신의 힘을 과시하고 다녔다. 마침내 보도폐야는 양곤 당국에 연락을 취해 콕스를 체포해 오도록 했다. 다급해진 콕스는 캘커타에 전문을 띄워 자신을 구해 줄 것을 요구했다. 콕스의 행실을 알고 있었던 존 쇼는 이를 무시해버렸다. 시간이 지나면서 콕스의 태도가 수그러졌다. 보도페야도 이런 점을 감안하여 체포 명령을 철회했다. 하지만 존 쇼는 콕스에게 이런 조치를 취해 준 미얀마 왕에게 정식으로 사과할 것을 종용했다. 그러나 오히려 콕스는 미얀마 왕과 국민들을 경멸하는 내용의 전문을 다시 썼고, 아울러 친 미얀마적인 시각을 갖고 있었던 마이클 사임즈를 미얀마에 유리한 거짓된 보고를 한 사람이라고 평가했다. 때는 존 쇼 대신 웰레스리(Lord Wellesley)가 인도의 새로운 총독으로 부임하고 있었다. 비록 콕스는 소환되었지만 웰레스리 손에는 콕스의 편견적인 보고서가 쥐어져 있었다.

1798년 말 라카인에서는 또 다시 반란이 발생했다. 1799년 이들을 진압한 미얀마 군대는 도망하는 반란자 무리를 쫓아 또 다시 영국령으로 들어갔다. 이때 영국 정찰대가 미얀마군을 제지했지만 미얀마군은 이들을 쉽게 제압해 버렸다. 미얀마군 지휘관은 자신이 지나쳤다는 생각에 급히 군대를 이끌고 미얀마령으로 되돌아 왔다. 이로써 미얀마와 영국간의 대규모 전면전은 피할 수 있었다. 그러나 총독은 반란자들이 의도적으로 영국령을 이용하고 있다는 것을 알고는 있었지만, 영국령에 대한 침범은 묵과할 수 없는 일이라며 미얀마 측에서 서면으로 제시한 도망자들의 인도 요구를 거절했다. 이로써 양국의 관계는 위험한 상황으로 치닫게 되었다.

웰레스리는 마침내 선제공격을 기획했다. 우선 라카인을 집어삼키겠다는 의도였다. 그러나 이때는 영국이 나폴레옹의 프랑스와 교전상태에 빠져 있었기 때문에 식민지를 확대하는 데 신경을 쓸 수가 없었다. 영국의 동인도회사 측에서는 이 틈을 타 발생할 수 있는 인도인들의 반란 같은 것에 촉각을 곤두세워야 했으므로 라카인 공략은 실현되지 못했다.

한편 미얀마의 왕실에서는 보도페야의 맏아들이 왕세자로 지명되었다.

그러나 따웅우의 영주였던 동생은 형이 후계자로 지목된 것에 대해 앙심을 품고 모반을 도모코자 했다. 보도페야는 이 음모를 알아차려 모반의 지지자들을 처단하고 왕자는 추방시켜 버렸다. 웰레스리는 이러한 사실을 알게 되었고, 보도페야가 오래 살지 못할 것이라는 정보와 함께 따웅우에서 또 다른 모반을 준비하고 있다는 보고를 받았다.

웰레스리는 이것을 미얀마 왕실을 휘어잡는 호기로 보고 왕세자에게 접근했다. 왕세자에게 반란자들을 효과적으로 진압할 수 있도록 영국군 보병 2개 연대, 기마병 1개 연대와 포병 1개 연대를 지원해 줄 뜻이 있음을 제의코자 했다. 반란을 진압한 명목으로 영국군을 왕실에 주둔시키고자 하는 의도였다. 웰레스리는 1802년 마이클 사임즈를 대표로 보도페야를 만나도록 했다. 완전무장한 수 개의 연대병력을 호위병으로 대동한 채였다. 미얀마는 이들의 입국을 허락하긴 했지만 살벌한 정복자같은 모습에 분개하여 보도페야는 이들에게 그 어떤 제안도 못하도록 했다. 한동안 왕세자와도 접촉하지 못한 사임즈 일행은 더 이상 시간을 끌지 못하고 양곤에 동인회사의 새로운 대리인을 주둔시켜 줄 것만 요구했다. 보도페야도 영국이 이런 모습으로 계속 있는 것을 위험하다고 판단하여 이 요구를 수락했다. 이렇게 하여 인도 총독은 정식으로 회사의 양곤 대표자이자 사임즈의 대리인 자격으로 존 칸닝(John Canning) 중위를 미얀마에 파견했다.

이후 한동안 미얀마의 영국령 침입 사건이 발생하지 않자 인도총독은 1개 연대만으로 미얀마와의 국경지대를 감시하도록 했다. 보도페야도 영국과의 마찰을 가능하면 피하라고 라카인의 영주에게 일러두었다. 1808년 왕세자가 병으로 갑자기 죽게 되자 보도페야는 죽은 왕세자의 아들을 새로운 후계자로 지명했다. 이때도 영국은 별 다른 반응을 보이지 않았다. 1809년 인도 내 프랑스령이었던 모리셔스(Mauritius-인도양 남서부로 한참 떨어진 차라리 아프리카 남동부에 더 가까운 마다가스카르

Madagascar 섬 동쪽에 있는 섬나라)를 영국이 공격한 적이 있었다. 1807년 이래 웰레스리를 대신해 새로 부임해 있던 인도 총독 민토(Lord Minto)는 칸닝을 대표로 하는 외교단을 보도폐야에게 보내어 영국의 행위에 대한 입장을 설명하기까지 하면서 미얀마와가 이에 반응하지 않도록 신중을 기했다. 이어 민토는 양곤의 동인도회사 지사를 완전히 철폐시켜버림으로써 더 이상 미얀마의 의심을 사지 않도록 조처했다. 동시에 미얀마의 라카인 쪽 국경지대에 배치되어 있던 군대도 철수시켰다.

그러나 1811년이 되자 양국 간에 갑작스런 회오리가 몰아쳤다. 라카인에서 새로운 반란사건이 터진 것이다. 반란군을 지휘한 친뱐은 인도인 동조자들도 포함된 무리를 이끌고 대포를 포함한 영국제 최신 무기로 무장하여 먀욱우를 장악했다. 친뱐은 스스로 라카인의 왕임을 선언함과 동시에 인도 총독에게 자신의 지지를 호소하면서 라카인을 영국의 보호령에 편입할 의사가 있음을 비쳤다. 총독은 칸닝을 급히 보도폐야에게 파견하여, 영국은 친뱐의 제의를 수락하지 않을 것이며 이들이 더 이상의 국경 침범을 하도록 방치하지 않을 것임을 전달했다. 아마라뿌라에 도착한 칸닝은 미얀마 왕실의 냉담한 접견을 받았지만 이에 개의치 않고 영국의 입장을 설명했다. 그런데 이때 친뱐의 무리들이 미얀마군의 반격을 받고 영국령으로 도주했다는 전갈이 들어왔다. 칸닝은 무슨 꿍꿍이가 있었는지 갑자기 양곤으로 떠났다. 보도폐야는 칸닝을 즉각 체포하라는 명령과 함께 체포하는 즉시 추방시키라고 지시했다. 칸닝은 전함을 타고 캘커타를 향해 떠났다.

이 사건으로 양국은 다시 냉랭해졌다. 비록 총독 민토가 보도폐야에게 반군 무리가 다시 국경선을 넘지 못하도록 하겠다는 의사를 전달해 왔지만 끝내 친뱐은 넘겨받지 못했다.

1813년에는 알라웅폐야 이래로 미얀마가 속령으로 간주하고 있었던 마니푸르에서 왕위 쟁탈전이 벌어졌다. 보도폐야가 이를 중재하여 겨우 내정을 진정시켰지만 언제 또 다시 문제가 터질지 모를 정도로 왕권은 연약했다. 마니푸르 북서부에 위치한 아삼도 1750년 이래로 내분에 휩싸여 있었다. 이전에 이 지역에서는 불교가 보편화되어 있었는데 아홈[98]의 왕들은 불교를 대신하여 인도의 문화와 힌두교를 받아들였다. 1700년대에 들어와서는 모아마리아스로 불리는 새로운 종단이 등장했다. 이들도 원칙적으로는 힌두교도였지만 정통 힌두교를 신랄히 비관하고 크리슈나를 숭배할 뿐이었다. 1750년 브라만의 충고에 따라 왕은 이 새로운 종단을 폐지시키고자 했다. 이렇게 하여 이에 반발하는 세력에 의한 폭동과 내분이 일기 시작한 것이다. 이렇게 내분이 계속되던 중 아삼의 한 지도자가 영국에 도움을 청했다. 1792년 동인도회사의 고문은 현지의 상황을 판단하기 위해 아삼을 방문했다. 보도폐야 역시 일단의 아삼 반란자들의 방문을 받은 자리에서 아삼의 내전에 개입해 달라는 부탁을 받았다. 그러나 영국이 직접 개입하지 않는 다음에는 미얀마도 중립을 지키겠다는 것이 보도폐야의 입장이었다. 그러나 결국 미얀마는 라카인에 이어 마니푸르와 아삼 두 지역을 놓고 영국과 갈등을 일으키면서 수렁 속으로 깊이 빠지고 말았다.

1815년 영국은 스리랑카의 칸디 왕조를 몰락시킴으로서 스리랑카를 완전히 장악함과 동시에 유럽에서는 워터루(Waterloo) 전쟁에서 프랑스를 제압함으로써 보도폐야의 입장을 더욱 다급하게 만들었다. 1816년 아삼의 왕이었던 찬드라 칸다는 정적들의 도전을 받고 도망하여 보도폐야에게 구원을 요청했다. 이제 보도폐야는 더 이상 주저하고 있을 수 없었다. 왜냐하면 미얀마가 돕지 않으면 영국에게 구원을 요청할 것이고 동진의 깃발을 더욱 높이게 된 영국의 입장에서는 호기로 여길 것이 틀림없었기 때문이다. 그렇게 되면 미얀마는 더욱 위험한 지경에 이를 것이고, 이러한 상황을 미리 막기 위해서는 아삼문제를 적극적으로 개입할 수 없었다. 보

98) 타이어를 쓰는 아홈족이 13세기에 중국의 윈난에서 이주해와 연 왕조.

도페야는 군대를 즉각 아삼으로 파견했다. 미얀마군의 도움으로 찬드라 칸다는 다시 왕위를 찾았지만 미얀마군이 퇴각하는 순간 또다시 왕위를 빼앗기고 말았다. 이렇게 되자 찬드라 칸다는 생각을 바꾸었다. 즉 미얀마가 아삼의 문제에 개입한 이상 영국도 개입의 명분을 찾을 것이고 그렇게 되면 영국의 지원을 받는 것이 훨씬 안전하다고 판단했다. 결국 찬드라 칸다는 영국에 도움을 청하기 위해 영국령으로 도망쳤다. 미얀마군은 도망자 찬드라 칸다를 영국령까지 들어가서 붙잡아 아삼으로 되돌려 보냈다. 이로써 아삼문제는 해결되는 듯 했다. 하지만 미얀마를 인정하지 않는 라카인 반란자들이 그랬던 것처럼 아삼의 반란자들도 영국령으로 도망가 있다가 기회를 틈타 미얀마 령으로 침범해 들어오는 일이 자주 발생하게 되었다. 이들의 빈번한 국경 침범으로 미얀마는 멀지 않은 장래에 영국과의 전면전을 예고하고 있었다. 이러한 상황에서 1819년 보도페야마저 어린 손자를 남겨 놓고 세상을 떠나고 말았다.

제8장

풍전등화 왕국 미얀마

1. 왕국의 쇠퇴

• 바지도(1819~1837)

바지도는 조부 보도폐야가 죽음으로서 왕위에 올랐다. 그런데 때는 영국과의 전쟁 소문이 끊임없이 나돌고 있었고 국민들은 늘 불안한 마음으로 지내야 했다.

그래서 바지도는 우선 왕실의 신뢰를 회복하기 위해 보도폐야 당시의 대사원 건립과 대규모 관개조선, 도로건설 등 노동력이 엄청나게 투입되는 공사를 중단시켰다. 그리고 국민들의 세금도 향후 3년 동안 면제해 줌으로서 국민들의 사기를 최대한 북돋아 주려고 했다. 왕실도 잉와로 옮겨 많은 전쟁을 연상케 하는 아마라뿌라 이미지를 최대한 축소하고자 했다. 이러한 정책은 국민들의 호응을 받았지만 여전히 영국과의 전쟁에 대한 불안감은 가시지 않았다. 게다가 나이도 어린데다 갑작스럽게 왕위를 이어받은 연유로 바지도는 왕비의 오빠 싸린민따에 많이 의지하고 있었다. 그러다 보니 자연스럽게 싸린민따와 왕비 메누의 힘이 왕의 힘을 능가하고 있었다. 메누는 권력을 남용하고 난폭한 성격을 가진 사람으로 후세 사람들에 의해 평가되지만, 실상 그녀는 시골의 평범한 가문 출신으로 권력과는 익숙해 있지 못했으며 오히려 싸린민따의 조정을 받을 정도로 싸린민따가 정치를 좌지우지하고 있었다. 이들의 힘이 강해지는 것을 가장 경계하고 있던 사람은 왕의 동생이자 군 총사령관이었던 따야와디였다. 따야와디는 싸린민따를 제거할 기회를 엿보고 있었다. 이렇게 바지도 통치 초기에는 권력이 바지도에 집중되지 못함으로서 다가오는 영국과의 전쟁대비도 허술할 수밖에 없었다.

한편 아삼의 왕이 보도폐야 당시 미얀마를 더 이상 대국으로 생각하지 않고 승자의 편에 서고자 했듯이, 마니푸르의 왕도 바지도의 대관식에 참여하지 않고 조공 사절도 보내지 않음으로써 미얀마와의 유대를 끊고 영국의 편에 서고자 했다. 이후 마니푸르는 독립을 선언했고 바지도는 즉각 군대를 파견해서 이를 제지시키고자 했다. 막상 미얀마의 군대가 마니푸르에 당도했을 때 마니푸르의 왕은 이웃 카차(Cachar) 왕국으로 도망친 상태였다. 게다가 도망자 마니푸르 왕은 이 기회에 소국 카차를 차지하고자 했다. 사태의 심각성을 파악한 카차의 왕은 영국과 미얀마에 각각 구원을 요청했다. 이렇게 되자 도망자들은 이웃 자인티아(Jaintia Hills) 왕국으로 피신했다. 영국은 이 문제가 벵갈에까지 파급될 것을 우려했다. 카차와 자인티아는 비록 영토는 작았지만 영국의 벵갈과 미얀마, 그리고 마니푸르의 완충지대로 전술적으로 유용한 지역이었다. 그러나 이미 이 두 지역은 미얀마군의 추격으로 혼란한 상황으로 접어든 상태였다. 마침내 영국은 아예 이 두 지역을 영국의 보호령으로 선언해 버렸다. 그러나 미얀마는 이 선언을 인정하지 않고 계속해서 도망자를 향해 추격을 가했다. 미얀마는 아삼에서도 왕위 쟁탈전을 통해 새로이 왕위에 오른 아삼 왕으로부터 저항을 받아야 했다. 이런 와중에 바지도의 삼촌인 따웅우의 영주가, 비록 금방 진압되긴 했지만, 모반을 감행했다.

중대국면이 라카인에서도 발생했다. 미얀마가 라카인령으로 정의하고 있던 낫강을 통해 영국의 동인도회사 고용인들이 코끼리를 쫓아 라카인으로 들어온 것이다. 이들은 즉각 체포되었다. 그러자 당시 인도 총독이었던 암허스트(Amherst)는 정확한 국경 설정을 요구하며 관리 두 명을 파견했다. 미얀마는 이들도 체포했다. 그러자 영국군은 낫강의 섬을 무력으로 점령했다. 미얀마는 이들을 공격하여 섬을 다시 회복했다. 1824년 1월 미얀마는 도망자를 잡으러 다시 자인티아를 진군해 들어갔다.

3월 드디어 영국은 영토를 침범한 미얀마에게 선전포고를 했다. 당시 영국에 맞선 미얀마군 사령관으로 임명된 마하반둘라는 두 갈래로 공격하기로 했다. 하나는 아삼과 마니푸르를 거쳐 카차를 지나 벵갈로 들어가는 것이고, 다른 하나는 라카인에서 벵갈로 바로 들어가는 것이었다. 벵갈에서 두 군대가 합류하면 동시에 총독이 있는 캘커타(Calcutta)를 진격해 들어가기로 한 것이다. 국경을 넘은 미얀마군 1진은 라무 전투에서 인도인으로 구성된 영국의 1개 부대를 패퇴시켰다. 반둘라는 게릴라 전술과 전면전을 조화시킨 작전을 구사하며 영국군을 휩쓸고 드디어 벵갈에 진입했다. 반둘라가 벵갈에 진입했을 때 카차를 거쳐 들어오는 미얀마군 2진은 영국군의 끈질긴 제지로 벵갈의 진입이 지연되고 있었다.

한편 캘커타는 인도인들의 소요로 혼란에 빠져 있었다. 반둘라는 2진이 들어올 때까지 기다리기로 했다. 반둘라가 기다리는 동안 영국군 전함은 양곤 남쪽 해상 안다만 군도에 집결하고 있었다. 같은 해 5월 이 함대들은 일시에 양곤항을 점령해 버렸다.

바지도는 병력을 양곤에 급파했다. 영국군이 항구에서 내륙 쪽으로 이동하는 사이 미얀마군은 양곤에 진입하는 데 성공했다. 미얀마군 사령관은 양곤 주민들을 대피하도록 조처했다. 이제 텅 빈 도시에 미얀마 군과 영국군만 남게 되었다. 몬순이 닥치자 영국군은 슈웨디공 파고다에 진지를 구축했다. 미얀마군은 선제공격을 자제하고 영국군의 움직임을 감시하면서 마하반둘라의 도착을 기다리고 있었다. 드디어 반둘라는 라카인의 험난한 산맥을 넘고 몬순의 악천후를 뚫고 무사히 양곤에 도착했다. 마하반둘라는 라무 전투를 이기며 벵갈에 쉽게 진입했던 경험으로 영국군을 과소평가하고 있었다. 게다가 수적으로도 미얀마 군이 우세했기 때문에 초전박살을 자신하고 있었다. 당시 미얀마군 숫자는 15000명의 소총부대를 포함하여 30000명이었고, 영국군은 5000명의 영국인과 인도인 동원부대로 10000명을 조금 넘는 숫자였다. 하지만 마하반둘라는 영국군 무기의 성능에 대해서는 간과하고 있었다. 영국군은 최신 총과 뇌관을 때려 포탄을 날리는 대포로 무장한 반면 미얀마군의 소총은 18세기의 낡은 것인데다 대포도 일일이 점화하여 포탄을 날리는 구식이었다. 미얀마군이 슈웨디공 파고다 근처로 전선을 좁혀 들어오자 영국군은 기다렸다는 듯이 일제히 포를 날렸다. 미얀마군이 엄호 포를 쏘려했을 때는 이미 영국군은 제 2의 포를 작렬한 뒤였다. 이렇게 하여 수많은 사상자만 낸 채 미얀마는 후퇴할 수밖에 없었다. 이 전투에서 살아남은 미얀마군은 7000여명에 불과할 정도로 미얀마는 참패하고 말았다.

마하반둘라는 잔병들을 이끌고 에야와디주 상부의 다누퓨에서 일단 전열을 정비하기로 했다. 여기서 영국군이 진격해 오기를 기다렸다. 드디어 우기가 끝나고 인도로부터 증원군이 도착하자 영국군은 에야와디강을 거슬러 올라 왔다. 미얀마군은 이들이 오는 지류의 바로 위 부분에 대기하고 있었다. 하지만 영국의 대대적인 공격에 미얀마군은 속수무책으로 당하고만 있어야 했다. 마침내 마하반둘라가 전사하는 것을 신호로 전투는 끝이 났다. 영국군은 삐까지 점령한 후 또 한 번의 몬순이 지나 갈 때까지 기다렸다. 이 사이 전열을 다시 가다듬은 미얀마군은 샨족 구원부대와 함께 삐를 탈환하기 위해 용감하게 싸웠지만 영국군을 당해내기란 역부족이었다.

상황이 이렇게 되자 바지도는 평화 사절단을 구성하여 영국군 사령관 앞으로 보냈다. 그러나 영국이 제시하는 평화조건이 터무니없다고 판단한 사절단은 되돌아 와 버렸다. 평화협상이 결렬된 후 영국은 미얀마를 계속 진격하여 잉와로 부터 불과 50마일 떨어진 얀다보까지 들어왔다. 미얀마는 다시 평화 사절단을 구성하여 영국이 제시하는 조건을 들어줄 수밖에 없었다. 이것이 1826년 얀다보에서 체결된 소위 '얀다보 조약'이다. 아래의 내용은 그 주요 내용이다.

1. 미얀마는 영국에게 라카인, 뜨닌다리, 아삼을 이용할 수 있도록 한다.
2. 미얀마는 마니푸르, 카차, 자인티아를 영국의 영토로 인정한다.
3. 미얀마는 영국에게 100만 파운드의 배상금을 네 번에 걸쳐 지불한다. 그 1차분은 즉각 지불하고, 2차분은 조약 서명 후 100일 이내에 지불한다. 나머지는 1년 단위로 2년에 걸쳐 지불한다. 2차분 지불 이전까지 영국군은 계속 양곤에 주둔한다.
4. 미얀마는 잉와에 영국의 상주대표부 설치를 허용하며, 영국은 미얀마의 상주대표부를 캘커타에 설치하는 것을 허용한다.
5. 동인도회사와 미얀마는 무역 조약을 체결한다.

이러한 합의조건은 미얀마로서는 가혹하고 잔인하기까지 했다. 아삼과 마니푸르를 포기해야 할뿐만 아니라 삼면의 해안 중 둘을 포기해야 하는 것이었다. 게다가 전쟁 배상금으로 물어야 하는 100만 파운드란 돈은 당시의 유럽에서도 대단한 금액이었을 뿐만 아니라 미얀마 화폐로 천만 짯에 해당되는 돈이었다. 1826년 당시 북부 미얀마의 사람들이 한 달 평균 생활비가 1짯이었던 것에 비추어 보면 이 만큼의 전쟁 배상금은 감당하기 힘든 돈이었다.

영국은 페낭과 싱가폴을 접수한 데 이어 얀다보 조약의 체결로 벵갈만은 영국의 호수가 되었다. 이렇게 대륙부 동남아의 교두보를 확보한 영국은 미얀마의 완전 장악을 통해 인도에 이어 동남아 마저 집어삼키고자 했다.

1826년 인도 총독은 통상 조약을 체결하기 위해 죤 크로퍼드(John Crawfurd)를 대표로 하는 방문단을 보내 왔다. 쌀과 은을 싼값에 넘기라는 요구가 받아들여지지 않자 크로퍼드는 바지도와 대신들을 위협하여 반강제적으로 다음의 통상 조약을 이끌어 냈다.

1. 왕은 미얀마의 상인들과 동인도회사와의 자유로운 통상을 허용한다.
2. 왕은 모든 배의 입 · 출 화물을 톤(ton) 단위로 일원화하여 일정한 세금을 매기도록 한다.
3. 왕은 영국 배의 입항과 수리 등의 모든 편의 제공을 해 주어야 하며 영국 측은 이에 대한 보상을 한다.

크로퍼드는 총독으로부터 미얀마와 상주 대표부 설치를 원활히 해결하라는 지시를 받고 있었다. 하지만 크로퍼드는 미얀마 측에 상주 대표부를 설치하는 것은 시기상조라는 보고서를 작성했다. 1830년 새로운 총독 하에 상주대표부 설치를 합의했고 헨리 버니(Henry Burney) 소령이 상주대표부 대사로 잉와에 왔다. 버니는 1825년 태국에 사절단으로 갔던 경험을 살려 미얀마에 대한 문제를 진지하게 생각했던 사람이다. 게다가 그는 유쾌한 성격을 갖고 있었다. 미얀마의 왕실에서는 이러한 버니를 사임즈와 같은 사람으로 보고 그에게 큰 신뢰감을 갖게 되었다. 버니의 제안에 따라 바지도는 총독에게 사절단을 파견했다. 원래 왕은 영국 왕에게 직접 사절단을 보내려고 했다. 이에 대해 버니는 현재의 미얀마 문제는 인도 총독의 권한하에 있다고 설득했다. 미얀마가 희망하는 국경문제를 해결하는 것도 총독의 권한이므로 자신도 총독에게 부탁하여 미얀마의 옛 영토를 회복하는 데 최선을 다 하겠다고 했다. 바지도는 이런 버니를 깊이 신뢰하게 되었으며 왕실 대신회의에도 참가할 수 있는 권한을 주었다. 이 후 버니는 국가문제를 다루는 왕실의 공식적인 회의에서 흘러나오는 말들뿐만 아니라 왕을 둘러싼 음모의 동태 등도 파악하게 되었다.

버니는 왕의 동생 따야와디와도 친분을 쌓아두고 있었다. 따야와디는 마하반둘라와 함께 영국과의 전쟁에 참여했었던 사람으로 마하반둘라가 전사하자 서둘러 말을 몰아 잉와로 달려와 영국과 조속한 평화협상이 필요하다고 주장했던 사람이다. 당시 따야와디의 정적이던 싸린민따와 왕비는 계속적인 전쟁 수행을 주장했지만 바지도는 따야와디의 말을 따랐다. 버니는 이러한 따야와디를 친 영국계로 분류해 놓고 있었다.

하지만 버니는 미얀마 왕실이 생각했던 것만큼 친미얀마적인 사람이 아니라 어디까지나 영국을 위해 자신의 역할을 다하는 사람이었다. 버니는 미얀마의 사절단이 캘커타로 향할 때, 이들이 라카인을 둘러보게 하라고 왕에게 종용했다. 라카인의 실상을 좀 더 세밀히 파악하는 것이 총독과 합의하기가 용이할 것이라는 주장이었다. 바지도는 공감을 하고 그렇게 하도록 지시했다. 이 때 버니는 자신의 동생 죠오지 버니(George Burney) 대위를 사절단의 호위대장으로 붙였다. 그러나 호위대장은 형식에 불과했고 죠오지 버니의 임무는 라카인의 지형과 주민의 동태를 파악하여 형 헨리 버니에게 보고하는 일이었다. 당시 영국인은 미얀마와 통상조약을 맺은 이후 미얀마의 어느 지역을 막론하고 들어갈 수 있었다. 이를 이용해 버니는 북으로는 바모까지 동으로는 꺼인 지역에까지 첩자를 파견하여 정보를 수집하고 있었다. 당시 미얀마에는 영국이 설치해 놓은 정보전화가 있어 -비록 영국의 기록에는 그들의 사령부가 라카인 판무관의 관청에 있었을 뿐이라고 되어 있지만- 모든 지시사항은 버니로부터 전달되며 모든 지역의 정보들이 이 전화를 통하여 버니에게 즉각 통보되게 되어 있었다.

이제 버니는 뜨닌다리를 영국 수중에 넣으라는 총독의 지시를 받고 있었다. 전략적으로 인도와 싱가폴, 페낭을 연결하기 위해서는 뜨닌다리가 필수적이었기 때문이다. 버니는 미얀마가 영국에 물어야 할 전쟁 배상금 마지막 분을 지불하지 못하고 있다는 것을 이용했다. 버니는 바지도에게 배상금을 지불하지 않으면 뜨닌다리를 태국에 팔아치우겠다는 본국의 의도를 전달했다. 이에 바지도는 엄청난 출혈을 감내 하며 배상금의 마지막 분을 1832년 11월에 영국에게 지불했다. 그러나 라카인을 포함해 뜨닌다리는 영영 미얀마로 되돌아오지 않았다.

바지도가 이렇게 힘없이 영국의 의도에 끌려가는 등 지도력의 한계를 보이자 그동안 틈을 보고 있던 싸린민따가 바지도를 제거할 움직임을 보인다. 우선 싸린민따는 정적 따야와디를 제거하기로 했다. 그 다음 국민들의 지지를 받았던 바지도의 아들 셋짜민을 해하기로 했다. 한편 버니의 정보력으로 볼 때 왕비와 싸린민따가 따야와디를 제거하려 한다는 것을 알고 있었음이 틀림없다. 이때 버니가 어느 쪽을 지원하고 있었는 지는 확실히 알려진 바는 없지만, 왕위에 오르기 위해서는 버니의 지지를 받는 것이 유리했다. 드디어 1837년 싸린민따는 국가 반역죄란 죄목을 씌워 따야와디를 체포하고자 했다. 그러나 따야와디는 무사히 탈출하여 자신의 추종자들과 슈웨보로 내달았다. 여기에서 따야와디는 왕실을 점거할 계획을 세웠다. 따야와디는 현재의 미얀마 상황은 주권없는 나라꼴과 다름없으며, 이러한 상황을 타개하지 않고는 모두 영국의 노예가 될 것이라고 주장했다. 이런 위기에서 벗어나기 위해서는 자신이 왕이 되어야 함을 역설했다. 슈웨보는 알라웅폐야가 새로운 왕조를 일으켰던 지역으로 그 상징성도 크게 작용했다. 사람들도 점점 따야와디 편으로 몰리는 등 따야와디의 왕실 공격이 임박해지고 있었다. 사태를 감지한 왕비와 싸린민따는 버니를 초청하여 따야와디와의 협상을 중계해 줄 것을 부탁했다. 이를 수락하고 버니는 따야와디를 만나 유혈은 피한다는 약속을 받아 냈다. 이 약속을 믿고 왕비와 싸린민따는 따야와디를 지지하는 쪽으로 돌아섰다. 이런 유리한 상황을 틈타 따야와디는 왕위를 찬탈하여 스스로 왕이 되었다.

• 따야와디(1837~1846)

따야와디는 왕위에 앉자마자 바지도의 왕비, 싸린민따 그리고 셋짜민까지 처형시켜버렸다. 대신 바지도는 상왕으로 있게 하여 전임 왕으로서의 예우를 다 해 주었고 내탕금(內帑金)도 얼마든지 사용할 수 있도록 하는 등 자유롭게 여생을 보낼 수 있도록 해 주었다. 그러나 바지도의 지지자들은 바지도의 왕위복직을 추진하고 있었다. 따야와디의 향후 행보가 걱정이 되었던 버니도 은근히 바지도파를 지지하고 있었다. 이러한 사실을 알아차린 따야와디는 바지도를 감금시켜 버리고 더욱 엄한 감시를 했다.

권력 게임에서 승리한 따야와디는 본격적으로 강병(强兵)정책을 추진한다. 우선 군장비를 현대화하기 위해 당시 양곤항에 밀집해 있던 외국 상인들에게 무기를 요구했다. 영국인들은 높은 가격으로 따야와디에게 무기를 팔면서 한편으로는 미얀마가 영국과의 또 다른 전쟁 준비를 하고 있다는 보고를 버니에게 했다. 버니는 즉각 따야와디에게 항의를 하면서 무기매입 금지를 요구했다. 이에 따야와디는 영국의 동조자인 태국이 짜인동을 공격하는 것을 금지시키라고 맞받았다. 화가 난 버니는 따야와디가 얀다보조약을 위반하는 행위를 하고 있다고 비난했다. 이에 따야와디는 영국이 미얀마 왕국을 계속 침범함으로써 조약은 이미 파기된 것이라고 강변했다. 이후 왕실과 버니 사이는 불편해졌고, 마침내 신변의 위협마저 느낀 버니는 인도로 돌아가 버렸다. 이후 버니를 대신 해 다른 사람들이 왔지만 따야와디의 냉담함에 오래 있지 못하고 되돌아갔다. 급기야는 그 누구도 상주대표부 대사로 오지 않게 되었다. 이렇게 1840년까지 갔다.

따야와디는 상주대표부가 철수하자 기쁨을 감추지 못했다. 결국 영국도 물리칠 수 있을 것이란 자신감을 갖게 되었다. 대표부가 철수한 것을 기념해 따야와디는 군대를 이끌고 양곤으로 향했다. 양곤에 도착한 왕은 슈웨디공 파고다에 많은 물건들을 희사하고 축제를 벌였다. 한편 인도의 영국 총독은 미얀마 공격을 놓고 시기를 저울질하고 있었다. 왜냐하면 태국의 향방에 신경을 곤두세워야 했기 때문이다. 태국은 라마(Rama)Ⅲ세(1824~51) 하에 남으로는 말레이 반도, 북으로 라오스, 동남쪽으로는 캄보디아까지 그 세력을 꾸준히 팽창하고 있었고, 이것은 영국의 동진정책과 부딪힐 여지가 있었다.

이렇게 영국이 뜸을 들이는 사이 따야와디는 수도를 다시 아마라뿌라로 옮기고 있었다. 전쟁의 이미지가 깊게 박힌 아마라뿌라에서 기필코 영국을 극복하겠다는 의지였다. 하지만 왕실에서는 전쟁을 위해 국력을 집중시키는데 어려운 일이 벌어지고 있었다. 따야와디는 좀 더 상황을 지켜본 후에 전쟁을 벌이자는 쪽이었고, 맏아들이자 왕세자인 버간 영주도 이에 동조했다. 하지만 삐 영주로 있던 둘째 아들은 영국과의 무조건 전쟁을 주장했다. 왜냐하면 조만간 영국은 미얀마를 재침해 올 것이며, 선수를 놓치면 전쟁이 힘들어질 것이 틀림없다는 것이었다. 이렇게 되면 미얀마의 선택은 목숨을 부지하기 위해 혼신의 힘을 다해 줄행랑을 치든지 장렬하게 싸워 무덤에 들어가든지 중에 하나를 택해야 하는 어려운 상황을 맞아야 한다는 것이 삐 영주의 주장이었다. 몇몇의 의기양양한 장군들도 이번 기회에 영국과의 1차 전쟁에서 패한 설욕을 해야 한다고 주장했다.

이러한 삐 영주의 전쟁불가피론 주장은, 음모를 꾸미고 있던 따야와디의 둘째 비 먀끌레이의 지지를 받았다. 먀끌레이는 시인이자 가수로 따야와디의 총애를 듬뿍 받고 있었다. 그녀는 원래 몬족 하급 장교의 딸로 태어났다. 어느 날 따야와디가 하부 미얀마를 순시하던 중 눈에 띄어 왕비가 된 사람이다. 왕실에 들어온 이후 그녀는 자신의 쾌활한 성품과 시적 기교로 젊은 왕자 삐의 영주를 유혹했던 것이다. 먀끌레이가 삐의 영주를 지지하는 배경을 알게 된 따야와디는 당장 두 사람을 처형시키도록 했다. 막상 사형 집행인이 그녀의 머리를 고정시키기 위해 머리카락을 잡아당기자 화를 내며, '머리카락을 그냥 두어라. 나의 머리카락은 왕만이 어루만질 수 있다.'라고 하면서 따야와디에 대한 미련을 표했다. 그리고 권력의 무상함과 인생무상을 담은 노래를 구성지게 부른 뒤 사형 집행인의 칼을 받았다. 따야와디는 먀끌레이의 처형명령을 내린 뒤 우울증에 빠져버렸고, 먀끌레이의 하소연을 전해 듣고는 이성을 완전히 잃어버렸다 한다.

버간 영주는 이때부터 아버지를 대신하여 사실상 왕권을 행사하기 시작했다. 시름시름 앓던 따야와디는 바지도가 죽은 지 몇 달(한 달 조금 넘은 때)이 지나지 않은 1846년에 결국 숨을 거두고 말았다. 버간 영주의 두 동생, 즉 민돈 영주와 군 부사령관이었던 까나웅 장군은 새롭게 탄생한 왕에게 지지를 보냈다.

• 버간(1846~1853)

버간왕은 샨족 공주를 새로운 왕비로 맞아 소브와의 축하와 지지를 받았다. 그리고 국민들의 편의를 위해 노후한 수리시설과 댐을 개 · 보수하였으며, 사원과 수도원도 많이 지어 승려들로부터도 큰 지지를 받았다. 게다가 전쟁에 대비해 군의 현대화에 박차를 가함으로서 전투력도 크게 보강했다. 유럽의 포 전문가를 초빙하여 보다 성능이 좋은 포를 만들게 했고, 총을 취급하는 영국군 장교로부터 많은 양의 신총도 구입했다. 또한 영국

왕에게 직접 사절을 보내어 얀다보 조약에 대한 불합리성을 전달할 계획을 세우고 있었다.

그러나 중국과의 아편 전쟁도 끝낸 영국의 입장에서는 이제 벵갈만에서 유일하게 영국에 편입되지 않은 하부 미얀마 삼각주 연안 지대를 그대로 둔다는 것은 영국의 자존심이 허락하지 않는 일이었다. 또 새로 들어선 인도 총독 달하우지(Dalhousie)도 미얀마를 인도에 편입시켜 인도의 확장을 갈구하고 있었다. 그러나 영국은 미얀마를 침공할 빌미를 쉽게 찾지 못하고 있었다.

그런데 그 계기가 만들어졌다. 1851년 양곤의 시장은 그 동안 양곤에서 일어났던 각종의 부정부패를 일소하기로 했다. 치안을 확립하여 혼란과 무질서를 바로 잡고, 밀수행위를 엄격히 처벌하는 동시에 항구세를 비롯해 각종의 세금을 엄격히 부과할 것을 명령했다. 이렇게 되자 양곤경제의 중심이던 영국 상인들은 이에 불만을 품고 캘커타에 보고하여 양곤 당국의 조처를 시정시켜줄 것을 요구했다. 그러나 인도의 영국 총독은 당장의 조처는 취하지 않고 있었다. 그런데 그해 말경 영국 상선에 승선하고 있던 영국군 장교 두 명이 미얀마 세관을 속이는 것이 발견되었고, 이 죄를 물어 양곤 당국은 100파운드의 세금을 추징했다. 세금을 내지 않자 양곤당국은 이들을 억류시켰다. 그러자 이들은 즉각 배를 몰아 캘커타로 가서 자신들은 아무 죄도 없으며 미얀마 측의 조처로 오히려 1920파운드에 달하는 손해를 입었다고 주장했다. 이 보고를 받은 달하우지는 아마라뿌라에 양곤 시장을 경질시킬 것을 요구했고, 1900파운드의 손해배상액을 신청하라고 지시했다. 이렇게 하여 해군 준장 램버트(Lambert)를 대표로 하는 항의 방문단이 양곤에 도착했다.

예상한대로 램버트는 외교관행을 무시하고 무조건 손해배상금을 지불하라고 양곤 시장을 다그쳤다. 이러한 사실을 보고 받은 버간왕은 즉각 응징을 하고자 했지만 평화주의자 민돈을 비롯한 동생들의 간곡한 부탁으로 영국의 의도대로 해 주기로 했다. 이렇게 하여 한 차례의 위기는 넘겼으나 이후 영국의 행위는 미얀마를 안하무인격으로 대했다. 결국 전쟁을 피할 수 없는 상황이 도래했다. 램버트의 대리인이 양곤관청을 방문하게 되었다. 그런데 그는 위병의 제지에도 불구하고 말을 탄 채 관청 안으로 들어간 것이었다. 처음에는 이를 막지 못한 위병을 벌하는 것으로 넘어갔지만 또 다시 이런 일이 벌어졌다. 당시 미얀마의 행정 위계상 양곤의 시장은 모든 지방 행정관 중 가장 높은 직급이었고, 이 양곤 시장이 있는 관청에는 왕을 제외하고는 그 누구도 말을 탄 채 청사 안으로 들어갈 수 없었다. 따라서 이번 영국인들의 행위는 양곤 시장을 모욕하는 수준을 넘어 미얀마의 자존심을 깎는 엄청난 사건으로 받아들일 수밖에 없었다. 양곤 시장은 램버트에게 사과를 요구했다. 그러나 램버트는 사과는 커녕 기다렸다는 듯이 미얀마 왕 소유의 배 한 척을 억류해버리고 전투태세를 취했다. 이에 양곤 주재 미얀마 포가 발사됐다. 그러나 영국의 반격에 미얀마군은 맥도 못 추고 전멸되고 말았다. 이렇게 볼 때 램버트의 행위는 영국의 사전 각본에 의한 것으로 추정된다. 그러나 영국은 자신들이 입은 손해배상액을 즉각 지불하라고 요구했다. 이번에도 미얀마는 전쟁을 피하기 위해 영국이 요구하는 대로 돈을 지불하기로 결정하고 시간을 달라고 했다. 하지만 달하우지는 이를 무시했다. 이제 달하우지는 몬순이 닥치기 전에 양곤을 공격할 계획을 세우고 버간왕에게 아래 사항을 요구하는 최후통첩을 보냈다.

1. 왕은 양곤 시장을 즉각 경질한다.
2. 왕은 대신을 보내 영국에 피해를 줬던 점과 양곤 시장의 잘못을 공식적으로 사과한다.
3. 왕은 영국 상선의 피해액과 포 공격으로 입은 영국 재산의 피해, 그

리고 이로써 야기된 전쟁준비 비용 10만 파운드를 즉각 지불한다.
4. 왕은 얀다보 조약에 의거하여 동인도 회사의 대표단을 양곤 주재 상주 대표부로 인정한다.

이에 버간왕도 전쟁을 선포했다. 여전히 전쟁반대와 신중론을 개진하던 동생 민돈과 까나웅의 의견을 무시한 채. 그러나 미얀마는 영국의 상대가 되지 못했다. 고드윈(Godwin)장군이 이끄는 영국군은 1852년 4월에 순식간에 모뜨마와 양곤를 점령했다. 영국이 미얀마를 공격하는 사이 태국은 영국과 연합하여 미얀마의 국경지대를 공격해 들어왔다. 미얀마는 사면초가에 빠졌고, 반격을 펼쳤지만 역부족이었다. 양곤은 미얀마군의 끈질긴 항전으로 3주 동안이나 고드윈의 상륙을 저지했지만 결국 무너져 영국군은 슈웨디공 파고다에 진지를 구축했다. 영국은 양곤시장을 교수형에 처하고, 동년 5월에는 램버트의 함대가 버떼인도 장악했다. 몬순 이전에 하부삼각주 지역을 손아귀에 넣겠다는 달하우지의 계획대로 일은 착착 진행되었다. 마지막 작전을 지휘하기 위해 달하우지는 양곤으로 왔다. 6월에 버고를 함락시킨 영국군은 계속해서 이번 작전의 마지막 목적지인 삐를 진격해 들어갔다. 그러나 미얀마군의 끈질긴 항전으로 삐의 완전 장악에는 실패했다. 때마침 불어닥친 몬순은 영국의 진격을 멈추게 했다. 그리고 몬순이 끝나던 10월에 영국은 다시 공격을 해 삐를 손아귀에 넣었다. 12월이 되자 미얀마는 마지막 항전을 개시하였다.

일이 이쯤에 이르자 아마라뿌라에서는 민돈이, 속출하고 있는 수많은 파괴와 인명 피해를 피하고 평화 협상을 체결하라는 진언을 왕에게 강력히 권고하기에 이르렀다. 그러나 전쟁을 계속 수행해야 한다는 의견이 장군들 사이에 지배적이었고 이를 거역하는 민돈과 까나웅은 체포될 위기에 처했다. 결국 민돈과 까나웅은 슈웨보로 도주했다. 이곳에서 이들은 왕에게 대항하기 위해 군대를 구성했다. 일이 이쯤에 이르자 흘투또는 민돈을 새 왕으로 추대하였고 이어 하부 미얀마의 전 군대를 아마라뿌라로 불러들였다.

달하우지는 아마라뿌라까지는 진격하지 않았다. 이제 더 이상 미얀마가 영국에 반항하지 않을 것으로 판단했기 때문이다. 결국 전쟁은 영국의 승리로 끝났고, 영국은 기름진 하부 미얀마를 장악하였을 뿐만 아니라 바다로 향하는 모든 지역을 갖게 되었다. 영국은 버고도 영국령으로 선언하여 라카인의 판무관(辦務官)으로 있던 페이레(Arthur Phayre)를 버고 판무관으로 내정했다. 영국은 만약 미얀마 측이 이를 거역할 경우 전 영토를 장악할 것임은 물론이고 왕을 포함한 왕족 모두를 멸할 것이라고 선언했다.

제 1차 미얀마-영국 전쟁이 양국 간의 자존심이 빚어낸 것이라 정의한다면, 제 2차 전쟁은 미얀마 왕과 국민들이 영국 제국주의 정책에 힘없이 그리고 무고하게 당한 전쟁이라고 정의할 수 있다.

2. 풍전등화 미얀마

• 민돈(1853~1878)

민돈은 여느 왕들이 젊은 시절을 군마(軍馬)와 전투 코끼리와 지내던 것과는 달리 사원의 그늘 속에서 책과 경전을 읽으며 조용히 젊은 시절을 보냈다. 그는 평화주의자로서 권력의 탐욕 때문이 아니라 전쟁의 고통 속에 신음하는 국민들을 구하고 더 이상의 희생을 줄이기 위해 모반을 한 사람으로 기록된다. 따라서 왕권 장악 과정에서 알라웅폐야와 마찬가지로 정적을 포함한 그 누구도 해치지 않았다. 왕위에 오른 후 형제들이 맡고 있는 보직을 그대로 맡게 했으며, 버간 또한 전임 왕으로서 예우를 해 넓은 저택에서 기거토록 해주었으며 버간이 원한다면 언제든지 대신회의도 소집할 수 있는 권한을 주었다.

민돈은 영국이 필시 엄청난 대가를 요구할 것이지만 충분한 대가를 지불하면 하부 미얀마를 되돌려 줄 것으로 생각했다. 아마라뿌라로 되돌아온 민돈은 전임 버간 왕의 명령에 의해 억류되어 있던 모든 유럽인들을 석방하여 이들을 영국군 사령관에게 되돌려 보내도록 지시했다. 그리고 영국군과 대치하고 있던 전 미얀마군에게 대치 상태를 풀도록 지시하는 한편 평화 사절을 영국 측에 보냈다. 이 소식을 접한 영국군 사령관은 달하우지에게 급히 이러한 내용을 전달했다. 하지만 달하우지는 영국군은 계속 무장 상태를 견지하도록 하는 대신 버고 판무관 페이러로 하여금 민돈의 사절을 맞도록 지시했다.

사절은 페이러에게 양국 간의 평화를 위해서 영국군이 버고를 떠나야 한다는 입장을 완곡히 요구했다. 그러나 페이러는 영국은 이미 버고를 영국령으로 선포하였고 자신은 이를 철회할 권한이 없을 뿐만 아니라 단지 영국과 미얀마간의 새로운 국경선 설정을 이행할 권한밖에 없다고 대답했다. 이에 따라 애당초 영국이 상정해 놓은 삐를 포함한 하부 미얀마 전체를 영국령으로 한다는 협정에 미얀마가 조인해 줄 것을 요구했다. 그러면 영국군을 뜨옛묘에서 삐로 후퇴시키겠다고 했다. 미얀마는 이러한 영국의 제안을 거절했다. 이에 달하우지는 영국이 하부 미얀마를 점령한 상태로 제 2차 영국-미얀마 전쟁의 종전을 선언해 버렸다.

이제 미얀마 왕실의 권위는 심하게 손상되었다. 전쟁의 신중론을 펴던 까나웅은 여기서 주저앉으면 미얀마는 다시 회복할 수 없다고 하면서 민돈에게 다시 한 번 전쟁을 벌일 것을 건의했다. 하지만 민돈은 까나웅을 끝내 제지시켰다. 전쟁의 결과를 뻔히 알고 있었기 때문이다. 그런데 하부 미얀마는 버마족, 몬족을 비롯해 여러 소수 종족들이 섞여 있던 곳이다. 이들은 달하우지의 점령과 민돈의 인내 사이에서 분개하고 있었다. 게다가 전쟁의 결과 빚어진 농토의 피폐와 기아, 그리고 끝없는 불안감은 이들을 가만히 견디지 못하도록 했다. 마침내 한 사람의 농민 지도자가 나타나 민돈 왕과 달하우지 그 어느 편에도 예속되지 않는 '독립 하부 미얀마'란 기치를 내걸고 게릴라 4천여 명을 모아 군대를 구성하여 영국군을 공격했다. 이와 유사한 행위가 꺼인족에 의해서도 행해졌다. 즉 하부 미얀마 최초의 꺼인족 왕의 출현이 운명지어졌다는 기치를 내걸고 한 꺼인족 지도자가 꺼인족들을 모아 정부군의 전초 기지를 닥치는 대로 공격한 것이다. 전자의 반란자들은 초기에는 몇 개의 지역을 장악하는 등 기세가 좋았지만 몇 발의 영국군 포에 주저앉고 말았다. 그러나 꺼인 반란자들은 영국의 공격이 거세질 때는 정글 지대로 숨는 등 영국군의 공격을 요리조리 피해가며 끈질기게 저항하면서 5년간을 투쟁했다. 민돈은 이러한 반항은 인명 피해만 늘릴 뿐이라고 하면서 반란 지도자들에게 사람을 보내어 그만두도록 타일렀다. 그리고 기아에 허덕이는 하부 미얀마 사람들을 위해 민돈은 왕국 내 다른 지역의 잉여 농산물을 매입하여 남부 미얀마를 통치하고 있는 영국군에게 다시 팔아 이 지역의 죽어 가는 수천 명의 사람들에게 공급하도록 조처했다.

여전히 평화 조약이 체결되지 않은 상태에서 달하우지는 미얀마의 수도에 대표부를 두지 않고 있었다. 하지만 민돈은 영국과 좋은 관계를 유지하기 위해 스코트랜드 상인 토마스 스피어(Thomas Spears)와 알렌(Allen) 소령, 레트(Latter) 대위를 왕실 고문으로 지명했다. 민돈은 아르메니아인 상인 마커티커(Mackertich)를 영국이 점령하고 있는 지역과 접해있는 민흘라의 행정관으로 임명했다. 마커티커가 영국과 미얀마 국경 장교들을 자주 초청하여 대화를 나누도록 하여 전쟁 재발을 최소화하려 했다. 그러나 이러한 민돈의 화해 제스처에도 불구하고 달하우지는 여전히 무반응이었다.

마침내 1854년 민돈은 사절을 캘커타에 보내어 무조건 버고를 되돌려 달라는 요구를 했다. 그러나 달하우지는 의기양양하게 손가락으로 태양을 가리키며 '태양이 빛나고 있는 한 버고는 영국 땅이다.(As long as that sun shines, Bago(Pegu) shall remain British.'라고 하며 반환을 거절했다. 그러나 달하우지의 이 말을 '총독부 앞에 영국기가 게양되어 있는 동안만 버고는 영국땅이다.'라고 순간적으로 잘못 이해한 미얀마 사절단은 해가 져 영국기가 거두어질 때까지 기다리는 어처구니없는 짓을 벌였다. 결국 해가 지고 기가 내려져도 달하우지로부터 아무런 반응이 없자 그제야 달하우지의 말이 버고를 양보할 수 없다는 뜻임을 알게 되었다. 이들은 망연자실한 마음으로 미얀마로 되돌아와야만 했다.

이렇게 버고 반환 요구가 영국에 의해 거절된 다음 민돈은 더 이상 버고에 대한 미련을 버리기로 했다. 대신 민돈은 1824~1826년과 1852년의 패배한 전쟁 당시 수도였던 잉와와 아마라뿌라의 비극적인 기억을 지우기 위해 만달레이로 왕실을 옮기기로 했다. 도시는 1857년에 공사를 시작하여 1861년에 완공이 되었지만 민돈 자신은 왕실이 완성된 1858년에 만달레이로 옮겨갔다.

민돈은 이렇게 새로 만들어진 만달레이를 중심으로 현대화된 국가를 만들고자 노력했다. 이것은 나라를 위함과 동시에 영국에게 적의를 보이지 않음으로서 공격의 빌미를 제공하지 않겠다는 뜻도 담겨 있었다.

국제간 무역 체계를 국내에 적용시켜 개인들도 자유롭게 무역을 할 수 있도록 제도화 했고, 현대식 세금 제도를 정착시키고자 했다. 이렇게 하여 국내에서 발생하는 국제간 무역을 조절해 이익을 얻는 동시에 국민들로 하여금 년 간 통산 세금이 개인 이익의 10%를 넘지 못하도록 했다. 그리고 전쟁에서의 공과 업적에 따라 군과 관료들에게 불하하던 봉토제도도 서서히 사라지게 했다. 미얀마의 봉토 개념은 봉토를 불하 받은 사람이 그 지역의 소유권 또는 행정권을 갖는 것이 아니라 단지 그 지역의 세수권을 왕으로부터 인정받는 것이었다.

민돈은 현존하는 물물교환제도와 함께 교환 수단으로 사용하던 금·은을 서서히 동전 체계로 대체시켜 나갔다. 왕실 주조국을 만들어 공작 무늬가 새겨진 짯을 만들어 공식적으로 통용하게 했다. 보도폐야가 설정한 단일 중량과 규격 체계를 한 번 더 확정하고 왕실 측정관을 각 지역으로 보내 단일화된 측정 단위를 사용하도록 지시했다. 하부 미얀마에서 영국에 의해 빠른 속도로 도로와 철도가 건설되어갔고, 이러한 교통수단의 이점을 알게 된 민돈은 상부 미얀마에도 도로와 수로를 개선하도록 했다. 하부 미얀마의 영국 정부는 정기적으로 운항되는 증기선을 편성하여 양곤을 거쳐 캘커타, 페낭, 싱가폴을 향하는 우편물을 운반하도록 했다. 1871년 수에즈 운하의 개통으로 양곤항은 더욱 중요한 항구가 되었다. 영국은 '이라와디 해운회사(Irrawaddy Flotilla Company)'를 만들어 뜨옛묘에서 삐, 하부 미얀마의 여러 지역을 경유하여 양곤까지 운항하는 정기선을 띄우기도 했다. 민돈은 이라와디 해운회사로부터 여러 척의 배를 구입하여 주 3회 이라와디, 월 1회 바모까지 정기선이 운항되도록 했다. 그리고 민돈은 많은 학생들을 선발하여 양곤과 캘커타에 보내 전화 공법을 배워 오도록 했다. 이들이 되돌아 왔을 때 미얀마의 전역에 전화 통신체계를 갖추었으며 이는 하부 미얀마의 영국에까지 이어지도록 했다.

산업의 중요성을 인식한 민돈은 서양의 전문가들을 초빙하여 재래식 채광과 벌채 방법을 개선하도록 했다. 민돈은 또 유럽인의 도움을 받아 미얀마에 방직 공장, 정미소, 제분소, 설탕공장 등 약 50여 개의 공장을 새로 설립했다. 민돈은 서양의 산업에 관심이 많았던 아들 메까라를 공업성 대신으로 임명했다.

미얀마의 국제무역을 민돈이 독점하는 것에 대해 영국 상인들은 불만을 나타냈으며 특히 수입품을 양곤 주재 영국 상인들을 거치지 않고 캘커타로부터 직접 구입하는 것에 반발했다. 1855년 달하우지의 지시로 통상조약 체결을 위해 사절단을 데리고 온 페이러는 조약 체결에 실패한 적이 있다. 그러나 계속되는 양곤 주재 영국 상인들의 반발로 1862년 다시 만달레이에 온 페이러는 미얀마와 아래 3개 사항의 통상 조약을 체결하는데 성공했다. 이렇게 미얀마를 꺾었지만 달하우지는 다음과 같은 말로 그간의 어려움을 표현했다. '동양에서 미얀마만큼 자신들에 대한 우월감과 자국을 지키려는 노력을 기울이는 나라는 없다.'

1. 미얀마 왕실과 하부 미얀마의 영국 당국은 미얀마-영국의 국경을 넘나드는 물건들에 대한 세금을 감축한다.
2. 양쪽 지역을 왕래하는 양측 상인들은 통행의 제한을 받지 않는다.
3. 영국은 아마라뿌라에 상주 대표부를 주둔시킨다.

이 조약을 맺기 전에 이미 미얀마는 조약의 일부를 이행하고 있었던 것이나 다름없다. 왜냐하면 미얀마인이 영국령으로 들어가는 일은 거의 없었지만 영국인은 상인 외에도 상인으로 가장한 군·관료들이 미얀마령으로 들어가 지리, 환경, 민심의 동태 등을 파악하고 다녔기 때문이다. 게다가 이들은 꺼인 족장들을 만나 반란을 부추겼으며, 몇몇 샨 소브와들에게는 민돈에 대해 반란을 일으키면 군사적인 지원을 하겠다는 약속도 했다. 이 중의 대표적인 사람이 스레이든(Sladen) 대령으로 만달레이에 집무실을 두고 왕실의 동태파악과 정보를 수집하고 있었다.

이렇게 영국의 활동을 인정하는 조약을 체결해준 민돈은 미얀마의 대표부도 영국에 설치되어야 한다는 입장을 영국 측에 전달했다. 하지만 영국은 확답을 차일피일 미루고만 있었다. 반면 이 시기 태국 왕 몽쿳은 런던 정부와 직접 외교를 하고 있었다. 이러한 영국의 태도에 대해 민돈은 자존심이 크게 상했다.

이렇게 비록 외교적으로는 영국에 끌려갔지만 민돈은 끝까지 정신을 차려 영국을 극복하기 위해 최선을 다했다. 미얀마의 자존심이라 할 수 있는 불교의 부흥을 통해 이 목적을 달성코자 했다. 당시 미얀마인들은 사기가 떨어질 대로 떨어져 있었다. 제 1차 영국과의 전쟁에 패하고 전쟁 복구를 하기도 전에 또 다시 영국과 전쟁을 치렀고 이 결과도 패배로 낙찰됨으로서 미얀마인은 절망과 수치심을 느껴야 했다. 게다가 미얀마인들은 영국을 비롯한 서양 문물의 영향으로 자신들 고유의 생활 방식과 불교가 쇠퇴하지 않을까 하는 두려움조차 느끼고 있었다. 하부 미얀마의 영국 정부가 불교가 국교로 떠 받혀지는 것을 허용하지 않고, 미얀마 교육 체계의 근간이 되었던 사원 학교마저 승인하지 않자 미얀마인들의 이러한 두려움은 더욱 증대되었다. 사원 학교를 대신하여 관립 학교와 기독교 전파 학교 등 신식 교육기관들이 생겨나기 시작했다. 이들 학교에서는 국민들로부터 불교와 함께 불자왕으로 떠받쳐지는 미얀마 왕이 과소평가되는 일이 비일비재하게 발생했다. 하부 미얀마에 있던 승려들도 과거처럼 국민들의 등불로 인식되지 못할 위기에 처하게 되었다. 급기야 많은 승려들은 아직 왕의 보호 하에 불교가 융성하고 있는 상부 미얀마로 이주해 갔다.

민돈은 학식과 덕망 있는 승려들의 도움을 받아 우선 승려법을 새로 정리했다. 이를 통해 해이해진 종단을 정화하여 승려들이 제 자리를 잡게 해주는 한편 불교경전 암기대회를 치러 국민 모두가 불교와 다시 친숙할 수 있도록 했다. 이 대회는 다섯 등급으로 나누어 실시되었는데, 입상하는 자는 등급을 나누고 그에 따라 격려금도 수여했다. 최고위 등급은 승려들이

주로 치르고, 최하 등급은 아이들이 참가하여 시험을 보도록 했다. 이 제도는 대단한 반향을 일으켜 모든 사람들이 새롭게 경전을 공부하는 등 미얀마 불교의 부흥기라 일컬을 정도로 불교의 붐이 일게 된 동기가 되었다. 또한 민돈은 5천 개의 돌기둥을 세워 주해서를 포함한 모든 경전을 새겨 넣게 했다. 그리고 하부 미얀마로 불교를 가르치러 가는 승려들에게는 격려와 포상을 했다. 이렇게 불교를 부흥시키기 위해 노력하는 한편 타종교도 인정하는 자세를 견지했다. 기독교 선교사들의 포교를 허락했을 뿐만 아니라 찬송가 전파 책임을 맡고 있던 마크(Mark) 신부에게는 활동할 수 있는 공간을 마련해 주기까지 했다. 그리고 프랑스 로마 카톨릭 협회 회장인 비강(Bigandet) 주교에게도 교회와 학교를 짓도록 허락해 주었다. 민돈은 개인적으로 왕자들에게 마크 신부에게 보내어 영어를 배우게 할 정도였다.

그리고 민돈은 불교교류를 위해 이웃 불교국가였던 태국과 스리랑카에 교류를 희망했다. 태국은 이전 미얀마가 영국과 전쟁을 치렀을 때 영국에 협조한 전력이 있었지만 민돈은 이를 문제 삼지 않고 승려 사절단을 조직하여 태국에 보내 우호 관계를 희망한다는 뜻을 전했다. 이 소식을 들은 태국왕 몽쿳은 이를 수락한다는 의미로 태국의 승려 사절단을 조직하여 미얀마의 국사가 있는 만달레이로 보내 왔다. 계속해서 민돈은 고문 역할을 하고 있던 고승 몇 사람을 스리랑카에 보내 불교교류를 희망했으나 당시 스리랑카를을 통치하던 영국에 의해 입국이 저지되었다. 저지 이유는 스리랑카에 콜레라가 만연하고 있기 때문이라는 것이었다.

계속해서 민돈은 제 5차 불교 대회를 준비했다. 당시 미얀마가 처한 상황에서는 매우 힘든 일이었지만 민돈은 강행하여 결국 성공적으로 치러냈다. 참고로 최초의 불교 대회는 부처 사후 바로 개최되었고, 두 번째 대회는 100년 후 누군가에 의해, 그리고 세 번째는 기원전 3세기경에 인도 아소카왕에 의해 개최되었다. 이때까지의 대회는 모두 인도 땅에서 개최되었다. 그리고 제 4차 대회는 정확한 연대는 알 수가 없으나 기원이 시작되기 바로 몇 년 전 스리랑카에서 상좌부불교 교단에 의해 개최되었다. 그리고 또 다른 제 4차 불교 대회가 기원 78년 대승 교단에 의해 인도에서 개최되었다. 그런 다음 내란 및 침략의 시기가 이어지면서 이러한 불교 대회는 열리지 않고 있다가 1861년 민돈에 의해 미얀마에서 제 5차 불교 대회가 개최된 것이다. 민돈은 자신이 상좌부불교에 속해 있었음에도 종파를 가리지 않고 모든 불교 국가들을 초청하여 불교적 관용과 화합의 면모를 보여주기도 했다.

민돈은 비록 뜨옛묘 이북 지역만 정치적으로 통치하는 왕이었지만, 그 스스로는 미얀마 전 영토가 하나라는 생각을 갖고 있었다. 이를 증명하기 위해 민돈은 영국 통치령 양곤에 있는 슈웨디공 파고다를 치장할 계획을 세웠다. 그러나 막상 이 일을 위해 영국 당국에 왕의 사절이 양곤에 들어갈 수 있도록 허가를 구했을 때 영국 당국은 이를 거절했다. 이러한 영국 태도는 민돈 뿐만 아니라 하부 미얀마인의 거센 항의를 사게 되었고, 마침내 영국은 슈웨디공 파고다의 첨탑만 장식할 수 있도록 허락했다. 이렇게 하여 양곤에 들어갈 수 있었던 민돈을 대신한 사절들은 고대의 행렬 의례에 따라 첨탑을 장식할 보석들을 운반하여 슈웨디공 파고다의 첨탑에 안치시켰다.

민돈의 통치와 치세가 기울어 가는 미얀마의 운명에 한 줄기 희망의 빛 역할을 한 것으로 본다면, 안타깝게도 이 빛을 가리는 먹구름에 의해 미얀마는 절망적인 상태에 빠져버리는 사건이 발생한다. 그것도 왕실 내부에서 비롯되었다. 민돈의 아들과 동조자들이 민돈을 해치려고 모의하고 있었던 것이다.

민돈은 동생 까나웅을 후계자로 지명했다. 당시 경력, 성품 등으로 미루어 까나웅이 민돈의 아들들보다 후계자로 적격이었다. 까나웅은 용감한 군인이자 경험과 학식이 풍부했던 학자의 면모를 갖추고 있었고, 후계자로 지명되기 수 년 전부터는 국제법을 공부하는 등 명판사가 되어 흘루또의 최고 재판부를 주재하기도 했다. 그리고 군 총사령관으로서 군 장비와 훈련 방법을 개선시켰고, 무기와 화약 제조 공장을 만들기도 한 사람이다. 까나웅은 한 때 민돈이 영국으로부터 당하는 수모에 대해 분노하여 전쟁불가피론을 편적도 있었지만 영국과 전면전을 벌이기에는 군사력 면에서 현격한 차이가 있음을 깨달았다. 따라서 민돈의 평화유지 정책을 이어 받을 수 있는 점도 인정되었다. 하지만 공격적인 성격을 지녔던 민돈의 아들 뮌곤은 삼촌이 왕위계승자로 지명 받은 것에 대해 대단히 분노하고 있었다. 민돈은 이런 사실을 알고 있었지만 까나웅의 딸과 결혼까지 한 뮌곤이 모반을 도모하지는 않을 것이라고 생각했다. 그러나 민돈의 예상을 깨고 1866년 뮌곤은 동생 냐웅얀(뮌곤다잉)과 함께 재판 중이던 흘루또에 들어가 까나웅과 다른 재판관들을 살해하고 말았다.

이 때 민돈은 왕궁에 있지 않고 지방에서 휴가를 보내고 있었다. 민돈의 두 아들이 흘루또를 습격하는 시각에 이들의 추종자는 민돈을 살해하기로 모의가 되어 있었다. 그러나 뮌곤의 자객들이 민돈 앞에 이르렀을 때 민돈은 오히려 이들을 크게 꾸짖어 물러가게 했다. 이들 자객은 순순히 민돈의 명령에 따랐고 이러는 사이 민돈은 그곳을 빠져 나와 급히 왕궁으로 향했다. 이때가 모반의 동조자들이 왕궁을 습격하기 바로 전이었다. 민돈을 살해했을 것이라고 생각한 두 아들은 민돈이 머물렀던 지방으로 왔다. 그러나 민돈이 도주했다는 사실을 알고 이들은 강둑에 진지를 구축하고 일전을 준비하였으나 결국 왕실 근위대에 의해 모두 붙잡히고 두 아들만 간신히 도주했다.

도주한 두 아들은 영국의 이라와디 선박회사에 구원을 요청했다. 이들은 그 후 양곤의 영국 당국에 이송되었다. 얼마 있지 않아 뮌곤은 꺼인 반군 진지에 모습을 드러내었다. 이 후 두 아들은 영국에 의해 캘커타로 이송되어졌고 뮌곤은 바나라스로 또다시 이송되었다. 차제에 냐웅얀은 미얀마로 되돌아왔다.

뮌곤의 모반은 영국과 미얀마간에 일촉즉발(一觸卽發)의 위기를 불러일으켰다. 만달레이의 저자 거리에서는 이 사건에 영국이 개입되었다는 소문이 끊임없이 나돌았으며, 왕실대신들 사이에서는 스레이든 대령이 최소한 모반 계획을 알고 있었다라고 입을 모았다. 이에 대한 확실한 증거는 없지만 모반을 전후한 일련의 이해하기 힘든 사건들을 통해 짐작된다는 것이다. 즉 스레이든은 원한다면 아무 때나 왕궁에 출입할 수 있었고, 반도들이 흘루또를 습격하기 직전 급히 왕궁으로 들어가 이들이 흘루또에서 빠져 나올 때까지 왕궁에 머물렀던 점과 도주하던 뮌곤이 이라와디 함정으로 피신한 점 등이다. 그리고 뮌곤이 양곤으로 이송된 후 영국 당국의 승인 없이, 당시 영국의 지원을 받던 꺼인 반군에 합류할 수 있었겠는가 하는 점이 이러한 증거를 강력히 뒷받침하고 있다. 사실 1885년 미얀마 왕국이 멸망할 때까지 왕실에서는 뮌곤을 스레이든 대령의 앞잡이로 여기고 있었다. 그러나 민돈은 이러한 사실을 문제삼아 발생할 또 다른 피해를 예상하여 여전히 스레이든을 신뢰하는 척했고, 양곤의 영국 당국도 뮌곤의 모반에 영국이 개입되었다는 사실을 강력히 부인했다.

뮌곤의 모반은 영국과의 1, 2차 전쟁과 더불어 미얀마 왕국의 쇠망에 박차를 가하는 결정적인 계기가 되었다. 왕실의 체계를 무너뜨림으로서 국가 전체에 무법과 무질서의 혼란상이 야기되었으며, 비록 뮌곤 자신은 인도 땅에 있었지만 그를 동조하는 자들이 왕실 내・외에서 늘어나고 있었다. 이에 더하여 까나웅을 따르던 군대들은 또 다른 폭동을 일으켜 까나웅의 아들을 즉각 후계자로 지명해야 한다며 민돈을 위협하고 있었다. 이렇게 군부 내에서도 의견이 엇갈려 군인들의 지휘체계도 크게 흔들리게 되었다. 또한 흘루또의 학살로 인해 원숙하고 풍부한 경험을 가진 국가의 유능한 인재들이 사라지는 결과도 빚었다. 이들 사라진 관료들은 보도폐야 당시부터 영국을 상대하며 설움을 겪으면서 내실을 키워 왔던 사람들이었다. 민돈은 이미 퇴진한 고령의 관료들을 다시 불러들일 수밖에 없었다. 그러나 이미 흘루또는 형식에 그칠 뿐 국가정책에 대해 예리한 통찰력을 보여주지는 못했다. 그도 그럴 것이 흘루또의 구성원은 네 명밖에 되지 않았고 그나마 네 법관 중 예난차웅의 영주를 제외하고 모두 노쇠해 기력이 빠져 있거나, 병든 사람들이었기 때문이다. 이 시기 흘루또를 풍자한 글귀를 소개하면 아래와 같다.

> 버간찌는 너무 흔들리고
> 라웅샤이는 칼 부상에 아픈 표정을 짓고 있고
> 깐밧은 듣지 못하니
> 하나의 호롱불로 왕국 전체를 밝힐 수 있겠는가.

1866년 뮌곤의 반란이 있기 전 페이러는 제 2차 영국-미얀마 통상 조약을 요구하기 위해 민돈을 방문한 적이 있었다. 당시에 페이러가 제시한 조건은 처음 통상 조약보다 훨씬 영국에 유리한 것이어서 민돈은 당분간 보류하기로 하였었다. 그러나 지금의 상황에서 군의 재정비를 위해서는 영국의 도움이 필요하였기에 민돈은 총독에게 사신을 보내어 제 2차 통상 조약을 맺을 뜻이 있음을 전달했다. 이러한 민돈의 처지를 잘 알고 있었던 총독은 버고에 알버트 피치(Albert Fytche)라는 새로운 판무관을 보내, 그로 하여금 '미얀마의 외국관계를 영국이 모두 관할한다.'라는 새로운 조항을 포함한 조약을 체결하도록 지시했다. 다시 말하자면 전쟁을 치르지 않고 영국령 인도의 형식적인 지배자처럼 미얀마 왕의 위치를 격하시켜 미얀마를 영국이 좌지우지하겠다는 것이었다. 민돈은 잠깐 깊은 시름에 빠졌다. 하지만 현재의 난국이 정리되기 위해서는 영국이 더 가까이 와야한다는 생각과 미얀마의 해는 이미 기울고 있다는 사실을 인식하고 결국 1867년 영국과 아래와 같은 내용의 조약을 체결하기에 이르렀다.

1. 양측은 국경의 기존 통관 세율을 상품 총 가치의 5%로 인하한다.
2. 양측은 금・은의 수출입에 대한 그 어떤 제약도 받지 않는다.
3. 영국이 중국과의 무역에 대해 미얀마 땅을 거치는 것을 미얀마 왕은 허용한다.
4. 왕은 영국의 부 상주 대표부를 바모에 두는 것을 허용한다.
5. 왕은 원목, 원유, 보석을 제외한 모든 물품어 대한 독점을 포기한다.
6. 왕은 무기, 화약의 구입 시 하부 미얀마 판무관의 허락을 얻어야 하며, 이것도 반드시 영국을 통하여 구입할 수 있다.

조약이 체결되자 스레이든 대령은 바모를 거쳐 윈난으로 들어갔다. 중국으로 들어가는 무역로를 확보하기 위해서였다. 하지만 당시 윈난의 내정은 폭동으로 혼란의 도가니였다. 스레이든은 부하 한 명이 윈난 사람들에게 살해되자 철저한 조사를 지시하고 자신은 미얀마로 되돌아왔다. 스레이든은 스트로브(Strover) 대위를 바모의 상주 대표부 책임자로 임명했다. 스트로브는 까친 지역으로 들어가 족장들에게 무기를 공급해 주면서 미얀마 왕에 대해 반란을 부추기기도 했다. 이처럼 영국은 조약의 내용과 다른 행위를 했을 뿐만 아니라 민돈이 영국에게 무기 구입을 의뢰했을 때는 오히려 무기 판매를 하지 않았다. 영국의 이러한 태도에 화가 난 민돈은 이태리와 프랑스로부터 무기를 구입했다. 그러자 피치는 이 무기가 영국령을 통과하지 못하도록 했다.

민돈은 영국에 우롱당하고 있다는 사실을 깨달았다. 하지간 전쟁으로 문제를 해결할 수도 없어 답답한 마음 가눌 길 없었다. 이러한 때 영국 본토의 빅토리아(Victoria) 여왕으로부터 우호를 돈독히 하자는 서신을 받았다. 이에 대한 화답으로 죽은 까나웅의 충복이었던 낀웅민찌 대신을 단장으로 사절단을 보냈다. 이번 방문에서 미얀마가 진정한 주권 국가임을 주장하고자 했다. 사절단은 이태리와 프랑스를 들려 영국으로 갔다. 영국에 도착한 낀웅민찌 일행은 영국 정부 각 부처로부터 환영 인사를 받았다. 하지만 미얀마가 영국과 정식 외교관계를 맺을 수 있는 주권국가임을 주장할 수 있는 자리는 마련되지 않았다. 시간이 한참 흘러 마침내 여왕이 외교 관계에 대한 면담을 허락한다는 전갈을 받았다. 낀웅민찌가 여왕과의 면담을 위해 윈저궁을 향하려 했을 때 의전국 관리가 다가와 '외교 관계를 여왕과 직접 이야기하는 것은 의전 상 금지되어 있으며, 이에 대한 의견은 외무부 서기국과 나누어야 한다.'고 귀띔해 주었다. 낀웅민찌는 그렇게 하겠다고 약속을 하고 궁에 들어갔다. 그러나 막상 궁 안에 들어서서 보니 외교 관계를 의논해야 할 외무부의 서기는 보이지 않고 인도를 담당하는 서기만이 참석해 있었다. 이것은 미얀마가 태국보다 못한 취급을 받는 것이었으며, 영국은 미얀마를 이미 영국령 인도의 한 부분으로 간주하고 있다는 것을 보여주는 것이다. 사절단은 망연자실하여 침묵만 지키고 있었다. 당시 이 자리에 함께 초대되었던 미국 대사가 이때의 분위기를 미국 정부에 보고한 문서의 표현을 빌면, '미얀마 사절단이 왕궁에서 여왕과 면담하는 자리에 외교 관계를 담당하는 외무부 서기는 참석하지 않고 인도 담당의 직원만 참석했다. 이는 영국이 미얀마를 더 이상 주권 국가로 보지 않고 이미 영국의 식민지가 되었다는 것을 보여주는 것이다.'라고 썼다.

낀웅민찌는 귀국길에 이태리와 프랑스를 들려 이태리와 우호통상 조약을 체결했다. 그러나 내용은 단지 양국 관계의 우호를 돈독히 한다는 것과 무역에 관해서는 차후 세부적으로 논의하자는 정도였다. 프랑스와는 미얀마 루비 광산의 채굴에 프랑스가 참여할 수 있다는 문서를 작성했다. 낀웡 민찌는 이렇게라도 함으로써 주권 국가의 체면을 조금은 세울 수 있게 되었다고 생각했다. 그러나 민돈은 이태리와의 조약은 비준하였지만 왕권의 표상으로 인식되어 있던 광산 채굴에 연관된 프랑스와의 계약은 무효화했다.

영국은 점점 더 미얀마 내정을 불안하게 만들어 갔다. 영국은 반란을 도모하면 무기를 제공해 주겠다고 하면서 꺼인족 족장들을 부추겼다. 이 제의를 받은 한 꺼인 족장이 민돈에게 와서 이 사실을 보고했다. 그럼에도 민돈은 영국과의 싸움은 왕국 전체를 잃어버리게 된다고 판단하여 전쟁을 자제했다. 그러나 영국은 계속해서 트집거리를 만들려고 애써고 있었다. 1875년 인도의 영국 총독은 꺼인족 문제를 논의하기 위해 대표를 보내겠다는 전갈을 민돈 앞으로 보내 왔다. 민돈은 기꺼이 대표를 맞이했다. 그러나 대표로 온 더글라스 폴사이드(Douglas Forsyth)는 민돈에게 꺼인족의 독립과 자주권을 인정하라고 요구했다. 이에 왕실 대신들은 더 이상의 굴욕감을 참을 수 없다며 영국과의 무조건 전쟁을 주장했다. 그러나 민돈은 이들을 제지하고 영국의 요구대로 아노야타 이래로 미얀마에 속해 있던 꺼인족의 통치권을 포기하는 문서에 서명했다. 폴사이드의 요구는 여기서 그치지 않았다. 미얀마 왕과 만날 때 탈화하는 번거로움을 피하게 해 달라고 요구했다. 이전에도 콕스와 크로퍼드가 문제 삼았던 적이 있지만 왕실의 단호한 태도로 다시 요구하지 못했던 것이다. 꺼인 지역을 포기한 것 외에도 미얀마 왕실 전통을 문제 삼는 영국에 대해 대신들과 국민들의 분노는 더해 갔다. 그러나 자신의 임종을 3년 남겨 놓은 병든 민돈으로서는 더 이상 어떤 단안을 내리기에는 숨이 가쁠 정도였다.

이 시기에 민돈은 후계자 지명을 하는데 망설이고 있었다. 섣불리 지명하여 당하게 될 화를 두려워했던 것이다. 대중의 인기를 얻고 있던 냐웅얀을 지명하자니 스레이든 대령과 너무 가까웠고, 공업성 대신이었던 유능한 메까라가 있었지만 메까라 자신은 왕위에 아무런 뜻이 없었다. 또 다른 한 사람 똔제가 있었지만 대중들에게 알려지지 않은 상태였다.

1878년 아들의 모반을 극복하고 왕국의 생명을 희미하게나마 연명해 왔던 민돈이 죽어 갈 때 왕비 신뷰마쉰은 따잉달민찌, 낀웡민찌와 모의하여 민돈의 아들 띠보를 왕위에 옹립하기로 했다. 띠보는 당시 수년간을 사원에서 계율 공부를 하면서 승려수업을 쌓고 있었다. 그는 신뷰마쉰의 부름으로 사원에서 나와 신뷰마쉰의 딸인 이복누이와 결혼한 후 왕위에 오를 것을 제안 받았다. 이를 수락한 띠보는 왕의 이름으로 왕위 계승권을 주장하는 모든 왕자들과 사촌들을 구금했다. 냐웅얀과 그의 동생 냐웅옥은 급히 도망쳐 양곤 주재 영국군의 보호 하로 들어갔다. 몇몇 신하들이 이러한 사실을 민돈에게 알렸다. 민돈은 구금된 왕자들을 풀어 주라는 명령과 함께 냐웅얀, 메까라 그리고 똔제로 하여금 과두 통치 체제를 구성할 것을 지시했다. 그러나 모의자들과 내통했던 민돈의 주치의는 낀웡민찌에게 민돈이 앞으로 몇 시간밖에 살지 못할 것이라고 말해 주었다. 낀웡민찌는 이들이 풀려 나오자마자 다시 구금시켜 버렸다. 형세를 간파한 흘루또는 서둘러 회의를 소집하여 띠보를 새로운 왕으로 선언해 버렸다.

• 띠보(1878~1885)

띠보는 구금되어 있던 왕자들과 가족들의 처형을 명했다. 이러한 음모와 흘루또를 움직일 수 있었던 배후의 힘은 무엇보다도 낀웡민찌였다. 다른 사람들은 낀웡민찌만큼의 지위나 인맥을 갖추고 있지 못했기 때문이다. 그리고 왕손의 처형도 비공개적으로 왕비의 호위대에 의해 집행되었다. 이것 또한 낀웡민찌 정도의 위치라면 충분히 막을 수 있었을 것이다. 사실 낀웡민찌는 자유주의 사상을 가졌던 정치가이자 학식 있는 법관이었다. 이러한 그가 이런 음모를 도모했다는 것은 쉽게 이해가 가지 않는 부분이다. 후세에 그를 비난하는 사람들은 그를 단순한 권력 추구자로 평하고 있고, 반면 그를 지지하는 사람들에 의해서는 그가 왕국의 모순을 극복하고 입헌 군주제를 열기 위해 모의를 도모했다고 평하고 있다. 어쨌든 민돈은 가장 신뢰했던 사람에게 배반을 당한 것이다.

모반 주모자들을 비난하던 양곤 주재 영국 상인들은 신변의 위협을 느꼈다. 게다가 아프가니스탄에 거주하던 영국인 한 명이 현지 주민들에 의해 사살되는 사건이 발생했다. 이렇게 되자 영국인 거주자의 안전에 위협을 느낀 총독은 모든 관료들을 불러들이고 영국인 거주지의 폐쇄 명령을 내렸다. 띠보는 이러한 영국의 태도를 달래고 계속적인 우호의 뜻을 전달하기 위해 인도 총독에게 사절단을 파견했다. 그러나 하부 미얀마의 영국 당국은 이 사절단을 뜨옛묘에 억류시켜 버렸다. 이러는 사이 하부 미얀마의 영국인들 사이에 띠보가 군사를 이끌고 하부 미얀마를 치러 올 시기가 임박했다는 소문이 퍼졌고, 영국인들은 총독과 런던 정부에 공문을 띄워 상부 미얀마의 조속한 합병을 요구했다.

제 3차 미얀마-영국 전쟁이 임박해졌다. 영국은 그들이 의도하는 냐웅얀의 왕위 옹립 계획에 입각해서 냐웅얀과 냐웅옥을 상부 미얀마의 영국 보호 지역인 뜨옛묘로 이송시켰다. 한편 여러 달을 뜨옛묘에 있어야 했던 사절단 일행은 풀려나 되돌아갔다. 예견되던 전쟁도 일어나지 않았다. 그 이유는 다음과 같이 추론해 볼 수 있다. 하나는 영국이 아프가니스탄과 아프리카의 줄루(Zulu)족 복속 문제에 전념하고 있었기 때문이고, 또 다른 이유는 양곤 지역에 퍼져 있던 소문을 이 지역 관료들이 대단치 않은 것으로 무시해 버렸기 때문이다.

이렇게 1880년의 위기는 넘겼지만 왕실은 또 다른 위협에 대처해야 했다. 영국에 의해 뜨옛묘로 옮겨진 두 왕자 중 냐웅옥이 영국제 무기로 무장한 추종자들을 이끌고 상부 미얀마를 공격해 왔던 것이다. 다행히 왕실 근위병에 의해 진압되었지만 냐웅옥은 또다시 탈주하여 캘커타로 갔다. 띠보는 영국 당국에 정식으로 항의하여 냐웅옥의 공격으로 인해 입은 인명과 재산의 손실에 대해 보상하라고 요구했다. 예상했던 대로 이 요구는 거절되었다. 이후 영국이 국경을 침입하는 일은 벌어지지 않았으나 띠보는 언제 들이닥칠지 모르는 영국의 공격에 항상 신경을 곤두세우고 있어야 했다.

영국의 위협 외에 사회의 분위기도 어수선하여 범죄 등의 각종 무법적인 행위들이 비일비재하게 벌어지고 있었다. 게다가 여전히 뮌곤을 지지하는 사람들이 있어 왕권의 위협은 계속 도사리고 있었다. 이러한 사회적 분위기에도 불구하고 왕국의 무역은 급속도로 늘어나고 있었다. 수에즈 운하의 개통 이후 미얀마와 영국간의 무역량은 이전의 다섯 배로 늘어났다. 민돈 시기 역점을 둔 교통과 통신 체계의 완비로 상품의 수송이 더욱 용이하게 되었던 것이다. 그러나 더 많은 이익을 노리는 영국 상인들은 띠보가 중국으로 가는 상품 수송을 방해하고 있다고 불만을 표시했다. 사실 띠보는 수출입의 왕실 독점을 원하고 있었기 때문에 중국과의 무역에 영국이 일방적으로 좌지우지하는 것을 두고 보기는 힘들었다. 1866년 민돈과 피치 사이에 조인된 통상조약에는 조약 체결 이후 10년이 경과한 시점에서 새로 개정할 수 있도록 하였다. 그러나 이 조약은 이미 파기된 것이나 다름없었다. 왜냐하면 영국은 미얀마가 필요로 하는 무기의 판매뿐만 아니라 영국 영토를 지나는 것을 거부했기 때문이다. 어쨌든 당시 시점은 조약 체결 후 10년이 지났기 때문에 형식적으로는 조약을 개정할 수 있었다. 마침 인도 총독으로 새로 부임한 리폰(Ripon)은 띠보에게 서신을 보내 조약의 개정에 대해 논의할 뜻이 있음을 비쳤다. 1881년 띠보는 사절단을 인도 총독에게 보냈다. 여기에서 미얀마는 조약개정의 선조건으로 영국왕실과 직접 대화할 수 있도록 해 달라고 요구했다. 총독이 이 요구를 거절함으로서 협상은 깨어지고 말았다.

협상의 실패로 이미 기울어 가던 낀웅민찌의 영향력은 극도로 쇠잔해졌다. 띠보를 꼭두각시로 내세워 낀웅민찌 자신이 모든 것을 조정하고자 했지만, 야심만만하고 당찬 띠보의 왕비가 더욱 득세하고 있었던 것이다. 그녀는 왕위 공모에 가담했던 자신의 어머니마저도 어전회의에 참석할 기회를 주지 않았으며 오직 따잉달민찌만 싸고돌았다. 당시 따잉달민찌와 낀웅민찌는 경쟁 관계에 있었다. 미얀마와 영국간의 조약 개정에 있어서 두 사람이 견해 차이를 보였다. 낀웅민찌는 미얀마의 요구를 영국이 받아들일 것이라고 단언하며 영국왕실과 직접 대화를 선 조건으로 내세워야 한다고 주장했었다. 반면 따잉달민찌는 이전의 경험으로 보아 영국은 이 요구를 절대 받아들이지 않을 것이라고 했다. 결국 낀웅민찌의 판단이 잘못된 것으로 판명됨으로서 그의 입지는 더욱 줄어들었다. 이제 사절단을 새로 조직하여 이태리, 독일, 프랑스 등 영국의 경쟁국에게 보내자는 따잉달민찌의 제안에 왕비는 귀를 기울였다. 그리고 이 시점에서 뮌곤 지지자들의 음모가 발각되었다. 이는 왕비로 하여금 뮌곤이 영국과 내통하고 있다는 확신을 갖게 해 주었다. 이러한 사정들이 복합적으로 작용하여 왕비는 1883년 유럽에 사절단을 파견하기로 결정했다.

영국은 이러한 미얀마의 행동에 의구심을 가졌다. 더구나 다른 지역의 식민 패권 싸움에서 영국에 주도권을 뺏긴 프랑스가 동남아에서 주도권을 갖기 위해 부심하던 터여서 미얀마 사절의 프랑스 방문에 긴장했다. 이에 대해 유리한 점을 확보하기 위해 영국은 프랑스를 비롯한 유럽 열강들에게 영국은 미얀마를 특별 관심 지역으로 여기고 있다는 내용의 공문을 발송했다. 이러한 시점에서 인도 바나라스에 머물고 있던 뮌곤이 갑자기 사라지더니 곧 프랑스령 인도 챤들나고레(Chandernagore)에 모습을 드러냈다. 미얀마 왕실은 사절이 프랑스에 가는 것을 방해하기 위해 영국이 사주하고 있다고 판단했다. 그러나 왕비는 이에 개의치 않고 사절을 파견하였고, 단 이들이 정치적 문제는 거론하지 말고 우호와 통상 문제만 논의하라고 지시했다.

사절단은 프랑스에 도착하자 과거 1873년 낀웅민찌가 했던 것처럼 통상 협상을 위한 모임들을 가졌다. 이들은 이곳에서 몇 달을 보내게 되었다. 사절단의 귀국이 늦어지는 것에 대해 영국은 더욱 의심하는 눈초리였다. 그러나 사실 미얀마 사절의 귀국이 늦어진 것은 프랑스가 계속해서 제안하는 미얀마내의 프랑스 속인주의 문제 때문이었다. 이것을 인정한다는 것은 미얀마 내에 또 다른 외국을 인정하는 것으로, 결국에는 미얀마의 주권을 포기하는 것이나 다름없었다. 사절단은 당연히 이러한 프랑스의 제안을 거부했다. 이렇게 되자 다른 문제들을 거론할 수도 없는 상황이 되었다. 게다가 프랑스의 영국 대사는 미얀마 사절단의 일거수일투족을 관찰하는 동시에 프랑스에게 미얀마가 제시하는 통상 조약을 맺으면 중대한 상황이 벌어질 것이라며 조약을 체결하지 못하도록 압력을 넣고 있었다. 마침내 밀고 당기던 협상이 종결되어 1885년 1월, 20개 항목의 조약이 만들어졌다. 그러나 정부의 비준은 받지 못한 상태였다. 정부의 비준을 받을 때까지 더 머물 수가 없었던 사절단은 다음 목적지인 네덜란드로 향했다. 네덜란드와도 조약을 맺는 데 실패한 이들은 그 다음 여행지인 독일에서는 통상을 포함한 우호, 평화 협정을 조인하는 데 성공했다. 그러나 이들이 가장 크게 기대했던 프랑스와의 조약은 여전히 프랑스 정부로부터 비준을 받지 못한 상태로 귀국했다. 미얀마는 파리에 미얀마 대사관을 둔다는 것을 승인 받은 것 외에는 이렇다 할 성과 없이 되돌아 온 것이다.

1885년 8월 양곤 거주 영국 상인들 입을 통해 아래와 같은 소문이 갑자기 퍼지기 시작했다. '미얀마는 루비 광산을 프랑스에게 대여해 주기로 했다. 프랑스는 미얀마의 우편 통신 체계를 재정비 해주기로 했다. 그리고 프랑스인 감독 하에 샨 지역을 통과하여 프랑스령 인도차이나를 잇고, 이어서 만달레이로 회귀하는 철도를 부설하기로 했다. 그리고 프랑스의 선박 회사가 에야와디 상류 지역에 설치 될 것이다.' 이런 소문은 근거 없는 조작임에 틀림없었다. 왜냐하면 왕의 권위의 상징이었던 루비 광산을 다른 나라에 대여해 줄 리가 없었으며, 당시 미얀마의 통신 체계는 국가적인 자랑거리로 일컬어질 정도로 잘 되어 있었고, 지형적인 조건으로 보아 험준한 샨 지역을 통과하는 철도를 부설하기란 당시로서는 거의 불가능한 일이었다. 뿐만 아니라 영국 선박 회사가 에야와디강을 장악했을 정도로 직접 배를 운항하고 있는 상황에서 프랑스 측에서 선뜻 이 사업을 하기란 거의 불가능했다. 그러나 어쨌든 양곤 주재 영국 상인들은 자신들의 불안감과 불만을 하소연하는 내용의 공문을 영국 외무성 및 각 부처에 발송했다.

이런 와중에 셰발리어 아드레이노(Chevalier Adreino)라는 사람이 소문의 진상을 밝히는 역할을 하게 되었다. 이 사람은 미얀마 왕실의 이태리 측 영사이자 봄베이미얀마무역 회사(Bombay Burma Trading Corporation)의 대리인이기도 하며, 만달레이에 거점을 두고 활동하는 영국 정보원 역할도 담당했다. 이런 여러 가지 일을 하는 그가 어느 날 미얀마의 사절이 프랑스에 갔을 때 프랑스 외무장관 페리(Perry)와 조인한 협정서 사본이라고 주장하는 문서의 복사본을 유출시켰다. 그 문서에는 베트남의 통킹(Tonking)[99]을 통해 미얀마에 무기를 공급하는 것을 페리가 약속한 내용이 실려 있었다. 이에 양곤 주재 영국 상인들은 띠보를 당장 처치해야 한다고 더욱 목청을 돋우었다. 심지어 이 소식을 접한 영국 정부도 프랑스령에 나타났던 뮌곤이 띠보의 지시를 받는 첩자로 간주하여 뮌곤을

99) 베트남 북부 홍하(紅河:송코이강)의 삼각주를 중심으로 중국과 라오스 국경에 있는 산지와 홍하의 삼각주지대로 구성하고 있으며, 프랑스가 베트남을 식민지화해서 붙인 지명이다.

급히 수배하라는 지시를 내렸다. 당시 뮌곤은 영국의 보호를 벗어나 프랑스의 도움으로 프랑스령 인도 땅을 떠나 사이공으로 건너가 있었다. 마침내 영국은 런던의 프랑스 외교관을 불러 페리문서에 대한 해명을 요구했다. 해명을 들은 영국 정부는 소문이 사실과 다를 뿐만 아니라 띠보와 프랑스는 그 어떤 협력 관계도 가진 적이 없었다는 것을 알게 되었다. 그런데 영국은 왜 그 시점에서 페리문서를 문제 삼았는지 미얀마 왕실로서는 명쾌하게 이해가 되지 않았다. 이미 페리는 현직에서 물러났고, 문서도 7개월 전에 작성된 것으로, 비록 문서의 내용이 사실이라 하더라도 그 시점에서는 이미 정치적으로 어떻게 할 수 없는 시기였다.

이런 사건을 겪고 난 뒤 흘루또는 봄베이미얀마무역회사를 집중 조사하기로 결정했다. 당시 이 회사는 영국령 하부 미얀마뿐만 아니라 왕의 승인을 얻어 상부 미얀마에서 수출하는 원목을 독점 판매하고 있었다. 흘루또가 이 회사의 비리를 파악하여 재판을 열려고 했을 때, 미얀마 측 벌목업자들로부터 이 회사가 이들에게 지급하지 않고 있는 돈을 우선 지급 받도록 해달라는 요구가 들어왔다. 이렇게 하여 사실 조사에 나선 법정은 하부 미얀마의 판무관과 미얀마 벌채업자가 날인한 계약서를 입수했다. 이 계약서에 따르면 봄베이미얀마무역회사는 미얀마 벌목업자에게 33,333 파운드의 돈을 지불해야 했으며, 이 회사가 세금 36,666과 1/2 파운드를 포탈한 것이 발견되었다. 법정은 미얀마 법에 의거하여 포탈 세금의 두 배인 73,333 파운드의 벌금을 부과했다.

미얀마 법과 판례에 비추어 이와 같은 판결은 부당한 것이 아니었다. 하부 미얀마의 판무관도 금액이 많긴 하지만 위법적인 판결은 아닌 것으로 인정했다. 게다가 미얀마 벌목업자에게 지불해야 하는 돈에 대해서는 사건 심리조차 하지 않았다. 하지만 양곤의 영국 상인들은 이번 기회를 이용하여 미얀마를 완전히 영국의 속령으로 만들어야 한다고 주장했다. 봄베

이미얀마회사의 다른 두 대리인과 함께 이번 판결의 피고인이 된 아드레이노는 자신의 회사가 물어야 하는 벌금을 피하기 위해 조작된 페리와의 협정서를 양곤 주재 영국 당국에 보내 위기를 벗어나고자 했던 것이다. 마침내 새로 총독으로 임명된 듀퍼린(Dufferin)은 띠보에게 사람을 보내 자신이 이번 판결을 중재하겠다고 나섰다. 그러나 미얀마 왕실 측은 총독의 행위는 터무니없는 것이라 하여 대꾸조차하지 않았다. 이렇게 되자 양곤 주재 영국 상인들 사이에는 듀퍼린이 냐웅얀을 미얀마의 새로운 왕으로 옹립할 것이란 소문이 돌았다. 총독도 최후통첩의 성격을 띤 문서를 띠보에게 보내 왔다.

1. 왕은 봄베이미얀마무역회사에 선도한 벌금형을 집행하기 전에 총독이 파견하는 중재자와 이 문제를 해결하기로 한다.
2. 파견된 중재자와 이 문제를 해결하기 전에 왕은 이 회사에 대해 그 어떤 조치도 취해서는 안 된다.
3. 왕은 총독의 대리인을 만달레이에 두는 것과 대리인의 신변 경호원으로 1000명의 정규군과 무장한 군함이 수반되는 것을 허용한다.
4. 왕은 영국이 미얀마 지역을 통과하는 중국과의 무역에 있어서 필요한 제반 편의 시설을 영국에 제공한다.
5. 왕은 반드시 총독의 보호와 감독 하에 외교 관계를 전개하여야 한다.

이 문서내용은 미얀마를 영국령 인도의 한 부분으로 간주하겠다는 것이었다. 띠보로서는 이 요구를 받아들일 수도 거부할 수도 없는 입장이었다. 이미 영국을 물리치기에 미얀마로서는 역부족이 된지 오래 되었고, 게다가 왕이 기대했던 제 3의 열강을 개입시키는 것도 실패했기 때문이다.

그러나 띠보는 끝까지 주권 국가의 왕으로서 품위를 유지하기 위해 마침내 아래의 사항을 담은 답변서를 총독에게 보냈다.

1. 봄베이미얀마무역회사에 대한 흘루또의 판결은 미얀마 법과 판례에 의해 공정하게 이루어진 것이므로 총독이 요구하는 중재자의 파견은 필요치 않는다.
2. 판결에 대한 탄원은 아직도 유효하며, 회사측이 출두하기까지는 다른 경우와 마찬가지로 집행은 보류된다.
3. 총독의 대리인을 만달레이에 상주시키는 것에 대해서는 언제든지 환영한다.
4. 왕은 미얀마 지역을 통과하는 영국의 대 중국 무역에 대해서는 언제나 지원할 용의가 있다.
5. 왕이 이해하는 바로서는, 주권 국가의 국내・외 문제는 당사국 스스로 결정하고 집행하는 것으로 안다. 따라서 영국의 감시 하에 외교 관계를 전개해야 한다는 요구는 부당하다고 보며, 이는 영국뿐만 아니라 프랑스, 독일, 이태리 등 미얀마와 외교 관계가 있는 모든 나라에 적용되는 것이다.

총독은 자신이 발송한 최후통첩에 왕이 동의하지 않으리라 생각하고 이미 뜨옛묘에 군대를 집결시켜 두었었다. 그러나 최후통첩의 만료일인 11월 10일 자정으로부터 정확히 6일전에 왕은 답변서를 보냈으나 총독에 의해 무시되고 말았다. 뜨옛묘에 집결되어 있던 영국의 함상에 냐웅얀과 그를 따르는 부하들이 있는 것이 보였다는 소문이 퍼졌다. 이는 냐웅얀이 영국의 도움을 받아 왕위를 찬탈하기 위해 뜨옛묘에 있는 것으로 이해되었다. 누군가에 의해 강을 따라 구축된 요새에 주둔해 있던 모든 미얀마군의 지휘관들에게, 낀웅민찌의 지시라고 하면서 냐웅얀을 돕기 위해 온 영국군의 공격에 저항하지 말라는 지시가 내려졌다. 사실상 영국군은 낀웅민찌의 지시가 모든 요새에 전달되기까지 공격을 하지 않고 기다리고 있었다. 그리고 냐웅얀은 이미 수 주전에 캘커타에서 죽었는데 영국은 이를 감추고 있었다. 마침내 11월 17일 영국군은 뜨옛묘를 출발해 전선으로 향했다. 이 시점이 되어서야 이전에 영국군 함상에 보였던 사람이 냐웅얀이 아니라 하부 미얀마 판무관 관청에 근무했던 미얀마인 서기였음이 드러났다. 이 사실을 최초로 알게 된 미얀마군의 한 지휘관은 요새에 배치된 각 지휘관들에게 알리기 위해 전령을 서둘러 출발시켰다. 그러나 전령의 걸음은 영국군의 공격을 따라잡을 수가 없었다.

영국군은 민흘라를 장악한 다음 잉와에 도달할 때까지 미얀마군의 아무런 저항도 받지 않았다. 띠보는 평화 협상 사절을 영국군에 보내었지만, 영국은 무조건 항복을 요구했다. 왕은 재차 무조건 항복에 동의한다는 전갈을 보냈다. 그러나 잉와의 사령관은 항복하지 않고 다가오는 영국군에게 총격을 가했다. 왕은 공격을 자제하라는 명령을 하달했다. 그러나 잉와의 사령관은 하루에도 수차례 바뀌어 전달되어 오는 명령을 더 이상 믿을 수 없다며 영국군에게 계속 총격을 가했다. 영국의 총격으로 미얀마군의 희생자는 늘어만 갔다. 왕은 자신의 서명이 담긴 명령서를 다시 발송하여 영국에게 순순히 길을 터주라고 지시했다. 마침내 영국군은 잉와를 통과하여 만달레이로 들어와 궁전을 에워쌌다. 이때가 11월 28일로 전쟁 개시 11일 만이었다.

다음 날 아침 띠보와 왕비는 마지막 어전 모임을 갖고 영국군 사령관 프렌더가스트(Prendergast)를 맞이할 준비를 갖추고 있었다. 의기양양하게 나타난 프렌더가스트와 스레이든은 왕과 왕비에게 정확히 45분 이내에 짐을 꾸려 추방지로 떠날 채비를 하라고 명령했다. 왕은 코끼리 또는 왕

전용 가마에 타고 갈 수 있도록 해 달라고 프렌더가스트에게 부탁했다. 그러나 프렌더가스트는 왕의 부탁을 거절하고 두 마리의 들소가 끄는 수레에다 왕 띠보와 왕비 수폐야랏을 태우게 했다.

군중의 소요를 피하기 위해 영국군 사령관은 서둘러 배를 대기시켜 놓은 에야와디 강가를 향했다. 강가에 이르자 대기해 있던 배는 왕을 싣고 강과 바다를 건너 인도의 뭄바이(봄베이) 하부 라트나기리(Ratnagiri)에 다다랐다. 1916년 띠보는 이곳에서 생을 마감했다.

3. 사회전반

왕은 법을 제정하고 집행하는 등 모든 권력을 행사할 수 있었지만 정도(正道)를 지켜야 했다. 이 정도는 대략 다음의 열 가지로 정해져 있었다. 정규적으로 상가, 사원 등 불교관련 단체에 기부해야 하며, 5계를 지켜야 하며, 가난한 자를 돌보며, 품행을 지키며, 불교 기념일을 준수하고, 함부로 화내지 않으며, 국민들이 원하는 정치를 할 것이며, 국민들을 억압해서도 안되며, 항상 인내심을 갖고, 정의로운 통치를 해야 한다. 그리고 대신들도 지켜야 하는 규율이 있었다. 인내심을 가지고 항상 깨어있어야 하며, 근면을 실천하고, 분별력을 갖추어야 하며, 공정성과 통찰력을 갖추어야 한다. 또한 사회생활이 원만하기 위해서 필요한 이웃 간의 법도도 있었는데, 서로 나눠주고, 사랑으로 대하며, 항상 이웃에 이익이 될 수 있도록 하며, 자비심도 가져야 한다는 것이 그 내용이다. 그리고 일반 사람들이 항상 주의해야 하는 네 가지가 있다. 무조건 감싸고돌아서는 안 되며, 화가 난 상태에서 행동하는 것을 조심하며, 위험에 처했다고 해서 무조건 이웃을 감싸서도 안 되며, 나보다 못한 사람이라고 업신여겨서도 안 된다.

행정은 크게 중앙과 지방으로 이분화 했다. 중앙에는 흘루또, 삐다익, 쉬용, 나욱용, 떠야용의 다섯 기관이 있었다. 흘루또는 왕의 명령과 최고재판을 수행하는 것을 주로 하였는데, 왕자, 대신, 부대신 등이 주요 구성원이다. 그런데 왕권이 약해지거나 왕위계승에 문제가 발생했을 때는 흘루또가 최고결정권을 갖기도 했다. 그리고 군의 주요 직위나 지방 행정관 임명에도 왕의 제청을 받아 흘루또가 행사하는 것이 일반적이었다. 삐다익은 실무를 보는 기관으로 왕이나 흘루또의 명령을 수행하는 곳이다. 왕실의 경호업무도 삐다익에서 맡아보았다. 쉬용은 살인이나 강간 등 범죄자를 심판하는 기관이었다. 나욱용은 왕실의 뒷편에 주거지가 있었던 왕비, 시녀들의 문제를 해결하는 기관이었다. 떠야용은 상속 등 개인권익에 관련된 일을 맡아보는 기관이었다.

지방은 버인캉, 묘사, 소브와 등이 행정을 담당했다. 버인캉은 큰 규모의 지방 혹은 특별구역의 장을 일컫는 말로 '상영주' 혹은 영국식 총독 정도의 의미가 된다. 따웅우, 삐, 버간 등에는 버인캉이 임명되었고, 주로 왕족이었다. 그 밖의 일반 지방에 임명되는 사람을 묘사라고 했으며, 지방행정을 돌보는 역할을 했다. 샨족 지역에는 전통적으로 내려오던 소브와라는 족장에 행정을 일임하고 있었다. 소브와는 비교적 자율적으로 고유 지역을 다스렸는데, 권한은 버인캉에 버금갔다. 하지만 언제나 왕의 명령에 복종해야 했으며, 전쟁이 발발했을 때는 군대도 동원해야 했다. 이 밖에 도시 형태로 새로 탄생한 지방의 관할하는 묘웅이 있었는데, 우리말로 시장 정도의 의미가 된다. 민돈 시기 양곤 묘웅은 상영주보다 직급이 높았다. 묘웅은 양곤, 바모 등 주로 외국인들과 접촉이 잦은 지방의 일을 맡아보았다. 따라서 외국인 대표와 협상, 외국과의 무역과 관세문제 등을 관할했다. 이들 버인캉, 묘사, 묘웅 아래에는 묘드지, 요와드지 등의 하부 행정기관장이 있었다. 이들은 대부분 재판권도 가지고 있었다. 그러나 비록 흘루또가 판결한 사항이라 하더라도 왕이 집행을 거부할 수 있었다.

소송에 드는 비용은 진 사람이 물게 되어 있었고, 소송당사자들은 판결에 복종한다는 의미로 찻잎을 씹어 먹어야 했다. 모든 판결의 기준은 불법(佛法)과 관습법에 의거했다. 만약 증인이나 증거가 없는 소송의 경우에는 다음과 같은 네 가지 관습법으로 판결했다. 하나는 불을 이용한 것인데, 원고와 피고는 각각 똑같은 양의 기름에 동시에 불을 붙여 들고 있게 한다. 이 중 먼저 불이 꺼지는 자가 형벌을 받는다. 다음으로 쌀을 씹어 삼키는 것인데, 두 사람이 같은 양의 쌀을 입에 넣어 빨리 먹어치우는 자가 이기는 것이다. 만약 동시에 먹어치웠다면 물을 머금은 다음 품게 하여 쌀이 남아 있는가를 확인한다. 쌀이 남아 있는 자가 진 것으로 한다. 그리고 납덩이를 이용한 판결방법이 있다. 우선 벌겋게 달구어진 납덩이를 물에 담근다. 이 때 두 사람은 각자의 검지손가락 마디에 실로 꽁꽁 묶어 피가 통하지 않도록 한다. 그런 다음 납으로 달구어진 물속에 손을 집어넣게 한다. 잠시 후 꺼낸 손에 상처가 심한 사람이 진 것으로 한다. 그런데 두 사람 다 멀쩡하면 실로 묶어둔 손가락 끝에 칼을 대어 피가 나오게 한다. 이 때 피 색깔이 더 검은 사람이 죄를 받는다. 끝으로 물속에 대나무를 하나 단단히 고정하고, 고정된 대나무에 약 2미터 길이의 다른 대나무를 흘러가지 않도록 실로 묶는다. 두 사람은 실에 묶인 대나무의 양쪽 끝 부분을 각각 어깨에 걸친다. 그런 다음 재판관의 신호와 동시에 물에 뛰어든다. 이 때 먼저 물위로 떠오르는 자가 소송에서 진 것으로 판결된다.

경제적으로는 꼰바웅 왕조 전기와 후기의 양상이 많이 다르다. 전기에는 알라웅폐야를 비롯해 모든 왕들이 관개수로를 확충하고 댐을 건설하는 등 농경지 확대에 주력했지만 보도폐야 시기를 기점으로 후반부에 와서는 영국 등 유럽의 공장이 들어서고 무역이 활발해짐으로서 상업이 급속히 발달하여 미얀마인들의 생활양식은 점점 더 복잡해져 갔다. 무역과 공업이 발달하면서 시골 농사꾼이 상인과 직공이 되는 경우가 많아졌다. 브도페야 통치 당시 양곤은 서구 제국주의 국가들의 배의 건조, 수리, 중간 정박지로 많이 사용되었던 곳이다. 특히 영국은 양곤에 조선소를 갖고 있었다. 양곤은 인도의 캘커타와 함께 영국의 인도양 조선소로 활용되었다. 군사용으로 사용되는 함정 외에도 인도와 중국 간의 무역을 위해 사용되는 상선도 건조하고 있었다. 이러한 배들은 대략 500톤 정도로 미얀마의 티크를 이용하여 건조되었다. 중국과의 무역에서 이익이 증대되자 1790년경에는 평균 1000톤 정도의 배도 건조하게 되었다. 배의 크기가 커짐에 따라 그만큼 미얀마산 티크의 사용량이 늘어났으며 따라서 양곤은 영국에게 더욱 중요한 도시가 되었다. 더불어 양곤에 새로운 일자리가 많아지자 상부 미얀마 사람들도 돈벌이를 위해 이 곳에 모여들었다. 특히 조선소는 수일 내에 부자가 될 수 있다고 믿어질 정도로 각광을 받았다. 당시 양곤의 조선소에서 일하던 슈웨보 근처 시골 출신 사람이 그의 아내에게 보낸 편지에서도 이러한 실상을 엿볼 수 있다.

> 달랑 론지 한 장을 걸치고, 나는 높은 갑판으로 올라가 해가 떠서 질 때까지 일을 하지. 굵은 땀방울이 발가락에 무수히 떨어지는 것을 느끼며 부지런히 톱질을 하여 원목을 판자로 만들고 있지. 쉴 없이 그리고 실수 없이 판자를 100개 만들 때마다 나의 주머니에는 2실링의 돈이 들어오지. 그럴 때마다 크게 소리쳐 웃고 싶은 걸 가까스로 참으며 빙그레 미소만 짓지....

이 편지는 보도페야가 왕위에 오른 지 2년이 되던 1784년의 것으로, 이때 미얀마 돈 1짯은 영국돈 2실링에 해당하는 돈이었다. 그 당시 상부 미얀마 사람들의 생활수준으로서는 1짯이면 한 달을 먹고 살 수 있는 큰 돈이었다.

문학적으로는 다양한 장르의 발생과 발전이 돋보였다. 꼰바웅 왕조의 초기에는 수많은 소설가와 시인들이 배출되었다. 이 당시 특기할만한 두 가지 점이 있다. 하나는 작가들이 모두 불교신도로서 이들은 기존의 형식과 주제를 탈피하여 자유롭게 소재를 선택하여 글을 썼다는 것이다. 그리고 다른 하나는 미얀마 문학에서 최초로 장편 소설이 나왔다는 사실이다.

이 시기의 소설과 시들의 특징은, 궁정 운문과 시라는 외관을 쓰고 작가들이 그들과 친숙한 평범한 사람들의 삶을 주로 다루었다. 바꿔 말하면 신뷰쉰 당시까지 궁정은 일반인들의 삶과 괴리되어 있지 않았으며, 다음 시기 문학과 예술의 주류가 된 인위성이 그때까지 스며들지 않았던 것이다. 이 시기에 가장 이름을 떨쳤던 시인은 신뷰쉰 당시에 대신을 지낸 레뜨웨똔닷이라는 사람이었다. 한 때 업무태만죄로 북부 미얀마의 외지로 추방당했던 사람으로 그곳에서 도시로 되돌아가고픈 열망을 시에 담아 표현했다. 도시에 살 때 보았던 여러 가지 종교 축제를 유배지에서 그리워하며 만든 시들도 많이 남겼다. 신뷰쉰은 이러한 시들에 감명을 받고 그를 다시 불러들였다 한다.

특히 보도페야의 통치기에는 문학과 음악의 전성기였다. 시골 사람들은 돈벌이를 위해 양곤으로 몰려들었고, 이들이 수십 마일 이상 떨어진 고향의 가족들과 서신을 교환하는 것이 새로운 풍속도가 되었다. 이들 중 많은 수가 글에 자신이 없었던 사람들이었던지라 당시 학식 있는 승려들에게 자신이 전하고픈 내용을 구술하여 편지를 작성했다. 이렇게 되다 보니 당사자들이 하고픈 이야기 외에도 승려들이 충고해 주는 대목도 삽입되기도 하는 등, 자연히 편지의 내용은 공개되어 마을사람 모두가 알게 되는 풍조가 생겼다. 이러한 풍조는 편지를 보내는 사람이나 받는 사람의 입장이나 마찬가지였다. 이러한 편지 대필가 중에서 이름이 났던 두 사람의 승려가 있었다. 찌간 신지라는 사람의 서간문은 당시 미얀마의 생활을 생생하게 표현하고 있는 것이 특징이다. 찌간 신지는 승려입문수업을 마친 후

변호사와 궁정 조신으로 일하다 다시 승려가 되어 생을 마감한 사람이다. 다른 한 사람은 우 워바따라는 사람으로 '열 개의 위대한 자따까'란 작품을 썼다. 이것은 단순한 종교적 이야기가 아닌 소설의 기법으로 만들어졌다. 그리고 이 시기는 신뷰쉰의 아유타야 정벌의 효력이 나타나 태국의 시인, 음악가, 배우들의 영향으로 당시 태국어로 번역된 인도의 서사시 '라마야나'와 '마하바라타(Mahbhrat)'[100]를 근간으로 하는 궁정희곡이 만들어지기도 했다. '보석 거울'이란 장편이 대표적인 작품으로, 중간 중간에 상황을 설명하는 짧은 부분만 빼고는 대부분 대화만으로 구성되어 있는 것이 특징이다. 왕자와 공주의 사랑을 주제로 하고 있다. 우 또라고 불리는 재무대신은 라마야나에서 줄거리를 따와 자신의 고향을 배경으로 하여 '야마야칸'이란 제목의 운문 서사시를 남기기도 했다.

보도폐야 통치기 말기에 접어들면서 소설에서 가공적인 묘사들이 많이 등장하게 된다. 그리고 태국 음악에 심취한 궁정대신 먀와디의 노래들은 우아하고 힘찼다. 그러나 이후 나타난 작가들의 궁정 희곡들은 우아하고 로맨틱하면서도 감상적인 요소들이 많이 내포되어 있었다. 이러한 작품들 중에는 보도폐야의 왕세자가 급사함으로서 야기된 비극적인 분위기를 담고 있는 것도 있다.

바지도와 버간이 통치한 시기의 미얀마는 피와 눈물이 얼룩진 시대였다. 그러나 이 시기 또한 문학이 크게 번성한 시기이다. 역시 태국 문학과 궁중극의 영향을 받아 미얀마 왕실의 생활은 보다 정형화되고 예식화 되었다. 궁중의 일상생활 언어가 보다 격이 높은 언어로 바뀌어 사용됨에 따

100) 인도 고대의 산스크리트어로 된 대서사시로 바라타족(族)의 전쟁을 읊은 대사시(大史詩)이다. 라마의 사랑이야기를 다룬 '라마야나'와 함께 인도의 2대 서사시의 하나로 이 시기 힌두교를 아는 데 중요한 자료이다. 인도 국민의 정신생활에 크게 영향을 끼쳤을 뿐만 아니라, 남아시아와 동남아시아에 걸쳐 문어(文語)와 구어(口語)로 번역되어 큰 인기를 누려왔다. 여기에 나오는 여러 사건들은 유명한 앙코르 왓, 앙코르 톰 유적의 부조(浮彫)에도 생생하게 표현되어 있을 뿐만 아니라 동남아시아의 인형극, 그림자 연극에도 자주 채택되었다.

라 산문과 운문의 표현도 보다 우아하고 기교도 높아졌다. 먀와디는 작품을 계속해 썼다. 그러면서 음악에 더욱 관심을 기울여 태국, 미얀마, 몬족 지역 등에서 불려지는 궁중 가요, 제를 지낼 때 부르는 노래, 축제의 노래, 대중 가요 등 모든 종류의 노래들을 수집했다. 그리고 이러한 음악들을 혼합하여 새로운 음악을 만들어 내는 작업을 계속했다. 이제 틀에 박힌 전통 형태의 역사적 담시, 왕의 예찬시, 서사시, 군가 등은 퇴조했고, 대신 사랑을 소재로 한 평범하고 일상적인 이야기들을 다루는 풍조가 유행했다. 한 왕실대신의 아내 킨소네와 먀끌에이 왕비는 궁정시를 예술적으로 승화시킨 대표적인 사람들이다. 특히 먀끌에이가 부른 '나의 모든 사랑'이란 시가는 그녀가 옥에서 왕을 향해 지은 것인데, 이것은 일반 대중에게까지 널리 불리어졌을 만큼 유명했다.

왕실에서의 커다란 업적은 학문이었다. 왕실 사람들은 외국에 대한 관심이 증대되었고, 영국의 사절들과 기독교 전도사들과의 접촉으로 기독교 의식, 특히 찬송가에 대한 관심이 증대되었다. 왕실 학자들과 학승들은 왕실에서 정규적으로 회동하여 6권으로 된 <유리궁전 연대기>란 역사서를 집필했다. 이를 집필하는 데는 많은 제약이 따랐지만 근대 이전의 역사서로는 동남아에서는 가장 정교한 책으로 꼽힌다. 이 책을 집필한 사람들은 객관성을 견지하기 위해 집필 당시 가장 최근의 인물인 보도폐야의 죽음과 바지도의 대관식은 다루지 않았다.

궁정극은 처음에는 귀족들 사이에서 자기들끼리 극을 만들어 즐기는 정도였다. 그러다 왕족들까지 즐기는 극이 되면 전문 음악가와 무용수들이 참가하여 극을 표현하게 되었다. 이러한 전문가들은 자연스럽게 배우가 되었고, 이들에 의해 다시 새로운 장르의 극이 만들어졌다. 나중에 이것은 왕실을 넘어 일반 대중들에게도 친숙해졌고, 그러다 보니 대중들의 요구를 반영하지 않을 수 없었다. 즉 대중들과 동떨어진 너무 인공적이고 가상적인 소재보다는 일상적인 소재의 요구가 늘어났을 뿐만 아니라 대중들이 사용하는 구어체 용어사용이 점점 증대되었다. 전문적인 극작가들은 마을들을 돌면서 새로운 종류의 극을 개발하기도 했다. 곧 전문 작가들도 새로운 문학 형태에 관심을 기울였다. 이러한 전문 작가들 중에 가장 위대한 작가로 꼽히는 사람은, 제 1차 미얀마-영국 전쟁을 치르고 난 다음에 쓴 우 찐 우라는 사람이다. 그는 극에서 행복한 한 시골인의 눈을 통하여, 삶이란 단적으로 정의할 수 없는 모순성을 가진 것이라 정의하고 있다. 즉 삶의 비극은 선과 악의 갈등에서 오는 것이 아니라 선과 악선의 갈등에서 오는 것이기 때문에 어떤 때는 갈등의 원인을 정확히 이해할 수 없다는 것이다. 그래서 때로 그의 작품에는 갈등의 요인이 정확히 설정되지 않는 경우가 있다. 즉 영웅이 자기도 모르는 적과 싸우고 보니 자신의 동생이었고, 자신이 모르는 왕녀를 얻기 위해 분투했는데 알고 보니 자신의 약혼녀였다는 내용이 실려 있다. 전쟁을 주제로 한 이 작품들은 결국 전쟁의 허무함을 나타내고 있으며, 전쟁의 회의와 피곤함으로 끝이 나는 것이 특징이다.

민돈 통치가 시작되면서 왕실은 일반 대중과 더욱 가까워지게 되었다. 이것은 미얀마 문학에도 변화를 가져오게 했다. 어머니 갸끌에이의 시와 음악적 재질을 이어받은 흘라잉은 새로운 형태의 노래와 약간은 우울하면서도 품위와 장중함을 담아 음악과 함께 언어를 전달하는 새르운 형태의 가락을 선보였다. 그리고 흘라잉은 장편의 희곡을 저작하기도 했다. 내용은 비록 사실적인 요소는 없지만 생동감 있는 대화가 극을 힘차게 이끌고 있는 것이 특징이다. 다음으로 우 폰냐도 장편의 희곡들을 다수 집필했다. 결국 뮌곤의 음모에 가담한 죄로 처형되긴 했지만 그의 작품들은 궁내·외에서 자주 상연되었다. 그리고 역사 학자들에 의해 두 차례에 걸친 미얀마-영국 전쟁 내용이 '유리궁전 연대기'에 첨가되었다. 그리고 이 시기에는 전문 작가들 외에도 승려, 장인 등 일반인들도 문학작품을 많이 만들었는데, 이는 인도로부터 들어온 염가의 인쇄술과 서구식 통신 체계의 발달에 힘입은 바가 크다. 그러나 이러한 예술 발달은 민돈 통치 후기에 들어와 왕위 계승과 관련하여 많은 잡음이 일면서 왕실은 폐쇄성을 보임으로서 왕실과 일반인들의 거리는 다시 멀어지는 듯 했다.

띠보 시기의 문학은 짧은 소네트(sonnet) 형식의 몇몇 시를 제외하고는 이전과 크게 달라진 것이 없었다. 하지만 영국의 지배를 받았던 하부 미얀마에서는 퇴폐적인 내용의 소설도 나왔으며, 승려의 이야기란 새로운 형태의 문학이 발전했다. 희곡 부분에는, 수준 높은 작품을 썼던 우 찐우와 우 폰냐 외에도 많은 극작가들의 작품들이 쏟아져 나왔다. 이들의 작품은 상연 외에도 값싼 종이에 인쇄되어 대중들에게 읽히기도 했다. 이 작품들에는 대부분 어전회의를 주재하는 왕실 묘사가 길게 삽입되어 있는데, 이는 청중들로 하여금 속수무책으로 영국에 당하고 있는 왕의 어두운 심경을 나타내고 있다. 이에 반해 승려의 이야기는 익살스럽고 낙천적인 내용을 담고 있다. 이러한 새로운 형태의 문학을 선보인 사람은 떵가자 세야도로 민돈 시기에 추앙 받던 승려 중의 한 사람이었다. 그는 민돈이 죽기 직전 하부 미얀마로 내려와 나름대로 미얀마 국민들에게 패배감을 덜어 주고자 노력했다. 떵가자 세야도의 작품들에서는 영국에 정복되기 전의 미얀마 사회상을 생생히 보여주고 있으며, 국민들에게 용기와 희망을 북돋우는 내용들이 담겨져 있다.

참고문헌

1. 한국어

1) 단행본 및 역서

아시아 · 아프리카 · 라틴아메리카 연구원, 『버마 현대사』, 서울:소나무, 1989.

中村 元, 『佛陀의 世界』, 김지견 역, 『佛陀의 世界』, 서울:김영사, 1984.

피야세나 닷사나야케, 『불교의 정치철학』, 정 승 석 옮김, 서울:대원정사, 1987.

2) 논문

正圓, "태국과 미얀마 불교의 교학체계와 수행체계", 『세계 승가공동체의 교학체계와 수행체계』, 서울: 가산문고, 1997.

트래버 링, "동남아 불교의 불교적 전통과 정치", 이 재 창 외 공저, 『현대사회와 불교』, 서울: 한길사, 1982.

2. 미얀마어

Pyankyaye Wonkyitana(Ministry of Information), *Hmannan Mahayazawindawzi* (유리궁전연대기). Yangon, 1992.

Lei Maung, *Myanmar Naingnganyei Thamaing*(미얀마정치사). Rangoon: Sapei Biman, 1974.

3. 영어

1) 단행본

Adas, Michael, *The Burma Delta: Economic Development and Social Change onan Asian Rice Frontier,* 1852～1941. Madison: University of Wisconsin Press, 1974.

Aung Thwin, Michael, *Pagan: The Origins of Modern Burma.* Honolulu: University of Hawaii Press, 1985.

Desai, W. S., *A Pageant of Burmese History.* Bombay: Orient Longmans, 1961.

Fytche, Albert, *Burma Past and Present.* London: C. Kegan Paul and Company, 1878.

Ghoshal, U. N., A *History of Indian Political Ideas.* Oxford: Oxford University Press, 1959.

Harvey, G. E., *Outline of Burmese History.* Bombay Calcutta Madras: Longmans, Green and Co.. 1926.

Hla Pe, Burma: *Literature, Historiography, Scholarship, Language, Life and Buddhism.* Singapore: Institute of Southeast Asian Studies, 1985.

Lieberman, Victor B., *Burmese Administrative Cycles: Anarchy and Conquest. c. 1580～1760.* Princeton University Press, 1984.

Maung Htin Aung, *Folk Element in Burmese Buddhism.* London: Oxford University Press, 1962.

__________________, *A History of Burma.* Newyork and London: Columbia University Press, 1967.

Mendelson, E. Michael., *Sangha and State in Burma,* A Study of Monastic Sectarianism and Leadership, edited by John P. Ferguson.

Ithaca: Cornell University Press, 1975.

Sarkisyanz, E., *Buddhist Backgrounds of the Burmese Revolution.* The Hague; martinus Nijhoff, 1965.

Smith, Donald Eugene, *Religion and Politics in Burma.* New Jersey: Princeton University Press, 1965.

Spiro, Melford E., *Buddhism and Society: A Great Tradition and Its Burmese Vicissitudes.* New York: Harper and Row, 1972.

Taylor, Robert H., *The State in Burma,* London: C. Hurst & Company, 1987.

Weber, Max, *The Religion of India: The Sociology of Hinduism and*

Buddhism. Free Press, Gleneoe, Ⅲ., 1958.

2) 논문

Brohm, John, "Buddhism and Animism in a Burmese Village", *Journal of Asian Studies,* vol. 22, 1963.

Cady, John. F., "Religion and Politics in Modern Burma", *Far Eastern Quarterly,* vol. 12, 1953.

Heine-Geldern, Robert, "Conceptions of State and Kingship in Southeast Asia", *The Far Eastern Quarterly,* 2, Nov., 1942.

King, Winston L., "Contemporary Burmese Buddhism", in Heinrich Dumoulin (ed.), *Buddhism in the Modern World.* London: Collier- Macmillan, 1976.

Lieberman, Victor B., "The Political Significance of Religious Wealth in Burmese History: Some Further Thoughts", *Journal of Asian Studies,* XXXIX, 4, Aug., 1980.

Matthews, Bruce., "Buddhism under a military regime: The Iron Heel in Burma", *Asian Survey,* Vol. XXXIII, No.4, April 1993.

Than Tun, "Mahakassapa and His Tradition", *Journal of the Burma Research Society,* vol. 42, part 2, 1959.

von der Mehden, Fred R., *"Buddhism and Politics in Burma", Antioch Review,* XII, Summer 1961.

사건일지

기원전 5세기	슈웨디공 파고다의 원형이 만들어짐.
3세기	인도 아소카왕의 불교 사신에 의해 따톤에 불교 전래.
서 기 5세기	전후하여 고대 도시국가 성립.
600	버마족의 틀이 형성.
638	미얀마 고유의 신기원 시작.
800	난차오의 공격으로 쀼족 도시국가 무너짐.
849	버간 형성.(일부에서는 107년 버간이 세워졌다고 주장함)
1044	아노야타(Anawyahta) 버간 왕위에 오름.
1056	버간, 따톤 정복. 상부 미얀마에 상좌부불교 도입.
1059	슈웨시공 파고다 착공.
1070	미얀마 승려들, 스리랑카 교단의 전통 회복.
1083	몬족의 반란.
1084	짠싯따 왕위에 등극.
1090	아난다 사원 건립. 인도 부다가야 보수.
1106	버간 사절단 중국 황실 방문.
1112	야자꾸마의 구빠욱지 석문 만들어짐. 알라웅시뚜 왕위 계승.
1115	쉰아라한 사망.
1161	스리랑카와 분쟁.
1180	스리랑카 군대 버떼인 봉쇄.
1190	스리랑카 불교, 미얀마에 이식.
1254	버간 마지막 왕, 나라띠하빠띠 왕위 계승.
1277	미얀마, 몽고와 전쟁.
1281	와리루, 모뜨마의 왕으로 등장.
1287	버간 왕조 몰락. 몬족 독립왕국 건설.
1303	몽고 미얀마에서 퇴각.
1309	삔야 왕국 성립.
1315	스가잉 왕국 성립.
1365	잉와 왕조 시작.
1368	민찌소와(소와소께) 왕위에 등극.

1369 모뜨마, 버고로 왕실 옮김.
1385 라자드릿, 버고의 왕위 계승. 잉와와 버고의 전쟁 개시.
1453 쉰소부, 버고의 새로운 왕으로 등극.
1459 라카인, 치타공 장악.
1460 쉰소부, 슈웨디공 파고다 개량 및 보수.
1472 담마제디, 버고의 왕위 계승. 담마제디 사절단 부다가야 방문 및 보수.
1475 담마제디 사절단 스리랑카 방문.
1519 포르투갈 모뜨마에 무역거점 확보.
1527 잉와, 샨족 소브와 또한브와에 장악, 잉와 왕조 사실상 끝이 남.
1531 뜨빈슈웨티, 따웅우의 왕위 계승.
1539 뜨빈슈웨티, 버고 장악. 버고가 따웅우의 중심 도시가 됨.
1548 뜨빈슈웨티, 아유타야 봉쇄.
1551 뜨빈슈웨티의 사망으로 내분. 버인나웅 왕위 등극. 내분을 가라앉힘.
1555~1559 버인나웅, 상부 미얀마와 샨족 지역 장악. 마니푸르, 비엔티앙 복속.
1565 태국 복속.
1587 태국 독립.
1595 몬족 난민, 태국으로 이주.
1599 라카인-따웅우 연합군 버고 봉쇄. 태국의 침입.
1600 드 브리뚜, 딴리엔의 왕 선언.
1605 아나욱펫룬, 잉와의 왕 등극.
1613 아나욱펫룬, 딴리엔 장악.
1627 네덜란드와 영국의 동인도회사 대리점, 미얀마에 개설.
1635 딸룬, 수도를 버고에서 잉와로 옮김.
1650 중국의 명(明) 왕조 마지막 황제 미얀마로 도주해 옴.
1658 태국으로 이주하는 몬족 유민 속출. 명 황제, 윈난으로 이송되어 처형됨.
1666 인도 무굴 제국, 치타공 장악. 라카인 세력 하락.
1689 프랑스의 동인도 회사 대리점, 딴리엔에 개설.
1709 영국의 조선소, 딴리엔에 건설.
1729 프랑스의 조선소, 딴리엔에 건설.
1738 마니푸르, 잉와를 공격.
1740 하부 미얀마 반란.
1742 상부 미얀마인, 라카인으로 이주 속출.
1750 몬족, 프랑스와 외교 관계 수립 후 상부 미얀마 수 차례 공격.

1752 몬족, 잉와 및 상부 미얀마 장악.
알라웅폐야 등장.
1755~1756 알라웅폐야, 삐, 먄아웅, 양곤, 딴리엔 장악.
1757 알라웅폐야, 버고를 장악함으로서 몬족 반란을 완전 평정.
1758 알라웅폐야, 마니푸르 정복.
1760 알라웅폐야, 태국 봉쇄. 뜨닌다리 미얀마에 예속.
1763 신뷰쉰, 왕위를 이음.
1765 수도를 잉와로 옮김.
1767 신뷰쉰, 아유타야 장악.
1766~1769 중국의 네 차례 미얀마 침략.
1776 신뷰쉰 사망. 태국 독립.
1782 보도폐야 왕위에 오름. 라카인을 미얀마에 편입.
1783 보도폐야, 수도를 아마라뿌라로 옮김.
1785 태국 장악 시도.
1795 태국 최초 외교 사절, 미얀마 왕실 내왕.
1813 Judson 가족 이주.
1817 아삼 침공.
1819 바지도, 왕위 계승.
1823 수도를 잉와로 옮김.
1824~1826 영국과 제 1차 전쟁. 얀다보 조약 체결.
1837 수도를 아마라뿌라로 옮김.
1852 제 2차 미얀마-영국 전쟁. 버고 할양.
1853 민돈, 새 왕으로 등극.
1857 만달레이 조성 및 수도 옮김.
1868 최초의 경전 결집이 이루어져 발리어 경전을 729장의 대리석판에 새김.
1872 제 5차 세계불교대회 개최.
1878 띠보, 왕위 계승.
1885 제 3차 미얀마-영국 전쟁.
1886 미얀마, 영국의 식민 국가로 전락. 미얀마, 인도의 한 주로 편입.

왕조표

* 버간 왕조(1044~1287)

아노야타(1044~1077)

솔루(1077~1084)

짠싯따(1084~1113)
(아노야타의 아들이란 설이 있음)

알라웅시뚜(1113~1162)
(짠싯따의 외손자)

나라뚜(1162~1165)

나라떼인카(1165~1168)

나라빠띠시뚜(1168~1211)

나다웅마(1211~1234)

쨔소와(1234~1250)

우즈나(1250~1254)

나라띠하빠띠(1254~1287)

(형식적인 왕들)

쪼소와(1287~1298)
소닛(1298~1312)

*** 잉와 왕조(1364~1555)**

드도민바(1364~1368)

민찌소와(1368~1401)

민카웅(1401~1422)

띠하뚜(1422~1426)

*** 버고(한따와디) 왕조(1287~1539)**

와리루(1287~1306)

버냐우(1353~1385)

라자드릿(1385~1423)

버냐담마야자 (1423~1426)

버냐양(1426~1446)

쉰소부(1453~1472)

버냐짠 (1450~1453)

버냐퍼유 (1446~1450)

담마제디 (쉰소부의 사위)

버냐양 (1492~1526)

*** 따웅우 왕조(1280～1752)**

빤지(1368～1377)

민찌뇨(1486～1531)

뜨빈슈웨티
(1531～1550)

버인나웅(1550～1581)
(민찌뇨의 아들이자 뜨빈슈웨티의 이복형, 뜨빈슈웨티의 누이와 결혼)

난다버인
(1581～1599)

냐웅얀
(1599～1605)

아나욱펫룬
(1605～1628)

민예데익바
(1628～1629)

따룬(1629～1648)

삔들레
(1648～1661)

삐
(1661～1672)

나야와야
(1672～1673)

민예쪼띤(1673～1698)
(삐에의 사위)

싸내(1698～1714)

뜨닌가누웨(1714～1733)

마하담마야자 디버디
(1733～1752)

*** 알라웅페야 왕조(1752~1885)**

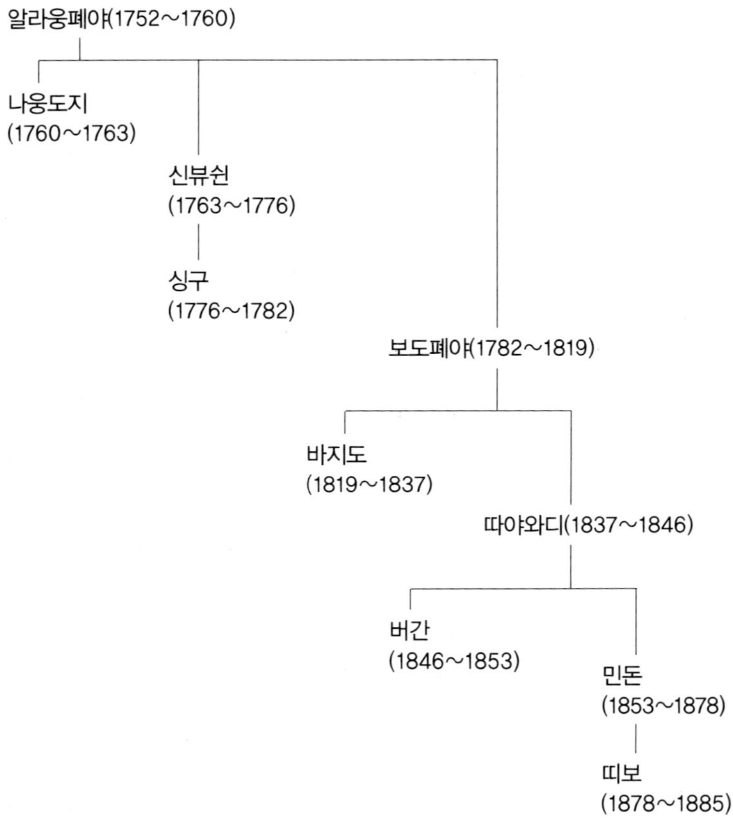

찾아보기